GUNTRAM KNAPP

Der antimetaphysische Mensch

Darwin – Marx – Freud

ERNST KLETT VERLAG
STUTTGART

Gesamtherstellung: Graphische Werkstätten Kösel, Kempten/Allgäu
ISBN 3-12-904050-1

INHALT

VORWORT

Das hier behandelte Thema betrifft die *Frage* nach dem Menschen in unserer gegenwärtigen Situation. Sie wird vom philosophischen Standpunkt aus gestellt. Das bedeutet nicht, wie oft gemeint wird, haltlose Spekulation. Im Gegenteil: hier werden die wissenschaftlichen Ergebnisse, soweit sie vorgeben, fundamentale Aussagen über den Menschen zu machen, in allen nötigen Einzelheiten dargestellt, allerdings nicht von einem einzelwissenschaftlichen Standpunkt aus, sondern von einem, der den methodischen Ansatz, den Anspruch auf Geltung und die Begriffsverwendung der Einzelwissenschaft nochmals zum Gegenstand der Betrachtung macht. Dasselbe gilt von den Ergebnissen der marxistischen Gesellschaftstheorie und der Psychoanalyse, die sehr oft als wissenschaftlich angesehen werden.

Insofern könnten die Abschnitte über Darwin, Marx und Freud rein informatorisch gelesen werden mit dem möglichen Gewinn einer eingehenden und zusammengefaßten Kenntnis aller drei Wissensbereiche, deren Ergebnisse und Probleme sonst in zahllosen verstreuten Einzelabhandlungen angeboten wird.

Hierin erschöpft sich freilich die Absicht des Buches nicht. Dieses ist vielmehr aus der Erfahrung heraus geschrieben, daß einerseits zwar das heute maßgebende wissenschaftliche und weltanschauliche Wissen der traditionellen Wesensbestimmung des Menschen den Boden entzogen hat, andererseits aber selbst nicht in der Lage ist, ein wesentliches und das *Menschliche* des Menschen betreffende Wissen hervorzubringen. Es ist nötig, dies allererst einmal deutlich zu machen, da die unbedürftige oder resignative Meinung vorherrscht, man wisse heute über den Menschen Bescheid. Das Ziel der Auseinandersetzung mit Darwin, Marx und Freud besteht aber wiederum nicht darin, aus je für gut befundenen Teilstücken ein neues Menschenbild zu entwerfen. Es käme allein darauf an, daß in dieser Auseinandersetzung die *Frage* nach dem Menschen wieder lebendig würde, die für den Menschen womöglich wichtiger ist als alle Antworten und Rezepte, auf die immerfort so großer Wert gelegt wird. Auf der anderen Seite ist klar, daß jede Frage schon von irgendeiner Position ausgehen muß. Diesen Standpunkt habe ich in wenigen Zügen anzudeuten versucht. Von ihm aus gesehen, können wir für ein künftiges wesentliches Verständnis unserer selbst von Freud mehr lernen als von Marx.

Eine weit ausführlichere Fassung des Themas wurde im Januar 1972 der Philosophischen Fakultät I der Universität München als Habilitationsschrift vorgelegt. Meiner Frau Petra danke ich für die unersetzlichen Anregungen, die sie mir in vielen Gesprächen gegeben hat. Frau Anneliese Neuhäuser möchte ich herzlich danken für ihre Hilfsbereitschaft und für ihren unermüdlichen Einsatz bei der Abfassung des Manuskripts.

München, Februar 1973 *Guntram Knapp*

EINLEITUNG

1. Die Frage nach dem Menschen

Angesichts der vielfältigen Aussagen über den Menschen, wie sie seitens der Naturwissenschaft, der Psychologie, Soziologie und Psychoanalyse gemacht werden, die wiederum in oft krassem Widerspruch zu den überlieferten Vorstellungen vom Menschen in Philosophie und Theologie standen, hat Max Scheler 1928 die Frage nach einer einheitlichen Anschauung des Menschen gestellt. In seiner Schrift »Die Stellung des Menschen im Kosmos« versucht er eine Bestimmung des Menschen, in der zwar die zu seiner Zeit vorliegenden Ergebnisse von Biologie, Verhaltensforschung, Psychologie, Soziologie und Psychoanalyse berücksichtigt sind, in der aber auch die überlieferte metaphysische Auffassung des Menschen beibehalten worden ist. Die »Stellung des Menschen im Kosmos« ist danach immer noch dualistisch bestimmt: Mit seinem psychophysischen Organismus gehört der Mensch zu dem natürlichen (physischen) Bereich und ist hier mit Pflanze und Tier vergleichbar, ja sogar genetisch aus der Natur ableitbar zu verstehen; mit seinem Vernunftvermögen (nicht Verstand als Intellekt), mit seiner Person-Fähigkeit gehört er zum Bereich des Geistes. Dieser Bereich wird von Scheler als grundsätzlich verschieden von der Natur (übernatürlich, metaphysisch) und auch als nicht aus der Natur ableitbar angesehen. Immerhin hatte er diese Auffassung schon mit einer gewichtigen Abänderung der traditionellen Bestimmung verknüpfen müssen — ein Zugeständnis an Marx und Freud. Diese Abänderung bestand in der These von der Ohnmacht des Geistes. Scheler behauptete zwar — wie die Tradition — die geistige »Wirklichkeit« von Ideen, von Werten (das Heilige, das Gute, das Wahre, das Schöne), er meint aber im Gegensatz zur Tradition, daß diesem Bereich keine Eigenmacht zukäme. Zur Verwirklichung bedürfe der »Geist« der Energie (und damit der Zustimmung) des vital-natürlichen Bereiches.

Nach fünfundvierzig Jahren scheint eine solche Deutung hinfällig geworden zu sein. Die gegen die überlieferte Bestimmung des Menschen angetretenen wissenschaftlichen und weltanschaulichen Richtungen beherrschen heute das Feld. Für sie ist eine metaphysische Dimension, gleich welcher Art nicht mehr erforderlich. Metaphysik wird entweder als überwundenes Stadium der menschlichen Entwicklung angesehen; an ihre Stelle treten die wissenschaftlichen Theorien über Weltall, Entstehung des Planetensystems, Entstehung des Lebens; oder es werden, wie im Fall von Marx und Freud, Metaphysik, Religion, Philosophie als abgeleitete Phänomene erklärt. Bei Marx als Ideologien der herrschenden Klassen, bei Freud als Illusionen, die unbewußten infantilen Wunschphantasien entspringen. Die drei Positionen haben die traditionelle metaphysische Deutung des Menschen verdrängt oder — soweit sie noch ernsthaft vertreten wird, in eine schwierige Lage gebracht.

Darüber hinaus scheint aber mit dem Schwinden der metaphysischen Bestimmung die philosophische Frage nach dem Menschen überhaupt überflüssig geworden zu sein, selbst auch dann, wenn sie sich nicht mehr an dem metaphysischen Rahmen von Natur und Geist orientiert. Dies hat mehrere Gründe.

Zum einen bringt die Naturwissenschaft mit der empirisch-analytischen Methode Resultate zustande, die in den technischen Errungenschaften zum Teil verwertet werden. Das wissenschaftliche Wissen legitimiert und verifiziert sich für jedermann überzeugend durch die technischen Erfolge. Alles philosophische Wissen muß sich dagegen blaß, unverständlich und vor allem praktisch wertlos ausnehmen. Darüber hinaus vermittelt die Flut der einzelwissenschaftlichen Ergebnisse den Eindruck, man wüßte heute besser denn je über den Menschen Bescheid.

Zum anderen steht die Menschheit zum gegenwärtigen Zeitpunkt in einer prekären Situation. Es gibt bedrängende Probleme, die eine Lösung in absehbarer Zeit fordern, wenn die Menschen überhaupt überleben sollen. Es seien nur der Bevölkerungszuwachs auf der Erde und seine Folgen, die Bedrohung der natürlichen Umwelt durch die technische Entwicklung und das Problem einer menschlichen Gesellschaftsordnung in der technischen Welt genannt. Wieder erscheint dagegen die philosophische Fragestellung solchen unmittelbaren Problemen gegenüber weltfremd, unangebracht, überholt.

Am deutlichsten scheint sich die Frage nach dem Menschen von einer dritten Seite her zu verbieten. Hier wird behauptet, eine solche Frage sei deswegen überholt und hinfällig, da es das Einzelsubjekt Mensch als entscheidungsfähiges, personal faßbares Wesen gar nicht mehr gibt. Der Einzelmensch werde von den Systemen, in denen er lebt, derart determiniert, daß eine Frage nach dem Menschen niemals das Individuum Mensch betreffen könne, sondern allein die Systeme, in denen die Individuen leben, und mit deren Handlungskriterien sie sich identifiziert haben müssen. Der Rekurs auf den »Menschen« sei überflüssig geworden, denn wie sollte man einen solchen Menschen definieren können, wenn er von den ihn steuernden Systemen derart bestimmt werde, daß eine *Eigenbestimmung* seines Lebens völlig unmöglich sei, selbst sogar dann, wenn er dies beabsichtigen sollte, denn er könne der überwältigenden und alle Bereiche des Lebens durchdringenden Macht der Systeme nicht mehr entgehen. Von dieser Position gibt es dann sehr verschiedene Varianten, die einen wollen die Systeme abändern, wobei sie das Maß an den in ihnen aufweisbaren Widersprüchen nehmen, andere, die den modernsten Entwicklungen der Wissenschaft folgen, Kybernetiker, Strukturalisten, Linguisten, Biologen, wollen den Menschen in die Systeme integrieren, da sein Sein nichts anderes als ein Teil dieser Systeme sei. Man hat sich das Ziel gesetzt, eine »Idee vom Menschen in der Forschung und im Denken überflüssig zu machen«, wobei man konsequent den »Tod des Menschen« (Foucault) verkündet, d. h. einen »Menschen« im alten Sinne gibt es nicht mehr — oder darf es nicht mehr geben, damit die Systeme umso reibungsloser funktionieren.

Trotz dieser überzeugenden Tatbestände könnte nichts nötiger sein als zu fragen, wie es um uns Menschen heute bestellt ist, selbst auch dann, wenn eine solche Frage keine unmittelbaren praktischen Folgen hätte. Freilich sieht es so aus, als wüßten wir heute angesichts des ausgebreiteten Wissens besser über den Menschen Bescheid denn je. In Wirklichkeit verbirgt sich hinter der Flut des Wissens gerade die Leere, der Ausfall von wesentlichem Wissen und — vor allem — das Ausbleiben von wesentlichen *Fragen.*

Scheler hat einmal im Gesamt der menschlichen Wissensmöglichkeiten eine Unterscheidung getroffen. Je nachdem, was mit einer Wissensart erreicht werden soll, unterscheidet er: Herrschafts- oder Leistungswissen, Bildungswissen und Erlösungswissen. Das erste dient zur Naturbeherrschung, zur Produktion und Produktionsverteilung usf., das zweite zur Entfaltung der Person und das dritte der Frage nach Welt und Mensch überhaupt, nach Herkunft und Sinn. Nach Schelers Überzeugung kann niemals eine der drei Arten die anderen ersetzen. Heute dagegen ist das Herrschafts- und Leistungswissen an die erste Stelle getreten und beansprucht — ob insgeheim oder ausdrücklich — auch Bildungswissen und Erlösungswissen zu sein.

Die seltsame Unbedürftigkeit in wesentlichen Fragen, die heute allenthalben besteht und eine Frage nach dem Menschen überhaupt nicht aufkommen läßt, dürfte letzten Endes ihre Erklärung darin finden, daß das Herrschafts- und Leistungswissen allein Wirklichkeit und Wahrheit bestimmt, und damit die Erfahrung einer anderen Dimension von Wirklichkeit und Wahrheit verstellt. Diese Verstellung ist derart übermächtig, daß nicht einmal mehr der Ausfall dieser anderen Dimension als Mangel erfahren werden kann.

2. *Der antimetaphysische Mensch*

Das Selbstverständnis des Menschen in der Gegenwart ist entscheidend geprägt von drei Männern: Darwin, Marx und Freud. Bei aller Verschiedenheit ihrer Auffassung haben alle drei eines gemeinsam: sie richten sich gegen die metaphysische Bestimmung des Menschen. War der Mensch im Abendland seit Platon und Aristoteles metaphysisch — von Geist, Vernunft, Bewußtsein her — interpretiert worden, so wird er jetzt physisch, von seinem Leben her bestimmt. Bei Darwin vom animalischen Leben, bei Marx von der Produktion seines Lebens, bei Freud von seinem unbewußten Triebleben.

Die geistigen Fähigkeiten des Menschen und die Erscheinungsformen des Geistes werden als abgeleitete Phänomene des wie immer verstandenen Lebens erklärt. Der den Menschen in der metaphysischen Bestimmung auszeichnende Geist, der wiederum in einem übernatürlichen und den Menschen übersteigenden Prinzip begründet worden war, verliert damit seine Eigenständigkeit.

Diese Eigenständigkeit aufzulösen oder als nichtig zu erweisen, ist aber ein immanentes Bestreben der drei Richtungen. Es ist an ihnen durchgängig ein Zug festzustellen, der sich gegen alles richtet, was mit Gott, Geist, Idee, Wesen, Sein, Norm zu tun hat, mit welchen Begriffen das Thema der traditionellen philosophischen und theologischen Spekulation umschrieben worden war. Der erbitterte Widerstand, mit dem die Lehren von Darwin, Marx und Freud empfangen worden waren, gibt davon beredtes Zeugnis. Ohne diesen Gegenzug sind alle drei Lehren in ihrem Ursprung nicht verständlich.

Die Abstammungslehre steht in scharfem Widerspruch zu der christlichen Lehre von der Erschaffung des Menschen durch Gott. Sie will nachweisen, daß der Mensch nicht von Gott, sondern von einem affenähnlichen Säugetier abstammt.

»Wir lernen daraus, daß der Mensch von einem behaarten, geschwänzten Vierfüßer abstammt, welcher wahrscheinlich in seiner Lebensweise ein Baumtier und ein Bewohner der alten Welt war.«[1]

Marx will nachweisen, daß die Bewußtseinsformen dem gesellschaftlichen Produktionsprozeß entspringen. Religion, Philosophie, Moral gelten ihm als Mittel, mit denen die jeweils herrschende Klasse ihre Ausbeutungsposition gerechtfertigt hat.

»Die Moral, Religion, Metaphysik und sonstige Ideologie und die ihnen entsprechenden Bewußtseinformen behalten hiermit nicht länger den Schein der Selbständigkeit. ... nicht das Bewußtsein bestimmt das Leben, sondern das Leben bestimmt das Bewußtsein.«[2]

Freud will nachweisen, daß Religion, Philosophie, Kunst dem unbewußten Triebleben entspringen. Er spricht der Vernunft, dem Bewußtsein, dem Denken die Möglichkeit zur Autonomie ab.

»... die beiden Aufklärungen, daß das Triebleben der Sexualität in uns nicht voll zu bändigen ist, und daß die seelischen Vorgänge an sich unbewußt sind und nur durch eine unvollständige und unzuverlässige Wahrnehmung dem Ich zugänglich und ihm unterworfen werden können, kommen der Behauptung gleich, daß das Ich nicht Herr sei im eigenen Haus.«[3]

Abstammungslehre, Marxismus und Psychoanalyse stehen mit der metaphysischen Geist-Bestimmung des Menschen auf Kriegsfuß. Von diesem Kampf gegen die Überlieferung sind ihre Ergebnisse nicht unbeeinflußt. Aus diesem Grund habe ich zur Bezeichnung des Selbstverständnisses des Menschen in der Gegenwart, soweit es von den drei Lehren mehr oder weniger bestimmt ist, den Titel *der antimetaphysische Mensch* gewählt.

3. Das Problem der verschiedenen Ansätze von Darwin, Marx und Freud

Die bisherigen Überlegungen haben eine Gemeinsamkeit der drei Lehren aufgewiesen. Es ist in ihren Vorstellungen und in ihrem Vorgehen ein Impetus wirksam, der sich gegen das wendet, was mit dem Begriff des Metaphysischen umschrieben worden war. Dieser antimetaphysische Impuls hätte sich in einer Lehre aussprechen können. Warum haben wir drei Fassungen des antimetaphysischen Menschen?

Man kann dieser Schwierigkeit mit dem Hinweis begegnen, daß damit drei Aspekte des Menschen angesprochen seien. Biologie, Soziologie und Psychologie wären Bereiche des Menschen, in denen jeweils wissenschaftliche Teilergebnisse erarbeitet würden, die sich gegenseitig ergänzen und schließlich einmal bei genügend fortgeschrittenem Stand des Wissens in eine Gesamtsicht des Menschen zusammengefaßt werden könnten.

Nimmt man jedoch die drei Lehren etwas genauer in den Blick, so zeigt sich ganz deutlich, daß sie sich nicht ohne Verletzung ihrer wesentlichen Elemente miteinander vereinigen lassen. Dies kommt schon in ihrem gegenseitigen Verhältnis zum Ausdruck. Der Marxismus steht den Ergebnissen von Freud, wie sie dieser selbst dargelegt hat, skeptisch gegenüber. Er hält sie für ein Erzeugnis der kapitalistisch-entfremdeten Gesellschaft und ist der Überzeugung, daß die Veränderung der gesellschaftlichen Zustände eine Aufhebung der Krankheitserscheinungen zur Folge hätte, die Anlaß zum Entstehen der Psychoanalyse gaben.

Freud wiederum bringt mehrfach unmißverständlich und scharf seine Abneigung gegen den Marxismus zum Ausdruck, den er beschuldigt, gerade das geworden zu sein, was er so heftig und leidenschaftlich bekämpft, eine idealistische Illusion.[4]

Obwohl Marx die Ergebnisse Darwins kannte und sie vorsichtig positiv beurteilt hat[5], stellt er selbst keine Verbindung dieser Ergebnisse mit seiner Lehre her. Dieser Versuch ist erst von Engels unternommen worden.[6] Die Ergebnisse der Abstammungslehre werden aber im Rahmen der »Dialektik der Natur« abgehandelt, aus der der spätere Dialektische Materialismus hervorgeht. Als »naturphilosophische« Ergänzung zum Historischen Materialismus bildet dieser dann einen festen Bestandteil des offiziellen Lehrgebäudes des Sowjetmarxismus. Gerade diese Version des Marxismus und besonders die darin vertretene Auffassung der Natur bilden die Angriffspunkte der westlichen Marx-Interpreten. Sie behaupten, daß das pseudo-philosophische System des dialektischen Materialismus eine grundlegende Mißinterpretation der Gedanken von Marx wäre, veranlaßt durch die Stabilitätsansprüche einer etablierten Parteibürokratie.

Die biologische Wissenschaft steht wiederum den marxistischen und neomarxistischen Lehren ablehnend gegenüber, weil sie diese als unwissenschaftlich ansieht.

Am ehesten gäbe es noch eine Verbindung zwischen Darwin und Freud. Darwin wird von Freud als das Vorbild (neben Goethe) bezeichnet, das ihn zu der Berufswahl eines Naturforschers veranlaßt hat. Freud erwähnt Darwin in seinem Werk sehr häufig, insbesondere in Bezug auf seine Theorie der Urhorde in »Totem und Tabu«. Es gibt zahlreiche Belege für die Behauptung seiner Übereinstimmung mit den Ansichten Darwins. Freud fühlte sich bis zum Lebensende als überzeugter Naturwissenschaftler. Nichtsdestoweniger hat sich gezeigt, daß die Übereinstimmungen mit Darwin gerade die schwächsten Stellen des

Freudschen Werkes ausmachen. Seine biologischen Thesen galten schon zu seinen Lebzeiten als nicht nachweisbar und standen in Widerspruch zu ethnologischen Forschungen. Sie mußten bald als überholt und zeitbedingt fallengelassen werden. Freud selbst hat dagegen in seinen Forschungen überzeugendes Material zu Tage gefördert, das mit der biologischen Auffassung des Menschen nicht einfach und unproblematisch vereinbar ist.

Bei näherem Zusehen ergeben sich offenbar Schwierigkeiten bei dem Versuch, eine inhaltliche Übereinstimmung der drei Lehren herzustellen. Ein merkwürdiger Sachverhalt: der antimetaphysische Mensch scheint nicht einheitlich konzipiert zu sein.

Der antimetaphysische Impuls hat bislang nicht bekannte Sachverhalte und Zusammenhänge zu Tage gefördert, die unter der Vorherrschaft der metaphysischen Bestimmung unbekannt geblieben waren. Jede der drei neuen Lehren neigt aber dazu, ihre Ergebnisse zu verabsolutieren. Aus der Gegnerschaft gegen Metaphysik, damit auch gegen Philosophie, entstehen überraschenderweise neue »Philosophien«. Im Bereich der wissenschaftlichen *Biologie* eine *Biophilosophie*[7], die aus der Voraussetzung hervorgeht, daß das naturwissenschaftliche Wissen das einzig mögliche Wissen überhaupt darstelle und damit allein gesicherte Befunde und begründete Aussagen über den Menschen und seine Verhältnisse zu machen imstande sei. Der *Marxismus* neigt in unverkennbarer Weise dazu, eine *politische Heilslehre* auszubilden, in der alle Erscheinungen des Menschen ihre Erklärung finden. Die *Psychoanalyse* wiederum hat deutliche Tendenzen zu einer *Weltanschauung* entwickelt. Alle drei Lehren bilden in der Art philosophischer »Schulen« ein umfangreiches Interpretations- und Nachfolgewissen aus, das aus der Auseinandersetzung der Gründerlehren mit gegnerischen Meinungen, veränderten Situationen und neuen Forschungsergebnissen hervorgeht. Der *Neo-Darwinismus* ist die gegenwärtig vertretene Fassung Darwinscher Grundgedanken, in der man sich auf exakte wissenschaftliche Methoden beruft und von daher gegenteilige Meinungen von vitalistisch und geisteswissenschaftlich orientierten Biologen bekämpft. Der *Marxismus* und *Neomarxismus* bietet in seiner ausgebreiteten Mannigfaltigkeit der Interpretation, Weiterführung und Umbildung der von Marx und Engels vorgelegten Grundgedanken ein schier kaum mehr überschaubares Bild. Die *Psychoanalyse* wurde bereits zu Freuds Lebzeiten durch modifizierte Auffassungen von Jung und Adler in ein komplexes Gebilde aufgespalten, das sich inzwischen noch weiter differenziert hat.

Wie steht es aber dann mit der Behauptung der *Wissenschaftlichkeit*? Alle drei Lehren wollen doch, der antimetaphysischen Tendenz entsprechend, mit unbeweisbaren, dogmatischen Aussagen nichts zu tun haben und ihre Ergebnisse auf dem sicheren Boden der empirisch-wissenschaftlichen Forschung erzielen. Wie kommt es dann zu einer solch verwirrenden Vielfalt schon innerhalb der einzelnen Lehren? Sobald man unter Wissenschaft das methodisch gesicherte Vorgehen der neuzeitlich empirisch-analytischen Wissenschaft versteht, kann wohl nur die erste der drei Lehren Anspruch auf die Bezeichnung Wissenschaft erheben. Über die Frage, ob die Lehre von Marx wissenschaftlich fundiert sei, gingen die Meinungen bereits in der unmittelbaren Nachfolge von Marx auseinander. Der Streit darüber hält bis heute an.

Von den unter sich sehr divergierenden Richtungen des Neomarxismus neigen die einen zu einer streng wissenschaftlichen Einstellung[8], andere wie die Vertreter der Frankfurter Schule sind insofern philosophisch ausgerichtet, als sie eine Theorie der Gesellschaft ausarbeiten wollen, die aller einzelwissenschaftlichen Forschung vorauslaufen soll. Sie befinden sich daher mit der wissenschaftlich betriebenen Soziologie in heftiger Auseinandersetzung.[9]

Freud hat zwar durchgängig behauptet, daß seine Ergebnisse ausschließlich durch wissenschaftliche Beobachtungen entstanden seien. Wie sich in der Folge zeigen wird, kann zumindestens diese Art von Wissenschaft, die Freud betrieb, nicht mit der naturwissenschaftlichen Methode gleichgesetzt werden.

Der Anspruch, wissenschaftlich fundiert zu sein, scheint allein für die Abstammungslehre bestehen zu bleiben. Wie kommt es aber dann hier zu der Tendenz, eine Gesamtsicht zu erstellen, wenn doch die wissenschaftliche Methode je nur ein Einzelgebiet bearbeiten kann und grundsätzlich unabgeschlossen bleibt? Wie ist eine Biophilosophie möglich?

Der Gegenstand der Abstammungslehre ist von besonderer Art. Es handelt sich hier nicht um irgend ein Naturobjekt, sei es unbelebt oder belebt, es handelt sich in der speziellen Abstammungslehre um den Menschen. Sobald die Wissenschaft etwas über die Herkunft des Menschen vorbringt, macht sie eine Aussage über den Menschen, die sein Selbstverständnis fundamental betrifft. Die genetisch-wissenschaftliche Erklärung des Menschen ist keine »wertfreie«, neutrale Beschäftigung. Dieses Problem wurde bislang nur mit dem Hinweis auf den antimetaphysischen Impuls berührt, es bedarf weiterer Erörterung. Es kann kein Zweifel daran bestehen, daß in der Abstammungslehre eine Tendenz besteht, unter dem Anschein des biologisch-wissenschaftlichen Nachweises eine Gesamtanschauung des Menschen zu entwickeln, welcher Versuch sich in einer »Biophilosophie«, aber ebenso in der (zoologischen) Verhaltensforschung unverkennbar artikuliert.

Als gemeinsames Element bleibt der anti-metaphysische Impuls. Da er in derart massiver Weise auf verschiedenen Gebieten auftritt, muß offenbar ein triftiger Grund da gewesen sein, eine solche Bewegung in Gang zu bringen. Wurde der Mensch in der metaphysischen Bestimmung als Mensch verfehlt? Trifft die antimetaphysische Bestimmung den Menschen jetzt besser?

4. Standpunkt und Aufgabe der Untersuchung

In allen Aussagen, die den Menschen betreffen, ist das »Objekt« Mensch in irgendeiner Weise verstanden. Das vorgängige Verständnis dessen, was Mensch heißt, wird in den die verschiedensten Bereiche betreffenden Einzelaussagen selten zum Problem. Die Schwierigkeit zeigt sich bereits in der Problematik des Begriffes »Mensch«, der ja als der gleiche in den mannigfaltigsten Zusammenhängen gebraucht wird, obwohl er jedesmal eine völlig andere Bedeutung haben kann. Die Problematik kann für die Zwecke der Forschung ausgeräumt werden, indem man diesen Begriff nicht mehr verwendet und einzelne Funktionsbereiche ausgrenzt, die mit entsprechenden operationalen Begriffen bestimmt werden. Die wissenschaftstheoretischen und sprachanalytischen Untersuchungen können formale Klärungen der Begriffsverwendung überhaupt erreichen. Damit ist aber das Problem nur umgangen. Die Problematik des Verständnisses von »Mensch« liegt gleichsam vor aller Begriffsfestsetzung und Begriffserklärung. Ob der Begriff Mensch in den Aussagen eigens vorkommt oder nicht, ob er diffuse Bedeutung hat oder eindeutig abgegrenzt worden ist, immer schon ist das, auf was sich die Begriffe beziehen, in seinem *Sein* verstanden.

Das Problem »Mensch« muß auf die Frage zurückgebracht werden: was verstehen wir unter Mensch-*Sein*. Das »ist« in den jeweiligen Aussagen klingt ganz selbstverständlich: Der Mensch *ist* ein hochentwickeltes Säugetier. Das Individuum *ist* gesellschaftlich. Der Mensch *ist* nicht nur Naturwesen, er *ist* auch ein geschichtliches Wesen.

Diese Selbstverständlichkeit verdeckt aber die entscheidende Frage, was menschliches Dasein *ist*, und gerade deshalb, weil wir als Menschen schon immer ein Verständnis unserer selbst haben müssen.

Die Ergebnisse der naturwissenschaftlichen Anthropologie und Verhaltensforschung beweisen offenbar, daß sich der »Mensch« aus tierischen — subhumanen — Formen entwickelt hat. Von diesen Ergebnissen her entsteht die Problematik, was dann »Mensch« bedeuten soll. Wenn *alle* Eigenschaften und Verhaltensweisen letzten Endes aus seiner Stammesgeschichte erklärbar und verstehbar werden, dann kann zwischen Tier und Mensch kein wesentlicher Unterschied mehr bestehen. Nicht wenige Forscher stehen auch auf diesem Standpunkt. Auf der anderen Seite drängt es auch Biologen dazu, von einer Sonderstellung des Menschen zu sprechen, weil offenbar die heutige Form eklatante Unterschiede gegenüber den verwandten Tierformen aufweist. Das Dilemma durchzieht schon — explizit oder nicht — die biologische Fachliteratur, es wird besonders evident, wenn Natur- und Geisteswissenschaftler zu einer einheitlichen Auffassung des Objektes Mensch gelangen wollen. Bereits bei Th. H. Huxley findet sich das Dilemma in folgender Weise formuliert:

»... und ich will noch mein Glaubensbekenntnis hinzufügen, daß der Versuch, eine psychische Trennungslinie zu ziehen, gleich vergebens ist, und daß selbst die höchsten Vermögen des Gefühls und des Verstandes in niederen Lebensformen zu keimen beginnen. Gleichzeitig ist niemand so stark überzeugt wie ich, daß der Abstand zwischen den zivilisierten Menschen und den Tieren ein ungeheurer ist. Niemand ist dessen so sicher, daß, mag der Mensch von den Tieren abstammen oder nicht, er zuverlässig nicht eines derselben ist.«[10]

Heute schlägt sich das Dilemma mitunter in hochabstrakten und außerwissenschaftlichen Begriffen nieder wie »evolutive Transzendenz« (Dobzhansky), »Umschlag von Quantität in Qualität« (Schwidetzky), »additive Typogenese« (Heberer), was die Sache keineswegs klarer macht. Das Dilemma scheint unauflösbar.

Ist hier aber nicht das Problem vom Ansatz her verfehlt? Ginge es nicht darum, erst einmal zu klären, auf welches Sein sich die naturwissenschaftlichen Aussagen über Evolutionsvorgänge beziehen? Um welches Sein (Leben) des Menschen und der Tiere geht es in den wissenschaftlichen Aussagen? In welchem Vergleichshorizont werden Tier und Mensch in der Evolutions- und Verhaltensforschung verglichen?

Die moderne Genetik hat gezeigt, daß der Aufbau der Lebewesen einschließlich des Menschen von relativ einfach strukturierten Stoffen, den Nukleinsäuren, gesteuert wird. Reduplikation, Ontogenese, die Unterschiede der Arten, aber auch ein wichtiger Evolutionsfaktor, die Mutationen können mit der Genstruktur erklärt werden. Aber: Sind wir in unserem Dasein mit den Nukleinsäuren identisch? Was heißt: Der Mensch *ist* ein Produkt seiner Gene? Können wir uns in dem »ist« wiederfinden?

Eine Richtung der modernen Biologie begreift heute die Lebensvorgänge nach dem Modell der Kybernetik. Diese Möglichkeit scheint eine Schwierigkeit zu beseitigen, die lange Zeit unter dem Gegensatz Mechanismus — Vitalismus Biologen und Philosophen beschäftigt hatte. Von geisteswissenschaftlicher Seite, aber auch von Biologen selbst (Driesch) wurde der naturwissenschaftlichen Biologie vorgeworfen, daß ihre dem Vorbild von Physik und Chemie abgewonnenen Vorstellungen für die Erklärung der Lebenserscheinungen untauglich sei. Sie würde das Leben »mechanistisch« begreifen wollen, damit aber die ganzheitlichen Abläufe, die erstaunlichen Integrationsfähigkeiten der lebenden Organismen nicht erklären können. Mit der Vorstellung von »offenen Systemen«, die sich in einem »ständigen Fließgleichgewicht« (Bertalannffy) befinden, d. h. in einem nach dem Modell des Regelkreises sich selbst regelndem Austausch mit der sich ständig veränderten Umwelt, sind Begriffe gefunden, die den Lebenserscheinungen besser gerecht werden. Sie bieten eine deutliche Abgrenzung gegen die »geschlossenen« Systeme mit linear ablaufenden Kausalgesetzen, wie sie im Bereich der Physik auftreten. Aber selbst wenn die Vorstellung von kybernetischen Systemen den Lebenserscheinungen besser entsprechen als die physikalisch-mechanischen Begriffe: Wir erfahren uns als Menschen in unserem konkreten Leben keineswegs als selbstregelnde Systeme. Welche Wirklichkeit stellt das kybernetische System dar, welche Wirklichkeit unser gelebtes Dasein?

Die Frage nach dem Sein des in den jeweiligen Aussagen gemeinten Menschen kann ebenso an die Kulturanthropologie, an die Psychologie, an die Soziologie gestellt werden. Was bedeutet in diesen Bereichen jedesmal das Sein des Menschen? Wenn immer ein verschiedenes gemeint ist, wie unterscheiden sich die Seinsarten und welches gemeinsames Sein soll es geben, wenn es sich doch immer um denselben Menschen handelt?

Im folgenden soll eine Kennzeichnung des menschlichen Daseins versucht werden. Es handelt sich um eine vorläufige Skizze um den Standpunkt darzulegen, von dem aus die Untersuchung geführt wird, und um die Fragerichtung anzuzeigen, in der sie sich bewegt.

Menschliches Dasein zeichnet sich durch einen eigenartigen Charakter aus, das es von allen anderem Sein, dem Sein eines Steines oder eines

Tisches, dem Sein einer Pflanze, dem Sein eines Tieres unterscheidet.[11] Der Seinscharakter menschlichen »Lebens« besteht zum einen darin, daß dieses »Leben« *verstehen* kann. Zum anderen ist menschliches Dasein von *Zeitlichkeit* bestimmt. Beide Grundbestimmungen umfassen das Ganze menschlichen Seins. Sie sind nicht getrennt voneinander aufzufassen. Alles Verstehen ist zeitlich, Zeitlichkeit ist immer verstanden. Verstehen und Zeitlichkeit sind keine Kategorien des Bewußtseins. Sie meinen die strukturale Verfassung menschlichen Daseins.

Verstehen soll eine prinzipielle Verfassung des Lebens von der Art des Menschen kennzeichnen. Es ist damit nicht ein Vermögen gemeint — in der Form von Vernunft, Verstand, Denken, Wissen — das zu einem irgendwie angesetzten Leben hinzukäme. Das menschliche Leben ist von sich her verstehend. Dieses Leben ist auch dann verstehend, wenn es keine besonderen Weisen des Wissens und der Reflexion ausgebildet hat. Um überhaupt »leben« zu können, muß der Mensch sein Leben verstehend leben. Auch das »natürliche Leben«, wie z. B. Gehen, Sitzen, Stehen, Essen, aber auch Bedürfnisse, Strebungen, Gefühle, Impulse sind schon immer verstanden. Das bedeutet wiederum nicht, daß diese Vorgänge reflektiert werden müssen. Das kann geschehen, im Normalfall unterbleibt aber eine Reflexion, womit diesen Vorgängen die Verstehensstruktur keineswegs fehlt.

Ein »Leben«, das den Grundcharakter des Verstehens hat, ist damit in keinen festgelegten Rahmen eingespannt. Eben weil dieser fehlt, muß es verstehend sein. Es ist offen für Möglichkeiten. Einem nicht verstehenden Leben können keine Möglichkeiten offen stehen, es ist in sich *geschlossen* (im Prinzip unfrei). Verstehen bedeutet daher *Offen-Sein*, d. h. Frei-Sein für Möglichkeiten (der Möglichkeit nach frei).

Die faktischen Realmöglichkeiten für das Dasein sind jedoch gegenüber diesen offenen (Verstehens-)Möglichkeiten begrenzt. Die Grenzen der Realmöglichkeiten sind — allein aufgrund des Verstehenscharakters — in einem gewissen Ausmaß variabel. Sie können jedoch niemals völlig aufgehoben werden.

Die Menschen sind auf tägliche Nahrung, auf Unterkunft, Kleidung, auf Sauerstoff, Wasser, bestimmte Temperaturverhältnisse usw. angewiesen. Die Grenzen, die durch diese Bedingungen gesetzt sind, können durch bestimmte Vorkehrungen variiert werden. Der Mensch kann in tropischen wie in arktischen Zonen leben, er kann sich unter Wasser und über der Atmosphäre aufhalten. In der Weltraumfahrt können diese Grenzen in extremer Weise verändert werden. Mit all diesen

Möglichkeiten werden aber die Grenzen der Realmöglichkeiten nur modifiziert, möglicherweise extrem erweitert, aber niemals beseitigt.

Innerhalb der in einem bestimmten Ausmaß variablen Grenzen ist der *Spielraum,* in dem sich menschliches Dasein abspielt. Der Spielraum muß jeweils in einem Entwurf eingeräumt werden. In diesem Entwurf ist sowohl die *Welt* des Menschen als auch der *Mensch* selbst verstanden. Welt- und Menschenverständnis bilden eine ursprüngliche Einheit. Welt bedeutet der in einem Verständnis ausgelegte Lebensraum des Daseins, der die »Natur«, die Wohn- Arbeits-, Erholungsverhältnisse ebenso einschließt wie die mit diesen verwobene mitmenschliche Welt, die gesellschaftlichen Verhätnisse. *Mensch* bedeutet wiederum das in einem Verständnis ausgelegte menschliche Dasein, wie es in dieser Welt verstehend lebt und in einem mannigfaltigen Geflecht von Welt- und Mitmenschenbezügen eingebettet ist. In dem jeweiligen Welt- und Menschenverständnis ist dann verstanden, wie das »Leben« geführt, eingerichtet, befriedigt, erzogen werden muß; wie Gemeinschaftsformen ausgebildet, erhalten, verändert oder revolutioniert werden müssen, wie die »natürliche« Umwelt zu den Zwecken des »Lebens« umgewandelt, beherrscht, ausgebeutet oder geschützt werden muß. In diesem Verständnis sind die täglichen Bedürfnisse und die Maßnahmen zu ihrer Befriedigung genauso verstanden wie der Sinnhorizont, in dem diese Bedürfnisse befriedigt werden — und sei es selbst dieser, daß das Dasein in der Befriedigung der unmittelbaren Bedürfnisse aufginge. In der im Welt- und Menschenverständnis inbegriffenen Sinnauslegung ist darüber entschieden worden, worumwillen das Dasein »lebt«, und welchen Bezug es zum Ganzen der verstandenen Welt hat. Da das Dasein zwar jeweils den Spielraum in einem Verständnis entwerfen muß, den Spielraum des Daseins aber mit seinen variablen Grenzen nicht selbst gemacht hat, muß auch über diese Frage, nämlich die nach der Herkunft des Daseins selbst entschieden worden sein. Eine Entscheidung, die von erheblicher Bedeutung für das gesamte Daseinsverständnis ist. Wo immer wir Wesen begegnen, die wir als Menschen ansehen, treffen wir auf ein Verständnis, das sie von sich selbst und von ihrer Welt haben. Es hat sich niedergeschlagen in den vielfältigen Formen von Mythos, Religion, Sitte, Philosophie, Kunst, Gesetzen, öffentlicher Meinung, Gewohnheiten. Problem bei alledem bleibt, wie dieses Verständnis jeweils entsteht, »wer« entwirft, wie und unter welchen Kriterien ein Verständnis der hier angesprochenen Art übermittelt, weitergetragen und abgeändert wird.

Der Grundbestimmung des Verstehens entspricht die *Sprache.* Allein ein Wesen, das in eben dargelegter Weise verstehen kann, vermag zu sprechen. Sprache ist nicht nur im gesprochenen und geschriebenen Wort. Sprache gibt es als lautlose Sprache des menschlichen Leibes, Sprache gibt es ebenso im Schweigen, in der Stummheit, in der Sprachlosigkeit.

Die zweite Grundbestimmung heißt *Zeitlichkeit.* Das bedeutet: alles über das Verstehen bisher Gesagte ist auch zeitlich. Mit Zeitlichkeit ist gemeint, daß der Mensch in der Zeit lebt, daß er Vergangenheit, Gegenwart und Zukunft haben kann, daß sein Dasein *geschichtlich* ist, sowohl in seiner individuellen als auch in seiner kollektiven Erscheinung.

Zeitlichkeit bedeutet gleicherweise *Endlichkeit.* Das Leben des Menschen ist begrenzt, einmal im Sinne, daß seine Tage gezählt sind, zum anderen, daß seine »Lebens«-Möglichkeiten überhaupt beschränkt sind. Das bedeutet, daß jeder Mensch mit bestimmten Besonderheiten geboren wird, mit einem bestimmten Geschlecht, in dieser Zeit und an diesem Ort, mit Anlagen und Mängeln. Endlichkeit bedeutet, daß niemals alles auf einmal gemacht werden kann, daß die konkreten Verwirklichungen stets hinter den Möglichkeiten zurückbleiben müssen (da niemals alle Möglichkeiten in Beruf, Partnerschaft, Freundschaft, Vergnügungen, Freizeit, usf. ergriffen werden können), daß die Altersphasen des Menschen jeweils bestimmte Möglichkeiten bieten und andere ausschließen.

Die Beschränktheit (Endlichkeit) des menschlichen Lebens steht in einem Bezug zu der Offenheit (Frei-Sein für Möglichkeiten), die sich aus der Verstehensstruktur schlechthin ergibt. Der Mensch kann dem Prinzip nach nicht nur alles denken (wie die Metaphysik meinte), er kann vor allem auch alles begehren, wünschen, wollen. Die Verstehensstruktur ermöglicht einen *unendlichen* Ausgriff, dem auf der anderen Seite die *Endlichkeit* menschlichen Daseins in Gestalt der grundsätzlich begrenzten Realmöglichkeiten entgegensteht. Das menschliche »Leben« ist danach von einem *Widerspruch* gekennzeichnet.

Der Widerspruch muß in irgendeiner Weise »gelebt« werden. Menschliches »Leben« bedeutet daher *Aufgabe,* es »lebt« sich nicht von selbst, sondern muß, in welcher Weise auch immer versuchen, einen Ausgleich zwischen den jeweiligen Wunschvorstellungen und den diese einschränkenden Realmöglichkeiten zu finden. Innerhalb dieser Dimension gibt es die mannigfaltigen Regelungen der Gesellschaft, mit denen über die Verteilung der erzeugten und vorhandenen Güter, über Rechts- und Besitzverhältnisse entschieden worden ist. Erst aufgrund des Widerspruches zwischen Ausgriff (Phantasien, Wünschen, Entwürfen) und beschränkten Realmöglichkeiten kann es Phänomene wie Abhängigkeit, Unmündigkeit, Ungerechtigkeit, Ausbeutung und Beherrschung geben.

Der Widerspruch erfordert allemal ein *Maß*, nach dem sich der jeweilige Ausgleich, sei es im individuellen oder im gesellschaftlichen Leben, richtet. Ob dieses Maß durch Kriterien der menschlichen Vernunft festgesetzt werden kann, ob es dafür absolut gültige Kriterien gibt, ob das Maß nur relativ auf bestimmte Gesellschafts- und Herrschaftsstrukturen sein kann, ist ein entscheidendes Problem.

Das Maß steht in einer eigentümlichen Dialektik zwischen den jeweiligen geschichtlich sich wandelnden Real-Möglichkeiten und dem Entwurf (Ideen, Phantasien, Hoffnungen, Wünsche, Utopien), der diese Real-Möglichkeiten verwirklichen, der aber auch über sie hinausgreifen oder hinter ihnen zurückbleiben kann.

Die Dialektik zwischen den begrenzten Real-Möglichkeiten und dem unbegrenzten Ausgriff des menschlichen »Lebens« steht dabei wieder in einem Bezug dazu, was man unter »Mensch« versteht, wie »groß oder klein« man sein »Leben« angesetzt hat. In diesem Verständnis ist auch über den Widerspruch entschieden worden, sei es, daß grundsätzliche Lösungen angenommen werden, entweder von der Art, daß solche jenseits des irdischen Menschen-Lebens eintreten, oder von der Art, daß solche in der Zukunft der Menschheitsentwicklung erwartet werden, sei es, daß eine grundsätzliche Lösung überhaupt als unmöglich angesehen wird.

Die Grundbestimmungen von Verstehen und Zeitlichkeit, die das »Leben« von der Art des Menschen kennzeichnen, können in philosophisch-phänomenologischen Untersuchungen am gegenwärtig lebenden Menschen aufgewiesen und belegt werden. Gelten sie deswegen von allen Menschen und für alle Zeiten? Soweit unser historisches Wissen in die Vergangenheit des Menschengeschlechtes zurückreicht, zeigt es auch schon in der Frühzeit des Menschen Tatbestände, die einwandfrei diese Bestimmungen belegen. (Es würde dafür allein der Nachweis von Feuergebrauch und Grabstätten genügen.) Würde man in der Abstammungsgeschichte den »ersten« Menschen finden wollen, dann könnte sein Ort allein da sein, wo sich ein Wesen befindet, dessen Äußerungen auf Verstehen und Zeitlichkeit schließen lassen.

Die naturwissenschaftliche, neodarwinistisch orientierte Abstammungslehre arbeitet mit einem — in der Forschung überdies unreflektierten — Begriff des Menschen, bei dem die Bestimmungen von Verstehen und

Zeitlichkeit völlig ausgelassen sind. Der Begriff Mensch in der Abstammungslehre ist von der abstrakten Vorstellung eines »lebenden Organismus« gekennzeichnet, in die sich menschliche und tierische Phänomene widerspruchslos einbringen lassen. Der »Nachweis« der Abstammung des Menschen vom Tier spielt sich allein im Rahmen dieser Vorstellung ab. Würde man dagegen Verstehen und Zeitlichkeit als entscheidende Momente des Menschen-»Lebens« ansehen müssen, dann könnte die Hypothese des kontinuierlichen Übergangs vom Tier zum Menschen nicht derart unproblematisch vorgetragen werden, wie es heute allenthalben der Fall ist. Das Moment von Verstehen und Zeitlichkeit ist ja gerade keine im Tierreich vorfindbare Kategorie, sie steht mit Lebensleistungen eines Organismus in keinem unmittelbaren und notwendigen Zusammenhang, kann deswegen aus Lebensleistungen und optimaler Anpassung an die Umwelt (die Kriterien der Abstammungslehre) nicht hergeleitet werden.

Dasselbe müßte von der zoologischen Verhaltensforschung gesagt werden. Diese geht in ihren vergleichenden Forschungen von den Ergebnissen der Abstammungslehre aus, d. h., sie nimmt von vornherein an, daß der Mensch im Prinzip ein hochentwickeltes Säugetier darstellt. Sie arbeitet ebenfalls mit einem Begriff des Menschen, in dem die Verstehens- und Zeitlichkeitsstruktur nicht vorkommt. Wenn daher Konrad Lorenz das Verhalten der Graugans bis »in lächerliche Einzelheiten« hinein dem des Menschen vergleichbar findet, und dies abstammungsgeschichtlich begründet, so kann er dies nur von dem Boden einer Anschauung aus, die den Menschen genauso wie das Tier als auf Umweltanpassung hin funktionierenden Organismus begreift. Wenn es ähnliche oder vergleichbare Verhaltensweisen von Mensch und Tier geben mag, so entstammen sie jeweils einem anderen »Leben«, d. h., sie sind auf jeweils völlig anders strukturierte »Lebensprozesse« bezogen. Dieser kritische Befund gilt ebenso für die viel gewichtigeren Thesen eines »natürlichen« Aggressionstriebes und die daraus abgeleiteten Interpretationen und Folgerungen für ein »Ethos« des Menschen.

Der Begriff des Verstehens legt den Einwand nahe, daß dieser Charakter doch auch schon im animalischen Leben aufweisbar sei. Tiere können sich doch offenbar verständigen. Daran soll auch gar kein Zweifel bestehen. Sie können sicher auch intelligente Handlungen ausführen. Tierisches Verstehen hat aber niemals den Charakter von Offenheit, der das menschliche Verstehen auszeichnet. Einem Tier stehen keine Möglichkeiten offen, weil es im Sinne des Menschen nicht verstehen kann, es kann nicht über sich (über seine Organisation) hinaus andere Möglichkeiten verstehen, es kann damit keine Möglichkeiten entwerfen, verwirklichen oder an der Verwirklichung scheitern. Aus dem gleichen Grund können Tiere nicht sprechen. Allein menschliches (offenes) Verstehen kann sich in Sprache aussprechen. Man kann mitmenschliche Verständigung als Information zu Lebens(anpassungs)leistungen auffassen, in Grenzen des jeweiligen Zusammenhangs womöglich zu Recht. Unsachgemäß wird aber eine solche Auffassung sofort, wenn sie unreflektiert, ohne Bezug zum Gesamtphänomen des menschlichen Verstehens verwendet und nun mit Tierverständigungsphänomenen in Vergleich gebracht wird.

Das Verständnis von Welt und Mensch bleibt sich im Lauf der Geschichte der Menschheit nicht gleich und unterliegt weitgehenden Abwandlungen. Seit dem Erwachen des historischen Bewußtseins im 18. und 19. Jahrhundert bemühen sich die Geschichtsphilosophien, in der Kette dieser Abwandlungen einen roten Faden zu finden, wobei die Vorstellung einer Entwicklung zu einem höheren oder vollkommeneren Zustand eine entscheidende Rolle spielt. Das Subjekt dieses erwarteten Zustandes kann dabei nicht mehr das *Individuum* Mensch, sondern allein die *Gattung* Mensch sein, da das individuelle Leben für den Zeitraum der benötigten Entwicklung zu kurz reicht. Die antimetaphysische Version dieser Vorstellung, die Marx gegen Hegel entwirft, hat radikal auf alle theologischen und idealistischen Voraussetzungen verzichtet.

In der marxistischen Auffassung wird zum einen die These vertreten, daß das jeweilige Welt- und Menschenverständnis ein Ausdruck des materialen Produktionsprozesses und der diesen entsprechenden Gesellschaftsverhältnisse sei. Zum anderen wird der Ablauf der Geschichte als ein (von Marx als notwendig ablaufender, von den Nachfolgern als ein von den Menschen zu machender) Prozeß angesehen, in dem der Mensch qua Gattungswesen erst Mensch wird. Die materiale Produktionsgeschichte ist gleichzeitig die Produktionsgeschichte des Menschen als Gattungswesen.

Die erste Behauptung von der ökonomisch-gesellschaftlichen Bedingtheit des Welt- und Menschenverständnisses trifft zu. Der Sachverhalt ist in der metaphysischen Bestimmung des Menschen nahezu völlig ausgefallen. Problem bleibt, welche Funktion dieser Bedingung beizumessen ist. Das Verständnis von Mensch und Welt kann sich wohl allein im Medium der jeweiligen ökonomisch-gesellschaftlichen Verhältnisse [illegible]tikulieren, das bedeutet aber keineswegs, daß es aus ihnen ableitbar sei. Nicht zuletzt gilt dieser Befund für Marx und seinen Anspruch selbst.

In Bezug auf den Menschen ist ebenfalls unstrittig, daß das Individuum ohne gesellschaftliche Vermittlung nicht denkbar ist. Es ist aber wiederum die Frage, ob diese Vermittlung als totale anzusehen ist. Menschliches Dasein hat ein Verhältnis zu sich selbst. Das Verhältnis mag in der überwiegenden Zahl von den ökonomisch-gesellschaftlichen Umständen bestimmt sein. Der Mensch versteht sich selbst aus diesen Verhältnissen, er »lebt« sie. Das muß aber nun nicht bedeuten, daß keine Möglichkeit eines »eigenen« Selbstverhältnisses besteht. Bedeutet »Mündigkeit« nicht, daß der Mensch in ein verantwortliches Verhältnis zu sich selbst treten muß, was allererste Voraussetzung für ein verantwortliches mitmenschliches Handeln ist? Von daher kann ja allein auch erst die Infragestellung bestehender gesellschaftlicher Verhältnisse verstanden werden. Die Möglichkeit eines »eigenen« Selbstverhältnisses ist aber nicht mehr auf ökonomisch-gesellschaftliche Umstände rückführbar.

Die zweite Behauptung (Produktionsgeschichte des Menschen als Gattungswesen) steht in einem unabtrennbaren Zusammenhang mit der Frage nach Möglichkeiten und Grenzen menschlichen Daseins. Man kann Idealbilder vom Ziel der Gattung Mensch in sich tragen und meinen, daß die notlose Befriedigung aller Bedürfnisse in einer zukünftigen »emanzipierten« Gesellschaft möglich sei. Man kann die Geschichte (mit nicht wenig Gewaltsamkeit) als einen Verlauf deuten, der auf ein solches Ziel hingeht. Idealbilder und daraus entspringende Konstruktionen der Geschichte stehen in Bezug zu dem grundsätzlichen Widerspruch menschlichen Daseins und tragen allemal die begreifliche Tendenz in sich, diesen Widerspruch aufzulösen. Solche Entwürfe neigen, insbesondere wenn sie totalen Charakter annehmen und mit absolutem Anspruch auftreten, gleichermaßen dazu, Möglichkeiten und Grenzen menschlichen Daseins zu überspringen.

Verstehen und Zeitlichkeit sind im marxistischen Menschenverständnis aufweisbar. Beide Bestimmungen sind jedoch in der Interpretation des Menschen — entsprechend der Gesamtkonzeption — äußerst eingeengt. Verstehen ist an Arbeit (Produktion) gekoppelt, Zeitlichkeit als Phänomenbereich ist auf den Rahmen der kollektiven Produktionsgeschichte beschränkt.

Bei Freud schließlich nehmen Verstehen und Zeitlichkeit eine zentrale und umfassende Bedeutung ein, obwohl Freud in seinem Begriff des

Menschen an der naturalistisch-darwinistischen Position festhält. Eine Auffassung des menschlichen Daseins, in der Verstehen und Zeitlichkeit eine entscheidende Rolle spielen und eine naturalistische Auffassung, in der das außermenschliche Leben die Interpretation leitet, schließen sich jedoch gegenseitig aus oder sind zumindest nicht unproblematisch vereinbar. Der Tatbestand von zwei Ebenen der Interpretation des Menschen, im Freudschen Werk durchgängig aufweisbar, stellt daher einen eminenten inneren Widerspruch seiner Lehre dar. Dies könnte allein schon an dem Freudschen Grundbegriff des *Triebes* gezeigt werden. Der Begriff des Triebes entstammt dem außermenschlichen Leben, und Freud zögert nicht, ihn auch für das menschliche »Leben« anzusetzen. In seinen Beschreibungen des menschlichen Triebes zeigt sich jedoch, daß es einen »biologisch« faßbaren Trieb beim Menschen gar nicht gibt. Das Triebgeschehen wird bei Freud allein manifest in den psychischen »Triebrepräsentanzen«, d. h., der Trieb ist beim Menschen immer »seelisch«, sei er nun bewußt oder unbewußt, er ist damit in das komplizierte Gefüge der »Psyche« eingebettet, ein Sachverhalt, der hier mit Verstehensstruktur bezeichnet wird. Der Trieb ist beim Menschen immer, ob bewußt oder unbewußt, verstanden, interpretiert, z. B. auch in der Weise, daß das völlig unreflektierte Kleinkind seine »Triebe« von der »Interpretation« der »Triebe« seiner Eltern her versteht und sie dementsprechend »lebt«. Recht besehen ist der naturalistisch gefärbte Begriff des Triebes für die Ergebnisse und Beschreibungen der Freudschen Lehre völlig untauglich, was sich auch darin zeigt, daß die Modifikationsmöglichkeiten des Triebes bis hin zur Vorstellung der Sublimation äußerst weitgehend angesetzt werden müssen, ein dem außermenschlichen Leben völlig fremder Tatbestand.

Ist aber mit den Bestimmungen von Verstehen und Zeitlichkeit nicht wiederum ein »geistiges« Prinzip angesetzt, das gegen »Natur« abgehoben werden muß? Sind diese Kategorien nicht ebenfalls »metaphysisch«?

Mit Verstehen und Zeitlichkeit wurde der Grundcharakter menschlichen Daseins bezeichnet und damit das Ganze des menschlichen »Lebens« gemeint, nicht irgendwelche abgrenzbaren Bereiche.

Beides scheint im Hinblick auf den Menschen fraglich: ob es ein vom Leiblichen abgelöstes Bewußtsein geben kann, als auch, ob es rein »naturhafte« Prozesse gibt.

Im einen Fall ist weniger entscheidend, daß Denkprozesse ohne Gehirn und Zentralnervensystem nicht stattfinden können als vielmehr, daß das Denken überhaupt, insbesondere seine Inhalte (wie z. B. auch logische Denkgesetze) nicht losgelöst vom konkreten geschichtlichen Menschendasein betrachtet werden können.

Im anderen Fall kann die Biologie sicher »natürliche« Prozesse am Menschen feststellen, die sich in ihrem naturgesetzlichen Ablauf nicht von denen außermenschlicher Organismen unterscheiden. Dies besagt aber nur die Möglichkeit ausschnitthafter Erfassung menschlichen Daseins, nicht aber, daß diese festgestellten Prozesse in ihrer Gesamtheit einen »natürlichen« Bereich des Menschen darstellen.

Die Aufgabe der Untersuchung kann nunmehr in folgenden Punkten umrissen werden:

1. Von dem eben skizzierten Standpunkt aus sollen die Lehren von Darwin, Marx und Freud dargestellt und kritisch betrachtet werden.

2. Die Untersuchung hat dabei nicht das Ziel einer gelehrten Zergliederung der drei Lehren im Auge — und auch nicht die Absicht, je als brauchbar befundene Teilstücke zu einem neuen Menschenbild zu verarbeiten. Das Ziel besteht vielmehr darin, die Frage nach dem Menschen erneut zu stellen, und zwar in dem Durchgang durch das »Anschauungsmaterial« der drei Lehren.

3. Die metaphysische Bestimmung des Menschen ist heute fragwürdig geworden, nicht zuletzt durch das Auftreten von Darwin, Marx und Freud. Nichtsdestoweniger scheint die seit Platon das Abendland beherrschende dualistische Auslegung immer noch bestimmend zu sein, wenn sich jetzt auch das Schwergewicht innerhalb des Schemas verlagert hat.

Die Konfrontation mit Darwin, Marx und Freud soll die Möglichkeit eines zukünftigen Verständnisses unserer selbst andeuten, in dem dieses Schema überwunden sein wird. Ein Verständnis, in dem die Menschen weder vom Geist, d. h. letztlich von einer als absolut vorgestellten Vernunft her, noch vom außermenschlichen Leben, noch von der Produktion des Lebens im technischen Zeitalter her bestimmt werden, könnte ein *menschliches* Verständnis des Menschen sein.

ERSTER TEIL

DAS VERSTÄNDNIS DES MENSCHEN IN DER ABSTAMMUNGSLEHRE

A. DARSTELLUNG DER ABSTAMMUNGSLEHRE

1. *Die Methode der neuzeitlichen Naturwissenschaft*

Die Abstammungslehre ist eine wissenschaftliche Theorie. Das empirische Belegmaterial für sie ist seit Darwin derart angewachsen, daß es angezeigt erscheint, die Theorie als »tatsächlich« erwiesen anzusehen.

»... denn die Phylogenie des Menschen, sein realhistorisches Hervortreten aus dem Tierreich, das Abspalten eines zuletzt zur Gegenwart des Menschen führenden Stammes aus den höheren Primaten ist — wie Ernst Haeckel es schon vor fünfundsechzig Jahren einmal treffend formulierte — ›keine Hypothese mehr, sondern eine Tatsache‹«.[1]

Da die Abstammungslehre allgemein mit diesem Anspruch, eine feststehende »Tatsache« zu sein, auftritt, muß zunächst untersucht werden, was wissenschaftlich eine Tatsache bedeutet, mit welcher Methode und unter welchen Kriterien wissenschaftliche »Wahrheit« entsteht.

Mit »Wissenschaft« können ganz unterschiedliche Richtungen der Wissensbildung bezeichnet werden. Phänomenologie, Hermeneutik, Dialektik werden heute ebenso mit dem Begriff Wissenschaft belegt wie der Bereich der Naturwissenschaft, obwohl offenbar sehr verschiedene Methoden zur Erforschung angewandt werden und sehr unterschiedliche Ansprüche mit dem Ziel der Forschung verbunden sind. In der Abstammungslehre haben wir es mit der Art von Wissenschaft zu tun, die zum ersten Mal mit dem Beginn der Neuzeit auftritt, exemplarisch repräsentiert in den Forschungsbereichen von Physik und Chemie. Wenn im folgenden der Begriff *Wissenschaft* gebraucht wird, so bezieht sich dieser allein auf die *neuzeitlich empirisch-analytische* Wissenschaft. Die moderne Art von Wissenschaft zeichnet sich dadurch aus, daß sie relativ kurze Zeit zu ihrer völligen Entfaltung benötigt und in Gestalt der Technik eine totale Umwälzung der Lebenswelt der Menschen hervorgebracht hat. Was unterscheidet die moderne Naturwissenschaft von der antiken und mittelalterlichen »Wissenschaft« und von den »geisteswissenschaftlichen« Richtungen?

Das wissenschaftliche Erkennen von der Art der empirisch-analytischen Wissenschaft ist ein bestimmter *Zugang zur Wirklichkeit*. Dieser Zugang erscheint in einem eigenartigen Vorgang in zunehmender Weise als der einzige Zugang zur Wirklichkeit. Der heutige Sprachgebrauch, der die Bezeichnungen »wissenschaftlich« oder »wissenschaftlich erwiesen« synonym mit »richtig«, »wahr« verwendet und »unwissenschaftlich« mit »unwahr« gleichsetzt, bezieht sich auf die empirisch-analytische Wissenschaft. Wenn das wissenschaftliche Erkennen allein für die »tatsächliche« Wirklichkeit bürgt, dann ist nur das wirklich, was wissenschaftlich erwiesen und gesichert ist. Alles andere trägt zum mindesten den Verdacht der Unwirklichkeit. Was hat die moderne Wissenschaft in eine solche Vormachtstellung gebracht?

Die Wissenschaft legt sich in ihrem Vorgehen einen *Verzicht* auf. Im Unterschied zu der antiken und mittelalterlichen »Wissenschaft«, die an die gleichzeitige Philosophie und Theologie gebunden bleibt, verzichtet sie auf jegliche vorausgesetzte Ganzheitserklärung, sei sie religiöser oder philosophischer Art. In ihrem Vorgehen läßt sie sich weder davon bestimmen, daß ein Gott das Weltgebäude erschaffen habe, noch davon, daß erste mit der Vernunft erkennbare Prinzipien alles Seiende begründen würden. Am Anfang der Wissenschaft steht *historisch* die Emanzipation von Philosophie und Theologie, und *methodisch* die Enthaltsamkeit von allen unbeweisbaren Sätzen, worauf immer diese sich beziehen mögen. Wenn nun Wissenschaft voraussetzungslos, unbelastet von jeglicher Vormeinung ihre Forschung beginnt, womit hat sie dann zu tun und woran findet sie ihren Anhalt? An dem, was sich »tatsächlich« vorfindet, an der Realität, die sich durch exakte Beobachtung feststellen läßt. Die Wissenschaft bezieht ihre Gewißheit und ihre Kontrollmöglichkeit aus den erfahrbaren »Tatsachen«. Sie ist Erfahrungswissenschaft. Die Erfahrung wird dadurch sichergestellt, daß der Gegenstand der Forschung im weitesten Sinne »gemessen« wird. Sobald über ein Untersuchungsobjekt oder über einen Vorgang einwandfreie Meßdaten vorliegen, kann darüber keine unterschiedliche Meinung entstehen. Wo nicht gemessen werden kann, muß diesem Leitfaden so weit wie möglich gefolgt werden, z. B. mit Hilfe der Statistik.

Neben die Erfahrungsgewißheit stellt sich eine zweite, die sich mit ihr verbindet: die methodische Gewißheit. *Die Methode bekommt dabei den Vorrang vor der Sache.* Das bedeutet: nur was sich der Methode fügt, kann als (Tat)Sache gelten. Alles was sich der Methode nicht fügt, muß in der wissenschaftlichen Erfahrung außer Betracht bleiben. Man kann auch umgekehrt sagen: weil sich über die Sache »wirklich« nur etwas mit Hilfe des wissenschaftlichen Verfahrens ausmachen läßt, muß die Methode den Vorrang einnehmen. Jedes andere Verfahren bringt keine sichere Erkenntnis. An die Methode haben sich alle in der Wissenschaft Forschenden gebunden. Die Bindung sichert die Übertragbarkeit und Verläßlichkeit der wissenschaftlichen Ergebnisse. Die Methode ist der Weg, auf dem die Wissenschaft vorgeht. Ihr gemeinsames Kennzeichen ist die *sichernde Feststellbarkeit.* Ein Gegenstand kann erst dann Gegenstand der Wissenschaft sein, wenn er festgestellt werden kann. Um dies zu erreichen, werden vorweisbare Meßdaten — im weitesten Sinne — ermittelt. Das ermöglicht die Vergleichbarkeit von verschiedenen Objekten auf der Ebene des Maßes. Die verglichenen Objekte können dann in ein System eingeordnet werden. Da die Objekte in einem Zusammenhang miteinander stehen, muß die Ermittlung der Relationen eine zentrale Rolle einnehmen. Dabei erweist sich die Kausalgesetzlichkeit von so großer Allgemeingültigkeit, daß sie als eines der fundamentalen Weltgesetze angesehen werden muß. Die eindeutige Festlegung der Beziehung von Ursache und Wirkung in Form von Naturgesetzen ermöglicht die *Voraussagbarkeit* des auf diese Weise erfaßten Vorganges. Mit der genauen Kenntnis der bewirkenden Ursachen eines Geschehens kann dasselbe beliebig hervorgerufen, beeinflußt, verändert oder unterbunden werden. Die damit zu erzielende *Beherrschbarkeit* ist kein Moment, das zufällig, als ein Nebenprodukt des wissenschaftlichen Vorgehens entstünde, es gehört zum Wesen der Wissenschaft selbst. Dieser Grundzug der Wissenschaft zeigt sich unübersehbar in der modernen Technik, die wiederum nicht als notwendige Folge der Wissenschaft auftritt, sondern in wissenschaftlichem Vorgehen als solchem bereits angelegt ist. Mit der methodischen Forderung der Feststellbarkeit wird das Erkenntnisziel der Wissenschaft erreicht: die »objektive« Verfassung der Realität zu ermitteln. Die *Objektivität* ist die von dem subjektiven, unzuverlässigen und schwankenden Meinen losgelöste, eindeutig festgestellte Richtigkeit. Was objektiv festgestellt ist, hat eine Bestimmung erfahren, die durch vorweisbare Messung, durch systematische Einordnung, durch Kausalanalyse gesichert ist. Die wissenschaftlichen Ergebnisse zeichnen sich darüber hinaus durch *allgemeine Einsehbarkeit* aus. Die Kenntnisnahme der wissenschaftlichen Ergebnisse und die Einsicht ihrer Richtigkeit erfordert zwar einen gewissen Intelligenzgrad, ein wechselndes Maß von Anstrengung der Aneignung und Lebensumstände, in denen eine solche Aneignung überhaupt möglich ist. Diese Bedingungen sind jedoch nicht prinzipiell unerfüllbar. Wie wir gesehen haben, verzichtet die Wissenschaft bei Beginn ihrer Forschung auf jegliche Voraussetzung, die das Ganze des Forschungsbereiches schon in eine Deutung oder Erklärung gebracht hätte. Das bedeutet aber nicht, daß die Wissenschaft nun nicht auf ihre Weise zu Totalitätsaussagen käme. Sie macht solche nur nicht am Anfang (a priori), sondern (a posteriori) im Laufe ihres Vorgehens, dann nämlich, wenn genügend gesicherte Ergebnisse vorliegen, um eine solche Aussage zu machen. Die Aussagen, die Totalitäten, z. B. Umfang und Grenzen des Weltalls, seine Entstehung und seine zukünftige Entwicklung betreffen, sind allerdings so gehalten, daß sie nie strenge Apodiktizität beanspruchen. Sie stellen, je nach dem Stand der Forschung, das wahrscheinlichste Modell zur Erklärung bereit, das durch ein anderes ersetzt werden kann, falls neue Ergebnisse dazu Veranlassung geben. Die Wahrscheinlichkeit solcher Totalaussagen nimmt jedoch mit der fortschreitenden Entwicklung der Wissenschaft zu. Der *Fortschritt*, Kennzeichen der Wissenschaft, zeigt sich zum einen in der Ausbreitung des Wissens; immer mehr Gebiete der anorganischen wie der organischen Natur, der menschlichen Gesellschaft, der Wirtschaft, des interplanetarischen Raumes usf., werden von der Wissenschaft in ihren Forschungsbereich einbezogen; zum anderen in der Spezialisierung der Erkenntnisse. Die Wissenschaft dringt immer tiefer in ihre Gegenstandsbereiche ein, der Makrophysik folgt die Mikrophysik, der Erforschung der Zellen im Zusammenhang der Organismen folgt die Erforschung des Zellkernes bis in den Molekülaufbau hinein.

Wir fassen zusammen. Der entscheidende Grundzug der modernen Wissenschaft besteht in einem bestimmten *Zugang zur Wirklichkeit*. Der Zugang ist die *Methode*, die diesen Zugang einrichtet und absichert. Die Methode besteht in der unbedingten Forderung nach sichernder Feststellbarkeit. Nur was im weitesten Sinn feststellbar ist, kann in den Weg, den sich die Wissenschaft bahnt, eingehen. Die Mittel zur Feststellung sind die vorgängige Enthaltsamkeit — Voraussetzungslosigkeit — beim Beginn des Weges. Auf dem Weg: das vergleichende Messen, die Kausalanalyse und das Experiment, die Einordnung in relative Systeme. Als Folgen der experimentellen Feststellung ergeben sich: Wiederholbarkeit, Voraussagbarkeit, Beherrschbarkeit. Mit all dem wird das Ziel des wissenschaftlichen Erkennens erreicht: Objektivität, vom Subjekt unabhängige richtige Aussage über die »Realität«. Wissenschaftlich richtig festgestellte Aussagen haben Allgemeingültigkeit, besitzen allgemeine Einsehbarkeit und sind »ohne Verlust« zu übertragen: sie haben uneingeschränkte Kommunikabilität.

Mit dieser Beschreibung der wissenschaftlichen Methode ist die Erkenntnissphäre umrissen, in der die Ergebnisse der Abstammungslehre zustande kommen. Als »wirklich« und als »Tatsache« gelten in dieser Sphäre allein die empirisch festgestellten und methodisch kontrollierten Befunde. Inwieweit unter diese »Wirklichkeit« die allgemeine Aussage, der »Mensch« stamme vom »Tier« ab, fallen kann, wird im folgenden näher geklärt werden müssen.

2. *Die allgemeine Evolutionstheorie*

Der Gegenstand der Evolutionstheorie ist die lebendige Natur. Es ist aber nicht das *Leben der Gegenwart*, das die Wissenschaft dabei in erster Linie interessiert, sondern das *Leben der Vergangenheit*. Aus diesem Grund bezeichnet man die Abstammungslehre als eine *historische* Theorie. Sie hat es mit den unermeßlichen Zeiträumen der Vergangenheit zu tun, in denen das Leben auf dem Erdplaneten auftrat.

Die Konstanzvorstellung der Arten, die besagt, daß die Lebensformen durch einen göttlichen Schöpfungsakt einmal geschaffen wurden und seitdem fest und unveränderlich bleiben, herrschte bis ins 19. Jahrhundert hinein. Die Auffassung wurde zwar öfters angezweifelt, aber nicht ernsthaft erschüttert. Dies geschah erst durch Darwin. Der Entwicklungsgedanke wird nunmehr auf den historischen Verlauf des Lebens angewendet und erfährt dabei eine entscheidende Abänderung seiner bisherigen Bedeutung. Ausgehend von neuplatonischen Vorstellungen einer Emanation des Geistes wird der Entwicklungsgedanke z. B. bei Nicolaus von Cues auf das Verhältnis von Gott und Welt bezogen. Die Welt erscheint dabei als eine Selbstentfaltung Gottes. In der Renaissance wird Entwicklung als die Selbstentwicklung des Lebens aufgefaßt, die im einzelnen wie im großen die Tendenz zu immer größerer Vollkommenheit und Harmonie in sich trägt. Einen grandiosen Höhenflug macht der Gedanke der Entwicklung im deutschen Idealismus (Herder, Goethe, Schelling, Hegel), wo er in der Entfaltung des Göttlichen in der Welt und der gleichzeitigen Entwicklung aller Erscheinungen zum Göttlichen hin zur Darstellung kommt.

Der Entwicklungsbegriff der Evolutionstheorie kennt eine solche »geistige« Bedeutung nicht. Unter Entwicklung wird ein Begriff verstanden, der die Aufeinanderfolge von einem feststellbaren biologischen Zustand zu einem anderen innerhalb eines kontinuierlichen Verlaufes zusammenfaßt. Entwicklung ist nunmehr ein wissenschaftlicher Begriff, der gerade darauf angewiesen ist, daß alle »anthropomorphen« Zutaten aus seiner Bedeutung ausgeschlossen werden. Es soll der »Naturvorgang« erfaßt werden, wie er sich »realhistorisch« in der Vergangenheit abgespielt hat. Entwicklung ist danach »eine Transformation der Organismen in Gestalt und Lebensweise, wodurch die Nachfahren andersartig als die Vorfahren werden.«[2] Alle sich aufdrängenden Neben- und Zusatzbedeutungen von Entwicklung, die aus der Geistesgeschichte stammen, müssen im biologischen Begriff eliminiert werden. Die Möglichkeit eines wie immer gearteten Zieles der Evolution, eine Tendenz zur Vervollkommnung, eine Höherentwicklung, eine Verwirklichung von Urbildern in der Entwicklung, sind alles gedankliche Zutaten des Menschen, die bei der wissenschaftlichen Erfassung des »wirklichen« Verlaufes keine Rolle spielen dürfen.

Ob der wissenschaftlich berechtigten Forderung nach Ausschluß aller »geistbezogenen« Komponenten aus dem Begriff Entwicklung tatsächlich nachgekommen wird und nachgekommen werden kann, ist allerdings problematisch. Mit dem Begriff Entwicklung ist einmal implizit die Vorstellung einer Epigenese verbunden, einer Hinzuentstehung, einer Zunahme von Form und Funktion auf irgend etwas hin. Darin liegt, daß die Idee einer Höherentwicklung sich nahezu selbstverständlich mit dem Begriff Entwicklung verbindet. Es zeigt sich aber auch faktisch, daß die fossil belegten Formen des Lebens in eine Reihenfolge zu bringen sind, wobei sich die Vorstellung eines »höher« von selbst aufdrängt. Es finden sich daher Begriffe wie *Anagenese* (Rensch) oder *additive Typogenese* (Heberer) selbst bei Forschern, die ansonsten sehr bedacht sind, die Entwicklungsforschung rein wissenschaftlich zu betreiben.

Die empirischen Beweismöglichkeiten der Evolutionstheorie liefert zu einem Teil die *Paläontologie*, die stammesgeschichtliche Urkundenforschung. Die Versteinerungen, die in großer Zahl in den verschieden alten Schichten der Erdrinde aufgefunden werden, zeigen — seitdem sie systematisch geordnet werden — eindeutig und unzweifelbar,

1. daß die Formen des Lebens in der Vergangenheit eigenartigen Abwandlungen unterworfen waren;
2. daß mit dem geologischen Alter der Schichten die Formen primitiver anmuten und relativ weniger werden, bis sie schließlich in den ältesten Schichten überhaupt verschwinden;
3. daß in gewissen Zeitabständen neue Formen auftreten, andere aussterben;
4. daß die Formen untereinander in verschiedenem Ausmaß ähnlich sind.

Neben der Paläontologie, die das direkte Beweismaterial beibringt, gibt es zahlreiche Fachwissenschaften, die indirekt zum Aufbau der Abstammungslehre Beiträge liefern.

Die vergleichende Morphologie befaßt sich mit der möglichen Zuordnung der aufgefundenen Formen. In der Homologienforschung werden Merkmale, Organe und Formen der Lebewesen miteinander verglichen und auf Gemeinsamkeiten der Entwicklungsverläufe hin untersucht. An rezenten Lebewesen können ebenfalls Vergleiche angestellt werden, die mittelbar Schlüsse auf Verwandtschaft und auf Abstammungsreihen erlauben. Daran arbeiten die vergleichende Physiologie, Anatomie, Embryologie, Psychologie, Verhaltensforschung, Biogeographie.

Als weiterer Stützpunkt dient der Entwicklungsforschung der von Harvey aufgestellte, bislang nicht widerlegte Grundsatz: omne vivum e vivo. Alles Leben kommt nur von einem schon Lebendigen. Das Leben kennt demnach keine Unterbrechungen, keine Neuzeugungen irgendwelcher Art, wenn man einmal von dem Problem des Beginns alles Lebens absieht. Es verläuft in einer durchgehenden Kontinuität, einem einheitlichen »Lebensstrom«.

Das von Haeckel aufgestellte »biogenetische Grundgesetz« sollte als weiterer Beweis dienen. In der Form, die Haeckel ihm gegeben hat: die Ontogenesis ist die kurze und schnelle Rekapitulation der Phylogenesis, ist es allerdings als unhaltbar erkannt. Inwieweit die ontogenetische Entwicklung überhaupt einen Hinweis für die phylogenetischen Abläufe geben kann, ist umstritten.

Als Ergebnisse der Evolutionsforschung liegen verschiedene Stammreihen der Lebensformen vor, die mit Hilfe der eben genannten Fachwissenschaften und Methoden rekonstruiert werden können. Die Stammesreihen lassen sich in einen weitverzweigten Stammbaum einordnen. Über der Wurzel befindet sich die große Gabelung in Pflanzen- und Tierreich, nach oben zu verzweigen sich die Äste zunehmend. Auf welche Weise gelingt es der Evolutionsforschung, die Stammesreihen selbst aufzufinden und ihre Verbindung untereinander herzustellen?

Einmal ist es möglich, die Lebensformen nach ihrer morphologischen Ähnlichkeit (Typen) zu vergleichen. Die Lebensformen werden nach Typen bestimmt und in ein umfassendes System eingeordnet.

Zum anderen wird die Frage nach dem kausalgesetzlichen Zusammenhang der verschiedenen Formen gestellt. Die Forschung setzt sich zum Ziel, die Kausalfaktoren aufzufinden, die die Veränderungen der Lebensformen bewirkt haben. Auf beiden Wegen hat es die Forschung mit vergangenen Objekten und mit »historischen« Vorgängen zu tun.

Der Gegenstand der Evolutionsforschung ist von eigener Art. Er kann unmittelbar nicht beobachtet werden, da er zwar »ist«, aber vergangen. Das Hindernis in Gestalt der Zeit ist von einer Art, daß es grundsätzlich nicht beseitigt werden kann. Das konkrete Geschehen selbst, wie es vor hunderttausenden oder Millionen Jahren vorgefallen ist, kann in keinem Fall direkt festgestellt werden; »wir waren bei der Phylogenie nicht dabei«. Das Hindernis hat eine entscheidende Bedeutung, da die Wissenschaft aufgrund ihrer Methode auf eine gegenwärtige Feststellung ihres Gegenstandes angewiesen ist. Wie bringt sie es fertig, das Hindernis der Zeit zu umgehen?

Sie vermag das nur mit einem Kunstgriff. Der *vergangene* Gegenstand, der niemals Objekt der Wissenschaft werden kann, muß soweit wie möglich in einen *gegenwärtigen* Gegenstand umgewandelt werden. Die Ergebnisse, die an den gegenwärtig vorliegenden Objekten erzielt werden, können dann Hinweise liefern für das vergangene Geschehen. Die Aussagen, die über die vergangenen und direkt nicht mehr beobachtbaren Zustände und Prozesse gemacht werden, stellen daher immer *Übertragungen* gegenwärtiger Ermittlungen dar. Die Abstammungslehre wird daher zu Unrecht als historische Theorie bezeichnet. Die Wissenschaft kann mit ihrer Methode überhaupt nicht historisch arbeiten, da ihr von dieser die gegenwärtige Feststellung ihrer Objekte vorgeschrieben wird.

Die Übertragung gegenwärtig ermittelter Beobachtungen in die Vergangenheit gilt gleichermaßen für die Paläontologie wie für die Evolutionsfaktorenforschung. Im ersten Fall werden die fossilen Dokumente jetzt gefunden und bilden das gegenwärtige Interpretationsmaterial für die Vergangenheit. Im anderen Fall werden Vorgänge von Mutation und Selektion an gegenwärtig lebenden Organismen beobachtet und von diesen Beobachtungen aus die vergangenen Mutations- und Selektionsvorgänge hypothetisch rekonstruiert.

In beiden Fällen ergibt sich dadurch ein erheblicher Phantasiespielraum, der nicht durch empirische Beobachtungen korrigiert werden kann. Dies zeigt sich unverkennbar in den hypothetischen Schilderungen (oder Bildrekonstruktionen) der biologischen Fachliteratur über das konkrete Evolutionsgeschehen, insbesondere in den Einzelhypothesen über das Zustandekommen menschlicher Eigenschaften im Mensch-Tier-Übergangsfeld.

3. *Die Theorie von den Ursachen der Evolution*

Die Urkunden der Evolutionsforschung zeigen unbezweifelbar einen Wandel der Formen über lange Zeiten. Die Zeitspannen müssen allerdings erdgeschichtliches Ausmaß annehmen. Innerhalb »menschlich-geschichtlicher« Zeitvorstellungen bleiben sich die Arten gleich und Änderungen treten nur in geringfügigem Ausmaß und in Randerscheinungen auf.

Die Aufgabe der Evolutionsforschung besteht darin, die im Lauf der Erdgeschichte wechselnden Formen in einen wissenschaftlich erklärbaren Zusammenhang zu bringen. Sobald nur die Dokumente der Vergangenheit miteinander verglichen werden, bleiben die vorgenommenen Verbindungen Ideen, die mehr oder weniger begründbar sind. Die Forschung steht damit auf unsicherem Boden. Dies ändert sich jedoch, sobald es gelingt, empirisch nachprüfbare Faktoren der Evolution aufzufinden.

Charles Darwin, der Begründer der Evolutionstheorie, hatte zwei Faktoren genannt, die die Evolution bestimmen. Einmal die Variabilität der Arten. Darwin, der von der Genetik noch nichts wissen konnte, nahm an, daß eine Variabilität bei Organismen entweder von selbst oder in Bezug zu Umwelteinflüssen auftreten würde. Er war der Meinung, daß diese Veränderungen vererbbar wären. Hierin hat er geirrt, aber die Annahme einer grundsätzlichen Variabilität hat sich durchaus bewährt. Der andere Faktor ist das Prinzip, das Darwin die natürliche Zuchtwahl nannte. Der Gedanke zu diesem Prinzip war ihm durch die Lektüre von Malthus gekommen.

»Im Oktober 1838, also 15 Monate, nachdem ich meine Untersuchungen systematisch angefangen hatte, las ich zufällig zur Unterhaltung Malthus' Über Bevölkerung, und da ich hinreichend darauf vorbereitet war, den überall stattfindenden Kampf um die Existenz zu würdigen, ... kam mir sofort der Gedanke, daß unter solchen Umständen günstige Abänderungen erhalten zu werden neigen und ungünstige zerstört werden. Das Resultat hiervon würde die Bildung neuer Arten sein.«[3]

In der Natur werden immer viel mehr Nachkommen produziert, als Lebensraum zur Verfügung steht. Die überzähligen Nachkommen müssen demnach zwangsläufig in einen harten Konkurrenzkampf untereinander geraten. Der »struggle of life« ist das ständige, unheimliche Geschehen, das sich in der lebendigen Natur hinter dem Anschein von Wohlgeordnetheit, Harmonie und Ruhe abspielt. Aus dem Schmelztiegel des Daseinskampfes gehen nur diejenigen lebend hervor, die für diesen erbarmungslosen Kampf am besten gerüstet sind. Alles andere wird ausgemerzt und aus dem Lebensstrom ausgestoßen. Dieser »von selbst« verlaufende Prozeß hat eine Analogie in der Züchtung von Rassen durch den Menschen, und von dorther ist Darwin auch die Idee der Zuchtwahl gekommen. Der Mensch greift in das natürliche Geschehen ein, indem er für ihn vorteilhafte Abänderungen von Kulturpflanzen oder Haustieren am Leben läßt und Nachkommen von ihnen aufzieht.

»Wenn wir aber das Rennpferd mit dem Karrengaul, das Dromedar mit dem Kamel, die für Kulturland tauglichen mit den für Bergweide passenden Schafrassen, deren Wollen sich zu ganz verschiedenen Zwecken eignen, ... vergleichen, wenn wir endlich das Heer der Acker-, Obst-, Küchen- und Zierpflanzenrassen ins Auge fassen, welche den Menschen, jede zu anderem Zwecke und in anderer Jahreszeit so nützlich oder für seine Augen so angenehm sind, so müssen wir doch wohl an mehr denken als an bloße Veränderlichkeit. ... Der Schlüssel liegt in dem akkumulativen Wahlvermögen des Menschen: die Natur liefert allmählich mancherlei Abänderungen; der Mensch summiert sie in gewissen ihm nützlichen Richtungen. In diesem Sinn kann man von ihm sagen, er habe sich nützliche Rassen geschaffen.«[4]

Überträgt man die Tätigkeit des Menschen auf die Natur, so zeigt sich die Entsprechung.

»Man kann daher sagen, daß der Mensch ein Experiment im riesigen Maßstab versucht habe, und zwar ist dies ein Experiment, welches auch die Natur selbst während des langen Verlaufs der Zeit unablässig gemacht hat.«[5]

Natur darf aber dabei nicht als personifizierte Macht oder Kraft verstanden werden. Darwin wehrt sich gegen die Unterstellung, daß er mit dem Ausdruck »natürliche Zuchtwahl« die Natur personifiziere, gleichsam als würde sie eine derartige Wahl vollziehen.[6] Der Vorgang in der Natur vollzieht sich automatisch, niemand greift in das Geschehen ein, es wird ausschließlich von dem Kampf ums Dasein geleitet. Das Ineinandergreifen der beiden Momente bewirkt eine, wenn auch sehr allmähliche, stetige Abänderung der Organismen. Da immer die bestangepaßten Typen überleben und sich fortpflanzen, entsteht ein Trend zum Vollkommenen hin. Sobald eine Art sich auf diesem Weg in einer optimalen Weise ihren Lebensbedingungen angepaßt hat, bleibt sie in dieser speziellen Gestalt unter Umständen für lange Zeiten unverändert. Andere Arten bieten den Ausgangspunkt für gänzlich neue Lebensmöglichkeiten. Auf diese Weise hat das Leben »nach und nach« die verschiedenen Sphären von Wasser, Land, Luft erorbert, die Arten wurden nicht von vornherein in ihre Lebensräume passend eingesetzt, ihr

Typ war nicht von Anfang an auf ihre Umwelt entworfen. Aus einfachsten Formen oder überhaupt nur aus einer einzigen geht all die Mannigfaltigkeit hervor, die heute das Leben kennzeichnet. Diese und die seit jeher bewunderte Anpassung der Lebewesen, die Schönheit und Harmonie ihrer Gestalten, sind aber ausschließlich das »Ergebnis des dunklen Kampfes, der um das Überleben geführt wird. So geht aus dem Kampfe der Natur, aus Hunger und Tod unmittelbar die Lösung des höchsten Problems hervor, das wir zu fassen vermögen, die Erzeugung immer höherer und vollkommenerer Tiere.«

Der Entwicklungsgang des Lebens ist damit in seinem innersten Prinzip aufgeklärt und verständlich geworden. In diesem Gang wird auch das Lebewesen Mensch eines Tages allmählich hervorgebracht. Das Zustandekommen seiner Lebensgestalt unterscheidet sich durch nichts von dem der anderen Lebewesen. Derselbe unbarmherzige Kampf, die Zuchtwahl des Lebens, die unbestechliche Aussonderung des Geeigneten, bewirkt sein Hervortreten aus dem Tierzustand. Auch der Bereich des Menschen, der bisher als seine Auszeichnung und als Zeichen einer anderen Herkunft als der tierischen galt, das Denken, der Geist, erweist sich als Lebensvermögen eines animalischen Wesens, das durch diese Eigenart einen Vorsprung im Daseinskampf erhielt. Es besteht daher kein Anlaß mehr, zwischen Mensch und Tier einen wesenhaften Unterschied anzunehmen.

»Es läßt sich nicht daran zweifeln, daß die Verschiedenheit zwischen der Seele der niedrigsten Menschen und der des höchsten Tieres ungeheuer ist ... so groß nun auch nichtsdestoweniger die Verschiedenheit an Geist zwischen den Menschen und den höheren Tieren sein mag, so ist sie doch sicher nur eine Verschiedenheit des Grades und nicht der Art.«[7]

Die beiden Faktoren der Entwicklung des Lebens, die Darwin entdeckt hat, die Variabilität und die Selektion durch den Kampf ums Dasein, haben sich in der Folge als die entscheidenden Entwicklungsursachen bewährt.

Die Mutationen sind inzwischen sehr genau erforscht worden. Mit der Erkenntnis des submikroskopischen Aufbaus des Zellkerns und der Entdeckung der Nukleinsäuren scheint die Struktur des Vererbungsgeschehens grundsätzlich aufgeklärt zu sein. Die Mutationen sind spontane Veränderungen der Erbsubstanz einer Zelle. Für die Evolutionsvorgänge sind davon nur die Mutationen der Keimzellen von Bedeutung. Durch die Mutationen können geringfügige Änderungen der Organismen hervorgerufen werden. Die Nachkommen gleichen den Erzeugern in manchen Merkmalen nicht. Die Abänderungen sind in den allermeisten Fällen lebensabträglich, da die Mutation einen Sonderfall im Vererbungsgeschehen darstellt. Der Normalfall ist die auf sehr sinnreiche Weise vermittelte Reduplizierung der Art. Die Mutationen dagegen sind Abweichungen des normalen Geschehens, gleichsam »Unfälle«. Für das Entstehen der Mutationen selbst konnte bislang zwar kein ausreichender Grund und vor allem keine Regel aufgefunden werden. Es bahnt sich aber eine kausale Erklärung an. Röntgenstrahlen, kosmische Strahlen, gewisse chemische Substanzen und Temperatursteigerungen können die Häufigkeit von Mutationen steigern.

Das Zusammenwirken von Mutation und Selektion ist in der neueren Forschung durch Untersuchungen an isolierten Populationen differenzierter erfaßt worden. An der prinzipiellen Erklärung der Evolution hat sich dadurch nichts geändert.

Die durch die Mutationen hervorgerufenen Veränderungen in den Organismen stellen das Evolutionsmaterial dar, an dem der zweite Faktor angreift, die Selektion. Die überwiegende Zahl der Mutationen ist für ihren Träger nachteilig, da sie eine Störung der Harmonie im Gesamtaufbau des Lebewesens darstellt. Sie wird daher früher oder später direkt oder indirekt durch benachteiligte Fortpflanzung ausgemerzt. Die biologisch indifferenten und solche, die ihrem Träger einen Vorteil in der Lebensbewältigung bieten, sind sehr selten. Trotzdem kann mit dem Prinzip von Mutation und Selektion das Evolutionsgeschehen befriedigend erklärt werden, *wenn die Zeit mit in die Rechnung einbezogen wird.* Die Umgestaltung der Lebensformen hat sich in gewaltig ausgedehnten Zeiträumen vollzogen. Setzt man das Wechselspiel von Mutation und Selektion in die unermeßlichen Zeiten der Erdgeschichte ein, läßt man dem Wirken dieses Zusammenspiels genügend Zeit, so werden auch die großen und entscheidenden Umwandlungen der Lebensgestalten aus diesem Prinzip verständlich.

4. Die Theorien der Menschwerdung

Wie bei dem Abstammungsverlauf der Lebewesen überhaupt müssen bei der Frage der Abstammung des Menschen zunächst einige grundsätzliche Überlegungen angestellt werden.

1. Wenn an der Kontinuität des Lebenstromes nicht zu zweifeln ist, dann muß der Mensch in diesen Strom einbezogen sein.
2. Auch wenn die heutige Lebensgestalt des Menschen durchgreifende

Unterschiede zu der der Tiere aufzeigt, muß diese Lebensgestalt ebenfalls aus einer anderen hervorgegangen sein.

Es müßte deshalb prinzipiell möglich sein, eine Stammbaumreihe aufzustellen, die von den tierischen Vorfahren des Menschen zu ihm selbst hinführen. Die Aufgabe der Forschung besteht darin, eine solche Reihe mit geeigneten Bindegliedern aufzufinden, ihre Aufeinanderfolge und ihren Zusammenhang zu belegen und zu erklären. Auch und besonders im Falle des Menschen hatte man aus der Überzeugung, es bestehe ein wesenhafter Unterschied zwischen Mensch und Tier, geglaubt, daß solche »missing links« nicht existieren. Die Entdeckung des Neandertalers im Jahre 1856 von Fuhlrott, über die er 1865 berichtet, wurde unter dem Einfluß dieser Überzeugung nicht zur Kenntnis genommen.

Inzwischen sind jedoch »namentlich um die Jahrhundertwende und im 20. Jahrhundert so eindrucksvolle und so allgemein anerkannte Funde frühdiluvialer und tertiärer ›Bindeglieder‹ zwischen dem heutigen Menschen und seinen tierischen Vorfahren gefunden worden, daß nach diesen fossilen Skelettresten die ehemals gesehene Kluft innerhalb der Primaten geschlossen erscheint, wie kaum sonst in der Organismenwelt.«[8]

Die Faktoren, die die Entwicklung des Menschen aus tierischen Vorfahren bedingen, sind nach der Evolutionstheorie die gleichen wie im sonstigen Lebensbereich. Die Frage, ob auch die Entwicklung des Menschen nur durch Mutation, Selektion, Wirkungen der Populationsgröße und Isolation zustande gekommen sei, wird daher eindeutig bejahend beantwortet. Danach hat auch im Falle der Abstammung des Menschen Darwin recht behalten.

»Hinsichtlich der Abstammung des Menschen besteht seit Darwin, ja seit den Untersuchungen von Huxley, Haeckel u. a. kein Anlaß mehr, in ihr ein grundsätzlich ungelöstes Problem zu sehen. Es ist grundsätzlich gelöst! Die Hominiden stammen ab von alten Formen, ›ancient member‹ hatte Darwin gesagt, der Menschenaffen.«[9]

Nach der »grundsätzlichen Lösung« bleibt der Forschung nunmehr die Aufgabe, den Herkunftsweg des Menschen im einzelnen aufzuzeigen. Das Problem liegt nicht mehr in der Frage, ob der Mensch überhaupt vom Tier abstammt, sondern wo, an welchem Punkt der tierischen Stammesreihen eine Linie abzweigt, die zum Menschen führt.

In der Erforschung des »Tier-Mensch-Übergangsfeldes« ergeben sich aber nun Schwierigkeiten. Die Frage, *wie* der Mensch vom Tier abstammt, ist anscheinend sehr viel schwerer zu beantworten als die Frage, *ob* der Mensch vom Tier abstammt. Es wiederholt sich die Erfahrung, daß mit dem Auffinden von Bindegliedern das Problem des Überganges von Lebensgestalten keineswegs gelöst ist. Es entsteht vielmehr eine ganz neue Situation. Der Übergang war vor dem Auffinden der Bindeglieder einfacher und schlüssiger zu erklären als nach dem Auffinden von solchen. Im Falle des Tier-Mensch-Überganges treten noch zusätzliche Schwierigkeiten auf. Sie rühren schon aus dem Tatbestand des »Menschlichen« her: das Menschentier kann aufgrund von intellektuellen Fähigkeiten überorganische Leistungen vollbringen und in den Gang der Entwicklung selbst eingreifen.

Trotz der relativen Spärlichkeit der Funde zeigt sich ein mannigfaltiges Bild von Formen. Die Meinungen über den genealogischen Zusammenhang und über die Zu- und Einordnung der Formen sind daher oft nicht einheitlich und wechseln je nach der Auffindung von neuen Formen oder neuen Datierungsmöglichkeiten.

Zunächst hatte man die Funde in eine direkte Aufeinanderfolge zu stellen versucht, so daß eine Form aus der anderen hervorgegangen schien. Aus diesem Grund galt manchen der Neandertaler als der Urmensch, von dem der rezente Mensch abstammen müßte. Die Forschung hat jedoch diese Annahme nicht bestätigen können und neigt vielmehr dazu, den Neandertaler als spezialisierten Seitenzweig anzusehen, der in der letzten Eiszeit ausgestorben ist. Er und der rezente Mensch müssen demnach — so nimmt man an — von einem gemeinsamen Vorfahren abstammen. Das gleiche Problem stellt sich bei den noch weiter zurückliegenden Funden. Es wird aber dabei durch die Spärlichkeit der Funde erheblich verschärft.

Der Abstammungszusammenhang muß daher als ein komplexes Geflecht von Verbindungen angenommen werden. Es sind immer nur einzelne Punkte in einem ausgedehnten und weit verzweigten Geschehen, die durch die Funde herausgehoben werden. Die Mittellinie, in der die tatsächliche Aufeinanderfolge und der direkte genealogische Zusammenhang vermutet werden muß, konnte bisher in keinem Fall rekonstruiert werden. Nichtsdestoweniger können die durch Funde belegten Abzweigungen in Grenzen, die durch das Beobachtungsmaterial gezogen sind, aufgrund von morphologischen und chronologischen Bestimmungen als Typen für den Abstammungsweg herangezogen und an ihnen der mögliche und wahrscheinliche Verlauf demonstriert werden. Die Interpretation des Abstammungsweges hat dabei schon mehrere Abänderungen durchmachen müssen. Besonders auffällig erscheint die fortlaufende Zurückdatierung und die damit verbundene zeitliche Ausdehnung des Weges, auf dem die menschliche Lebensgestalt sich herausgebildet haben soll.

Die Funde lassen erkennen, daß, je weiter sie zurückreichen, die Annäherung an die tierische Form zunimmt, so daß es schließlich im Fall der Australopithecinen schwerfällt, an der vorhandenen Erkenntnisgrundlage zu entscheiden, ob ein solches Wesen als tierisch oder menschlich anzusprechen sei. Damit aber erheben sich unausweichlich die Fragen, die auch bei allen sonstigen Früh- und Vorformen des Menschen von ausschlaggebender Bedeutung sind. Von welchem Standpunkt aus soll Menschliches und Tierisches beurteilt werden? Welche Kriterien gibt es für die Unterscheidung?

Die Kriterien, mit denen die biologische Forschung bei der Beurteilung der Funde arbeiten muß, stammen nicht aus dem Beobachtungsmaterial. Sie werden »definitionsgemäß« angesetzt, d. h. einem Verständnis entnommen. »Definitionsgemäß läßt man ja den Menschen dort beginnen, wo Werkzeug- oder Feuerverwendung nachzuweisen ist.«[10] Sowohl der Gebrauch von Feuer als auch die Herstellung und Verwendung von Werkzeugen ist aber kein rein biologisch feststellbares Merkmal. Es ist den Fossilfunden selbst nicht einfach anzusehen, ob das Wesen, von dem diese Reste stammen, Feuer und Werkzeug verwendet hat. Es muß daher besonderes Augenmerk darauf gerichtet werden, in der Umgebung der Fundstätten nach Anhaltspunkten eines solchen Gebrauches zu suchen, wobei nur in seltenen Fällen sicherer Aufschluß zu erhalten ist. Aus diesem Grund werden die Kriterien so abgewandelt oder ergänzt, daß sie dem biologischen Forschungsfeld eher entsprechen. Als biologische Kriterien des Menschen gelten dann der aufrechte Gang, ein großes Gehirn und das Fehlen des Haarkleides. Der Mensch »ist ein aufrechtgehender, haarloser, großhirniger Primat«.[11] Mit diesen spezifischen »menschlichen« Abwandlungen der Primatenordnung wird das Fundmaterial daraufhin beurteilt, ob es hominiden oder affenähnlichen Lebewesen zuzuordnen ist.

»Spezifisch menschliche Merkmale, nach deren erstem Auftreten in der Vergangenheit die Stammesgeschichte fragt, und die auch an Skelettfunden festgestellt werden können, sind danach vor allem der aufrechte Gang und ein Hirnvolumen, das aus der Variationsbreite lebender Primaten herausfällt. Es ist eine besonders interessante Frage der menschlichen Stammesgeschichte, wie weit die anatomischen und die kulturgeschichtlichen Merkmale des Menschseins zeitlich zusammen auftreten oder wie weit sie etwa zu verschiedenen Ansätzen für die Zeit der Menschwerdung gelangen.«[12]

Die Merkmale des Menschen müssen nun, wenn an dem kontinuierlichen Übergang von der Lebensform des Tieres zu der des Menschen aus Gründen der allgemeinen Evolutionstheorie nicht gezweifelt werden kann, in diesem Übergang selbst entstanden sein. Sie müssen sich wie alle anderen Lebenserscheinungen auch allmählich entwickelt haben.

Über die Vorgänge, die einst zu den allmählichen Abwandlungen tierischer zu menschlichen Formen führten, liegen zahlreiche Hypothesen vor. Sie beschäftigen sich damit, wie einzelne biologische Merkmale der menschlichen Lebensform auf dem durch Mutation und Selektion gekennzeichneten Weg entstanden sein könnten.

Als Beispiel soll die Fähigkeit des aufrechten Ganges angeführt werden. Der aufrechte Gang, der heute zumeist als Voraussetzung für die Entwicklung eines größeren Gehirns angesehen wird, kann auf folgende Weisen zustandegekommen sein:

a) der aufrechte Gang hat das Freiwerden der Hände für andere Zwecke als den der Fortbewegung ermöglicht;

b) der aufrechte Gang wurde durch klimatische oder ökologische Einflüsse bewirkt. An das Baumleben angepaßte Affen mußten sich auf das Bodenleben umstellen;

c) der aufrechte Gang kam zustande, indem Affenformen ihr Baumleben aufgaben, ohne daß klimatische Veränderungen sie dazu veranlaßt haben müssen;

d) der aufrechte Gang habe einen geburtstechnischen Vorteil zur Folge gehabt.

Dieses Beispiel der Hyothesenbildung über ein Merkmal soll exemplarisch die Richtung anzeigen, in der sich die Forschung bewegt. Die Hypothesenbildung ist bei aller Verschiedenheit der Meinungen im einzelnen zwangsläufig auf einen Erklärungsrahmen festgelegt, der durch die Evolutionsfaktoren bestimmt wird. Die Abänderungen, welcher Art sie auch sein mögen, auch solche, die das Verhalten betreffen, müssen im Rahmen des *biologischen Nutzeffektes* interpretiert werden. Alle Merkmale, die heute und weithin zurückverfolgbar für den Menschen charakteristisch sind und ihn vom Tier unterscheiden, müssen als Eigenschaften angesehen werden, die den Lebewesen, die über sie verfügen, einen eindeutigen Selektionsvorteil gegenüber anderen gewähren, die über solche Eigenschaften nicht verfügen. Das bedeutet wiederum, daß alle menschlichen Eigenheiten, wie Sprache, Phantasie, Reflexion, Kunst, Magie, Religion, alles Phänomene, die auch beim Frühmenschen angetroffen werden, im Horizont von Lebensleistungsvermögen interpretiert werden müssen. Ihre Entstehung und ihre Entwicklung können allein unter dem Kriterium der *optimalen Angepaßtheit* an die Umwelt stehen.

B. KRITISCHE ÜBERLEGUNG

1. Methode und Wirklichkeit

Eine eingehende Betrachtung der Ergebnisse der Evolutionsforschung muß zunächst der Frage nachgehen, in welchem Rahmen diese Ergebnisse zustande gekommen sind. In der oben angestellten Überlegung wurde zu zeigen versucht, daß die empirisch-analytische Wissenschaft als ein bestimmter Zugang zur Wirklichkeit aufzufassen ist. Diese Kennzeichnung der empirisch-analytischen Methode schließt bereits eine andere Behauptung ein: Daß dies nicht der einzige Zugang zur Wirklichkeit ist, daß es noch andere mögliche Zugänge geben kann.

Die heute maßgebende neo-darwinistische Richtung der Evolutionsforschung steht dagegen mehr oder weniger ausdrücklich auf dem Standpunkt, daß die wissenschaftliche Methode den einzigen Zugang zur Wirklichkeit darstellt. Von dieser Position aus gibt es dann Varianten von Auffassungen, die sich zwischen zwei Polen bewegen.

Einmal die positivistische Position, die diesen einzigen Zugang zur Wirklichkeit als die Wirklichkeit schlechthin setzt. Die von der Wissenschaft festgestellte »Realität« ist die »objektive Realität« schlechthin, es ist das unabhängig vom Menschen erfaßte »extramentale« Sein. Diese Position kann bio-philosophisch bis zum monistischen Weltbild ausgebaut werden, in dem die unbelebten (anorganische Natur) und belebten (Pflanzen, Tiere, Menschen) Substanzen in einem einheitlichen Sein zusammengefaßt werden, das sich im einzelnen nur durch den Komplikationsgrad der Materie unterscheiden soll. Das einheitliche Sein sei identisch mit der Objektivität der wissenschaftlichen Erkenntnisse. Erkenntnis wird als biologischer Anpassungsvorgang der lebenden Organismen an die »Realität« ihrer Umwelt erklärt, welcher Vorgang durch ein praktisches Wahrheitskriterium gesteuert würde: Die Organismen, die die Realität »richtig« erkennen, haben größere Chancen des Überlebens.

Der andere Pol der Auffassungen ist gekennzeichnet durch einen Verzicht, die wissenschaftliche Erkenntnis selbst wieder absolut zu setzen. Der positivistische Versuch wird als Rückfall in Metaphysik erklärt, weil die Absolutsetzung der wissenschaftlichen Erkenntnis selbst wissenschaftlich nicht ausweisbar sei und dogmatisch behauptet werden müsse. Dies bedeutet jedoch keine Anerkennung anderer Zugänge. Die Position verbleibt in einer skeptischen Haltung in bezug auf umfassende Erkenntnismöglichkeiten überhaupt.

Die Auffassung, daß die empirisch-analytische Wissenschaft mit ihrer Methode der einzige Zugang zur Wirklichkeit sei, bestimmt, in welcher Form immer, grundsätzlich die Aussagen der Evolutionsforschung. Aus dieser Auffassung entwickelt sich wiederum die selbstverständliche Überzeugung, daß die Vorgänge, die in der Forschung beschrieben werden, schlechthin wirklich sind. Das Problem von Methode und Wirklichkeit spielt daher in der Abstammungslehre eine entscheidende Rolle.

Seit Kant gibt es die Frage nach den Bedingungen der Möglichkeit von Erkenntnis. Kant hat gezeigt, daß es eine Erkenntnis der Dinge, wie sie unabhängig von uns sein mögen, nicht geben kann. Wir sind beim Erkennen immer im Spiel, es gibt keinen archimedischen Punkt, von dem aus die Welt, wie sie an sich und im ganzen gebaut sein mag, erkannt werden könnte. Kant hat außerdem gezeigt, daß dies objektiv gültige und sich praktisch bewährende Erkenntnis keineswegs ausschließt. Nur ist diese objektive Erkenntnis begrenzt, sie kann niemals ein Wissen der ganzen Wirklichkeit erreichen. Kant hat die Begrenztheit unseres Erkennens herausgestellt, und damit sowohl dem Anspruch der Metaphysik auf absolutes Wissen als auch dem dogmatischen Anspruch der empirisch-analytischen Wissenschaft den Boden entzogen. Er hatte allerdings diese Begrenztheit als Endlichkeit der Vernunft begriffen und damit das metaphysische Erbe fortgesetzt.

Die Frage nach der Beschränktheit menschlichen Wissens müßte aus der Verfassung des menschlichen Daseins als solchem aufgerollt werden. Wie in der Einleitung gezeigt wurde, zeichnet sich das menschliche Sein durch Verstehen und Zeitlichkeit aus. Der Grundcharakter des Verstehens bringt es mit sich, daß menschliches Sein immer ein Verständnis seiner selbst und ein Verständnis von Welt haben muß. Das Verständnis bleibt sich im Lauf der Geschichte nicht gleich, Verständnis von Welt und Mensch ist jeweils geschichtlich. Bis zum Auftreten der Naturwissenschaft in der Neuzeit war das bisherige Wissen von Welt und Mensch mit einem Umstand verbunden: Es fand nie eine bleibende Gestalt. Alle umfassenden Deutungen — sei es im Mythos, in der Religion, in der Philosophie — waren von vorübergehender Gültigkeit. Alle Versuche, zu einer sicheren und endgültigen Kenntnis von Welt und Mensch zu gelangen, waren bislang gescheitert. Mit der modernen Wissenschaft jedoch scheint dem Menschen zum ersten Mal ein Mittel geboten, der Unsicherheit des Wissens endgültig Herr zu werden. Die fortlaufende Feststellung der »Wirklichkeit«, die sich mit wachsender Geschwindigkeit auf alle Gebiete ausdehnt, hat die Aussicht eröffnet, sichere Kenntnis der Welt und des Menschen zu erreichen. Wir haben gesehen, wie die Wissenschaft das Ziel eines sicheren Wissens erreicht. Sie verzichtet auf alle Voraussetzungen und erforscht ihren jeweiligen Gegenstand unter der strengen Maßgabe der Methode: Nur das zu beobachten, was sicher (meßbar, quantifizierbar, greifbar) festgestellt werden kann. Insofern haben wir es mit einem vorgängigen Entwurf zu tun, der der Wirklichkeit (Sein) der zu erforschenden Gegenstände entgegengehalten wird. Dieser Vor-Entwurf entspringt der Verfassung menschlichen Daseins. Er ist selbst weder wissenschaftlich feststellbar, noch ist er den von den Wissenschaften erforschten und festgestellten Gegenständen zu entnehmen. Wann immer der in der Wissenschaft Tätige mit seiner Arbeit beginnt, hat bereits eine »Entscheidung« stattgefunden, in der der erst zu erforschende Gegenstand bereits vorbestimmt ist. Er wird unter einen Aspekt verbracht, der von vornherein die sichernde Feststellbarkeit allein im Auge hat. Es handelt sich um einen Vorgang, der völlig außerhalb der Reflexion geschieht. Kein Wissenschaftler vollzieht eine reflektierte Entscheidung oder ist sich eines »Aspektes« der beschriebenen Art bewußt. Das schließt aber nicht aus, daß dieser Vorgang ständig geschieht.

Mit dem Vor-Entwurf der sichernden Feststellbarkeit ist ein weiteres wesentliches Moment verbunden. Die mit der wissenschaftlichen Methode festgestellten Relationen, Kausalgesetze, statistische Gesetze, Wahrscheinlichkeitsgesetze ermöglichen Vorhersagen des Ablaufs der erfaßten Prozesse. Soweit die Ausgangsbedingungen im Einflußbereich des Menschen liegen, können die Prozesse beherrscht, verändert, beliebig in Gang gesetzt, oder in ihrem Ablauf verhindert werden. Substanzen können hergestellt, Naturgesetze in Maschinentechnik verwandelt werden. Die gesamte Technik steht unter dem Zeichen von Verfügbarkeit, Beherrschbarkeit, Herstellbarkeit. In den Errungenschaften der Technik wirken diese Charaktere als unwiderlegliche Verifizierung für die »Wahrheit« der wissenschaftlichen Methode.

»Wenn wir die Richtigkeit unserer Auffassung eines Naturvorganges beweisen können, indem wir ihn selbst machen, ihn aus seinen Bedingungen erzeugen, ihn obendrein unseren Zwecken dienstbar werden lassen, so ist es mit dem Kant'schen unfaßbaren ›Ding an sich‹ zu Ende.«[13]

Könnte es sein, daß der in der modernen Wissenschaft auftretende Grundzug, Wahrheit im verfügbaren Herstellen zu suchen, dem Auftreten der Wissenschaft vorangegangen war? Dies kann hier nicht weiter verfolgt werden. Eines dürfte feststehen: Die Überzeugung, daß Wirklichkeit dann erst sicher und richtig erfaßt wird, wenn im Prinzip verfügbar nachkonstruiert werden kann, ist erst in der Neuzeit und allein in Europa aufgetreten. Der Antike und dem Mittelalter ist diese Überzeugung fremd, ebenso den außereuropäischen Kulturen. Für unsere Untersuchung ist davon nur eines von Interesse: Das Vorverständnis von Wirklichkeit, das aller wissenschaftlichen Erfassung vorhergeht, ist selbst historisch. Es ist in einem bestimmten Abschnitt und in einem bestimmten Bereich der Geschichte entstanden. Es bringt einen Zug der Wirklichkeit, die Machbarkeit, die Herstellbarkeit, in den Vordergrund der Erfahrung von Wirklichkeit überhaupt. Je mehr sich diese Erfahrund durchsetzt und verbreitet, desto mehr schwinden andere Erfahrungsmöglichkeiten von Wirklichkeit.

Wissenschaft und Technik haben grandiose Möglichkeiten eröffnet: Die mögliche totale Beherrschbarkeit der Natur, die mögliche restlose Sicherung menschlicher Bedürfnisse für alle, die mögliche Organisation und Planung von Produktion und Gesellschaft, die mögliche Manipulation des Menschen selbst, seien es medizinisch-technische Eingriffe, seien es psychologische Verfahren, seien es Eingriffe zur Veränderung seines Gen-Materials zur Züchtung eines neuen Menschen. Eines kann die Wissenschaft allerdings nicht, sie kann weder ihren Vor-Entwurf in den Blick bekommen, noch die Grenze ihres Vorgehens bestimmen. Der herstellende Zug der Wissenschaft greift ins Unendliche, da er von sich selbst her eine Einsicht in die Begrenzung verweigert. Eine solche Einsicht, die heute durch die Gefährdung des Menschen durch die Technik gefordert wird, ist selbst nicht herstellbar. Sie gehört einer anderen Wirklichkeit an als der von der Wissenschaft festgestellten und verfügbar gemachten.

Was hat das alles mit der Abstammungslehre zu tun? Die Wissenschaft bleibt im Lauf ihrer Entfaltung vor dem Menschen nicht stehen. Auch er wird zunehmend in ihre Forschung einbezogen. Dazu ist jedoch wiederum eine Gesamtvorstellung dessen nötig, was man jetzt unter Mensch verstehen soll. Die traditionelle metaphysische Deutung ist für die Wissenschaft schlechthin unannehmbar, da sie mit ihrer Methode eine seelische oder geistige Wirklichkeit nicht feststellen kann. Die neue wissenschaftliche Vorstellung vom Menschen ist daher getreu ihrer Methode gebaut: Sie läßt nur das am Menschen zu, was in den Zug der Feststellbarkeit und Herstellbarkeit eingeht: Die anatomischen Befunde, die physikalisch-chemischen Befunde und Prozesse, das wissenschaftlich feststellbare Verhalten. Dies alles wird unter dem Oberbegriff des Organismus zusammengefaßt. Der Begriff war lange vor Darwin entwickelt, es fehlte nur noch die »natürliche« Ableitung. Die Erklärung der Veränderung der lebenden Organismen wird nunmehr mit Darwin bereitgestellt. Es ist sicher kein Zufall, wenn er die Entstehung der Arten durch natürliche Zuchtwahl begründet und die Natur mit dem Menschen vergleicht, der sich nützliche Rassen geschaffen hat. Wiederum ist der Zug des Herstellens in dieser Vorstellung sichtbar. Hinter der Selektion steht allerdings niemand, die »Natur« ist ein leerer Begriff. Keine Vernunft, kein Geist leitet die Entwicklung. Es ist das blinde, von selbst ablaufende Lebensgeschehen, in dem das Gesetz der Selektion wirkt, selbst kein konstruktives Prinzip. Auch die später entdeckten Mutationen, die das »Material« für die Selektion liefern, sind nicht konstruktiv. Sie stellen irreguläre Abänderungen des Gen-Materials dar, das sonst zweckmäßig die für die Arterhaltung notwendigen Vorgänge steuert.

Man könnte meinen, die Mutation-Selektiontheorie sei die unwahrscheinlichste aller wissenschaftlichen Theorien, und gerade das nicht, als was sie heute gilt: selbstverständlich. Nicht-konstruktive Prinzipien sollen den Aufbau der mannigfaltigen Arten, jede für sich sinnvoll gebaut, sollen die Entwicklung zu einem Wesen lenken, das dann diese Entwicklung selbst ergründen kann! Diese Ansicht ist auch unzählige Male geäußert worden. Sie geht aber immer davon aus, daß es andere Erfahrungen von Wirklichkeit gibt als die in der Wissenschaft erfaßte. In dem von der Wissenschaft ausgegrenzten Raum von Wirklichkeit kann das Konzept von Mutation und Selektion plausibel und ausreichend erscheinen, es genügt und entspricht dem Vorverständnis, in dem die Wissenschaft ihre Forschung betreibt. Mutation und Selektion können festgestellt, im Experimenten an gegenwärtig lebenden Organismen und Populationen hergestellt werden. Damit ist ein ausreichendes Erklärungsprinzip im Sinne der Wissenschaft bereitgestellt. Wird die mit der Wissenschaft erfaßte Wirklichkeit als die allein geltende angesehen, dann ist die Erklärung des Evolutionsgeschehens befriedigend und bedarf keiner weiteren Aufklärung.

2. *Die Einwände gegen die Evolutionstheorie*

Die Argumente gegen die Evolutionstheorie lassen sich in zwei Gruppen zusammenfassen. Sie beziehen sich jeweils auf

1. das Problem der Beschränktheit der Evolutionsfaktoren,
2. das Problem der großen Gestaltumwandlungen.

1. Alle Probleme, die aus der Behauptung der Beschränktheit der Evolutionsprinzipien entstehen, lassen sich auf die bereits behandelte Frage zurückführen: Ist der wissenschaftliche Zugang zur Wirklichkeit der einzige und alleingültige? Wenn ja, dann erübrigt sich jede weitere Überlegung und Auseinandersetzung. Die Frage nach der Beschränkung ist damit erledigt.

Bleibt dagegen die Möglichkeit offen, daß die Wirklichkeit mehr sei, als die Wissenschaft mit ihrer Methode erfassen kann, dann erhebt sich die Frage nach deren »Realität« und den Methoden, sie zu erfassen. Von der Wissenschaft her gesehen, gerät man in ein verständliches Dilemma, sobald eingeräumt wird, daß es außer dem wissenschaftlich Erforschbaren noch anderes gibt; und zwar in dem Sinn, daß es die wissenschaftliche Methode niemals erfassen kann. Denn daß es etwas gibt, was die Wissenschaft *noch nicht* erforscht hat, was aber der Möglichkeit nach in Zukunft erforscht werden kann, das wird in jedem Fall nicht nur zugegeben, sondern sogar bestätigt werden.

Hier geht es aber um eine andere oder besser: umfassendere Wirklichkeit, von der die Wissenschaft nur einen *Ausschnitt* erfassen kann, der von ihrer Methode begrenzt ist. Es liegt auf der Hand, daß als Kriterien für diese Wirklichkeit nicht wieder die wissenschaftlichen herangezogen werden können, es soll sich ja um eine wissenschaftlich (empirisch-analytisch) nicht erfaßbare Wirklichkeit handeln. Mit der Feststellbarkeit fallen auch die resultierenden Kriterien fort: intersubjektive Nachprüfbarkeit der empirischen Beobachtungsdaten, experimentelle Wiederholbarkeit, Vorhersagbarkeit, usw. Was bleibt dann aber für den Aufweis und Ausweis übrig? Sollte sich dann nicht das große Schweigen einstellen?

Es ist einleuchtend, daß mit einer solchen Überlegung das *sichere* Feld der Wissenschaft verlassen wird. Nunmehr sicherer Kriterien beraubt, begegnet dem Erkennen die Gefahr, sich Mystik, Aberglauben, Hirngespinsten auszuliefern. Obwohl diese Gefahr besteht, berechtigt sie noch nicht dazu, alles, was mit wissenschaftlichen Kriterien nicht beurteilt werden kann, in die Abfallgrube des Nichtigen zu werfen.

In der ersten Gruppe der Einwände geht es um eine Beschränktheit der Evolutionsfaktoren. Die empirisch belegten Faktoren werden dabei nicht verworfen oder als unrichtig aufgewiesen, sondern es wird bestritten, daß mit ihnen das umfassende Evolutionsgeschehen erklärt werden könne. Der Standpunkt des Einwandes — der meistens nicht klargelegt wird — impliziert dabei ein umfassendes Geschehen oder eine »Wirklichkeit«, die »mehr« ist als die wissenschaftlich festgestellte Wirklichkeit. Von daher gesehen, ist das bislang festgestellte und auch das in Zukunft feststellbare Wissen der Wissenschaft ein *Ausschnitt* aus einem *konkreten* Ganzen. Das Ausschnittfeld, das von der Wissenschaft bearbeitet wird, ist von dem Grundansatz (Methode) eingegrenzt. Diese Eingrenzung stellt eine *primäre* und *unaufhebbare* Einschränkung dar. Das innerhalb des Ausschnittes ermittelte Wissen ist — je nach dem Stand der Wissenschaft — *richtig*. Die Richtigkeit bezieht sich jedoch auf den Ausschnitt und nicht — wie es meistens dargestellt wird — auf das Ganze, d. h. das Konkretum des Geschehens.

Mutation und Selektion verhalten sich als Erklärungsfaktoren analog den physikalisch, chemisch, histologisch festgestellten Prozessen und Zuständen eines Organismus. An einem Organismus können unter verschiedenen Aspekten das Zellgewebe, die Wirkungsweise der innersekretorischen Drüsen, die Blutflüssigkeit, der Aufbau einzelner Organe usf. wissenschaftlich festgestellt werden. Angenommen, der betreffende Organismus sei von der Art des Menschen, dann sind die auf diese Weise zustandegekommenen wissenschaftlichen Ergebnisse *Ausschnitte* aus einer *konkreten* menschlichen Wirklichkeit. Man kann die konkrete Wirklichkeit menschlichen Daseins nicht mit der Summe der festgestellten physikalisch-chemischen Prozesse erklären, obwohl diese Prozesse in der Weise des wissenschaftlichen Feststellens »sind«.

Wenn daher mit den *feststellbaren* Faktoren Mutation und Selektion ein *Ausschnitt* des Evolutionsgeschehens erklärt werden soll, so ist dagegen nichts einzuwenden. Problematisch wird der Sachverhalt aber sofort, wenn diese »abstrakten« Faktoren zur Erklärung eines umfassenden Geschehens eingesetzt werden. Von dieser Problemlage her müßten die Einwände beurteilt werden, die sich gegen eine umfassende Erklärung des Evolutionsgeschehens durch Mutation und Selektion richten.

2. Den zahlenmäßig größeren Teil bilden die Einwände, die sich in irgendeiner Form auf das Problem des Gestaltwandels in der Evolution beziehen.

Unter den rezenten wie auch unter den ausgestorbenen Lebensformen zeigen sich große Unterschiede. Das Leben tritt in verschiedenen Gestalten auf. Der Lebensbaum ist schon von der Wurzel an in die Stämme von Pflanzen und Tieren geteilt, welche sich dann in die kaum überschaubare Mannigfaltigkeit der Arten verzweigen. Innerhalb dieser Mannigfaltigkeit z. B. des Tierbereiches (von den heute lebenden Arten sind eineinviertel Millionen bekannt) heben sich große Gestaltkreise heraus. So gibt es unter den zehn Stämmen des Tierreiches z. B. die Stämme Athropoda (Gliederfüßer), Molluska (Weichtiere) und Chordata (Chordatiere). Zu den Gliederfüßern gehören als bekannteste die Krebstiere, Tausendfüßler, Insekten und Spinnen, zu den Weichtieren die Muscheln und Schnecken, zu den Chordatieren die Wirbeltiere, Knochenfische, Lurche, Reptilien, Vögel und Säugetiere. Es ist nicht schwer einsehbar, daß die abertausend verschiedenen Vogelarten sich in dem Typus Vogel gleichen. Das gleiche gilt jeweils für Insekten, Reptilien, Fische, Muscheln usw. Die Gestalt steht überdies mit der Umwelt in einem Zusammenhang. Gestalt und Umwelt entsprechen sich, wenn diese Beziehung im einzelnen dann auch sehr modifiziert sein kann.

Die Lebensgestalt bietet einen klaren Umriß. Trotz vieler Gemeinsamkeiten mit anderen Formen hebt sich der Unterschied von ihnen deutlich ab. Es ist aber nicht nur die äußere Gestalt, die sich in einer Ganzheit darbietet, auch die Verhaltensweisen sind von einem bemerkenswerten Sinnzusammenhang gekennzeichnet, die wiederum auf ein geschlossenes Ganzes der jeweiligen Lebensgestalt hinweisen. Man denke an die Instinktorganisation der Zugvögel, die es ihnen ermöglicht, Flüge über tausende von Kilometern zurückzulegen und präzise das Ziel zu erreichen. Die sinnvolle und zweckmäßige Anordnung einer Gestalt, die wiederum in genauer Entsprechung zu anderen Gestalten und zu den jeweiligen Umweltsbedingungen steht, hat seit jeher die Frage aufkommen lassen, wie eine solche Ganzheit entstehen könne. Der Gedanke an ein vernünftiges Prinzip drängt sich auf, das den verschiedenen Bauplänen zugrunde liegt und sie hervorgebracht hat. Die Lebensgestalten scheinen sinnvoll entworfen und von vornherein als eine Ganzheit gegeben zu sein.

Die Auffassung von der Konstanz der Arten und die Erklärung ihres Zustandekommens durch ein geistiges Prinzip hatte dieser unmittelbaren Erfahrung entsprochen. Nunmehr aber zeigen die Dokumente der Evolutionsforschung einen ständigen Wandel der Lebensformen und überdies, daß in dem Wandel nach und nach die verschiedenen Lebensgestalten erst entstanden sind. Unter Berücksichtigung des kontinuierlichen Lebensstromes — nichts spricht dafür, daß er irgendwo unterbrochen wäre und Urzeugungen stattfänden — müssen diese Lebensgestalten untereinander in einem genealogischen Zusammenhang stehen. Die scheinbar eigenständigen Gestalten erweisen sich insofern nicht als unabhängig und gänzlich abgegrenzt von anderen; vielmehr ist anzunehmen, daß sie eine aus der anderen hervorgegangen sind, daß sie letztlich aus wenigen Urformen oder gar einer einzigen herstammen. Die Übergänge von einer zur anderen Lebensgestalt müßten nun in paläontologischem Material nachweisbar sein.

Am Beginn der Evolutionsforschung hatte es den Anschein, als würden gerade an jenen Stellen, wo sich der Übergang im Verlauf der Evolution ereignet haben müßte, Lücken der Überlieferung auftreten. Die Fossilien für den Übergang fehlten. Auf der anderen Seite befanden sich in Schichten von langer geologischer Dauer immer nur die gleichen Formen. Die Gegner der Evolutionstheorie hatten aus diesem Grund angenommen, es gäbe keine Übergangsformen und die neuen Lebensgestalten müßten sprunghaft, durch besondere Großmutationen entstanden sein. Diese Annahme hätte auch bei der Geltung einer allgemeinen Evolution mit der anschaulichen Erfahrung der Unterschiede der Gestalten übereingestimmt.

Die Einwände gegen die darwinistische Evolutionstheorie hatten daher Faktoren besonderer Art in das Evolutionsgeschehen einzuführen versucht. Diese Faktoren sollten lenkende Kraft besitzen, die in die Entwicklung eingreifen. Ihnen soll es zuzuschreiben sein, wenn in einer bestimmten Epoche neue Organisationsformen auftreten, neue Mittel zur Bewältigung eines Lebensraumes »erfunden« werden. Sie wurden mit einer zielstrebigen Tendenz ausgestattet (telisch aktive Richtungsfaktoren), die auf eine bestimmte Entwicklung oder auf eine Höherentwicklung des Lebens hinwirke (Orthogenese).

Alle diese Einwände werden mit der darwinistischen Evolutionstheorie zurückgewiesen. Es wird behauptet, daß mit den Prinzipien Mutation und Selektion grundsätzlich jeglicher Entwicklungsvorgang, auch der der *transspezifischen* Umwandlung, d. h. des großen Gestaltenwandels, zu erklären sei. Darüber hinaus bedürfe es keiner weiteren Faktoren, die sich ja überdies wissenschaftlich nicht verifizieren ließen. Die paläontologische Dokumentierung und die experimentelle Phylogenetik hätten bereits derart überzeugende Beweise erbracht, daß Zweifel an der Gültigkeit dieses Prinzips nicht mehr angebracht seien.

Gleichwohl ist die Mutations-Selektions-Theorie zum Aufweis der großen Gestaltwandlungen genötigt, eine *Zusatzhypothese* anzubringen. Die experimentell ermittelten Mutationen betreffen nur geringfügige Änderungen der Lebensform, wie Haut- und Haarfarbe, Haar- und Federbildung, Abänderung der Flügel usw. Der grundlegende Bauplan wird dabei nicht modifiziert.

»So hat man bei der Fliege ›Drosophila‹, dem unzählige Male verwendeten Versuchsinsekt der Genetiker, die Häufigkeit der Mutationen durch alle nur denkbaren Mittel gesteigert. Man hat die Mutationen angehäuft, isoliert und ausgelesen, man hat den Mutanten neue und unberührte ökologische Zonen eröffnet, mit einem Wort, unsere Zuchten in den Flaschen wurden allen Evolutionsbedingungen ausgeliefert, denen man eine Bedeutung zuerkannte. Aber das Ergebnis ist hoffnungslos negativ. Stets geht aus diesen Wechselfällen die gleiche ›Drosophila melanogaster‹ hervor.«[14]

Die empirisch bewiesenen Mutationen werden daher auch als Mikromutationen bezeichnet und gegen andere (fiktive) Makromutationen abgehoben. Damit soll der Mangel zum Ausdruck gebracht werden, der mit dem beschränkten Erklärungsbereich der Mikromutationen abgesteckt ist. Makromutationen, also solche, die zur entscheidenden Abänderung der Lebensgestalt führen, konnten bislang empirisch nicht beobachtet werden.

Die Zusatzhypothese besteht darin — ein merkwürdiger Sachverhalt — daß die *Zeit* in die Theorie eingebracht werden muß. Das Argument lautet: Unsere Beobachtungen müssen durch die kleine Zeitspanne, in der sie angestellt werden, beschränkt sein. Überträgt man die jetzt festgestellten Umänderungsprozesse auf die Jahrmillionen der Erdvergangenheit, dann können sehr wohl große Abwandlungen und neue Gestalten entstehen. Die Zeit, die als das große Hindernis der Evolutionsforschung zunächst eliminiert werden muß, insofern, als die vergangenen Prozesse — in gegenwärtige umgedacht — zur Erforschung gelangen, wird wieder als wesentlicher Faktor zu den gegenwärtig festgestellten »zeitlosen« Abläufen dazugesetzt. Sie bekommt dabei trotz ihrer hypothetischen Funktion eine derart fundamentale Stellung, daß sie es eigentlich ist, die die großen Veränderungen vollbringt. Überall dort, wo das empirisch belegte Material zur Erklärung eines Vorganges nicht mehr ausreicht, wird die Zeit als Zusatzfaktor eingesetzt. Ihre entscheidende Funktion wird mit unscheinbaren Wendungen beschrieben, wie »ganz allmählich«, »nach und nach«, »in vielen kleinen Schritten«, »über eine Kette von tausend Generationen«, »über große Reihen auslesebevorteilter Mutationen«, »durch Summierung vieler kleiner, aufeinanderfolgender Erbänderungen«.

Der Mangel des empirischen Fundamentes im Hinblick auf den großen Gestaltwandel wird in der Evolutionsforschung nicht mit dem Nachdruck erwähnt, wie er an einer derart entscheidenden Stelle einer Theorie zu erwarten wäre. Das hat zur Folge, daß die kausalgesetzliche Erklärung der Evolutionstheorie auch für den großen Gestaltwandel den Anschein der empirischen Bestätigung erhält.

»Eine experimentelle Erforschung dieser erblichen Variationen kann sich nur auf die heute bestehenden Arten und ihre Rassen beziehen; ihre Ergebnisse sind nur in diesem Bereich verifizierbar ... Wir verlassen aber das überschaubare Feld der Forschung, sobald wir dieselbe Theorie dazu benutzen, den Ursprung anderer Veränderungen als den innerhalb der eben bezeichneten Formenkreise zu erklären. Wir müssen diesen Geltungsbereich einer wissenschaftlich gesicherten Mutationstheorie mit allem Nachdruck betonen, denn diese eingeschränkte Auffassung wird nicht ohne weiteres von den Biologen angenommen. Es stehen in weiten Kreisen Evolutionslehren im Kurs, die den Bereich, der durch die Mutationstheorie erhellt ist, für viel weiter halten. Und wir müssen auf diese Ausweitungen um so mehr achten, als sich ihre Anhänger besonders gerne von Vorurteilen frei wähnen, ihre Auffassung als objektiv bezeichnen und alle anderen Ansichten über Evolution ›weltanschaulich‹ oder ›religiös‹ befangen.«[15]

Es zeigt sich hier das (nicht wissenschaftliche) Interesse, eine vorgefaßte »Idee« der Evolution zu bestätigen und alle Momente, die dieser »Idee« abträglich sein könnten, auszuklammern. Es ist durchaus möglich, Mutation und Selektion als durchgängige Faktoren des Evolutionsgeschehens anzusetzen. Warum aber wird der bei einer solchen Theorie entscheidende Ausfall der empirischen Belegbarkeit für den großen Gestaltwandel nicht gebührend herausgestellt? Vielmehr wird ganz im Gegenteil behauptet, daß auch das Problem der »transspezifischen Evolution« einem »kausalen Verständnis«[16] zugänglich gemacht werden kann, welche Formulierungen wieder den Eindruck der empirischen Belegbarkeit nahelegen. Dazu ein Beispiel:

Der Einwand gegen die Evolutionstheorie hat sich nicht selten des Hinweises auf die komplizierte Feinstruktur eines Organes, wie z. B. des Wirbeltierauges bedient. »Es schien undenkbar zu sein, daß ein derart sinnvoll fungierendes Sinnesorgan, das aus vielen histologisch völlig verschiedenen Teilen zusammengesetzt ist — aus einer festen umhüllenden Sklera, ernährenden Aderhaut, durchsichtigen Hornhaut, Regenbogenhaut, Linse, einem Glaskörper und einer Netzhaut mit drei Schichten von Nerven- und Sinneszellen verschiedener Ausprägung —, so daß ein solches Organ nur durch ›zufällige‹, völlig ungerichtete Mutationen der vielen für die einzelnen Strukturen notwendigen

Gene und Genkombinationen und durch natürliche Auslese zustande gekommen sein soll.« Die Lösung der Schwierigkeit wird dadurch versucht, daß es »ähnlich strukturierte Blasenaugen mit Hornhaut, Linse, Netzhaut und Pigmentschutz«, auch bei verschiedenen Gruppen wirbelloser Tiere, Borstenwürmer des Meeres und Schnecken gibt. Sie sollen als *Modelle* »für das Verständnis stammesgeschichtlicher Augenentwicklung dienen. Wichtig ist dabei, daß jede höhere Stufe durch richtungslose Mutationen zustande kommen konnte: Varianten mit gesteigerter Lichtempfindlichkeit von Hautzellen, — Zusammentreten von lichtempfindlichen Zellen und Pigmentzellen — Vermehrung der Sehzellen und damit Einfaltung der Sinnesfläche — Steigerung des Belichtungseffekts durch eine kugelige Substanz (Linse) mit erhöhtem Brechungsexponenten. Jeder derartige Entwicklungsschritt konnte durch Mutationen entstehen und bot einen Auslesevorteil: Ausnützung von Lichtstrahlen zur Orientierung — Ermöglichung eines Richtungssehens durch grubenförmige Einsenkung — Steigerung der Lichtwahrnehmung durch Vermehrung der Sinneszellen und durch ein linsenartiges Gebilde — eventuell auch schon beschränktes ›Bildsehen‹, d. h. Reagieren auf einzelne Reizgruppen auf der Netzhaut. Es ist durchaus möglich, daß auch die Augen niederer Wirbeltiere einmal durch eine ähnlich stufenweise phylogenetische Entwicklung zustandegekommen sind,«[17]

Diese Beweisführung stellt aber nichts anderes als eine interpretierende Erzählung dar, in der an den Leser appelliert wird, Mutation und Selektion als erklärende Kausalfaktoren anzunehmen. Eine wissenschaftliche Beweisführung müßte sich doch wenigstens auf einige empirische Daten stützen oder, wenn solche nicht vorhanden sind, ihren Ausfall erwähnen und begründen, warum die Beweisführung trotzdem so geführt wird. Dazu noch eine sachbezogene Gegenargumentation:

»B. Rensch verkehrt allerdings die Argumentation in merkwürdigster Weise in ihr gerades Gegenteil. Während sonst immer die konvergenten Bildungen in nicht verwandten Pflanzen- und Tiergruppen mit Recht als Gegenbeweis gegen den Darwinismus angemerkt werden, weil sich unmöglich die gleichen, zum Teil hochkomplizierten Organgestaltungen völlig unabhängig voneinander und von ganz verschiedener ontogenetischer Grundlage aus durch zufällige Mutationen herausgebildet haben können (z. B. das Blasenauge mit Retina, Pigmentepithel, Linse und Cornea in sechs bis sieben völlig verschiedenen Tiergruppen wie Hohltieren, Ringelwürmern, Schnecken, Stachelhäutern, Kopffüßern, Wirbeltieren — nach Rensch) führt Rensch gerade diese Beispiele als Beweis dafür an, daß sich auch die transspezifische Evolution durch richtungslose Mutationen im Verein mit der Selektion vollzogen habe. ... Hier soll nicht nur, wie schon oft, gegen die darwinistische Begründung der Evolution angemerkt worden ist, durch richtungslose Steinwürfe (wenn sie nur lange genug durchgeführt und die mißglückten Steinhaufen immer wieder beseitigt werden) auch einmal zufällig ein Haus entstehen, sondern es sollen auf diese Weise viele Häuser verschiedenartigsten Baustils, aber mit zufällig ganz gleichen, der Bewohnbarkeit ganz besonders dienlichen Fenstern, Dächern, Fußböden usw. entstehen. Es ist übrigens immer noch unermeßlich wahrscheinlicher (so unermeßlich unwahrscheinlich es an sich ist), daß Häuser, Brücken, Automobile, Flugzeuge, als das lebende Wesen mit solchen Konstruktionsmitteln nicht nur ›erfunden‹, sondern auch erbaut werden. Wo sind übrigens die unendlich vielen ›mißglückten Steinhaufen‹, die doch bei solcher richtungslosen Entstehung aller nur möglichen Möglichkeiten fossil gefunden werden müßten?«[18]

Das Problem des großen Gestaltwandels könnte noch von einer anderen Seite die Begrenzung zeigen, die durch die Methode der Wissenschaft gesetzt ist. Die Lebensgestalten von Insekten, Fischen, Vögeln, Säugetieren unterscheiden sich als anschaulich-lebendige Formen wesentlich voneinander. Diese Unterschiede als Sinngestalten können dem unvoreingenommenen Beobachter evident werden. Beinahe noch deutlicher läßt sich das an den Unterschieden innerhalb der Arten zeigen. Merkwürdigerweise hat die gewachsene Sprache diese Unterschiede unübertrefflich ausgesagt. Saatkrähe, Steinadler, Tannenmeise, Eichhörnchen, Marder, Wühlmaus sind Namen für jeweils eigenständige Lebensgestalten.

Die Einwände gegen die darwinistische Evolutionstheorie, die sich auf die Eigenart der Lebensgestalten und auf ihre Unauflösbarkeit in Teilelemente berufen, rechnen allerdings zumeist nicht mit der Macht der wissenschaftlich festgestellten Wirklichkeit, die derart elementar werden kann, daß sie andere mögliche Erfahrungen ausschließt.

»Hier, so meine ich, treffen wir wirklich die Leidenschaft des Darwinismus ›in the determination not to look at structure‹. Die Struktur muß *fort* erklärt werden. Sie muß *in* die Bedingungen verwandelt werden, aus denen sie hervorging, anstatt sie *als* Struktur in sich anzuerkennen.«[19]

3. *Das animalische Menschenverständnis*

Würde man an der »Tatsache« der Abstammung des Menschen vom Tier zweifeln, so unterschiede man sich »nicht wesentlich von jemand, der etwa die Atomtheorie für unsinnig erklärte« (Heberer) oder, wie es noch deutlicher von dem Verhaltensforscher Lorenz ausgesprochen wird: »Es liegt nicht an der geringeren Sicherheit des wissenschaftlichen Nachweises, sondern ausschließlich an nicht rationalen, affektbesetzten Widerständen, wenn es heute noch gebildete Leute gibt, die an die Abstammungslehre nicht glauben, während niemand mehr an der Wahrheit der weiter oben erwähnten astronomischen Erkenntnis zweifelt.«[20]

Was heißt aber Abstammung? Was bedeutet Mensch? Was heißt Wahrheit?

Die Abstammungslehre ist zwar formal gesehen eine wissenschaftliche Theorie wie die Atomtheorie auch. Sie unterscheidet sich jedoch von anderen wissenschaftlichen Theorien durch die Besonderheit ihres Gegenstandes. Ob direkt oder indirekt werden in der Abstammungslehre Aussagen über die Herkunft des Menschen gemacht. Eine solche Aussage betrifft uns selbst in entscheidender Weise, ganz anders als Theorien der Atomphysik. Wenn über unsere Herkunft empirisch belegte Aussagen gemacht werden können, so ist damit ein Fundament gelegt, von dem aus der Mensch sich selbst begreifen kann. In einer der zahlreichen popularwissenschaftlichen Schriften, die die »Wahrheit« der Abstammungslehre verarbeiten und verbreiten, heißt es:

»Nun fallen diese neuen Erkenntnisse (nämlich die der Abstammungslehre G. K.) gerade in eine Epoche, die sich intensiv bemüht, die Stellung und Bedeutung des Menschen im Weltgefüge zu erklären. Sie kommen zum rechten Zeitpunkt; denn unsere Vorstellung vom Menschen hinge beziehungslos im leeren Raum, wäre sie nicht verankert in jenem Wissen um unseren Ursprung, das sich die Biologen, Anthropologen und Prähistoriker tastend, ahnend, forschend und wägend seit zwei Jahrhunderten in mühevoller Kleinarbeit errungen haben.«[21]

Hier ist deutlich ausgesprochen, um was es in den Ergebnissen der Abstammungslehre geht. Erst das »Wissen um unseren Ursprung« bietet nunmehr den sicheren Anhalt für ein Verständnis des Menschen, da dieser es offenbar nicht ertragen kann, »beziehungslos im leeren Raum« zu hängen.

Es gilt nun, dieses Verständnis aus den Aussagen der Abstammungslehre herauszuarbeiten.

Aus den empirisch belegten Ergebnissen der speziellen Abstammungslehre ergibt sich folgendes Bild:

1. Die menschliche Lebensform ist nicht eigens und klar umrissen an einem bestimmten Punkt der Erdgeschichte aufgetreten.

2. Der heutige Mensch reicht 70 000 bis 100 000 Jahre zurück. Von da an zurück gibt es Funde, die vom rezenten Typ abweichen. Unter ihnen befinden sich Formen, bei denen es fraglich wird, inwieweit man ihnen die Merkmale zuerkennen kann, die mit dem Begriff des heutigen »Menschen« verbunden werden.

3. Je weiter die Funde in die Vergangenheit zurückreichen, um so mehr scheinen sie sich tierischen Formen anzunähern. Der Aufweis der Annäherung ist empirisch auf den morphologischen Vergleich an Ske-

lettresten (Fossilfunde) beschränkt. Eine unmittelbare Dokumentation gibt es sonst nur noch im »kulturellen« Bereich, der aber als Vergleichsebene nicht verwendet werden kann. Zu einer Beurteilung der Annäherung fehlt das entsprechende empirische Vergleichsfeld im tierischen Bereich.

4. Alle sonstigen Beweise sind mittelbar. Sie stammen aus gegenwärtigen Beobachtungen und müssen in das nicht mehr beobachtbare und belegbare Geschehen der Vergangenheit übertragen werden. Die Übertragung gegenwärtiger Ergebnisse auf vergangenes Geschehen eröffnet einen weiten Interpretationsspielraum, der empirisch nicht abgesichert werden kann.

Um die Funde daraufhin beurteilen zu können, ob sie »menschlichen« oder »tierischen« Formen zuzuordnen sind, bedarf es eines Verständnisses vom Menschen ebenso wie eines vom Tier. Das Verständnis kann nicht den Beobachtungen entnommen werden. Mit der wissenschaftlichen Methode kann festgestellt werden, ob die Lebewesen, von denen fossile Skeletteile gefunden werden, aufrecht gegangen sind, das Gehirnvolumen, die Zahnbildung kann ermittelt werden. Niemals aber kann die Wissenschaft feststellen, ob diese Merkmale als Kriterien für ein menschliches Wesen gelten können. Das Verständnis dessen, was man sich unter Mensch vorstellt, geht der Einsetzung dieser Merkmale für die Beurteilung Tier oder Mensch voraus.

Das Verständnis des Menschen in der Abstammungslehre artikuliert sich im Begriff des *Organismus*. Das Leben des Organismus wird als Funktionsablauf angesehen, dessen Zweck darin besteht, das Leben des jeweiligen Exemplars und das der Gattung in optimaler Weise zu erhalten. Diesem Zweck dienen die einzelnen Funktionen der individuellen Lebenserhaltung und die der Fortpflanzung. Die optimale Anpassung an die natürliche Umwelt ist daher oberstes Gesetz. Der Begriff des Organismus gilt für Mensch und Tier in gleicher Weise. Das »Leben« des Organismus ist jedoch in der Abstammungslehre vom *animalischen Leben* her verstanden. In diese Vorstellung von animalischem Leben wird der Mensch mit allen seinen Lebensäußerungen einbezogen.

Das für Mensch und Tier gleichermaßen angesetzte animalische Leben schließt Unterschiede der Lebensanpassung an die Umwelt nicht aus. Der »menschliche« Organismus hat womöglich durch intelligentes Verhalten, durch sprachliche Information, durch Überlieferung usw. größere Möglichkeiten der Anpassung und Erhaltung seines »Lebens«, als vergleichbare tierische Organismen. Das ändert aber an der Seinsart

»Leben« und dessen impliziter Sinnvorstellung eines optimalen Ablaufs seiner selbst nichts.

Der Übergang vom tierischen Leben zum menschlichen Leben kann mit Hilfe dieser Vorstellung problemlos interpretiert werden. Es geschieht ja nichts grundsätzlich Neues. Das Menschentier »lebt« das gleiche »Leben« wie das Tier, auch wenn es Feuer, Werkzeuge, Sprache zu seinem Lebensvollzug einsetzt und diesen damit ungleich effektiver gestalten kann.

Unter dem Begriff des Organismus lassen sich schon zwischen den rezenten Menschen und Menschenaffen weitgehende Ähnlichkeiten feststellen. Unter morphologischen, anatomischen, histologischen, embryologischen, endokrinologischen Aspekten, aber auch im Hinblick auf das wissenschaftlich erfaßbare Verhalten zeigen sich zwischen Mensch und Primaten nur quantitative Abwandlungen. Um eine Verwandtschaft zwischen Mensch und Tier unter dem Begriff des Organismus und der ihm entsprechenden Lebensvorstellung zu behaupten, bedürfte es des umständlichen Nachweises der Abstammungslehre nicht. Die Verwandtschaft ergibt sich bereits, wenn nicht deutlicher, auch aus dem Vergleich der gegenwärtig lebenden Formen. Die Abstammungslehre hat sich aber zum Ziel gesetzt, diese Verwandtschaft genealogisch abzuleiten, und das Zustandekommen der Verwandtschaft kausalgesetzlich zu erklären.

Wie für alle Veränderungen von Lebensformen, werden auch für die Erklärung der Evolutionsvorgänge, die zur menschlichen Lebensform geführt haben, die Prinzipien von Mutation und Selektion eingesetzt. Die durch Mutation und Selektion bewirkten Veränderungen können unmittelbar nicht mehr beobachtet werden. Von dem einstigen Geschehen sind allein noch die fossilen Dokumente, Teile des Skeletts, mitunter Spuren des Verhaltens, Feuerreste, Zeugnisse von Werkzeuggebrauch oder Werkzeugherstellung auffindbar. Das einstige Geschehen, das zu diesen Veränderungen geführt hat, muß daher hypothetisch konstruiert werden. Die Hypothesen über den Ablauf dieser Vorgänge und ihres Zusammenhangs mit Fakten der Umwelt nehmen in der Fachliteratur einen breiten Raum ein. Sie sind im einzelnen häufig kontrovers, da empirische Kriterien zur Beurteilung fehlen, und verschiedene Gesichtspunkte zur Interpretation und Stützung von Behauptungen herangezogen werden können. Die Hypothesen unterliegen auch einem ständigen Wechsel, der durch neues Fundmaterial, durch genauere Datierungsmöglichkeiten hervorgerufen wird. Nichtsdestoweniger werden alle diese Interpretationen, welchen Inhalt sie immer haben mögen, ob sie sich miteinander vereinbaren lassen oder nicht, von dem eben geschilderten Lebensverständnis geleitet. Das Zustandekommen der Abänderungen, ob sie den aufrechten Gang, das Gehirnvolumen, Sprache, Werkzeuggebrauch betreffen, wird immer im Rahmen der optimalen Lebensanpassung interpretiert. Die Abänderungen kommen allein deswegen zustande, weil sie einen Selektionsvorteil (z. B. in einer durch Klimawechsel veränderten Umwelt), eine bessere Chance im Lebensvollzug geboten haben.

Auch die entscheidende Frage, warum die Abänderungen so und nicht anders stattgefunden haben, wird im Horizont des animalischen Lebensverständnisses beantwortet. Wie elementar dieses vorgängige Lebensverständnis, in dem das Leben des Menschen vom animalischen Leben her interpretiert worden ist, die Forschung leitet, zeigt sich an der Tendenz, alle spezifisch menschlichen Lebensäußerungen in den tierischen Lebensformen, zumindestens als im Keim vorhanden, nachzuweisen. Diese mitunter befremdlich anmutenden Anstrengungen, z. B. eine Affensprache zu konstruieren und ein Wörterbuch dieser anzulegen, oder »kulturelles« Verhalten der Tiere aufzuzeigen, sind vom Horizont dieses Lebensverständnisses her einsichtig: Es soll ein der Forschung vorausliegender Begriff durch empirische Nachweise erhärtet werden.

Es wären hierzu auch noch in der jüngsten Geschichte der Wissenschaft nicht wenige Beispiele für Fehlinterpretationen aufzuführen, die von der Wissenschaft selbst als unhaltbar aufgegeben werden müssen. Als Beispiel sei das biogenetische Grundgesetz (Haeckel) genannt. Nach diesem Gesetz soll die Phylogenie (Artentwicklung) in der Ontogenese (Individualentwicklung) in einer kurzen Wiederholung erkennbar sein. Der Entwicklungsgang des menschlichen Embryos wurde daher verschiedenen Stadien der Abstammungsgeschichte zugeteilt, worunter sich auch ein Fischstadium befand, das die bekannten Kiemenspalten reproduzieren sollte. Die mit dem fortgeschrittenen Rüstzeug der Wissenschaft angestellten Beobachtungen konnten zeigen, daß das biogenetische Grundgesetz einer Täuschung entsprungen ist. Es finden sich nicht nur keine Kiemenspalten, kein »wohlausgebildeter Schwanz«, sondern alle embryonalen Anlagen verweisen auf die spätere menschliche Gestalt.

»Die früher — auf Grund der Haeckelschen Vorstellungen von einer Rekapitulation — oft angestellte Überlegung, wann ein menschlicher Keim ein

Mensch werde, haben wir schon oben als eine falsche Fragestellung erkannt. Heute wissen wir, daß ein menschliches Ei, vom menschlichen Samen befruchtet, sich seit seiner Entstehung als Mensch entwickelt und auch während seines ganzen Lebens menschlich bleibt. So zeigt zum Beispiel die frühembryonale Gesichtsbildung des Menschen in keinem Stadium Kiemenbögen im Sinne typisch fischartiger Bildungen, und der menschliche Keim hat auch niemals einen Schwanz im Sinne einer mäusetypischen Differenzierung. Die dämonologische Seelenwanderungslehre, die frühen Gesichtsfalten (Visceralbögen) des Menschen verrieten ein verkapptes Fischwesen, ist zwar psychologisch vielleicht verständlich, heute aber ebenso überholt wie jener Aberglaube, daß der Donner von Zeus gemacht werde.« ... »Dieses seither so genannte biogenetische Grundgesetz war ein katastrophaler Irrtum in der Geschichte der Naturwissenschaft. Er hat die Biologie um ein volles Jahrhundert in theoretischer und praktischer Hinsicht zurückgeworfen.«[22]

Die embryonalen Kiemenspalten konnten nur deswegen »gesehen« werden, weil ein vorgängiges Verständnis sie sehen wollte. Es mußte ein Interesse vorhanden sein, das aus den »Fakten« etwas herausliest oder sie in einem Licht sieht, das diesem Interesse entspricht. Gerade in den durch die Wissenschaft selbst korrigierten wissenschaftlichen Fehlaussagen kann das Interesse, das zu den »falschen« Ergebnissen Anlaß gab, aufgewiesen werden.

Das Interesse im Falle der Kiemenspalten war darauf ausgerichtet, empirisches Material für die Ableitung des Menschen vom Tier aufzufinden. Das Interesse wiederum verweist auf die historische Situation des Menschen und letzten Endes auf die Verfassung des menschlichen Daseins selbst.

In einer bestimmten historischen Epoche (19. Jahrhundert Mitteleuropa) tritt ein Interesse auf, das es vorher gar nicht geben konnte. Es gab dafür keinen Anlaß, weil die bis dahin im Abendland maßgebende Bestimmung des Menschen nicht fragwürdig geworden war. Dies tritt aber im 19. Jahrhundert ein. Ein bislang vorherrschendes Verständnis des Menschen, das ihn von einem übernatürlichen Prinzip her (Geist, Vernunft) interpretiert hatte, soll durch ein anderes Verständnis ersetzt werden, das den Menschen jetzt von einem natürlichen Prinzip (Natur, animalisches Leben) her begreift.

Das Interesse steht im Zusammenhang mit dem Anspruch, die bisherige »Wahrheit« durch eine andere »Wahrheit« zu ersetzen. Die neue Wahrheit hat gegenüber der alten nicht nur den Unterschied aufzuweisen, daß sie wissenschaftlich bewiesen werden kann. Sie unterscheidet sich vor allem dadurch von der alten Wahrheit, daß durch die Ableitung des Menschen aus der Natur dieser auf sich selbst gestellt wird. Es gibt nun keine Wirklichkeit mehr, nach der sich der Mensch zu richten hätte, es sei denn die Natur, aus der er abstammt. Die übernatürliche Vernunft war ja in einer den Menschen übersteigenden Wirklichkeit begründet worden. Jetzt aber gilt das Umgekehrte: die Wirklichkeit hat sich nach dem Menschen zu richten, der mit Hilfe seiner Wissenschaft die Wirklichkeit (Natur) verfügbar und herstellbar machen kann.

Es ist keineswegs gleichgültig sondern für das Verständnis des Menschen entscheidend, ob eine »natürliche« Ableitung seiner selbst gelingt. Sobald eine solche Ableitung wissenschaftlich nachgewiesen werden kann, ist die Herkunft festgelegt, aus der er sich nun begreifen kann. Wenn demnach ein Interesse bestand und besteht, diese Herkunft aufzuzeigen und wissenschaftlich zu verifizieren, dann besteht dieses Interesse in weit mehr als in einem unparteiischem Forscherdrang. Es ist in der Verfassung menschlichen Daseins verwurzelt, das sich nicht nur allemal in einem Verständnis seiner selbst begreifen muß, sondern vor allem durch Charaktere gekennzeichnet ist, die dieses Verständnis entscheidend beeinflussen.

»Ob sich der Mensch als Geschöpf Gottes versteht oder als arrivierten Affen, wird einen deutlichen Unterschied in seinem Verhalten zu wirklichen Tatsachen ausmachen; man wird in beiden Fällen auch in sich sehr verschiedene Befehle hören.«[23]

Von daher ist das Phänomen des antimetaphysischen Impulses zu begreifen, dem ein Interesse vorangeht, eine wie immer geartete Wirklichkeit, über die der Mensch nicht verfügen kann, als nichtig zu erweisen.

Die im Rahmen des animalischen Lebensverständnisses zustandegekommene Sicht des Menschen kann befriedigend wirken. Es entsteht ein »Menschenbild der Biologie«, das keiner Ergänzungen aus einem anderen Bereich bedarf (Rensch, Biophilosophie). Dieses »Menschenbild« bestimmt die Ausführungen zahlreicher Verhaltensforscher, die in diesem Rahmen Themen wie Aggression, Gut und Böse, gesellschaftliche Konflikte, Sitten und Gebräuche des heutigen Menschen behandeln und Hinweise für ein naturalistisches Ethos geben.

Eine Schwierigkeit tritt erst dann auf, wenn Phänomenen wie Magie, Religion, Dichtung, Kunst eine Eigenbedeutung eingeräumt wird, in der diese Phänomene von sich her eine Verbindung oder gar eine Ableitung aus dem animalischen Lebensverständnis verweigern. Das magische, religiöse, künstlerische »Leben« des Menschen ist nicht einfachhin in den Horizont von Lebensanpassungs-Leistungen einzubringen. Auch die auf dem animalischen Lebensverständnis beharrenden Deutungen bedürfen zur Erklärung dieser Phänomene umständlicher Hilfshypothesen, die empirisch keineswegs abgesichert werden können.

Sobald diesen Phänomenen eine Eigenbedeutung zuerkannt wird, entsteht das Dilemma, daß der »Mensch« vom Tier abstammt und »doch keines derselben ist«. Von Biologen wird dieser Fragenkomplex mitunter berührt:

»So stehen quantitativen Unterschieden des Organs Leistungen gegenüber, die ein auch qualitativ völlig neues Niveau erreichen. Es ist möglich, daß Zahl und Verbindungen der Nerven und Ganglienzellen beim Menschen eine Größe und einen Komplikationsgrad erreicht haben, in denen die Quantitäts- in Qualitätsunterschiede umschlagen.«[24]

Die Vorstellung eines Umschlags von Quantität in Qualität oder die des »Sprungs auf eine andere Ebene« entsprechen nicht der wissenschaftlichen Methode. Es sind Begriffe, die, solange sie nicht mit konkretem Gehalt versehen werden, leer bleiben. Sie könnten höchstens dafür dienen, eine Verlegenheit anzuzeigen, erklärt werden kann mit ihnen nichts. Das Dilemma: »So steht hinter dem ganzen Reichtum der geistigen Welt immer dieses sonderbare Wesen: Der nackte, freihändige, großhirnige Primat« — bleibt in dieser Gegenüberstellung unauflösbar. Es bleibt solange unauflösbar, solange der Horizont des animalischen Lebensverständnisses nicht verlassen wird. Wenn der Mensch zunächst vom tierischen Leben her interpretiert worden ist, dann kann dieses »Leben« nicht mehr unproblematisch mit einem nicht-animalischen »Leben« vereinigt werden. Erst wenn der Rahmen des Begriffes des Organismus und des ihm entsprechenden Ansatzes von Leben selbst in seiner Rechtmäßigkeit zur Interpretation und Ableitung des Menschlichen in Frage gestellt wird, kann das Dilemma mit Aussicht auf Erfolg angegangen werden. Der Begriff des Organismus und das mit ihm verbundene Verständnis von Leben ist eine der wissenschaftlichen Methode entsprechende Abstraktion. Man muß von vielem absehen, um zu einer derart reduzierten, auf wenige Aspekte eingegrenzten Lebensauffassung zu gelangen. Diese Abstraktion steht aber wieder in einer Entsprechung zur wissenschaftlichen Methode, die nur das an Wirklichkeit zulassen kann, was festgestellt (verfügbar, herstellbar) werden kann.

Wie steht es jetzt mit der »Wahrheit« der Abstammungslehre? Es zeigt sich, daß diese Wahrheit mit einer weitgehenden Abstraktion erkauft worden ist. In einem Ansatz, in dem die Wirklichkeit des Menschen elementar reduziert worden ist, kommt man schließlich zu Ergebnissen, die menschliche und tierische Phänomene problemlos vergleichbar erscheinen lassen. Die abstrakte Wahrheit kann in den Vergleichen der gegenwärtig lebenden Formen von Tier und Mensch aufgezeigt werden. Aufgrund des Begriffes des Organismus und des ihm entsprechenden Lebensverständnisses zeigen sich zwischen den rezenten Formen nur quantitative Abwandlungen. In der Gegenwart können wir jedoch, im Unterschied zu den Vorgängen in der Erdgeschichte, die konkreten Lebensgestalten von Mensch und Tier unmittelbar wahrnehmen. In den wirklich lebenden Gestalten von Mensch und Tier zeigen sich dem unvoreingenommenen und nicht schon auf eine bestimmte Sicht hin festgelegten Beobachter erhebliche Unterschiede. Ob diese qualitativen Differenzen angemessen beschrieben werden können oder nicht, sie lassen sich jedenfalls anschaulich wahrnehmen. Der anschauliche Vergleich von Mensch und Tier deckt sich nicht mit dem abstrakten Vergleich der Wissenschaft.

Allein mit dem abstrakten Rahmen, der durch einen bestimmten Begriff von Leben abgegrenzt ist, kann die Aussage: Der Mensch stammt vom Tier ab, problemlos aufrechterhalten werden. Wissenschaftlich korrekt müßte die Aussage lauten: Unter dem Begriff Mensch und Tier wird der Zusammenhang von feststellbaren Lebensprozessen verstanden und im Begriff des Organismus zusammengefaßt. Das »Leben« des Organismus ist gekennzeichnet durch animalische Lebensleistungen, durch optimalen Ablauf, durch optimale Erhaltung seiner selbst, durch optimale Anpassung an die Umwelt. Mit diesen so bestimmten Begriffen kann behauptet werden: der Mensch stammt vom Tier ab. In den üblicherweise angebotenen unreflektierten Fassungen dieses Satzes werden mit dem Begriff Mensch Vorstellungen verbunden, die weit über das hinausgehen und sich auf die gegenwärtige konkrete Lebensgestalt beziehen. Auf diese Weise entsteht die Meinung, die Abstammungslehre könnte den Menschen, so wie er uns heute erscheint, durch empirisch belegte Aussagen aus dem Tierreich ableiten.

Versucht man dagegen, menschliches Dasein nicht derart weitgehend abstrakt, sondern konkreter zu fassen, wie mit den Bestimmungen von Verstehen und Zeitlichkeit, dann wäre die Aussage: der Mensch stammt vom Tier ab, nicht mehr unproblematisch. Verstehen und Zeitlichkeit als kennzeichnende Momente des heutigen Menschen sind im tierischen Leben nicht aufweisbar. Sie manifestieren sich in einer anderen Struktur von Leben als dem der Tiere. Das schließt nicht aus, daß menschliches Dasein aus tierischen Formen hervorgegangen ist, das konkrete Wie aber und Warum bliebe Problem. Die Abstammung des Menschen vom Tier wäre dann gerade keine »Tatsache« sondern eine *offene Frage*. Der Anhalt allerdings, den die Abstammungslehre mit ihrer Ableitung des Menschen vom Tier für die Interpretation des gegenwärtigen Menschen bietet, würde damit fragwürdig werden.

ZWEITER TEIL

DAS VERSTÄNDNIS DES MENSCHEN BEI KARL MARX

EINLEITUNG

Eine Untersuchung, die sich mit dem Menschenverständnis von Marx beschäftigen will, sieht sich vor bestimmte Schwierigkeiten gestellt, die zu Beginn der Arbeit ins Auge gefaßt werden müssen. Sie ergeben sich aus der Eigenart des Materials, an das sich die Untersuchung zu halten hat.

Marx hat ein umfangreiches Werk hinterlassen. Es setzt sich aus Abhandlungen zusammen, die ökonomische, politische und philosophische Themen zum Gegenstand haben. Ein Grundgedanke scheint jedoch in den verschiedenen Arbeiten gemeinsam zu sein: *Die Kritik der bestehenden Verhältnisse*. Diese Kritik ist von der Überzeugung getragen, daß ein Umsturz der gegenwärtigen ökonomisch-gesellschaftlichen Zustände den Menschen aus seiner seit jeher entfremdeten Situation herausführen und ihn in bislang unbekannte Dimensionen menschlicher Emanzipation versetzen wird. Die Kritik bedeutet daher zugleich ein praktisch-revolutionäres Programm.

Der Gedanke eines bevorstehenden Umsturzes zum Besseren hin, der durch *praktische* Veränderungen herbeizuführen ist, verleiht dem Werk von Marx jenen eigenartigen Charakter einer »Heilsbotschaft«, durch den es sich von vornherein von anderen philosophischen Werken unterscheidet. Der revolutionäre, programmatische Gehalt wird auch der Anlaß für den leidenschaftlichen Streit, der um die rechte Auslegung entbrennt. Die Interpretationen können sich ungehindert nach ganz verschiedenen und entgegengesetzten Richtungen entfalten, da die fragmentarische und uneinheitliche Verfassung des Marxschen Werkes den geeigneten Nährboden dafür abgibt. Marx wird nicht nur der politisch wirkmächtigste Denker der Neuzeit, sondern auch der umstrittenste. Das Für und Wider der Meinungen wird noch durch den Umstand verstärkt, daß sich politische Weltmächte bei der Einrichtung ihrer Produktionsweise, ihrer Gesellschaftsordnung und bei der Expansion ihres Machtbereiches auf Marx berufen und sich — unter Hinweis auf die Verwirklichung — als einzig legitime Interpreten ausgeben.

Neben der Verfassung des zugrunde liegenden Materials und dem Problem des Interpretationsspielraumes zeigt sich noch eine andere Schwierigkeit, die aus dem Marxschen Ansatz erwächst. Danach sei eine interpretatorische, philosophische Beschäftigung immer schon ein Zeichen entfremdeter ökonomisch-gesellschaftlicher Zustände. Sie sei es im besonderen Maße dann, wenn sie sich diesen Umstand nicht bewußt mache und nicht einsehen wolle oder könne, daß die philosophische Tätigkeit schon immer in den geschichtlichen Lebensprozeß des Menschen hineinverwoben sei. Jede Interpretation, die nicht auf der Basis des Marxschen Ansatzes aufruht, hätte sich daher schon widerlegt. Es gäbe nur zwei Möglichkeiten: Entweder man tritt gleichsam von außen — abstrakt — an Marx heran und verurteilt sich damit immer schon zu einem Mißverstehen oder genauer zu einem negativen Exempel; oder man macht sich die Marxsche Ansicht zu eigen, wobei es dann um eine Entfaltung oder Erläuterung gehen kann, aber niemals um eine unabhängige Interpretation.

Den aufgewiesenen Schwierigkeiten wird hier folgendermaßen begegnet: In der Aufgabe, das Menschenverständnis von Marx aufzuzeigen, ist schon die Forderung vorgezeichnet, auf die Texte von Marx zurückzugreifen. Die Interpretation geht grundsätzlich von diesen aus und zieht die späteren Auslegungen und Umbiegungen nur insoweit heran, als sie zur Erhellung der Position von Marx dienen können. Ein Problem allerdings, das in der neuen Marx-Diskussion eine Rolle spielt, muß in unserem Zusammenhang erwähnt werden. Dabei geht es um die Frage der Kontinuität seines Denkens. Die Frage hat ihren besonderen Akzent durch die erst 1932 erfolgte Veröffentlichung der ökonomisch-philosophischen Manuskripte von 1844 erhalten. Die dort niedergelegten Auffassungen haben die bislang von Engels, Kautzky, Bernstein, Rosa Luxemburg und später Lenin geprägte Marx-Rezeption in Frage gestellt. War diese von einem »wissenschaftlichen« Marx-Verständnis gekennzeichnet, so wurde jetzt eine philosophisch-anthropologisch-humanistische Seite von Marx entdeckt und in den Vordergrund gerückt. Aus dieser Sachlage haben sich zwei entgegengesetzte Auffassungen herausgebildet.[1] Die einen behaupten, es gäbe keine Kontinuität im Denken von Marx. Die philosophisch gehaltenen Frühschriften seien erste tastende Versuche, noch von idealistischer Schwärmerei umfangen. Marx hätte diese Phase mit einem Bruch hinter sich gelassen und erst danach seine »reifen« Ansichten entwickelt, die sich dann in der *wissenschaftlichen* Methode des historischen Materialismus niedergeschlagen hätten.[2] Diese Auffassung wird in erster Linie von den »orthodoxen« Marxisten vertreten, die in Marx einen der Begründer des Lehrgebäudes des dialektischen und historischen Materialismus sehen, mit welcher Auffassung die »unreifen« Frühschriften schwer in Einklang zu bringen sind.

Die anderen, zumeist aber nicht ausschließlich aus dem Lager der Marx-Kritik, behaupten die Kontinuität im Denken von Marx. In den Frühschriften sei die praktisch-revolutionäre Kritik der kapitalistischen Produktionsweise und der ihr entsprechenden Gesellschaftordnung grundsätzlich konzipiert und philosophisch begründet. Von daher sei überhaupt erst möglich, die späteren Schriften in ihrer Intention zu verstehen. Die grundsätzliche Auffassung des jungen Marx habe sich nicht geändert, was eine Abwandlung erfahren habe, seien Argumentationsweise, Begriffe und Themenstellung.

»In Wahrheit bilden alle seine Thesen den Abriß eines grundlegenden Phänomens, das den ganzen Menschen trifft: Die Entfremdung, die Trennung von Essenz und Existenz.«[3] »Die Meinung, daß wir es hier mit zwei vollkommen verschiedenen Anschauungssystemen zu tun hätten, muß man klarerweise verwerfen, weil die Kontinuität der Entwicklung dieser Anschauungen gewahrt und die Kontinuität der Grundthese des Systems beibehalten ist, obwohl sich die Art ihrer Formulierung und die Art der Lösung verändern.«[4] »So kann man wohl sagen, daß die Gegenstände und Motive der Kritik wie auch die programmatischen Desiderate bei Marx durchgängig dieselben geblieben sind, nicht jedoch die ›kritischen Kategorien‹«.[5]

Die Untersuchung geht von der letztgenannten Position aus, da es nicht schwer fällt, die Behauptung der Kontinuität eines zentralen Anliegens bei Marx zu belegen. Nichtsdestoweniger bleibt die Frage, was dieses zentrale Anliegen besagt und von welchen Voraussetzungen die praktischen Veränderungen, die in diesem Anliegen eingeschlossen sind, ausgehen müssen.

Was Marx zu seiner Lebensarbeit veranlaßt, ist die *»entfremdete« Wirklichkeit des Menschen.* Er ist der Überzeugung, daß er den Schlüssel für das Verständnis dieser Entfremdung gefunden hat. Mit ihm ist auch der Weg zur Veränderung der Wirklichkeit vorgezeichnet.

Wo findet Marx nun den Bezugspunkt, von wo aus die entfremdete Wirklichkeit als entfremdete wahrgenommen werden kann? Er beschreibt die »profane« Wirklichkeit als selbst gespalten. Dem Menschen steht eine ihm entfremdete Wirklichkeit gegenüber, die sich Marx in der Gestalt der kapitalistischen Produktionsweise und der ihr zugehörigen Gesellschaftsverhältnisse enthüllt. Aus dieser Gestalt kann die Gesetzlichkeit der Entfremdung überhaupt abgelesen werden. Die Entfremdung soll aus der »empirisch« entfremdeten Wirklichkeit verstanden werden und nicht aus einer abstrakten Ideenwirklichkeit. Es ist daher bei Marx eine eindeutige Tendenz festzustellen, die Entfremdung immer mehr in empirisch-wissenschaftliche Begriffe zu fassen. Der Begriff Entfremdung selbst, der noch deutlich die Spuren der idealistischen Herkunft an sich trägt, wird auch bald fallengelassen. Schon in der Deutschen Ideologie findet er kaum mehr Verwendung. Auch der Begriff »Mensch« verschwindet, er wird durch »die Individuen« ersetzt, noch später treten Begriffe wie Produktionskräfte, Produktionsverhältnisse, Überbau, ökonomische Gesellschaftsformation usw. in den Vordergrund.

Die Beeinflussung durch die Ergebnisse der Naturwissenschaften und den daraus resultierenden wissenschaftlichen Wirklichkeitsbegriff ist unverkennbar. Es ist um so bemerkenswerter, daß dieser im Gegensatz zu Engels bei Marx nie die alleinige Oberhand gewinnt. Daraus ergibt sich auch der Konflikt, der untergründig im Werk von Marx angelegt ist und sich bei seinen verschiedenen Nachfolgern fortsetzt. Sein Anliegen ist die entfremdete Wirklichkeit des Menschen. Er meint Entfremdung in einem umfassenden Sinn. Es geht nicht nur um Aufhebung äußerer Not, um ausreichende Versorgung, sondern um das »heile« Leben des Menschen. Ein solches heiles Leben hat es bislang in der Menschengeschichte nicht gegeben. Es muß demnach in einer »Idee« antizipiert werden. Es ist eine Täuschung zu meinen, den *Maßstab* einer wahren Wirklichkeit aus empirischen Fakten entnehmen zu können. Es ist gerade umgekehrt, der Maßstab muß schon vorliegen, um die Fakten (die kapitalistische Industriegesellschaft) in einer bestimmten Weise *sichtbar*, d. h. bewußt machen zu können. Marx hat, wie er in einem Brief an seinen Vater (1837) schreibt, versucht, »im Wirklichen selbst die Idee zu suchen«, nachdem er vom Idealismus Abschied genommen hatte.[6] Bei dieser Suche hat ihn das Ideal der philosophischen Tradition, die wahre oder vernünftige Wirklichkeit, geleitet. Da er aber auf der anderen Seite an seiner empirisch-wissenschaftlichen Einstellung festhält, kommt es zu dem merkwürdigen Sachverhalt, daß er seinen empirisch konzipierten, ökonomisch-gesellschaftlichen Kategorien zu *viel auflastet*. Sie stehen immer für viel mehr, als sie empirisch hergeben können. Diese Überlastung seiner ökonomisch-gesellschaftlichen Analysen ist der ungelöste Widerspruch von Marx, aus dem alle weiteren folgen, wie z. B. das Problem der Durchführbarkeit des revolutionären Programmes. Die Überlastung bedeutet aber auch, daß Marx an seinem ursprünglichen Anliegen der Erklärung und Aufhebung der Entfremdung des Menschen festhält, auch dann, wenn dieser Begriff längst nicht mehr Verwendung findet. Dieses Anliegen, der entfremdeten Wirklichkeit und ihrer Aufhebung, ist Leitfaden, an dem das Menschenverständnis von Marx dargel

Die Formulierung »Menschenverständnis« widerspricht nun ab reits dem Ansatz von Marx. Ein theoretisches Begreifenwollen »Menschen« oder eine Spekulation über das »Wesen des Menschen« gi ihm als eine der verfehlten Formen menschlichen Zusammenlebens. Jede theoretische Überlegung habe sich an die faktische Situation zu halten, d. h. an den gegenwärtigen, historisch gewordenen Zustand der ökonomisch-gesellschaftlichen Verhältnisse, und die ganze Bemühung müsse mit dem Willen zur praktischen Veränderung der Umstände auf menschliche Emanzipation hin unternommen werden. Alle anders geartete theoretische Beschäftigung laufe darauf hinaus, die bestehenden Umstände, ob sie nun dabei kritisiert oder bestätigt würden, aufrecht zu erhalten.

Wenn hier eine andere Position eingenommen wird, so geschieht dies nicht mit der Absicht, diese Auffassung zu widerlegen. Sie ist mit Argumenten nicht widerlegbar, da sie jede andere Auffassung von vornherein von ihrem Ansatz her ausgeschlossen hat. Es geht vielmehr darum, angesichts der Marxschen These den Standpunkt klarzustellen, von dem aus diese Untersuchung geführt wird.

Der Standpunkt ist dadurch gekennzeichnet, daß die Marxsche These ernst genommen und nicht von vornherein abgelehnt wird, aus dem einfachen Grund, weil sie in gewissen Grenzen zutrifft. Die Ablehnung betrifft die totalisierende Tendenz, die alle Phänomene des Menschen in bestimmte Bahnen hineinzwängen will. Unter Menschenverständnis wird der Entwurf des Menschen gemeint, den er sich machen muß, um leben zu können. Das ist etwas anderes als das gleichbleibende *Wesen* des Menschen, das die metaphysische Deutung seit Platon und Aristoteles zum Thema gemacht hat. Menschenverständnis ist jeweils geschichtlich. In diesem Sinn wird auch das den Thesen von Marx zugrunde liegende Menschenverständnis als ein Entwurf angesehen und als solcher dargelegt. Es liegt auf der Hand, daß, sobald man nicht allein auf dem Boden des Ansatzes von Marx steht, diesen von einem anderen Entwurf her ansehen muß, und zwar von einem solchen, in dem die Marxsche Position berücksichtigt ist. Von daher muß auch die Verwendung des Begriffes »Mensch« verstanden werden. Es ist damit wiederum nicht ein abstraktes, unveränderliches Wesen Mensch gemeint, von dem aus die einzelnen Menschen beurteilt werden sollen, sondern der Begriff meint die konkreten Menschen, allerdings unter dem philosophischen Hinblick, d. h. unter der aus der geschichtlichen Situation heraus gefragten Frage, was menschliches Dasein letzten Endes bedeutet.

Woher nimmt die Frage ihr Maß? Sie nimmt es vom »Menschlichen« her, d. h. von einem Entwurf, der sich von der Totalität der menschlichen Phänomene leiten läßt und nicht von dem Totalitätsanspruch eines Entwurfes.

A. DARSTELLUNG DER LEHRE VON KARL MARX

I. Strukturen der menschlichen Wirklichkeit

1. Der Mensch als arbeitendes Lebewesen

Die Wirklichkeit des Menschen zeigt sich zunächst und unmittelbar darin, daß der Mensch Naturwesen ist. Als solches ist er auf anderes angewiesen. Der Mensch ist in die Natur eingefügt und mit ihr verbunden, weil er ein Lebewesen ist, das in Tätigkeit und Erleiden sein Leben führen muß, wie anderes Lebendige auch. Die Wirklichkeit des Menschen ist von der unabweisbaren Tatsache gekennzeichnet, daß der Mensch Bedürfnisse hat. Um leben zu können, muß er die nötigen Lebensmittel haben, Hunger und Durst stillen können, Kleidung und Unterkunft haben. Diese Wirklichkeit ist so überzeugend, daß sie nur unter Gefahr für das Leben selbst vernachlässigt werden kann.

Die Natürlichkeit des Naturwesens Mensch ist aber von eigener Art. »Aber der Mensch ist nicht nur Naturwesen, sondern auch *menschliches* Naturwesen.«[7] Das Natürliche des Menschen besteht zwar darin, wie beim andern Lebendigen auch, daß er Bedürfnisse hat, daß er auf anderes angewiesen, äußeren und inneren Umständen ausgesetzt ist und in spontaner Äußerung seines Lebens die Bedürfnisse befriedigen und sich diesen Umständen anpassen kann. Er ist aber nicht auf ein Vorgegebenes — wie im sonstigen natürlichen Lebensbereich — hingeordnet, für die menschliche Natürlichkeit gibt es keine natürliche Entsprechung. Während für alles außermenschliche Leben vorgesorgt ist, so daß es das für sich Benötigte vorfindet, muß der Mensch sich um sein Leben selbst kümmern. »Weder die Natur — objektiv — noch die Natur subjektiv ist unmittelbar dem *menschlichen* Wesen adäquat vorhanden.«[8] Die Unmittelbarkeit der menschlichen Natürlichkeit ist somit eine scheinbare. Unmittelbar da ist nur die Tatsache der Angewiesenheit und Bedürftigkeit. Die Befriedigung der Bedürfnisse, damit das Verhältnis des Menschen zur Natur, ist aber nicht mehr unmittelbar, sondern von ihm selbst geformt. Die Natur, wie sie sich vorfindet, ist nur in den allerwenigsten Fällen geeignet, direkt den Bedürfnissen zu dienen. Sie muß erst in eine den menschlichen Bedürfnissen entsprechende

Form gebracht — umgewandelt — werden. Damit dies geschehen kann, muß der Mensch tätig werden, er muß von sich aus etwas dazu tun, den rohen Naturstoff zu bearbeiten, bis er in jene Form gebracht worden ist, die seiner Konstitution entspricht.

Die Bearbeitung des natürlichen Materials muß in einem umfassenden Sinn verstanden werden. Sie betrifft nicht nur die unmittelbaren Lebensmittel, nicht nur Kleidung und Unterkunft, die damit im Zusammenhang stehenden Werkzeuge und Vorrichtungen, sondern greift darüber hinaus in ein vielfältiges Feld von Möglichkeiten.

»Man kann die Menschen durch das Bewußtsein, durch die Religion, durch was man sonst will, von den Tieren unterscheiden. Sie selbst fangen an, sich von den Tieren zu unterscheiden, sobald sie anfangen, ihre Lebensmittel zu *produzieren*, ein Schritt, der durch ihre körperliche Organisation bedingt ist. Indem die Menschen ihre Lebensmittel produzieren, produzieren sie indirekt ihr materielles Leben selbst. ... Diese Weise der Produktion ist nicht bloß nach der Seite hin zu betrachten, daß sie die Reproduktion der physischen Existenz der Individuen ist. Sie ist vielmehr schon eine bestimmte Art der Tätigkeit dieser Individuen, eine bestimmte Art, ihr Leben zu äußern, eine bestimmte *Lebensweise* derselben. Wie die Individuen ihr Leben äußern, so sind sie. Was sie sind, fällt also zusammen mit ihrer Produktion, sowohl damit, *was* sie produzieren, als auch damit, *wie* sie produzieren.«[9]

Der Mensch muß nach Marx sein »Leben« tätig herstellen. In dieser Lebenstätigkeit sind alle Bestimmungen seines Daseins begründet, so daß er in dieser Tätigkeit und Produktion zu dem wird, was er ist. Die Grundbestimmung des Menschen heißt daher bei Marx: Arbeit.[10] *Der Mensch ist das arbeitende Lebewesen.*

»Als Bildnerin von Gebrauchswerten, als nützliche Arbeit, ist die Arbeit daher eine von allen Gesellschaftsformationen unabhängige Existenzbedingung des Menschen, ewige Naturnotwendigkeit, um den Stoffwechsel zwischen Mensch und Natur, also das menschliche Leben zu vermitteln.«[11]

Aus dem grundlegenden Ansatz des Menschen als arbeitenden Lebewesens ergibt sich auch der Unterschied zum Tier.[12] Tiere können zwar auch »produzieren«. Vögel bauen Nester, Ameisen, Bienen und Biber errichten kunstvolle Bauten. Das Tier geht aber in seiner »Produktion« auf, es hat dazu keine Distanz, es »produziert« instinkthaft. Deswegen ist die tierische »Arbeitstätigkeit« starr und läuft in vorgegebenen und der Art entsprechenden Bahnen ab.

»Das Tier ist unmittelbar eins mit seiner Lebenstätigkeit. Es unterscheidet sich nicht von ihr. Es ist *sie*.«[13]

Menschliche Produktion zeichnet sich dagegen durch Vermittlung aus. Sie ist *bewußte* Produktion. Das bedingt die Variation der Produktion bis hin zu der Möglichkeit, Dinge zu produzieren, die über die Reproduktion des natürlichen Lebens hinausgehen.

Auf Arbeit als Grundbestimmung des Menschen bezieht sich auch die »Wirklichkeit«, die sich »außerhalb« vom Menschen vorfindet. Der Mensch muß sein Leben produzieren, indem er die Natur in die ihm entsprechende Form umwandelt. Die Natur wird auf diesem Weg — formal genommen — eine menschliche Natur. Es kann daher eine vom Menschen unabhängige Natur im strengen Sinne nicht geben, denn sobald der Mensch als Mensch, d. h. als arbeitendes Lebewesen, angesprochen werden kann, muß er immer schon die ihn umgebende und ihn versorgende Natur zu der *seinen* machen.[14] Deshalb ist nach den Frühschriften von Marx — später hat er die Thematik nicht mehr ausführlich behandelt — in die Wirklichkeit der Lebenstätigkeit des produzierenden Menschen die Wirklichkeit der Natur eingeschlossen. »Durch sie erscheint die Natur als *sein* Werk und seine Wirklichkeit.«[15]

2. *Der Mensch als gesellschaftliches Gattungswesen*

Marx übernimmt den Begriff des Gattungswesen von Feuerbach. Für Feuerbach war die Menschheit, die Gattung, das eigentliche Wesen, von der jeder einzelne Mensch ein besonderes Exemplar darstellt und jeweils Züge von dem gemeinsamen und alle verbindenden Bild verwirklicht. Marx versteht unter Gattungswesen zunächst nicht das gemeinsame, verbindende Element aller Menschen, sondern einen bestimmten Wesenszug des Menschen. Der Mensch, und er allein unter den Lebewesen, ist in der Lage, das Allgemeine (Gattung) der Dinge und das, was er selbst ist, sich gegenüber zu stellen. Der Mensch ist damit ein universelles Wesen, im Prinzip nicht an einzelnes gebunden, damit der Möglichkeit nach ein freies Wesen.

»Der Mensch ist ein Gattungswesen, nicht nur indem er praktisch und theoretisch die Gattung, sowohl seine eigene als die der übrigen Dinge, zu seinem Gegenstand macht, sondern — und dies ist nur ein anderer Ausdruck für dieselbe Sache — sondern auch indem er sich zu sich selbst als der gegenwärtigen, lebendigen Gattung verhält, indem er sich zu sich als einem *universellen,* darum freien Wesen verhält.«[16]

Gattungswesen bedeutet ferner *gesellschaftliches* Wesen. Der Mensch als Individuum ist gesellschaftlich. Diese Bestimmung, die in den Frühschriften gegeben wird, schließt an Vorstellungen von Feuerbach an. Sie wird zunächst erläutert werden (a). Darauf folgt die Darstellung einer zweiten Bedeutung, die aus der von Marx selbst entwickelten Position hervorgeht (b).

a) Feuerbach hat in seiner Kritik der Religion diese als einen Traum der Menschen interpretiert, Ausdruck ihrer Wünsche, Hoffnungen und Ideale. Die Menschen hätten Vorstellungen von Unendlichkeit, obwohl sie ihrem konkreten Leben nach endlich-beschränkte Wesen seien. Die Unmöglichkeit, die Phantasie von Unendlichkeit in der konkreten Menschenwelt zu verwirklichen, hätte die Menschen veranlaßt, diese Verwirklichung in ein jenseitiges göttliches Wesen zu verlegen, dem diese Unendlichkeit zugesprochen wurde. Gott ist das vollkommene Wesen, er verfügt über Allmacht, Allwissenheit, All-Liebe und All-Leben. Die Beschränkungen, die den Menschen durch ihre Endlichkeit gesetzt sind, sollen nunmehr nach Feuerbach nicht mehr durch eine illusionäre Gottesvorstellung überwunden werden. An die Stelle der Projektion Gott soll der Mensch treten. Er soll die Verehrung und Liebe empfangen, die bislang einem Phantasieprodukt gegolten hatte. Den Platz Gottes soll aber nicht das Individuum Mensch einnehmen, sondern die Gattung Mensch. Religion bedeute Vernachlässigung der Gattung Mensch in der irdischen Welt, weil die »Gattung als Gottgegenstand« in eine jenseitige Welt verlegt worden ist. Nach Feuerbach kann die Endlichkeit des Menschen in der wirklichen Gattung Mensch aufgehoben werden, da immer nur das Individuum beschränkt, unvollkommen und sterblich sei, nicht jedoch die Gattung. Die Vorstellung des auf sich selbst gestellten Individuums sei dem Christentum entsprungen, das in seiner Lehre das individuelle Prinzip auf die Spitze getrieben habe. Diese Betonung des Individuums habe dazu geführt, daß der Mensch »immer nur sich um sich selbst dreht«. Er kann nicht die mögliche Aufhebung seiner Beschränktheit im anderen suchen und finden.

»Es fehlt hier gänzlich die objektive Anschauung, das Bewußtsein, daß das Du zur Vollkommenheit des Ich gehört, daß die Menschen erst zusammen den Menschen ausmachen, die Menschen nur zusammen das sind und so sind, was und wie der Mensch sein soll und sein kann.«[17]

In der Folge der Religionskritik würde sich dem Menschen die Aufgabe stellen, im anderen Menschen den Mitmenschen zu sehen und sich als ein des anderen Menschen bedürftiges Wesen zu erkennen. Gattungswesen bedeutet von hier aus gesehen ein *Idealbild.* In ihm sind Individuen und Gesellschaft nicht verschieden, weil sich die Menschen einander um ihrer selbst willen zum Bedürfnis geworden sind. Dieses Idealbild bleibt für Marx zeitlebens bestimmend, auch dann, wenn er die Feuerbachsche Position entscheidend abändert. Die Einheit von Individuum und Gesellschaft ist Endziel der Geschichte. »Damit der ›Mensch‹ zum Gegenstand des sinnlichen Bewußtseins und das Bedürfnis des ›Menschen als Menschen‹ zum Bedürfnis werde, dazu ist die ganze Geschichte die Vorbereitungs-(Entwicklungs-)geschichte.«[18] Gattungswesen als Idealbild steht gegen die von Marx kritisierte Situation des Individuums in der bürgerlichen Gesellschaft. Hier gibt es die eigenartige »Spaltung des Menschen in den öffentlichen und den Privatmenschen«.[19] In seinem wirklichen Dasein ist das Individuum Privatmensch, von egoistischen Interessen und Bedürfnissen bestimmt, die ihn von einem menschlichen Bezug zum anderen abhalten. Die Individuen der bürgerlichen Gesellschaft leben in der »Sphäre des Egoismus, des Bellum omnium contra omnes«.[20] Darüber erhebt sich die politische Sphäre des Staates, wo Recht, Sittlichkeit, Freiheit und Menschenwürde als Postulate aufgestellt sind. Hier gilt der Mensch als Gemeinwesen, aber nur in abstrakter Weise. In seinem konkreten Dasein haben diese Ideen keine lebendige Wirklichkeit.

»Der Mensch in seiner nächsten Wirklichkeit, in der bürgerlichen Gesellschaft, ist ein profanes Wesen. Hier, wo er als wirkliches Individuum sich selbst und anderen gilt, ist er eine unwahre Erscheinung. In dem Staat dagegen, wo der Mensch als Gattungswesen gilt, ist er das imaginäre Glied einer eingebildeten Souveränität, ist er seines wirklichen individuellen Lebens beraubt und mit einer unwirklichen Allgemeinheit erfüllt.«[21]

b) Gattungswesen als Einheit von Individuum und Gesellschaft hat ferner die Bedeutung, daß das Individuum in seinem Dasein von der Gesellschaft bestimmt wird. Diese Bedeutung tritt in den Vordergrund, weil sie mit der von Marx selbst (in Abkehr von Feuerbach) entwickelten Auffassung zusammenhängt. Danach muß das Leben der Menschen primär von ihrer praktischen Tätigkeit, d. h. von ihrem produzierenden Leben her verstanden werden. Die Menschen produzieren und konsumieren in Gemeinschaftsformen, in denen in irgendeiner Weise die Tätigkeiten selbst, die Verteilung der Arbeit und der Produkte geregelt ist. Die Formen der Gesellschaft — die Produktionsverhältnisse — stehen dabei in einer Relation zu den in je verschiedenem Ausmaß entwickelten Produktivkräften. (Land, Bodenschätze, Energien der Natur und des Menschen usw.) Je höher diese entwickelt sind, um so reicher werden die Produktionsverhältnisse differenziert und entfaltet sein.

Die Lebenstätigkeit der Menschen ist daher immer gesellschaftlich. Sie ist es auch dann, wenn nicht unmittelbar in Gemeinschaft produziert wird oder nicht unmittelbar oder gar überhaupt nicht produziert wird. Auch derjenige, der aufgrund welcher Voraussetzungen immer, nicht arbeitet, steht in einem Verhältnis zur Gesellschaft. Menschliches Dasein ist gesellschaftliches Dasein. »Aber das menschliche Wesen ist kein dem einzelnen Individuum innewohnendes Abstraktum. In seiner Wirklichkeit ist es das Ensemble der gesellschaftlichen Verhältnisse.«[22] Nach Marx kann daher der Begriff Mensch nicht losgelöst von den materialen und gesellschaftlichen Verhältnissen gebraucht werden, ohne in wirklichkeitsfremde Spekulation zu geraten. Der »Mensch« ist stets und unausweichlich ein Ergebnis der Art seiner Produktion und der Art des gesellschaftlichen Zusammenwirkens in dieser Produktion. Insofern sind auch in dieser Bedeutung Individuen und Gesellschaft nicht verschieden. Die Menschen treten zwar als je besondere Individuen und nur als solche auf. Sie sind aber als solche Individuen *gesellschaftliche* Individuen, auch ihre sie unterscheidenden Besonderheiten sind gesellschaftlich bestimmt.

»Das Individuum ist das gesellschaftliche Wesen. Seine Lebensäußerung — erscheint sie auch nicht in der unmittelbaren Form einer gemeinschaftlichen, mit anderen zugleich vollbrachten Lebensäußerung — ist daher eine Äußerung und Bestätigung des gesellschaftlichen Lebens. Das individuelle und das Gattungsleben des Menschen sind nicht verschieden, ...«[23]

Hierbei ist vor allem entscheidend, daß die Auffassung von Marx keinen Eigenbereich des Individuums, gleich welcher Art, zuläßt, der nicht wieder gesellschaftlich erklärt werden kann.

A. Schaff hat dies im Sinne von Marx völlig deutlich herausgestellt. Er behauptet mit Recht, daß die These der Gesellschaftlichkeit des Individuums nicht bedeutet, daß es kein individuelles (=von der Gesellschaft bestimmtes einzelnes) Dasein gäbe. Das entscheidende Problem läge darin, ob man in diesem individuellen Dasein eine andere Bestimmungsmöglichkeit seiner selbst annehme als die gesellschaftlichen Verhältnisse. Dies sei vom marxistischen Standpunkt aus entschieden zu verneinen.[24]

Der Bestimmung des Menschen als gesellschaftlich produzierendes Wesen entspricht die Auffassung der Bewußtseinsformen. Alle Gestalten des Bewußtseins, seien es solche von gesellschaftlich institutionalisierten — Moral, Religion, Staatsverfassung, Recht — seien es subjektive Ideen und Vorstellungen, sind durchgängig bestimmt von dem materialen Lebensprozeß, d. h. von den jeweiligen historischen Entwicklungsstufen der gesellschaftlichen Produktion.

»Die Menschen sind die Produzenten ihrer Vorstellungen, Ideen etc., etc., aber die wirklichen, wirkenden Menschen, wie sie bedingt sind durch eine bestimmte Entwicklung ihrer Produktivkräfte und des denselben entsprechenden Verkehrs bis zu seinen weitesten Formationen hinauf. Das Bewußtsein kann nie etwas anderes sein als das bewußte Sein, und das Sein der Menschen ist ihr wirklicher Lebensprozeß.«[25]

Marx wendet sich betont gegen die traditionelle Auffassung, die den Ideen der Menschen Eigenständigkeit zuerkannt hatte. Um die Wirklichkeit des Menschen, die auch in seinen Gedankenproduktionen sichtbar wird, recht begreifen zu können, ist eine Veränderung des Standpunktes nötig. Bislang war von »oben«, vom Bewußtsein ausgegangen worden, in der Auffassung, daß diesem eigenständigen Bedeutung zukomme.

»Ganz im Gegensatz zur deutschen Philosophie, welche vom Himmel auf die Erde herabsteigt, wird hier von der Erde zum Himmel gestiegen. Das heißt, es wird nicht ausgegangen von dem, was die Menschen sagen, sich einbilden, sich vorstellen, auch nicht von den gesagten, gedachten, eingebildeten, vorgestellten Menschen, um davon aus und bei den leibhaftigen Menschen anzukommen: Es wird von den wirklich tätigen Menschen ausgegangen und aus ihrem wirklichen Lebensprozeß auch die Entwicklung der ideologischen Reflexe und Echos dieses Lebensprozesses dargestellt.«[26]

Auch die Verselbständigung der Gedankengebilde und die Auffassung, daß diesen eigenständige und normative Bedeutung zukäme, ist letztlich im Lebensprozeß begründet. Sie konnte überhaupt erst möglich werden, indem durch den fortgeschrittenen ökonomischen Prozeß der Teilung der Arbeit materielle und geistige Arbeit auseinandergefallen waren. Die Aufgabe, die sich Marx anhand dieser Einsicht stellt, besteht darin, die materiellen, empirisch konstatierbaren Voraussetzungen nachzuweisen, die zu diesen »Nebenbildungen im Gehirn der Menschen« geführt haben. Es wird sich dann zeigen, daß die Tatsache der beherrschenden Position von Religion, Philosophie und Moralvorstellungen bestimmten Formen der Produktion und ihren entsprechenden gesellschaftlichen-politischen Zuständen zuzuschreiben sind. Sobald dies erkannt wird und ihnen dann in einer praktischen Veränderung das Fundament entzogen wird, verlieren sie den Boden, auf dem sie stehen, und lösen sich auf.

3. Der Mensch als geschichtliches Wesen

Drei Momente des Menschenverständnisses von Marx wurden bisher gezeigt. Einmal die grundlegende Bestimmung der Wirklichkeit des Menschen, die in der materialen Produktion (Arbeit) seines Lebens besteht, in der die Natur zu seinen Zwecken und Bedürfnissen umgewandelt wird. Zum anderen die gesellschaftlich-politischen Formationen, die zu der Stufe und der Entfaltung der materialen Lebensproduktion in einer Entsprechung stehen. Als drittes Element des menschlichen Seins war das Bewußtsein besprochen worden. Das bewußte Sein des Menschen, das sich in seinen Vorstellungen, Ideen, Gedanken, in den Formen von Kunst, Religion, Philosophie äußert, ist nach der Marxschen These ein abgeleitetes Produkt des jeweiligen Ganzen der materialen und der ihnen entsprechenden gesellschaftlich-politischen Verhältnisse.

Mit diesen drei Momenten ist eine allgemein-formale Struktur menschlichen Daseins angezeigt. Wie sich diese Struktur im Laufe der Menschheitsgeschichte konkret realisiert hat, welche Veränderungen in diesem Lauf konstatierbar werden und ob diese unter sich in einem aufweisbaren Zusammenhang stehen, das ist nun die Frage, die es zu erörtern gilt.

Der Ausgangspunkt ist zunächst eindeutig. Wie bei der Darstellung des menschlichen Daseins ist auch bei der Frage der Geschichte von der Wirklichkeit des produzierenden Menschen auszugehen.

> »Wir müssen bei den voraussetzungslosen Deutschen damit anfangen, daß wir die erste Voraussetzung aller menschlichen Existenz, also auch aller Geschichte konstatieren, nämlich die Voraussetzung, daß die Menschen imstande sein müssen zu leben, um ›Geschichte machen‹ zu können. Zum Leben aber gehört vor allem Essen und Trinken, Wohnung, Kleidung und noch einiges andere. Die erste geschichtliche Tat ist also die Erzeugung der Mittel zur Befriedigung dieser Bedürfnisse, die Produktion des materiellen Lebens selbst, und zwar ist dies eine geschichtliche Tat, eine Grundbedingung aller Geschichte, die noch heute, wie vor Jahrtausenden, täglich und stündlich erfüllt werden muß, um die Menschen nur am Leben zu erhalten.«[27]

Die Wirklichkeit des materiellen Lebensprozesses ist die »irdische« Basis aller Geschichte, eine Einsicht, die sich gegenüber der idealistischen Geschichtsauffassung abhebt, die Gedankengebilde als wirkende Mächte ansieht und diesen die bestimmende Kraft, die auch das »wirkliche« Leben mit umfaßt, zuschreibt. Die materiale Lebensproduktion ist auch im Hinblick der Geschichte das Fundament, von dem die Betrachtung auszugehen hat. Sobald man sich diese Lebensproduktion unter sehr naturnahen und einfachen Formen vorstellt, z. B. ein nomadenhaftes Jägerdasein — würde diese, so grundlegend sie ist, allein noch nicht genügen, um »Geschichte zu machen«.[28] Es muß zu der Produktion des Lebens noch ein vorantreibendes Element hinzutreten. Die Bedürfnisse dürfen sich nicht auf einem einmal eingestellten Niveau einer Befriedigung halten, sondern müssen bei ihrer Befriedigung selbst wieder neue Bedürfnisse erzeugen. Es muß zu der Bedürfnisbefriedigung ein *Unruhefaktor* hinzukommen, der die Menschen veranlaßt, sich mit den gegebenen Verhältnissen nicht zufrieden zu geben, sondern Ausschau danach zu halten, wie ihre Situation eine Verbesserung erfahren könnte, sei diese durch eine Vermehrung oder Verfeinerung der Nahrungsmittel, eine Erleichterung ihrer Herstellung oder eine Verbesserung der Unterkunft usw. zu erreichen. »Das zweite ist, daß das befriedigte erste Bedürfnis selbst, die Aktion der Befriedigung und das schon erworbene Instrument der Befriedigung zu neuen Bedürfnissen führt, — und diese Erzeugung neuer Bedürfnisse ist die erste geschichtliche Tat.«[29] Marx bezeichnet hier die Bedürfnissteigerung nochmals als erste geschichtliche Tat, obwohl er kurz vorher die Erzeugnis der Mittel zur Bedürfnisbefriedigung mit demselben Prädikat belegt hatte. Das deutet daraufhin, daß die materiale Produktion erst durch die Bedürfnissteigerung zur geschichtstragenden Basis wird. Der Vermehrung der Bedürfnisse kann nur mit einer gesteigerten Produktion begegnet werden. Die vermehrten Bedürfnisse bringen es mit sich, daß neue Produktionsweisen erfunden werden, die wiederum gesellschaftlich-politische Veränderungen und Neuformen zur Folge haben. Die vorwärts treibende Kraft der Bedürfnisvermehrung führt vor allem zur *Teilung der Arbeit,* welche schwerwiegende Konsequenzen nach sich zieht. Teilung der Arbeit bedeutet, daß die unmittelbare Gemeinschaftsproduktion, in der alle benötigten Güter erzeugt werden, aufgegeben wird. An ihre Stelle treten spezielle Produzenten, die über ihren Bedarf hinaus produzieren und sich die anderen Güter im Austausch erwerben. Die Teilung der Arbeit, in welchem Ausmaß auch immer, hat die *Bildung von Klassen* zur Folge. Die einen werden dabei zu Herrschenden, die über Besitz, Macht und Wissen verfügen, die anderen zu Ausgebeuteten, die für die Herrschenden ihre Arbeitsleistung einsetzen, keinen Besitz erwerben und infolge ihres Arbeitseinsatzes sich kein Wissen aneignen können. Die politische Organisation entspricht diesen Verhältnissen, indem die Besitzenden entweder selbst die Regierung ausüben oder andere mit der Wahrung ihrer Interessen beauftragen. Die Machtposition der Besitzenden sorgt auf verschiedene Weise dafür, daß die Besitzlosen aus ihrer Position nicht heraustreten können. Sie werden nicht nur durch direkte Machtausübung und Zwang daran gehindert, sondern in weit größerem Umfang durch die jeweils geltende »ideelle« Auslegung der Welt, die von den herrschenden Klassen hervorgebracht wird, und in der ihr Zustand regelmäßig als von Natur aus eingerichtet, von höherer Macht so bestimmt usw. dargelegt wird.

Die Klassengegensätze bleiben dennoch im Lauf der Geschichte nicht konstant erhalten. An bestimmten Stellen lockert sich ihre erstarrte Form, und die latent gebliebene Feindschaft der Unterdrückten kommt zum Durchbruch.

»Die Geschichte aller bisherigen Gesellschaft ist die Geschichte von Klassenkämpfen. Freier und Sklave, Patrizier und Plebejer, Baron und Leibeigener, Zunftbürger und Gesell, kurz, Unterdrücker und Unterdrückte standen in stetem Gegensatz zueinander, führten einen ununterbrochenen, bald versteckten, bald offenen Kampf, einen Kampf, der jedesmal mit einer revolutionären Umgestaltung der ganzen Gesellschaft endete oder mit dem gemeinsamen Untergang der kämpfenden Klassen.«[30]

Die Auflockerung ist jedoch weniger dem Begehren zum Aufstand und dem Willen zum Umsturz der Verhältnisse zuzuschreiben, sondern Veränderungen in der materialen Lebensproduktion. Das Moment der gesteigerten Bedürfnisbefriedigung führt im Ganzen des Geschichtsprozesses zu einer ansteigenden Produktion. Dabei tritt an bestimmten Punkten der Entwicklung ein Widerspruch auf. Die materiale Produktion, die die Kräfte des Menschen, der Natur, die Stoffe, die die Natur bietet und die Produktionsinstrumente und Produktionsanlagen umfaßt — die Produktivkräfte — können einen solchen Stand erreichen, daß die gesellschaftlich-politischen Verhältnisse, in denen auch die Besitzverhältnisse und die Austauschformen geregelt sind, ihnen nicht mehr entsprechen. Es tritt ein Mißverhältnis zwischen Produktivkräften und Produktionsverhältnissen (Verkehrsform) auf, das früher oder später dazu führt, daß die erstarrten und von der herrschenden Klasse mit allen Mitteln aufrecht erhaltenen politischen Verhältnisse umgestürzt werden. Den Umsturz betreibt und bewirkt die bislang ausgebeutete Klasse, die sich nunmehr als herrschende etabliert und die politischen Verhältnisse den gewachsenen Produktivkräften entsprechend einrichtet.

»Auf einer gewissen Stufe ihrer Entwicklung geraten die materiellen Produktivkräfte der Gesellschaft in Widerspruch mit den vorhandenen Produktionsverhältnissen oder, was nur ein juristischer Ausdruck dafür ist, mit den Eigentumsverhältnissen, innerhalb derer sie sich bisher bewegt hatten. Aus Entwicklungsformen der Produktivkräfte schlagen diese Verhältnisse in Fesseln derselben um. Es tritt dann eine Epoche sozialer Revolution ein. Mit der Veränderung der ökonomischen Grundlage wälzt sich der ganze ungeheuere Überbau langsamer oder rascher um.«[31]

Solche Revolutionen haben sich bereits mehrmals in der Geschichte ereignet, mit Vorliebe führt Marx dafür das Beispiel der französischen Revolution an, bei der die Feudalherrschaft von dem aufstrebenden Bürgertum abgelöst wurde. Was aber die Betrachtung der Geschichte unter diesem Hinblick für Marx so überaus wichtig macht, ist nicht eine Interpretation der Vergangenheit. Es geht ihm um eine Erklärung der gegenwärtigen Verhältnisse. Sie sind es, die im Brennpunkt seines Interesses stehen.

In der Gegenwart hat sich der Klassengegensatz in einer besonderen Weise ausgebildet. Der Klassengegensatz hat in mehrfacher Hinsicht einen *totalen Charakter* angenommen. Der Konflikt zwischen den Klassen hat sich so zugespitzt, daß er nicht mehr überboten werden kann. Gleichzeitig damit beginnt sich dieser Konflikt über die gesamte Erde auszubreiten. Die Klasse, die diese Lage hervorgebracht hat, ist die Bourgeoisie. »Die Bourgeoisie hat in der Geschichte eine höchst revolutionäre Rolle gespielt.«[32] Mit Bourgeoisie sind nicht die Kleinbürger gemeint, die so etwas nie zustande bringen könnten, sondern die Gründer der »großen Industrie«, denen es in beispielloser Weise und in relativ kurzer Zeit gelungen ist, dem Erdplaneten ein gänzlich verändertes Aussehen zu geben und den Menschenverhältnissen eine tiefgreifende Veränderung zu bereiten.

»Die Bourgeoisie hat in ihrer kaum hundertjährigen Klassenherrschaft massenhaftere und kolossalere Produktionskräfte geschaffen, als alle vergangenen Generationen zusammen. Unterjochung der Naturkräfte, Maschinerie, Anwendung der Chemie auf Industrie und Ackerbau, Dampfschiffahrt, Eisenbahnen, elektrische Telegraphen, Urbarmachung ganzer Weltteile, Schiffbarmachung der Flüsse, ganze aus dem Boden hervorgestampfte Bevölkerungen — welches frühere Jahrhundert ahnte, daß solche Produktionskräfte im Schoße der gesellschaftlichen Arbeit schlummerten?«[33]

Durch diese gewaltige Entwicklung der Produktivkräfte ist aber der seit jeher bestehende Widerspruch, der aus der Teilung der Arbeit hervorgeht, auf eine Weise vertieft und verschärft worden, daß eine weitere Stufe nicht mehr möglich erscheint.

Der Widerspruch hat sich in der Weise der Verelendung des Industriearbeiters einerseits, und der ausbeutenden Kapitalmacht auf der anderen Seite derart aufgesteigert, daß er zu einer *totalen* Auflösung drängt. Die in der Revolution stattfindende Auflösung bringt gegenüber der abgelaufenen Geschichte nun keinen neuen Widerspruch hervor, sondern die Revolution löst den Widerspruch überhaupt auf. Die Produktionsmittel werden von den Proletariern *gesellschaftlich* angeeignet, womit die Bildung von neuen Klassen unterbleibt. In diesem totalen Umsturz, den die letzte Klasse der Geschichte vollbringen soll, wird das bislang die Geschichte bestimmende Moment des Klassengegensatzes nicht wieder modifiziert, sondern eliminiert.

Die Wirklichkeit des Menschen ist geschichtlich. Geschichte hat aber für Marx eine doppelte Bedeutung. Einmal bleibt sich die Verwirklichung des Menschen in seiner Selbstproduktion nicht gleich. Sie ist je nach der Zeit und dem Ort verschieden. Die Verwirklichung steht dabei in einem untrennbaren Zusammenhang mit dem Stand der Produktivkräfte. Insofern ist »die Geschichte nichts anderes als die Aufeinanderfolge der einzelnen Generationen, von denen jede die ihr von allen vorhergegangenen übermachten Materiale, Kapitalien, Produktionskräfte exploitiert, daher also einerseits unter ganz veränderten Umständen die überkommene Tätigkeit fortsetzt und andererseits mit einer ganz veränderten Tätigkeit die alten Umstände modifiziert . . .[34]

Es gibt aber in dieser Aufeinanderfolge ein besonderes und ausgezeichnetes Stadium. Es ist das Stadium des gegenwärtigen Standes der Entwicklung. Es unterscheidet sich von allen bisherigen Stadien dadurch, daß es den Menschen zur *Bewußtmachung* aufruft.

Die Gegenwart der geschichtlichen Wirklichkeit des Menschen enthüllt in ihrer epochalen Gestalt ein Novum. Der Mensch ist erst auf dem Weg zu seiner wahren Wirklichkeit. Der gegenwärtige Punkt seiner Entwicklung zeigt, daß er bislang in einer Entfremdung seiner selbst gelebt hat. Der gegenwärtige Zustand ist der schärfste Ausdruck der Entfremdung und damit zugleich die Enthüllung der Entfremdung. Die Bewußtmachung der Entfremdung bringt die wahre Wirklichkeit in den Blick. Der gegenwärtige Kulminationspunkt ist ein einmaliger Einschnitt in der Geschichte, er zeigt eine Umschlagstelle an. Die »Vorgeschichte« des Menschen geht zu Ende, er geht von einem Land in ein anderes, vom »Reich der Notwendigkeit« in das »Reich der Freiheit«.

»Die objektiven fremden Mächte, die bisher die Geschichte beherrschten, treten unter die Kontrolle der Menschen selbst. Erst von da an werden die

Menschen ihre Geschichte mit vollem Bewußtsein selbst machen, erst von da an werden die von ihnen in Bewegung gesetzten gesellschaftlichen Ursachen vorwiegend und in stets steigendem Maß auch die von ihnen gewollten Wirkungen haben. Es ist der Sprung der Menschheit aus dem Reich der Notwendigkeit in das Reich der Freiheit.«[35]

Ob nach diesem Umschlag noch eine Geschichte im bisherigen Sinn ablaufen wird, ist eine Frage. Zumindestens kann die geschichtliche Wirklichkeit des Menschen dann nicht mehr jenes zweite und entscheidende Moment der Widersprüchlichkeit enthalten, nämlich die Widersprüche der Produktionsweise, die bislang die Geschichte vorangetrieben haben.

II. Die entfremdete Wirklichkeit des Menschen

Marx übernimmt den Begriff der Entfremdung von Hegel. Zum Teil beschreibt er damit die gleichen Phänomene, die Hegel in der Phänomenologie unter dem Abschnitt »Die Welt des sich entfremdeten Geistes« darstellt. Nichtsdestoweniger bringt Marx mit oder ohne die Hegelsche Terminologie mit der Entfremdung des Menschen etwas zum Ausdruck, das sich in der Weise bei Hegel nicht findet.

Die Entfremdung, die Marx im Blick hat, ist die Entfremdung des Menschen im beginnenden technisch-industriellen Zeitalter. Von dieser Entfremdung empfängt er den Anstoß zu seiner Lebensarbeit. Von der Entfremdung wird explizit nur in den Jugendschriften gehandelt; schon in den 1845—1846 entstandenen Arbeiten, die teils zusammen mit Engels verfaßt sind, tritt der Begriff nur mehr selten auf. Gleichwohl bleibt die Entfremdung, unter welchen Beschreibungen und Begriffen auch immer, Thema.

1. Die Teilung der Arbeit

Die Teilung der Arbeit verweist auf die Gesellschaftlichkeit des Menschen. Seine Lebenstätigkeit ist Arbeit, aber nicht eine, die jeder für sich vollbringen könnte, er ist immer auf die anderen angewiesen. Eine individuelle, von aller Bezogenheit auf andere losgelöste Tätigkeit (Arbeit) gibt es so wenig wie ein für sich bestehendes Individuum. Sein Leben muß sich der Mensch gesellschaftlich aneignen. In der Teilung der Arbeit vollzieht sich nun ein höchst eigenartiger Vorgang. Der gesellschaftliche Charakter der Arbeit bleibt erhalten, da er mit der physischen Organisation des Menschen zusammenhängt, also unabdingbar ist. Auch unter der Teilung der Arbeit produziert der Mensch gesellschaftlich. Sie bewirkt aber die *Entfremdung* der Arbeit. »Die *Teilung der Arbeit* ist der nationalökonomische Ausdruck von der *Gesellschaftlichkeit der Arbeit* innerhalb der Entfremdung.«[36] Was soll das bedeuten?

Mit der Teilung der Arbeit verliert die gesellschaftliche Arbeit ihre naive Vollzugsform. Die wäre dadurch gekennzeichnet, daß jeder seinen Teil Arbeit an der gemeinschaftlichen Produktion beiträgt, deren Ergebnis dann allen zugute kommt. Es kann dabei und muß sogar eine Aufteilung der Arbeitsvorgänge stattfinden, die Frauen besorgen das Haus, die Männer machen Feldarbeit oder gehen auf Jagd. Dabei handelt es sich aber um eine gemeinschaftliche *Verteilung* der Arbeit und nicht um eine *Teilung*. Die Arbeit vollzieht sich unmittelbar, sie besteht in der gemeinschaftlichen Produktion des Lebens.

Eine Erörterung des Problems der »Urgesellschaft«, in der die Teilung der Arbeit noch nicht stattgefunden hat, findet sich bei Marx nicht. Engels hat jedoch in seiner Schrift »Über den Ursprung der Familie, des Staates und des Privateigentums« darüber gehandelt. Er gibt im Vorwort zur ersten Auflage 1884 zu erkennen, daß er mit der darin niedergelegten Auffassung »ein Vermächtnis« vollführt. Seine »Arbeit kann nur einen geringen Ersatz bieten für das, was meinem verstorbenen Freunde zu tun nicht mehr vergönnt war«. Eine schriftliche Grundlage für dieses Vermächtnis bildeten kommentierende Auszüge von Marx (Marx-Engels-Archiv Band IX) aus dem Buch von L. H. Morgan, Ancient Society, or Researches in the Lines of Human Progress from Savagery through Barbarism to Civilization, London 1877. Morgan hatte anhand von eingehenden Studien der Gesellschaftsverhältnisse der Irokesen, unter denen er jahrelang lebte, eine sozial-ökonomische Theorie der Urgeschichte entwickelt, die er in die Stufen Wildheit — Barbarei — Zivilisation einteilt. Nach Engels ist der »kommunistische« Zustand der Urgesellschaft gegeben, solange die Gentilverfassung nicht aufgegeben wird. Diese ist ein von Gebräuchen und Sitten (meistenteils noch nach dem Mutterrecht) geregelter Zusammenschluß von Sippen in einem Stamm bis zu Vereinigungen von mehreren Stämmen. »Diese einfache Organisation genügt vollkommen den gesellschaftlichen Zuständen, denen sie entsprungen sind. Sie ist weiter nichts als deren eigene, naturwüchsige Gruppierung, sie ist imstande, alle Konflikte auszugleichen, die innerhalb der so organisierten Gesellschaft entspringen können ... Es ist das Großartige, aber auch das Beschränkte der Gentilverfassung, daß sie für Herrschaft und Knechtung keinen Raum hat«.[37]

Das ändert sich in tiefgreifender Weise, wenn es zur Teilung der Arbeit kommt. Nunmehr wird der unmittelbare Bezug von Arbeit und Leben durchbrochen. In die Lebenstätigkeit schiebt sich ein »fremdes« Element ein. Das geschieht dadurch, daß die bisherige Gemeinschaftsproduktion, die auch Gemeinbesitz an den Produktionsmitteln — Grund und Boden, Vieh, Werkzeuge — einschloß, verlassen wird und an ihre Stelle die Individualproduktion tritt.

Die Ausgliederung der Arbeit aus der gemeinschaftlichen Aktion in Einzelaktionen hat schwerwiegende Folgen.

1. Das Interesse verlagert sich vom gemeinschaftlichen Ziel auf das Sonderinteresse der einzelnen. Die Triebkraft zum Eigenerwerb erwacht.

2. Die Arbeit geschieht nicht mehr oder nur zu einem Teil unmittelbar. Es wird etwas anderes produziert, mit Hilfe dessen dann erst die Bedürfnisse befriedigt werden können. Zwischen Arbeit und Leben, ursprünglich eines, schiebt sich eine Vermittlung ein: der Austausch.

3. Mit der Möglichkeit der Mehrproduktion und der des Austausches wird die Voraussetzung geschaffen, daß ein Individualproduzent andere Menschen in seinen Produktionsprozeß einschaltet. Menschliche Arbeit wird jetzt verwertbar. Die Gesellschaft ohne Teilung der Arbeit hatte keine Verwendung für fremde »Arbeitskräfte«. In der arbeitsteiligen Gesellschaft ist jedoch durch die Möglichkeit der Mehrproduktion ein Bedarf geschaffen. Der Mensch bedient sich seinesgleichen, er läßt die anderen für sich arbeiten, tritt zu dem anderen in ein Verhältnis, indem dieser selbst ein austauschbares Produkt wird.

4. Die Teilung der Arbeit hat das *Privateigentum* zur Folge. Der Einsatz von fremder Arbeitskraft vervielfacht die Produktivität der Individualproduzenten. Der Anteil der Mehrproduktion, der dabei einbehalten wird, schlägt sich in der Form des Eigenbesitzes, des Privateigentums nieder. Privateigentum bedeutet Besitz an den Produktionsmitteln und die damit verbundene Machtposition.

Worin besteht bei alledem die Entfremdung? Die Entfremdung des Menschen ist eine *Entäußerung.* Die Wirklichkeit des Menschen besteht in seiner Lebenstätigkeit, die eine Äußerung seiner selbst ist oder besser, sie *ist* diese Äußerung. Die Äußerung birgt die Gefahr, zu einer Ent-Äußerung zu werden, in der der Mensch ein entäußertes Produkt seiner selbst hervorbringt.

Hier zeigt sich eine deutliche Ähnlichkeit zu Gedankenfiguren Hegels. Marx begegnet aber einer Gleichsetzung mit Hegel mit dem Hinweis, daß Hegel die

Entfremdung (Entäußerung) als Entfremdung des Selbstbewußtseins begreift und damit die materiale Wirklichkeit des Menschen verfehlt. »Das *menschliche Wesen*, der Mensch gilt für Hegel = Selbstbewußtsein. Alle Entfremdung des menschlichen Wesens ist daher nichts als *Entfremdung des Selbstbewußtseins*.«[38]

Die Ent-Äußerung ist eine Ent-Fremdung. In der Äußerung setzt der Mensch etwas sich gegenüber, er produziert Gegenstände, die er für sein Leben benötigt. In der unentfremdeten Gestalt wären diese Gegenstände seine eigenen. Er könnte über sie verfügen und sie sich aneignen, wofür sie auch bestimmt sind. In der entfremdeten Gestalt sind diese Gegenstände nicht mehr die seinen, sie haben sich ihm, der sie doch selber produziert hat, entfremdet, entäußert. Sie sind nicht mehr in seiner Gewalt, er kann über sie nicht mehr verfügen, sie können ein Eigenleben annehmen und sich ihm so gegenüberstellen, daß er selber ihrer Gewalt verfällt. Wie kann es aber dahin kommen, daß die Menschen mit ihrer *eigenen* Tätigkeit eine solche Bewegung in Gang setzen, die sich schließlich selbständig macht und nun ihrerseits die Menschen bestimmt? Im Zustandekommen der Mehrproduktion und des Austausches ist eine Antriebskraft wirksam, die sich in dem voranschreitenden Prozeß immer mehr verstärkt. Diese Antriebskraft entstammt dem *Egoismus*, dem Streben nach Eigentum und dem Streben nach Macht. Ohne die anfeuernde Kraft dieser Antriebe wäre die Mehrproduktion nicht in Gang gekommen.

»Mit dieser Grundverfassung hat die Zivilisation Dinge vollbracht, denen die alte Gentilgesellschaft nicht im entferntesten gewachsen war. Aber sie hat sie vollbracht, indem sie die schmutzigsten Triebe und Leidenschaften des Menschen in Bewegung setzte und auf Kosten seiner ganzen übrigen Anlagen entwickelte. Die platte Habgier war die treibende Seele der Zivilisation von ihrem ersten Tage bis heute, Reichtum und abermals Reichtum und zum dritten Mal Reichtum, Reichtum nicht der Gesellschaft, sondern dieses einzelnen lumpigen Individuums, ihr einzig entscheidendes Ziel.«[39]

Die entfremdete Wirklichkeit des Menschen zeigt sich mehrfach.

1. Die Produkte der Arbeit sind dem Produzenten entfremdet, sie sind nicht in seiner Verfügungsgewalt, sondern gehen eigene Wege.

2. Seine Lebenstätigkeit, die Arbeit, ist in ihrem Vollzug entfremdet. Sie ist keine freie Äußerung, sondern Zwangsvollzug als Mittel zum Leben.

3. Das Wesen des Privateigentums, das Eigentumsinteresse in all seinen Formen, beherrscht das Leben des Menschen, indem es ihn einseitig festlegt, ihn nicht zur Entfaltung seiner Möglichkeiten kommen läßt.

4. Der Bezug zum Mitmenschen ist pervertiert, da der Mensch nicht um seiner selbst willen genommen wird, sondern unter dem Aspekt des Mittels. Die Beziehungen der Menschen untereinander sind entfremdet und damit der Mensch sich selbst.

2. Aspekte der Entfremdung

a) Die Entfremdung vom Produkt der Arbeit

Die Teilung der Arbeit hat eine doppelte Konsequenz. Einmal produzieren die Menschen mehr, als sie »brauchen«. Das Mehr sind Bedürfnisse, die über jene eines gewissen Standes der Lebensbedürfnisse hinausgehen. Insofern produziert der Mensch »universeller«, reichhaltiger als auf den Stufen, auf denen das Leben nur in dürftiger Form produziert worden war. Andererseits entgleiten jedoch die Produkte, die *austauschbaren Waren* seiner Verfügung. Die Waren gehen, sobald sie den Produzenten verlassen haben, ihren eigenen Weg, den der Mensch nicht mehr beeinflussen kann.

»Die Produktion aller früheren Gesellschaftsstufen war wesentlich eine gemeinsame, wie auch die Konsumtion unter direkter Verteilung der Produkte innerhalb größerer oder kleinerer kommunistischer Gemeinwesen vor sich ging. Diese Gemeinsamkeit der Produktion fand statt innerhalb der engsten Schranken; aber sie führte mit sich die Herrschaft der Produzenten über ihren Produktionsprozeß und ihre Produkte. Sie wissen, was aus dem Produkt wird: Sie verzehren es, es verläßt ihre Hände nicht; und so lange die Produktion auf dieser Grundlage betrieben wird, kann sie dem Produzenten nicht über den Kopf wachsen, keine gespenstischen fremden Mächte ihnen gegenüber erzeugen, wie dies in der Zivilisation regelmäßig und unvermeidlich der Fall ist.«[40]

In der Warenproduktion werden Dinge erzeugt, die weitergegeben werden. Sie werden entweder gegen andere Waren ausgetauscht oder gegen einen Vermittlungswert — Geld — verkauft. Sie geraten damit aus der Hand der Produzenten. Soweit wäre der Tatbestand einsichtig. Warum aber muß die Fortgabe der Produkte eine entfremdete Wirkung zeitigen? Die fremde Wirkung entsteht weniger durch die Fortgabe der Produkte als vielmehr durch den Charakter der Produktion. Es werden *Waren* erzeugt, die in ihrer Eigenschaft als Ware implizit die Tauschbarkeit oder Verkäuflichkeit einschließen. Das Fremde der Warenproduktion liegt nicht daran, daß Dinge über einen gewissen Bedarf hinaus produziert werden und daß diese Dinge dann in einen

Weitergabeprozeß eingehen. Das Fremde liegt daran, daß diese Dinge als Waren produziert werden.

»Woher entspringt also der rätselhafte Charakter des Arbeitsproduktes, sobald es Warenform annimmt? Offenbar aus dieser Form selbst.«[41] ... »Eine *Ware* scheint auf den ersten Blick ein selbstverständliches, triviales Ding. Ihre Analyse ergibt, daß sie ein sehr vertracktes Ding ist, voll metaphysischer Spitzfindigkeit und theologischer Mucken. Soweit sie *Gebrauchswert,* ist nichts Mysteriöses an ihr, ob ich sie nun unter dem Gesichtspunkt betrachte, daß sie durch ihre Eigenschaften menschliche Bedürfnisse befriedigt oder diese Eigenschaften erst als *Produkt* menschlicher Arbeit erhält.«[42]

Ein Fahrrad hat einen Gebrauchswert. Als Ware hat jedoch der gleiche Gegenstand neben dem Gebrauchswert einen Tausch- oder Geldwert. Die Ware »ist ein sehr vertracktes Ding«, weil der Gebrauchswert hinter dem Tausch- oder Geldwert zurücktreten, unter Umständen sogar verschwinden kann. In der Warenproduktion werden in erster Linie die Güter nach dem Gesichtspunkt des Profites hergestellt. Der Gebrauchswert gerät unter das Erfordernis der Erzeugung von Mehrwert. Die Entscheidung, ob ein Gegenstand hergestellt werden soll oder nicht, hängt davon ab, ob er rentabel produziert und abgesetzt werden kann. Die Dinge werden daher nicht unmittelbar für die Bedürfnisse des Menschen hergestellt, sondern diese rangieren nur als Mittel dafür, um den Erfordernissen des Kapitals zu dienen. »Der mystische Charakter der Ware entspringt also nicht aus ihrem Gebrauchswert.«

Warenherstellung ist aber überhaupt erst möglich geworden, indem mit der Teilung der Arbeit die *Individualproduktion* beginnt. Viele verschiedene Hersteller produzieren je bestimmte Waren. Jeder tut dies nach eigenem Gutdünken, in eigener Initiative und für eigenes Risiko. Um die Waren an den Mann zu bringen, müssen sie auf den »Markt« gebracht werden. Ob und wie sie verkauft werden können, hängt von einem komplexen Geflecht von Bedingungen ab, das vom Standpunkt der von einander isolierten und untereinander konkurrierenden Produzenten niemals völlig überschaut werden kann. Die Konstellation, bei der jeder auf eigene Faust produziert und nur im Interesse des Kapitals, das er für die Produktion eingesetzt hat, ist der Grund dafür, daß ein Arbeitsprodukt Ware werden kann. »Gebrauchsgegenstände werden überhaupt nur Waren, weil sie Produkte voneinander unabhängig betriebener Privatarbeiten sind.«[43]

Die Warenproduktion richtet sich nach den Absatzmöglichkeiten.

Der Absatz hängt aber von vielen Faktoren ab. In erster Linie vom Bedarf, der wiederum sehr wechselhaft sein kann, von den Tauschmöglichkeiten, also vom Handel, vom Stand des Verkehrs, von der Konkurrenz, die ähnliche Produkte herstellt, von Kriegs- oder Friedenszuständen, im Falle der Lebensmittelproduktion von den Wetterbedingungen, und von vielem anderen mehr. Dieses je nach dem Entwicklungsstand mehr oder weniger komplexe Geflecht von Produktion-Austausch-Konsumtion stellt eine eigene Sphäre dar. Im industriellen Zeitalter wächst diese Sphäre ins Gigantische. Der Mensch ist nun der Bewegung ausgeliefert, die sich in dieser Sphäre scheinbar ohne Beeinflussungsmöglichkeit von Seiten des Menschen vollzieht. Die Produktion-Konsumtionssphäre, die unter dem Diktat des Kapitalinteresses steht, bildet eine eigene Macht aus, der sich der Mensch unterwerfen muß. Von daher wird ihm diktiert, was und wie produziert und konsumiert werden soll.

»Um daher eine Analogie zu finden, müssen wir in die Nebelregion der religiösen Welt flüchten. Hier scheinen die Produkte des menschlichen Kopfes mit eigenem Leben begabte, untereinander und mit den Menschen in Verhältnis stehende selbständige Gestalten. So in der wahren Welt die Produkte der menschlichen Hand. Dies nenne ich den Fetischismus, der den Arbeitsprodukten anklebt, sobald sie als Waren produziert werden, und der daher von der Warenproduktion unzertrennlich ist.«[44]

b) Die Entfremdung der Arbeit

In der entfremdeten Wirklichkeit ist im Falle des Arbeiters nicht nur das Produkt seiner Arbeit fremd geworden, sondern auch der Vollzug der Arbeit selbst. Unter der Teilung der Arbeit, die einer Gruppe der Menschheit die direkte Produktion zuschiebt, wird die Lebenstätigkeit ein Zwangsvollzug, der verneint wird und dem nur unter dem Diktat der unerbittlichen Notwendigkeit der Lebensdürfnisse nachgekommen wird. Die Arbeit selbst ist fremd geworden.

»Ihre Fremdheit tritt darin rein hervor, daß, sobald kein physischer oder sonstiger Zwang existiert, die Arbeit als eine Pest geflohen wird.« Der Arbeitsvollzug ist daher eine Entäußerung, bei der der Mensch nicht bei sich selbst ist. »Der Arbeiter fühlt sich daher erst außer der Arbeit bei sich und in der Arbeit außer sich. Zuhause ist er, wenn er nicht arbeitet, und wenn er arbeitet ist er nicht zuhause. Seine Arbeit ist daher nicht freiwillig, sondern gezwungen, Zwangsarbeit.«[45]

Das Kennzeichen der entfremdeten Arbeit ist ein Zwiespalt. Die Arbeit wird nicht um ihrer selbst willen getan als bejahte Lebenstätigkeit, in welcher auch die Produktion des Lebens eingeschlossen wäre. Die Arbeit wird aufgespalten, sie wird jetzt *für* den Lebensunterhalt getan, um willen der Lebensmittel. Die Erlangung der nötigen Mittel zum Leben ist ihr einziger Inhalt und Zweck geworden und von dort her entsteht auch die unbedingte Notwendigkeit, sie unter allen Umständen tun zu müssen. »Sie ist daher nicht Befriedigung eines Bedürfnisses, sondern sie ist nur ein *Mittel,* um Bedürfnisse außer ihr zu befriedigen.«[46] Wenn aber diese Spaltung eintritt, wenn der Mensch nur mehr für die unmittelbaren Bedürfnisse lebt, d. h. arbeitet, und die Arbeit selbst nur ein unfreiwillig auf sich genommener Akt zur Erlangung der Bedürfnisse darstellt, dann ist der Mensch dem Tier nahegekommen, das ja auch nur seiner unmittelbaren Bedürfnisbefriedigung lebt.

c) Die Selbstentfremdung des Menschen

Wie »ist« das Leben des Menschen, der Waren produziert? Die Warenproduktion kann nur unter bestimmten Voraussetzungen betrieben werden. Die fundamentale Voraussetzung ist das Privateigentum. Mit Privateigentum meint Marx nicht den erforderlichen Besitz von »privaten« Dingen, die zum Alltag des Menschen unentbehrlich sind. Kleidung, Hausrat, Wohnungseinrichtung, Wohnung, Fahrzeuge zum eigenen Bedarf usw. stellen in diesem Sinn kein Privateigentum dar. Privateigentum entsteht erst dann, wenn unbeschränkter Eigenbesitz entstehen kann und dementsprechende Rechts- und Machtverhältnisse einer Gesellschaft existieren, die einen solchen garantieren. Zu dem unbeschränkten Privateigentum gehören auch und vornehmlich der Besitz der Produktionsmittel. Das Privateigentum hat zur Folge, daß die Produktion »privat« betrieben wird. Das bedeutet, daß unter der Maßgabe und unter dem Antrieb des Individualinteresses produziert wird. Der private Charakter der Produktion äußert sich in der Warenform der Produkte.

Die Teilung der Arbeit bringt gleichzeitig die Klassenbildung hervor, wobei die eine Klasse arbeitet und die andere Klasse arbeiten läßt. Die Arbeit selbst wird dabei auch eine Ware, weil sich in der späten Form der Warenproduktion der Arbeiter für seine Arbeit verkaufen muß, er erhält als Äquivalent seiner Arbeitskraft einen Lohn. Wie sich der Wert der Ware in erster Linie nach der Marktsituation richtet und weniger nach dem Gebrauchswert, so wird auch der Arbeitspreis von der jeweiligen Situation auf dem »Arbeitsmarkt« bestimmt.

So verschieden die Funktionen der Beteiligten an der Warenproduktion auch immer sein mögen, Unternehmer, Kaufleute, Angestellte, Arbeiter, alle tun ihre Arbeit unter einer einzigen Maßgabe, dem Individualinteresse, wobei es in dieser Hinsicht keine Rolle spielt, daß das Individualinteresse im Falle der Ausgebeuteten zu kurz kommen kann. Letzten Endes geht das Streben nach einem möglichst hohen Stand der Befriedigung eigener individueller Interessen.

Jede Form der Produktion ist gesellschaftlich. In der Form der Warenproduktion ist der Charakter der gesellschaftlichen Arbeit durch und durch vom Wesen des Privateigentums durchtränkt. Der Nutzen, gleich welcher Art, bestimmt letztlich die Arbeit, sei es die pure Notwendigkeit des Lebens oder der Profit, der dabei herausspringt. Selbst wenn der Mensch die Arbeit um ihrer selbst willen tut, steht er immer in einem Bezug zu der Tatsache, daß er Geld verdienen muß. Berufswahl, Berufswechsel stehen unabdingbar unter diesem Aspekt.

Hier zeigt sich wieder die fremde Macht, die scheinbar unabhängig vom Menschen ihre Gewalt ausübt. Sie schreibt der Arbeit, der Lebenstätigkeit des Menschen die Grundmelodie vor. Ob der Mensch will oder nicht, ob er es weiß oder nicht, er steht unter dem unheimlichen Diktat des Privateigentums, das alle Arbeit unter eine sachliche — verdinglichte — Bestimmung verbringt und sie damit dem Menschen entfremdet. Da aber die Arbeit die Lebenstätigkeit des Menschen selbst ist, bedeutet diese Entfremdung zugleich seine *Selbstentfremdung.*

Das Selbst ist keine individuelle Angelegenheit. In der Selbstentfremdung entfremdet sich der Mensch nicht von einem dem einzelnen Zugehörigen. Marx behauptet die gesellschaftliche Wirklichkeit des Menschen. Die Selbstentfremdung bedeutet daher, daß *die Menschen* sich selbst entfremden, ihre Beziehung untereinander ist nicht in dem Stand, der ihnen zugehört. Als sekundäre Folge ist dann auch das Individuum Mensch entfremdet, was aber eine gesellschaftliche Angelegenheit ist und nur von dort her zu verstehen und zu verändern ist.

Die Selbstentfremdung der Menschen wird durch die dingliche Gewalt des Privateigentums erzwungen. Der Mensch kann dem anderen nur unter dem Vorzeichen des Individualinteresses begegnen. Das Verhältnis des Menschen ist von vornherein unter eine dingliche, d. h. nicht menschliche Bestimmung gebracht, da nicht ein gesellschaftlich-gemeinschaftliches Interesse maßgebend ist, sondern das individuelle Sonderinteresse.

3. Die Dialektik der Entfremdung

Das Phänomen der Entfremdung, wie immer es nun beschrieben und mit welcher Bezeichnung es versehen wird, verweist auf etwas anderes. Das andere wäre die nicht entfremdete Wirklichkeit. Sie muß in irgend einer Weise vorgestellt sein, sonst gäbe es keinen Anhalt, die bestehende Wirklichkeit als entfremdet zu beschreiben. Es erhebt sich die Frage, woher diese »Idee« stammt.

Aus dem bisher Dargelegten dürfte deutlich geworden sein, daß eine solche »Idee« nicht »abstrakt« in der Phantasie eines Menschenindividuums entstehen kann. Ideen gibt es in dieser Weise überhaupt nicht. Gedanken, Vorstellungen, Ideen sind Widerspiegelungen der jeweiligen Produktions- und Gesellschaftsverhältnisse, sie können unabhängig davon nicht auftreten, es sei denn, man macht die widersinnige Voraussetzung »eines aparten Geistes«. Wenn nun nach der Auffassung von Marx eine »geistige« Ideenbildung nicht möglich ist, woher ist dann die Konzeption entsprungen, mit der Marx und Engels den Marxismus begründet haben?

Aus der materialen Wirklichkeit kann sie offenbar nicht hervorgegangen sein, denn die wird als entfremdet ausgewiesen und ausführlich geschildert. Konseqent weitergedacht könnte der entfremdeten materialen Wirklichkeit nur eine entfremdete Ideenwelt entsprechen, eine Auffassung, die Marx auch vertritt, allerdings mit einer Ausnahme. Die Gedanken und Thesen, die von ihm selbst oder seiner Auffassung Nahestehenden vertreten werden, sind von der entfremdeten Wirklichkeit nicht im Sinne der Entfremdung hervorgebracht, sie spiegeln die Entfremdung nicht in einer entfremdeten Gestalt wider, sondern in einer solchen, die die Entfremdung allererst sichtbar macht.

Wie ist das möglich? Was geht in der entfremdeten Lebenswirklichkeit der Menschen vor, daß an einem bestimmten Punkt das ihr entstammende und ihr entsprechende Bewußtsein selbst nicht mehr entfremdet ist, sondern vielmehr in einem Umschlag sich auf die Entfremdung selbst richten kann?

Marx gibt hierüber nur spärliche Auskunft. Er stellt wiederum ein »Faktum« fest, das nunmehr eingetreten ist. Das Faktum ist für ihn so überzeugend, so »wirklich«, daß sich eine Reflexion darüber erübrigt.

Aus seiner Gesamtkonzeption ist für diese entscheidende Frage folgendes zu entnehmen. Die entfremdete Wirklichkeit bleibt sich in ihrer Entfremdung nicht gleich. Sie wird im Lauf der Geschichte fortlaufend

»fremder«. In unserem technisch-industriellen Zeitalter erreicht die Entfremdung eine Intensität, in der sie nicht mehr überboten werden kann. Jetzt werden die Klassengegensätze, die in verschiedenen Formen in der Geschichte aufgetreten sind, auf zwei große Klassen verteilt.

Der Klassengegensatz selbst vertieft sich; je mehr das Proletariat arbeitet, je mehr es verelendet, um so mächtiger wird das Kapital. Der Widerspruch der Produktivkräfte mit den Produktionsverhältnissen, der schon immer die großen Revolutionen zuwege gebracht hat, zeigt sich allenthalben.

»Die moderne bürgerliche Gesellschaft, die so gewaltige Produktions- und Verkehrsmittel hervorgezaubert hat, gleicht dem Hexenmeister, der die unterirdischen Gewalten nicht mehr zu beherrschen vermag, die er herauf beschwor. Seit Dezennien ist die Geschichte der Industrie und des Handels nur die Geschichte der Empörung der modernen Produktivkräfte gegen die modernen Produktionsverhältnisse, gegen die Eigentumsverhältnisse, welche die Lebensbedingungen der Bourgeoisie und ihrer Herrschaft sind. Es genügt, die Handelskrisen zu nennen, welche in ihrer periodischen Wiederkehr immer drohender die Existenz der ganzen bürgerlichen Gesellschaft in Frage stellen.«[47]

Die bürgerlichen Verhältnisse können den gewaltig angewachsenen Produktivkräften nicht mehr entsprechen. Die Krisen, die dadurch fortlaufend entstehen, werden nur mit Mühe bewältigt. Die Beseitigung und Umgehung der Krisen bewirkt aber nur, daß noch größere in der Zukunft vorbereitet werden. Die Sprengung der nunmehr als Fesseln wirkenden Gesellschafts- und Besitzverhältnisse kündigt sich an. Widersprüche treten allenthalben im Gesellschaftskörper auf und spitzen sich zu, so daß sie nicht mehr verdeckt werden können.

Die entfremdete Wirklichkeit ist geschichtlich. Der Entfremdungsprozeß steigert sich im Lauf der Geschichte zu einem Kulminationspunkt auf. An dieser Spitze tritt nun ein besonderes Ereignis ein: Das entfremdete materiale Sein bringt ein Bewußtsein hervor, das die Entfremdung selbst und ihren geschichtlichen Hergang verstehen kann. Vertreter der herrschenden Klasse, also gerade solche Menschen, die ansonsten nur bestrebt sein müßten, die bestehenden Verhältnisse zu erhalten und zu sanktionieren, werden durch den Grad der Entfremdung veranlaßt, ihre Klasse zu verlassen und sich denen anzuschließen, die sie als die revolutionäre Klasse ansehen, und deren Aufgabe darin besteht, die Klassen überhaupt aufzuheben. Sie haben sich »zum theoretischen Verständnis der ganzen geschichtlichen Bewegung hinaufgearbeitet«, was bedeutet, daß sie auch den Verlauf der zukünftigen Ereignisse überschauen können. Sie sind imstande, der Revolutionsklasse die Aufgabe, die ihr von der Geschichte zugeteilt worden ist, aufzuzeigen und sie anzuleiten, diese zu übernehmen und auszuführen.

Die Entfremdung bringt auf einer bestimmten Stufe ihrer Entwicklung ein Moment ihrer eigenen Überwindung hervor. Damit ist aber erst eine Seite des Entfremdungsprozesses gefaßt. Es gibt neben dem theoretischen Überwindungsmoment das materiale, ohne das die Überwindung der Entfremdung nicht vonstatten gehen könnte. Marx weiß über den Ursprung, den Grund der Möglichkeit der Entfremdung nichts zu sagen. Die Erörterung wird bis zu dem Phänomen der Teilung der Arbeit hingeführt und bricht dort ab. In Engels Ausführungen über den »Ursprung« klingt manchmal der Gedanke eines vergangenen nicht entfremdeten Zustandes an. Der unzivilisierte Mensch, der in der Gentilverfassung lebt, kennt keine Teilung der Arbeit, keinen Staat, kein Privateigentum und ist demnach von keinen fremden Mächten beherrscht. Der Zustand der Menschheit auf dieser Stufe wird aber nicht als das verlorene Paradies geschildert, zu dem es zurückzukehren gelte. Denn der Mensch steht in einem erbarmungslosen Kampf mit einer anderen Macht — der Natur. Dieser Kampf nimmt ihn so in Beschlag, daß er von da her noch nicht der menschliche Mensch sein kann, auch wenn die tiefe nachmalige Entfremdung noch nicht eingetreten ist.

»Die Gentilverfassung in ihrer Blüte, ... setzte voraus eine äußerst unentwickelte Produktion, also eine äußerst dünne Bevölkerung auf weitem Gebiet; also ein fast vollständiges Beherrschtsein des Menschen von der ihm fremd gegenüberstehenden, unverstandnen äußern Natur, das sich widerspiegelt in den kindischen religiösen Vorstellungen.«[48]

Dem Stand der Naturbeherrschung entspricht die einfache Regelung der gesellschaftlichen Angelegenheiten durch den Stamm und seine Einrichtungen. Der unzivilisierte Mensch steht dabei, verglichen mit Sitten und Gebräuchen der »freien« Bürger der Zivilisationsgesellschaft zwar auf einer höheren menschlich-sittlichen Stufe, was aber mit der Unbewußtheit gegenüber dem Gemeinwesen, dem Aufgehen der einzelnen im Stammesbewußtsein erkauft ist.

»So imposant die Leute dieser Epoche uns erscheinen, so sehr sind sie ununterschieden einer von anderen, sie hängen noch, wie Marx sagt, an der Nabelschnur des naturwüchsigen Gemeinwesens. Die Macht dieser naturwüchsigen Gemeinwesen mußte gebrochen werden — sie wurde gebrochen.«[49]

Marx gibt einen recht unromantischen Beitrag zu diesem Thema, er spricht von einem »Hammel- oder Stammbewußtsein«, das die Menschen auf dieser Stufe kennzeichnet.

»Dieser Anfang ist so tierisch wie das gesellschaftliche Leben dieser Stufe selbst, er ist bloßes Herdenbewußtsein, der Mensch unterscheidet sich hier vom Hammel nur dadurch, daß sein Bewußtsein ihm die Stelle des Instinkts vertritt, oder daß sein Instinkt ein bewußter ist.«[50]

Demnach gibt es zu der bestehenden entfremdeten Wirklichkeit keine nicht entfremdete Wirklichkeit in der Vergangenheit, die als Maßgabe dienen könnte und zu der in irgendeiner Form zurückgekehrt werden müßte. Die Vergangenheit bietet kein Ziel und kein Vorbild für einen nicht entfremdeten Zustand.

Es bleibt nur der Weg in die Zukunft offen. Mit welchem Grund soll aber die Zukunft das bringen und bieten, was bisher versagt und unerreichbar blieb? Hatten nicht auch vor Marx Menschen aller Zeiten das Unheilvolle des Menschen und seines Zusammenlebens geschildert, beklagt und Veränderungen versucht? Weil im Schoß der Vergangenheit erst die Möglichkeit der Überwindung der Entfremdung herangewachsen ist. Wie soll das aber vor sich gehen, wenn doch alle Vergangenheit, wenn auch in verschiedenem Maß, von der Entfremdung durchsetzt war? Oder hat gar die Entfremdung selbst die Möglichkeit der Nicht-Entfremdung hervorgebracht? So ist es in der Tat. In derselben Weise wie die entfremdete Wirklichkeit eines Tages die Möglichkeit des theoretischen Begreifens ihrer selbst hervorbringt, so bringt sie zur gleichen Zeit die materiale Möglichkeit hervor, sich selbst aufzuheben und in einen Zustand umzuschlagen, der nicht mehr entfremdet ist.

Wäre die Menschheit auf der unzivilisierten Stufe stehengeblieben, dann hätte es keine Entwicklung, keinen Fortschritt, ja keine Geschichte gegeben. In die einfache unmittelbare Produktion des Lebens mitsamt ihrem dumpfen Gesellschaftsbewußtsein mußte ein antreibendes Element hineinkommen, das die Produktionsweise und damit das Leben der Menschen in eine fortschreitende Bewegung brachte. Dieses Element kam mit der Teilung der Arbeit, mit dem Wesen des Privateigentums. Es wurden dadurch zwar die »niedrigsten Interessen« der Menschen angesprochen und hervorgetrieben, aber gleichzeitig die Produktionskräfte zu einem Stand entwickelt, der nunmehr die Menschen instand setzt, die Natur zu beherrschen, sie zu der ihrigen, zur menschlichen Natur zu machen. Ohne die Inanspruchnahme der niedrigsten Interessen, ohne den Durchgang durch die Entfremdung wäre es dazu nicht gekommen. Jetzt erst ist die Natur keine feindliche Gewalt mehr, jetzt erst gibt sie ihren Überfluß dem Menschen, ohne daß er dafür sein

Leben einsetzen und aufs Spiel setzen muß. Die entfremdete Wirklichkeit hat daher neben ihrer Fremdheit eine positive Qualität: Indem sie die Menschheit mit den in ihr waltenden fremden Mächten unheilvoll verstrickt, bringt sie gleichzeitig das Fundament zustande, auf dem in Zukunft sich eine andere Wirklichkeit erheben wird.

Das Hegelsche Erbe tritt hier deutlich zu Tage: Die Rückkehr des Geistes zu sich selbst, die Entfremdung als notwendiges Durchgangsstadium, vor allem die »List der Vernunft«, die den Menschen in der Verfolgung eigennütziger Ziele, im Streben nach Macht und Ruhm, Dinge vollbringen läßt, von denen er nichts ahnt und die die Weltgeschichte trotzdem entscheidend vorantreiben.

Die erste Voraussetzung bringt durch die Zuspitzung die Revolutionsbereitschaft und damit die »Ideen« hervor, die die Entfremdung betreffen, sie selbst und ihr geschichtliches Zustandekommen enthüllen. Die zweite Voraussetzung ist der hochentwickelte Stand der Produktivkräfte, der die Menschen mit dem Nötigen, was sie brauchen, versorgen kann, sobald die entfremdeten Verhältnisse abgeschafft sind. Die Produktivkräfte und mit ihnen der Austauschverkehr haben sich überdies in einem Ausmaß entwickelt, daß nunmehr der ganze Erdball erfaßt wird. Die Produktionsweise des industriell-technischen Zeitalters hat globalen Charakter. Damit ist noch ein Moment der Zuspitzung aufgezeigt, denn alles, was nunmehr in der entfremdeten Wirklichkeit geschieht, hat weltgeschichtliches Ausmaß. Das ist aber eine Bedingung für die Aufhebung der Entfremdung, es bleibt fürderhin kein Raum mehr für lokales, der Gesamtbewegung entzogenes Geschehen. Die Aufhebung der Entfremdung, so sie geschieht, wird total sein.

III. Die Aufhebung der Entfremdung und die wahre Wirklichkeit des Menschen

1. Die Konzeption der »wahren« Wirklichkeit

Im Unterschied zur entfremdeten Wirklichkeit gibt es die »wahre« Wirklichkeit nicht oder noch nicht. Es gibt sie nur in der Weise einer vorweggenommenen *Konzeption.* Auf die Frage nach der Herkunft der Konzeption gibt es, den immanenten Voraussetzungen des Gesamtaufbaus von Marx gemäß, nur eine mögliche Antwort: Die zugespitzte entfremdete Situation bringt das Bewußtsein ihrer selbst hervor. Die Konzeption ist daher keine Idee, kein Ideal, keine Sollvorstellung, sondern die materiale Lebenswirklichkeit des Menschen selbst drängt sich auf und will in ihrer wahren Verfassung erkannt werden.

»Der Kommunismus ist für uns nicht ein *Zustand*, der hergestellt werden soll, ein *Ideal*, wonach die Wirklichkeit sich zu richten habe. Wir nennen Kommunismus die *wirkliche* Bewegung, welche den jetzigen Zustand aufhebt. Die Bedingungen dieser Bewegung ergeben sich aus der jetzt bestehenden Voraussetzung.«[51]

Mit Kommunismus ist zweierlei gemeint, die künftige gesellschaftliche Organisation oder eine Stufe dazu und die jetzige Bewegung, die diesen künftigen Zustand verwirklichen will. Dazu ist ein Programm, eine »Idee« zwar nötig, sie unterscheidet sich aber von abstrakten Ideen, die jemand sich ausdenken kann.

»Die theoretischen Sätze der Kommunisten beruhen keineswegs auf Ideen, auf Prinzipien, die von diesem oder jenem Weltverbesserer erfunden oder entdeckt sind. Sie sind nur allgemeine Ausdrücke tatsächlicher Verhältnisse eines existierenden Klassenkampfes, einer unter unseren Augen vor sich gehenden geschichtlichen Bewegung.«[52]

Die kommunistischen »theoretischen Sätze« sind auf die materiale Wirklichkeit bezogen. Die Ideen der Weltverbesserer entstehen auch nicht aus dem blauen Himmel heraus, sondern sind der entfremdete Ausdruck einer entfremdeten Wirklichkeit. Hier aber ist die Theorie der *nicht entfremdete* Ausdruck einer entfremdeten Wirklichkeit. Welche Kriterien gibt es dafür? *Nur die Theorie selbst.* Sie macht die Entfremdung allererst sichtbar, konstituiert damit ein Unterscheidungsmerkmal, an dem jetzt das Wahre und Unwahre gemessen werden kann.

»Marx' theoretisches Bemühen geht darauf aus, sowohl historisch-soziologisch die Bedingungen der Möglichkeit revolutionärer Praxis zu analysieren, als auch historisch-philosophisch aus dem Widerspruch der bestehenden Gesellschaft den Begriff ihrer selbst, zugleich das Maß seiner Kritik und die Idee der kritisch praktischen Tätigkeit abzuleiten.«[53]

Zur Erläuterung kann ein Vergleich mit der Religion angestellt werden. Religion ist Ausdruck der Entfremdung des Menschen, indem er sein eigenes Wesen in ein anderes ihm fremdes hinaus verlagert. Dem fremden Wesen werden die Eigenschaften zugeteilt, die der Mensch nicht hat. Es wird eine jenseitige Welt entworfen, in der es das Elend des Diesseits nicht gibt. Die jenseitige Welt erklärt und rechtfertigt zugleich das Elend, den Mangel und das Unheil der diesseitigen. Die Religion ist daher »die phantastische Verwirklichung des menschlichen Wesens, weil das menschliche Wesen keine wahre Wirklichkeit besitzt«.[54] Wenn es aber zu einer Kritik der Religion kommt, die die ganze Täuschung, die der Mensch sich damit selbst gesetzt hat, aufdeckt, dann ergeben sich zwei wichtige Folgerungen. Einmal ermöglicht die Religionskritik das Traumgebilde der jenseitigen Welt aufzulösen. Sie zeigt aber zugleich den Weg, auf dem der nun ernüchterte Mensch voranzugehen hat.

»Die Kritik der Religion endet mit der Lehre, daß der *Mensch das höchste Wesen für den Menschen* sei, also mit dem *kategorischen Imperativ, alle Verhältnisse umzuwerfen,* in denen der Mensch ein erniedrigtes, ein geknechtetes, ein verlassenes, ein verächtliches Wesen ist, . . .«[55]

Der kategorische Imperativ ist aber kein Gebot der sittlichen Vernunft, sondern die theoretische Folgerung, die sich aus der *gegenwärtigen,* geschichtlichen Situation ergibt. Die Kritik hat gezeigt, daß es außer und über dem Menschen kein göttliches Wesen gibt, die Religion ist eine Projektion des Menschen, die er zu mehrfacher Abzweckung nötig hatte: Sanktionierung des Elends, Trost einer heilen jenseitigen Welt, Aufrechterhaltung des Elends im Interesse derer, die davon profitieren, Rechtfertigung von Knechtschaft, Unterdrückung und Ausbeutung. Das Gebot der Stunde muß daher lauten: Der *Mensch* sei das höchste Wesen für den Menschen, nicht das Phantasieprodukt eines göttlichen Wesens. Der Mensch muß sich emanzipieren, freimachen von der Vorstellung eines über ihm stehenden Wesens, damit er sich selbst in die Hand nehme und verhindere, daß er im Namen eines solchen Wesens geknechtet und erniedrigt werde.

Wie mit der Religion, so verhält es sich auch mit den Mächten, die den Menschen in seinem materialen Produktionsprozeß beherrschen, knechten und erniedrigen.

»Wie der Mensch in der Religion vom Machwerk seines eigenen Kopfes, so wird er in der kapitalistischen Produktion vom Machwerk seiner eigenen Hand beherrscht.«[56]

Es sind Mächte, die der Mensch selbst hervorgebracht hat. Wenn sie ihm nun fremd und feindlich gegenüberstehen, so heißt das nicht, daß sie von einer nicht menschlichen Instanz herrühren, es sind des Menschen eigene Geschöpfe. Die fremden Mächte sind nicht fremd, weil sie nicht vom Menschen stammen, sondern sie sind entfremdet, weil sie vom menschlichen Leben abgetrennt, nach eigenen Gesetzen existieren und eine eigene Gewalt entwickeln, der sich der Mensch unterwerfen muß, weil ihm die Bewußtheit der ganzen Sphäre fehlt. Die Kritik verfährt ebenso wie bei der Religion. Sie enthüllt die wahre Verfassung dieser Mächte, ihre Struktur und Wirkungsweise, ihren Mechanismus und den Gang ihres Zustandekommens.

Damit stellt sich aber zugleich die Aufgabe, diese Mächte in die Beherrschbarkeit des Menschen einzubringen. Wird dieser Aufgabe nachgekommen, dann ist der Mensch Herr im eigenen Haus. Er kontrolliert dann seine Wirklichkeit, nichts mehr existiert unabhängig von ihm, was ihm in die Quere kommen könnte, er hat alles in der Hand.

»Der Kommunismus unterscheidet sich von allen bisherigen Bewegungen dadurch, daß er die Grundlage aller bisherigen Produktions- und Verkehrsverhältnisse umwälzt und alle naturwüchsigen Voraussetzungen zum ersten Mal mit Bewußtsein als Geschöpfe der bisherigen Menschen behandelt, ihrer Naturwüchsigkeit entkleidet und der Macht der vereinigten Individuen unterwirft. Seine Einrichtung ist daher wesentlich ökonomisch; die materielle Herstellung der Bedingungen dieser Vereinigung, sie macht die vorhandenen Bedingungen zu Bedingungen der Vereinigung. Das Bestehende, was der Kommunismus schafft, ist eben die wirkliche Basis zur Unmöglichmachung alles von den Individuen unabhängig Bestehenden, sofern dies Bestehende dennoch nichts als ein Produkt des bisherigen Verkehrs der Individuen selbst ist.«[57]

Mit der kommunistischen Revolution bringen die Menschen ihre Lebensproduktion unter ihre Kontrolle. Was bislang nur auf dem Bereich der Naturbeherrschung gelang, kann jetzt auf den Bereich der Produktion ausgedehnt werden. Mit der Möglichkeit, die Produktionsweise unter eine bewußt gelenkte gesellschaftliche Kontrolle zu bringen, bringen die Menschen sich selbst unter Kontrolle und unterbinden damit ein ihrer Beeinflussung entzogenes Geschehen.

Die von Marx ins Auge gefaßte und im geschichtlichen Verlauf sich ankündigende Umwälzung der Produktionsweise wird die private Warenproduktion durch die gesellschaftlich kontrollierte Güterproduktion ersetzen. Die Revolution, in der die Aufhebung der kapitalistischen Produktionsweise vollzogen werden soll, unterscheidet sich von den bislang stattgefundenen in einem wesentlichen Punkt. In der kommunistischen Revolution wird die Produktionsweise selbst revolutioniert werden.

»Die bürgerlichen Produktionsverhältnisse sind die letzte antagonistische Form des gesellschaftlichen Produktionsprozesses, antagonistisch nicht im Sinne von individuellem Antagonismus, sondern eines aus den gesellschaftlichen Lebensbedingungen der Individuen hervorwachsendem Antagonismus, aber die im Schoße der bürgerlichen Gesellschaft sich entwickelnden Produktivkräfte schaffen zugleich die materiellen Bedingungen zur Lösung dieses Antagonismus. Mit dieser Gesellschaftsformation schließt daher die Vorgeschichte der menschlichen Gesellschaft ab.«[58]

Die Umwälzung der kapitalistischen Produktionsweise hat entscheidende Folgen.

1. Mit der Warenproduktion fällt die *Notwendigkeit* weg, aus Eigennutz und Individualinteresse heraus zu handeln.

2. In der gemeinsamen Produktion kann es keine Klassen geben, da alle daran beteiligt sind. Ausbeutung, Unterdrückung, Vergewaltigung der Menschen sind nicht mehr möglich. Der Entwicklungsstand der Produktion ist so hoch, daß Produkte für alle erzeugt werden können.

3. Die Güterproduktion verhindert durch ihre gemeinschaftliche und globale Planung und Kontrolle alle nachteiligen und verderblichen Erscheiungen, die die Warenproduktion unausrottbar begleiten. Handelskrisen, Überproduktion, Vernichtung von Produkten, Arbeitslosigkeit, Hungersnöte, wirtschaftliche Machtkämpfe, Monopole, Wirtschaftskriege können nicht mehr auftreten.

4. Da es keine Klassen mehr gibt, fällt das Sicherungsbedürfnis der herrschenden Klasse weg. Die Einrichtung des Staates, der die Interessen der herrschenden Klasse vertritt, ist nicht mehr nötig. Die Individuen organisieren sich auf einer anderen Grundlage: Im gemeinschaftlichen Interesse an der Befriedigung menschlicher Bedürfnisse.

5. Die Warenproduktion steht in einem Bezug zur antagonistischen Gesellschaft. Das eine bedingt das andere, wobei das Schwergewicht auf der materialen Produktion liegt. Die Güterproduktion bedingt daher eine »menschliche« Gesellschaft und umgekehrt.

Mit der zukünftigen Produktionsweise wird auch die Arbeit eine tiefgreifende Veränderung erfahren müssen. Marx spricht daher in den Frühschriften von einer *Aufhebung der Arbeit.*

Aufhebung bedeutet dabei im Sinne Hegels Umwandlung in eine höhere Stufe bei Bewahrung des Aufgehobenen. Die gegenwärtige Form der Arbeit wird abgeschafft und in eine neue Form transformiert. Bei dieser kehren frühere Formen mit neuen Errungenschaften (kapitalistische Produktionstechnik) versehen wieder.

Wie stellt sich Marx die Veränderung der zentralen menschlichen Daseinsbestimmung vor? Sobald die Produktionsweise unter die Herrschaft der assoziierten Individuen gelangt, wird Arbeit aufhören, Erzeugung von Mehrwert zu sein, jedoch in der vom Kapitalismus entwickelten technischen Form weiter betrieben werden. Damit ist die rationelle Großproduktion zur Bedürfnisbefriedigung aller beibehalten, die Entfremdungsmomente jedoch beseitigt, da die Produktion nicht mehr den Belangen des Kapitals dient, sondern unter dem Gesichtspunkt der assoziierten Gesellschaft betrieben wird. Zwar bleibt die Arbeit als Notwendigkeit der Produktion bestehen, sie wird aber, vom Druck der Kapitalbelange befreit — wie Marx hofft — selbst erstes Lebensbedürfnis. Marx Ansicht in dieser Hinsicht ist allerdings nicht einheitlich. In den Frühschriften scheint er der Meinung gewesen zu sein, daß die Umwandlung der Produktionsweise eine Umwandlung der Arbeit in »freie Selbstbetätigung« als erstes Lebensbedürfnis zur Folge haben müsse.

»Erst auf dieser Stufe fällt die Selbstbetätigung mit dem materiellen Leben zusammen ...«[59] »Die alte Produktionsweise muß also von Grund aus umgewälzt werden, und namentlich muß die alte Teilung der Arbeit verschwinden. An ihre Stelle muß eine Organisation der Produktion treten, in der einerseits kein Einzelner seinen Anteil an der produktiven Arbeit, dieser Naturbedingung der menschlichen Existenz, auf andere abwälzen kann; in der andererseits die produktive Arbeit, statt Mittel der Knechtung, Mittel der Befreiung der Menschen wird, indem sie jedem Einzelnen die Gelegenheit bietet, seine sämtlichen Fähigkeiten, körperliche wie geistige, nach allen Richtungen hin auszubilden und zu betätigen, und in der sie so aus einer Last eine Lust wird.«[60]

In den Grundrissen (1857/58) ist Arbeit schon mit der Bedeutung als Bedingung für etwas anderes verbunden, nämlich für freie Zeit, die dem Individuum Muße und Gelegenheit für »höhere Tätigkeit« verschafft, welches allerdings dem Produktionsprozeß wieder zugute kommen soll. Es kann zwar nicht sein, daß »Arbeit Spiel wird«, die Befriedigung, die in der Arbeit bei der Überwindung von Widerständen und Hindernissen auftritt, gilt aber noch als Zeichen einer »Betätigung der Freiheit«.

»Die Ersparnis von Arbeitszeit gleich Vermehrung der freien Zeit, d. h. Zeit für die volle Entwicklung des Individuums, die selbst wieder als die größte Produktivkraft zurückwirkt auf die Produktivkräfte der Arbeit. Die freie Zeit, die sowohl Mußezeit als Zeit für höhere Tätigkeit ist — hat ihren Besitzer natürlich in ein anderes Subjekt verwandelt, und als dies andere Subjekt tritt er dann auch in den unmittelbaren Produktionsprozeß. Es ist dieser zugleich Disziplin, mit Bezug auf den werdenden Menschen betrachtet, wie Ausübung, Experimentalwissenschaft, materiell schöpferische — sich vergegenständlichende Wissenschaft mit Bezug auf den gewordenen Menschen, in dessen Kopf das akkumulierte Wissen der Gesellschaft existiert.«[61]

Im 3. Band des Kapitals schließlich wird Arbeit im Sinne von Notwendigkeit erwähnt und in ein Reich der Notwendigkeit eingestellt, auf dem erst sich ein Reich der Freiheit erheben soll. Danach bliebe Arbeit — wenn auch im unterschiedlichen Ausmaß der rationellen Regelung — notwendige, d. h. mit Mühe und Anstrengung verbundene Erfordernis.

»Das Reich der Freiheit beginnt in der Tat erst da, wo das Arbeiten, das durch Not und äußere Zweckmäßigkeit bestimmt ist, aufhört; es liegt also der Natur der Sache nach jenseits der Sphäre der eigentlichen materiellen Produktion.« »Die Freiheit in diesem Gebiet kann nur darin bestehen, daß der vergesellschaftete Mensch, die assoziierten Produzenten, diesen ihren Stoffwechsel mit der Natur rationell regeln, unter ihre gemeinschaftliche Kontrolle bringen, statt von ihm als von einer blinden Macht beherrscht zu werden; ihn mit dem geringsten Kraftaufwand und unter den, ihrer menschlichen Natur würdigsten und adäquatesten Bedingungen vollziehen. Aber es bleibt dies immer ein Reich der Notwendigkeit. Jenseits desselben beginnt die menschliche Kraftentwicklung, die sich als Selbstzweck gilt, das wahre Reich der Freiheit, das aber nur auf jenem Reich der Notwendigkeit als seiner Basis aufblühen kann. Die Verkürzung des Arbeitstags ist die Grundbedingung.«[62]

Inwieweit und in welcher Weise Arbeit im Reich der Freiheit vorkommen soll, sagt Marx nicht. Damit entsteht die erhebliche Problematik, welche Rolle die zentrale Bestimmung des Menschen in der künftigen Gesellschaft einnehmen wird, wenn der Gedanke naheliegt, daß dort ein arbeitsfreies Leben möglich sein wird.

2. *Das Problem der Verwirklichung*

Die Umwälzung der Grundlage aller bisherigen Produktion als materiale Voraussetzung für die frei assoziierte Gesellschaft ist offenbar eine radikale und totale Veränderung menschlicher Verhältnisse. Auf welche Weise soll diese Umwälzung vollzogen werden und wer soll es sein, der diese Tat vollbringt? Bei der Konzeption der »wahren« Wirklichkeit handelt es sich nicht um eine kritische *theoretische* Forderung, die bestehenden Zustände zu ändern. Die Kritik und die Konzeption, die sich aus ihr ergibt, stellt zugleich das *praktische* Programm der Veränderung dar.

Die Art und Weise der Veränderung geht aus der bestehenden Wirklichkeit hervor wie die Träger der Veränderungsaktion. Die Veränderung muß »eine gesellschaftliche Tat« sein. Die gesellschaftliche Tat vollbringen Menschen, die vom fortschreitenden Entfremdungsprozeß ihrer Menschlichkeit total beraubt werden, die ausgebeutete Klasse des Proletariats. Dem Proletariat fällt die Durchführung der Revolution nicht zu, weil es besondere menschliche Qualitäten mitbrächte, sondern weil ihm diese Aufgabe »sinnfällig« und »unwiderruflich vorgezeichnet« ist. Das Proletariat bringt die materielle Voraussetzung seiner aussichtslosen Lage mit sich — »die Proletarier haben nichts anderes zu verlieren als ihre Ketten« — die Philosophie gibt ihm die Möglichkeit des Verständnisses und die Anleitung zum Umsturz der bestehenden Verhältnisse.

»Die Waffe der Kritik kann allerdings die Kritik der Waffe nicht ersetzen, die materielle Gewalt muß gestürzt werden durch materielle Gewalt, allein auch die Theorie wird zur materiellen Gewalt, sobald sie die Massen ergreift.«[63]

Proletariat und Philosophie sind aufeinander verwiesen, um die gemeinsame Aufgabe der Verwirklichung einer neuen Gesellschaft durchzuführen. Sobald das gelingt, gibt es weder ein Proletariat mehr, weil in dem neuen Zustand keine unterdrückten Klassen mehr vorkommen können, noch wird es eine Philosophie geben, die über Entfremdungsstrukturen nachdenken muß, da diese selbst nicht mehr existieren. Philosophie und Proletariat heben sich in der gemeinsamen Aktion gegenseitig auf.

»Der Kopf dieser Emanzipation ist die Philosophie, ihr Herz das Proletariat. Die Philosophie kann sich nicht verwirklichen ohne die Aufhebung des Proletariats, das Proletariat kann sich nicht aufheben ohne die Verwirklichung der Philosophie.«[64]

Für die Änderung der bestehenden Verhältnisse ist eine *gewaltsame* Aktion nötig. Die herrschende Klasse würde niemals von sich aus abtreten und die Möglichkeit für eine andere Produktionsweise freigeben. Dazu ist ihr Sonderinteresse, das sie als geschichtlich gewordene Klasse vertreten muß, zu stark. Sie muß gezwungen werden, ihre Position aufzugeben.

Die Revolution bringt dann jene materialen Voraussetzungen zustande, die dem Menschen die Möglichkeit bieten, eine »menschliche« Gesellschaft aufzubauen. Die durch die Revolution geschaffene »Diktatur des Proletariat« schafft jene anderen Voraussetzungen, von denen aus der *bisherige Mensch sich zu einem anderen Menschen verwandeln kann.*

Die gewaltsame Aktion schafft einen Interimszustand, von wo aus der Veränderungsprozeß beginnen kann. »... daß sowohl zur massenhaften Erzeugung dieses kommunistischen Bewußtseins wie zur Durchsetzung der Sache selbst eine massenhafte Veränderung der Menschen nötig ist, die nur in einer praktischen Bewegung, in einer *Revolution* vor sich gehen kann; daß also die Revolution nicht nur nötig ist, weil die *herrschende* Klasse auf keine andere Weise gestürzt werden kann, sondern auch, weil die stürzende Klasse nur in einer Revolution dahin kommen kann, sich den ganzen alten Dreck vom Halse zu schaffen, um zu einer neuen Begründung der Gesellschaft befähigt zu werden.«[65]

Ist dieser Interimszustand noch von einem Reglement, einer Diktatur, einer staatlichen Organisation gekennzeichnet, so ist es doch das Ziel der kommunistischen Bewegung, durch diese Organisation die »massenhafte Veränderung des Bewußtseins« sicherzustellen. Die »Herrschaft des Proletariats« ist kein Ausdruck einer herrschenden Klasse, sie bedeutet keine Intention, andere beherrschen und unterdrükken zu wollen, sondern geschieht aus der Notwendigkeit heraus, die Menschen dazu *zwingen* zu müssen, das für sie Beste zu tun, weil sie *von selbst und freiwillig* darauf nicht kommen können.

Sobald der Umwandlungsprozeß soweit fortgeschritten ist, daß die Menschen von selbst begreifen, daß der dann erreichte Zustand der allein menschliche sein kann, »verliert die öffentliche Gewalt ihren politischen Charakter«. Der Zwang, der von der Herrschaft des Proletariats ausgeübt werden mußte, ist dann nicht mehr nötig. »An die Stelle der alten bürgerlichen Gesellschaft mit ihren Klassen und Klassengegensätzen tritt eine Assoziation, worin die freie Entwicklung eines jeden die Bedingung für die freie Entwicklung aller ist.«[66]

B. KRITISCHE ÜBERLEGUNG

1. Wissenschaft oder sozialer Mythos?

Seit der Veröffentlichung des »Kapitals« (1867) ist die Frage nicht zur Ruhe gekommen, ob die Lehre von Marx und die aus ihr entsprungenen Nachfolgerichtungen den Titel Wissenschaft zu Recht tragen oder nicht. Ob der »wissenschaftliche« Sozialismus Marxscher Prägung die einzig mögliche Erfassung der gesellschaftlichen »Bewegungsgesetze« garantiere oder ob die Lehre von Marx eine Art Religion oder einen Mythos darstelle, eine politische Heilslehre, der in Form der dialektischen Methode eine wissenschaftliche Einkleidung übergeworfen wurde.

Die Frage bestimmt die Auseinandersetzung zwischen »bürgerlicher« Sozialwissenschaft und marxistisch orientierten Soziologen und Philosophen ebenso wie den Streit um den dialektischen Materialismus, der »wissenschaftlichen Weltanschauung« der Natur, der im Gefolge von Engels' Übertragung der dialektischen Methode auf den Bereich der Naturwissenschaften entstand und heute fester Bestandteil des sowjetmarxistischen Lehrgebäudes geworden ist.

Für eine Erörterung dieser Streitfrage wird es zunächst nötig sein zu klären, was man unter dem Begriff »Wissenschaft« versteht. Im vorhergehenden Kapitel (S. 33ff.) wurde die Bezeichnung Wissenschaft ausschließlich auf die empirisch-analytische Wissenschaft eingeschränkt, wie sie in den Gebieten von Physik und Chemie exemplarisch auftritt. Wissenschaft in diesem Sinn ist bestimmt durch eine Methode, die durch die Forderung nach intersubjektiv nachprüfbarer *Feststellbarkeit* ausgezeichnet ist. Im Folgenden wird zur Darstellung der Problematik der Begriff Wissenschaft nur in dieser Bedeutung gebraucht.

a) Der Wissenschaftsbegriff von Marx

Marx beruft sich in seinen Werken und besonders in den späten Schriften ausdrücklich auf sein »wissenschaftliches« Vorgehen und bezeichnet demnach seine Ergebnisse als »streng wissenschaftlich« ermittelt. Könnte es sein, wie manchmal dargestellt[67], daß der frühe Marx in philosophischen Überlegungen befangen war, später jedoch diese Sphäre verlassen habe und nurmehr wissenschaftliche Kategorien zur Darstellung verwendet habe?

Marx macht über seine Methode nur spärliche Angaben. Sie bestehen meist aus negativen Abgrenzungen gegenüber der »bürgerlichen« Wissenschaft und gegenüber der Dialektik Hegels. Eine längere positive Ausführung findet sich nur aus zweiter Hand vor, in Form einer Rezension, die er im Nachwort zur zweiten Auflage des Kapitels wiedergibt und ausdrücklich gutheißt: »Indem der Herr Verfasser das, was er meine wirkliche Methode nennt, so treffend, und soweit meine persönliche Anwendung derselben in Betracht kommt, so wohlwollend schildert, was anderes hat er geschildert als die dialektische Methode?«[68]

Diese Methode besteht danach zunächst darin, »durch genaue wissenschaftliche Untersuchung die Notwendigkeit bestimmter Ordnungen der gesellschaftlichen Verhältnisse nachzuweisen und soviel als möglich untadelhaft Tatsachen zu konstatieren, die ihm zu Ausgangs- und Stützpunkten dienen«. Insoweit würde sich das Vorgehen von der wissenschaftlichen Methode noch nicht unterscheiden. Auch diese geht von »Tatsachen« aus — wenn darunter empirische Beobachtungssätze verstanden werden — oder muß sich zumindestens bei Aufstellung von Verallgemeinerungen darauf beziehen. Dieses »induktive« Vorgehen, das nicht von vorbestimmten Ganzheiten — wie z. B. Staat, Eigentum — ausgeht und diese analytisch zergliedert, wird als die »offenbar ... wissenschaftlich richtige Methode« angesehen.

Der Stoff der Forschung muß in einem ersten Gang positiv festgestellt und auf mögliche Beziehungen hin untersucht werden. Nachdem diese »aufgespürt« worden sind, kann die Darstellung erfolgen, die dann den Eindruck einer apriorischen Vorgabe oder einer idealistischen Konstruktion erwecken kann, was aber nur ein Schein ist. Entscheidend bleibt, daß die Wiedergabe der »Tatsachen« in Begriffen nur eine Umsetzung des materialen Stoffes darstellt. Begriffe, Theorien, Gesetze haben nur Gültigkeit in Bezug auf das materiale Geschehen, das sie zum Ausdruck bringen. »Meine dialektische Methode ist der Grundlage nach von der Hegelschen nicht nur verschieden, sondern ihr direktes Gegenteil. Für Hegel ist der Denkprozeß ... der Demiurg des Wirklichen ... Bei mir ist umgekehrt das Ideelle nichts anderes als das im Menschenkopf umgesetzte und übersetzte Materielle.«[69]

Wo ist nun der wesentliche Unterschied der Marxschen Wissenschaft zu der von ihm angegriffenen »bürgerlichen« Wissenschaft? Auch diese würde doch den Bezug auf die materialen »Tatsachen« nicht leugnen, sich höchstens einer Aussage über das im Menschenkopf umgesetzte und übersetzte Materielle enthalten. Die positivistische Auffassung von Erkenntnis weicht von dieser Darstellung der Widerspiegelung allerdings nicht sonderlich ab.[70] Worin liegt dann der Unterschied? Der Unterschied ist in einer Bezeichnung zusammengefaßt, die in den Frühschriften eine verbreitete Verwendung gefunden hatte und sich in den Spätschriften nur in den Titeln vorfindet: Der Bezeichnung *Kritik*. Von der kritischen Einstellung, die Marx einnimmt, ist auch erst seine gegenüber der Wissenschaft verschiedene Auffassung der Begriffe, der Entwicklung und der Vorhersage zu verstehen.

b) Kritik

Die »Kritik der politischen Ökonomie« gilt zunächst als Kritik der wissenschaftlichen Literatur über diesen Gegenstand. Kritik muß aber dann in einem weittragenden Sinn verstanden werden, als Kritik der bestehenden Verhältnisse. Die Bezeichnung Kritik findet in den drei Bänden des Kapitals, das die kapitalistische Produktionsweise zum Thema hat, keine explizite Verwendung mehr. Warum wird der Titel dann so benannt? Weil die gesamte Darstellung als solche Kritik bedeutet.

Die scheinbar neutral-wissenschaftlichen Begriffe, die im Kapital im Gegensatz zu den Frühschriften auftreten, Kapital, Mehrwert, Lohnarbeit, Ware, Produktivkräfte, Produktionsverhältnisse usw. tragen in sich einen Überschuß. Sie bedeuten immer mehr als eine Beschreibung vorgefundener und feststellbarer Sachverhalte, sie sind über ihre empirische Feststellung hinaus »wertend«. Mit dem empirischen Aufweis ist zugleich eine Beurteilung verbunden. Das Besondere an der Marxschen Methode besteht darin, daß diese Wertung nicht offen zu Tage liegt, sondern in der Gesamtdarstellung implizit enthalten ist.[71]

Worum handelt es sich bei der Kritik? Die Kritik bezieht sich auf die ökonomisch-sozialen Strukturen der kapitalistischen Produktionsweise, wie sie Marx in der ersten Phase der technischen Industrieproduktion vorgegeben glaubte. Die Kritik stellt diese Verhältnisse so dar, daß sie als eine historisch notwendig entstandene Produktionsform erscheinen, der die Menschen ausgeliefert sind. Die Produktionsform zwingt sie in eine entfremdete Sphäre. Die Analyse zeigt aber gleichzeitig, daß die Produktionsform in sich unabwendbar eine Entwicklungstendenz trägt, die zur Aufhebung dieser Produktionsform führen wird.

Woher weiß die Kritik 1. daß die Produktionsform eine unmenschliche Weise der Produktion ist, 2. daß sie das notwendige Ergebnis vergangener Produktionsformen ist und 3. daß sie in Zukunft aufgehoben wird, um einer anderen Produktionsweise Platz zu machen?

1. Die Zustände und Arbeitsbedingungen in der Industrie Englands in der ersten Hälfte des 19. Jahrhunderts, die Marx im Kapital beschreibt, können sehr wohl dazu angetan sein, unmenschliche Verhältnisse konstatieren zu lassen. Wenn Arbeiter bis 18 Stunden pro Tag arbeiten müssen, um überleben zu können, wenn Frauen, Kinder selbst unter 10 Jahren zur Fronarbeit in Fabriken gezwungen werden, dann ist kaum an einer entfremdeten Situation zu zweifeln. Von welchem Maßstab aber aus soll diese Entfremdung oder Unmenschlichkeit beurteilt werden? Ist die Wissenschaft imstande, einen solchen Maßstab aufzustellen? Marx hat das Kriterium seiner Kritik im Hinblick auf die Beurteilung des Menschlichen nicht ausgewiesen. Es kann angenommen werden, und besonders im Hinblick auf die Frühschriften, daß ihm ein solcher Maßstab selbstverständlich war. Da Marx auf der anderen Seite aufgrund seiner Auffassung der ökonomisch-materialen Bedingtheit aller Normen, Moralvorstellungen, Ideen das Zustandekommen eines normativen Maßstabes abgelehnt hat, begegnen wir hier einer ernsten Schwierigkeit.

»Obgleich also das Kapital weitgehend eine Abhandlung über Sozialethik ist, werden diese ethischen Ideen nie als solche dargestellt. Sie werden nur indirekt ausgedrückt, aber das heißt nicht, daß sie deshalb geringeres Gewicht haben; denn diese indirekten Folgen sind sehr offenkundig.«[72]

Woher hat Marx das sittliche Prinzip seiner Kritik bezogen, wenn feststeht, daß ein solches Prinzip sich nicht aus der Empirie erstellen läßt? Greift er dabei doch auf seine philosophische Vergangenheit zurück, mit der er abgerechnet zu haben glaubte? Wenn dafür der erste Schritt die Kritik des Bestehenden ist, so bedarf freilich diese Kritik des *Maßstabes,* an dem zu ermessen ist, was vernünftiger menschlicher Zustand und was das Ziel der Geschichte ist.

»... Diesen Maßstab der ›Vernünftigkeit des Wirklichen‹ als des Zustandes, in dem die Freiheit aller gewährleistet und damit der Mensch bei sich selbst ist, hat sich Marx von Hegel vorgeben lassen, ohne aber die Voraussetzungen mit zu vollziehen, auf denen Hegels Aussage über die Vernünftigkeit des Wirklichen und über den Sinn der Geschichte als Fortschritt im Bewußtsein der Freiheit beruhte.«[73]

Woher nun immer Marx den Maßstab seiner Kritik genommen hat, zweifellos ist in ihr eine »Idee« von Gerechtigkeit, Sittlichkeit, menschlicher Selbstverwirklichung enthalten. Diese Idee kann jedoch, so berechtigt sie sein mag, nicht empirisch-wissenschaftlich legitimiert werden.

2. Die Schwierigkeit, die damit gegenüber der wissenschaftlichen Methode auftritt, vergrößert sich noch durch die eigenartige Auffassung, die Marx im Hinblick auf das historische Zustandekommen der kapitalistischen Produktionsform vertritt. Dabei spielt der Leitbegriff der *Entwicklung* eine ähnlich entscheidende Rolle wie bei der Abstammungslehre.

Marx ist überzeugt, daß die kapitalistische Produktionsweise und die ihr entsprechende Gesellschaft eine späte, reich differenzierte und mannigfach ausgebildete historische Erscheinungsform der menschlichen Produktion darstellt. Als solche bietet sie die Möglichkeit, in ihr alle jene Momente aufzufinden, die zu ihrer Entstehung geführt haben. Die Differenzierung ist gleichsam zu einem Endpunkt gekommen, der es gestattet, das *Ganze* in seiner historischen Entstehung und damit in seinem wesentlichen Aufbau zu erkennen.

»Die bürgerliche Gesellschaft ist die entwickeltste und mannigfaltigste historische Organisation der Produktion. Die Kategorien, die ihre Verhältnisse ausdrücken, das Verständnis ihrer Gliederung, gewährt daher zugleich Einsicht in die Gliederung und die Produktionsverhältnisse aller der untergegangenen Gesellschaftsformen, mit deren Trümmern und Elementen sie sich aufgebaut, ... Anatomie des Menschen ist ein Schlüssel zur Anatomie des Affen. Die Andeutungen auf Höheres in den untergeordneten Tierarten können dagegen nur verstanden werden, wenn das Höhere schon bekannt ist. Die bürgerliche Ökonomie liefert so den Schlüssel zur antiken etc.«[74]

Der Fehler der bürgerlichen Ökonomie besteht darin, die gegenwärtigen Verhältnisse als konstant geltende in die Vergangenheit und Zukunft zu projizieren. Nach der Meinung von Marx ergibt sich aus der hochdifferenzierten kapitalistischen Produktionsweise jedoch, daß gewisse antagonistische Strukturen die Geschichte der Menschheit vorangetrieben haben bis zu den gegenwärtigen Verhältnissen. Diese Gegensätze zeigen sich in den jeder Epoche zugehörigen Klassenkämpfen und in dem jeweiligen Verhältnis von Produktionskräften und Produktionsverhältnissen. Danach sind in jeder bisherigen Gesellschaftsform Widersprüche aufgetreten, die sich in der Weise von Naturgesetzen entwickeln, gegeneinander in Aktion treten und schließlich »mit eherner Notwendigkeit« einen anderen Zustand hervortreiben. Marx unternimmt es nun, das als »Naturgesetz« angesehene »ökonomische Bewegungsgesetz der modernen Gesellschaft zu enthüllen«[75] und diesem »letzten Endzweck« dient sein monumentales Werk: Das Kapital. Eine solche Aufgabe kann auch nur wieder von einem kritischen Standpunkt aus unternommen werden, der sich bereits »zum theoretischen Verständnis der ganzen geschichtlichen Bewegung hinaufgearbeitet« hat. Die Kritik ist gleichsam die theoretische Vorwegnahme der praktischen Aufgabe der zukünftigen Klasse. »Soweit solche Kritik überhaupt eine Klasse vertritt, kann sie nur die Klasse vertreten, deren geschichtlicher Beruf die Umwälzung der kapitalistischen Produktionsweise und die schließliche Abschaffung der Klassen ist — das Proletariat.«[76]

3. In der auf höchster Stufe differenzierten kapitalistischen Produktion können vom kritischen Standpunkt aus sowohl die die Geschichte bislang leitenden ökonomisch-gesellschaftlichen Antagonismen als auch die aus ihnen entstandenen gegenwärtigen Antagonismen erkannt werden. Damit bietet sich die Möglichkeit, die zukünftige Entwicklung vorherzusagen. Die Prognosen, die Marx für die weitere Entwicklung aufgestellt hat, betreffen Konzentration und Zentralisierung des Kapitals. Die daraus entstehenden Folgen würden — durch das Gesetz der fallenden Profitrate — insbesondere eine Verelendung der Lohnarbeiter eintreten und eine Spaltung der Gesellschaft in wenige Kapitalbesitzer und viele Besitzlose entstehen lassen. Daraus wiederum sollte die unabwendbare geschichtliche Aufgabe des Proletariats resultieren, die kapitalistische Produktionsweise umzustürzen.

c) Differenz zur wissenschaftlichen Methode

Alle drei angeführten Punkte, der empirisch nicht ausweisbare Standpunkt der Kritik, die vom kritischen Standpunkt aus festgestellte »dialektische« *vergangene* und *zukünftige* Entwicklung widersprechen der wissenschaftlichen Methode. Wie gezeigt, gilt für diese allein die Forderung nach sichernder Feststellbarkeit, die intersubjektiv nachprüfbar sein muß.

Zwar arbeitet auch die Wissenschaft mit Vorhersagen. Ihre Methode muß sich jedoch auf die überprüfbaren Bedingungen eines Experimentes der *Gegenwart* beschränken. Die Vorhersage der Wissenschaft kann demnach nur die Wiederholung bereits festgestellter und überprüfbarer Prozesse betreffen. Die wissenschaftliche Methode ist von ihrem Ansatz her unhistorisch.

Sobald daher mit Wissenschaft die empirisch-analytische Wissenschaft mit ihrer kennzeichnenden Grundforderung nach intersubjektiv nachprüfbarer *Feststellbarkeit* gemeint sein soll, kann die Marxsche Verwendung von »Wissenschaft« nicht mit diesem Begriff bezeichnet werden, da es sich um einen anderen Zugang zur Erfassung der »Wirklichkeit« handelt.

Marx rechnet andererseits von seinem Standpunkt aus der »bürgerlichen« Wissenschaft einen Mangel vor, da sie mit ihrer Methode die von ihm ins Auge gefaßten dialektischen Widersprüche der ökonomisch-gesellschaftlichen Verhältnisse nicht wahrnehmen kann. Die *Widersprüche* der *bestehenden* Verhältnisse entziehen sich der Methode der (gegenwärtigen) Feststellbarkeit, da sie nur von einem — nicht feststellbaren — zukünftigen Entwurf her in den Blick kommen können. Das Festhalten der Wissenschaft an einem methodischen Grundansatz kann sich Marx nur mit der ökonomischen Bedingtheit aller Wissensformen erklären. Seiner Ansicht nach ist auch die »bürgerliche« Wissenschaft — wie schon die Bezeichnung verrät — von Klasseninteressen beeinflußt, indem sie die Antagonismen der Gesellschaft nicht wahrhaben will oder kann. Deswegen ist der — zu seiner Zeit — stattfindende Klassenkampf ein Beweis gegen ihre »Voraussetzungslosigkeit« und damit gegen sie selbst. »Es läutete die Totenglocke der wissenschaftlichen bürgerlichen Ökonomie.«[77]

Die Wissenschaft beruft sich dagegen von ihrem Ansatz aus heute auf die Falsifizierung der Marxschen Prognosen. Keine einzige derselben hätte sich im Lauf der Zeit bestätigt.

1. Die von Marx geschilderte Entfremdung gäbe es in dieser Gestalt nicht mehr. Eine zunehmende Verelendung der Industriearbeiter ist nicht eingetreten.

2. Die Konzentration und Zentralisierung des Kapitals sei zum Teil erfolgt, habe aber nicht zur zwangsläufigen Veränderung der kapitalistischen Produktionsweise geführt, da der Staat inzwischen eine politische Interventionsrolle eingenommen hat. Eine Möglichkeit, die in der Marxschen Lehre nicht vorgesehen ist, da der Staat als Überbau der ökonomisch-gesellschaftlichen Verhältnisse aufgefaßt wird und demnach keine Eigenfunktion übernehmen kann.

3. Abgesehen von der Frage, ob das Proletariat in der von Marx geschilderten Weise überhaupt je existiert hat, sei zumindestens heute eindeutig erkennbar, daß es kein Proletariat mehr gäbe, das eine »geschichtliche Aufgabe« in der Umwälzung der kapitalistischen Produktionsweise erblicken würde.

Unter dem Eindruck der historischen Fehlanzeige wesentlicher Marxscher Behauptungen wird die dialektische Methode von Marx vom wissenschaftlichen Standpunkt aus verworfen. Sie wird als eine »Leerformel«[78] beschrieben, in die nach Willkür das eingesetzt werden kann, was dem Erfordernis des jeweiligen Theoretikers entspricht, eine Methode, mit der alles erklärt werden kann, schließlich auch das Nichteintreffen der Vorhersagen, die mit ihr zustande gekommen sind.

Auf der anderen Seite wird versucht, das an der Marxschen Lehre herauszulösen, was wissenschaftlich verifiziert werden kann. Marx wird eine »geniale« Leistung zuerkannt, die aber aus der Gesamtlehre abgetrennt und gegen unwissenschaftliche Teile abgehoben werden müßte. Die Lehre von Marx wird als ein noch nicht zu rationaler Klarheit gelangter Entwurf angesehen, der in eine Richtung gewiesen habe, in der die Forschung in Zukunft arbeiten könnte. Die empirisch nicht nachprüfbaren Elemente müssen aber auf diesem Weg ausgeschieden werden.

»Wie so häufig im Übergangsfeld zwischen vorwissenschaftlichem und wissenschaftlichem Denken sind auch hier die alten Modellvorstellungen zum Teil mit prüfbaren Behauptungen über empirische Sachverhalte verbunden. Insofern derartige Aussagen vorliegen, kann Marx mit Recht den Anspruch erheben, seine Theorien trügen im Gegensatz zu den Spekulationen der Theologen und Metaphysiker den Charakter der Erfahrungswissenschaften. Doch der Prozeß ständiger empirischer und methodologischer Kontrolle, dem diese Wissenschaften unterworfen sind, mußte notwendig zur Ausscheidung jener Elemente führen, welche den Anforderungen einer solchen Überprüfung nicht entsprechen.«[79]

Die Lehre von Marx wird dabei in verschiedene Stücke zerlegt. Auf diesem Weg der »Entmythologisierung« von Marx gelangen seine »mythischen« Voraussetzungnen zu einer eigenen Erforschung. Sie werden als Gnosis (Topitsch), als jüdischer Messianismus (Löwith), als Verschwörungstheorie (Popper) interpretiert.

»Wir müssen nun etwas tun, das den Gläubigen sehr zuwider ist. Sie vermerken begreiflicherweise die Vornahme einer kühlen Analyse dessen, was ihnen der eigentliche Quell der Wahrheit ist, sehr übel. Doch was sie am meisten übel nehmen, ist, wenn man Marxens Werk in Stücke zerlegt und sie der Reihe nach diskutiert. Sie würden sagen, daß diese Handlung als solche die Unfähigkeit des Bourgeois zeigt, das prachtvolle Ganze zu begreifen, dessen sämtliche Teile sich gegenseitig ergänzen und erklären, so daß die richtige Bedeutung nicht erkannt werden kann, sobald irgend ein Teil oder eine Seite für sich betrachtet wird. Uns bleibt indessen keine andere Wahl.«[80]

In diesem Zerlegungsvorgang wird die Lehre von Marx mit der wissenschaftlichen Methode konsequent konfrontiert und nur das an ihr zugelassen, was den Kriterien der sichernden Feststellbarkeit entspricht. Der entscheidende Kern der Marxschen Theorie wird dabei allerdings aufgelöst. Der wissenschaftlich nachprüfbare Teil läßt keine Aussagen zu über eine bevorstehende Revolution, in der eine totale Umwälzung der bestehenden Verhältnisse stattfände. Die Vision eines neuen Menschen in einer zukünftigen Gesellschaft wird hinfällig unter dem nüchternen Verdikt der wissenschaftlichen Kriterien. Von dieser Sachlage aus ist die der Wissenschaft geradezu entgegengesetzte Beurteilung von Marx durch Sorel zu verstehen. Er hatte Marx und dem Marxismus vorgeworfen, daß er zu viel Betonung auf die Wissenschaftlichkeit der Lehre lege und dem mythischen Element in ihm zu wenig Raum lasse.[81] Mit wissenschaftlichen Argumenten — so meint Sorel — seien die Massen zu keinen Handlungen zu bewegen, das könne nur durch einen »sozialen Mythos« geschehen, der die nicht rationalen Kräfte der Menschen anspricht.

Das Problem, das durch die wissenschaftliche Kritik an Marx entsteht, berührt den durch politische Macht zum Dogma erhobenen Marxismus nicht. Im Sowjet-Marxismus wird kraft höherer Gewalt festgesetzt, was als wissenschaftlich zu gelten hat und was nicht.

Die westlichen Marx-Nachfolger dagegen kommen an dem Problem der Wissenschaftlichkeit nicht vorbei. So sieht sich J. Habermas vor die Frage gestellt, ob nicht an dem Ansatz von Marx selbst ein Mangel aufgewiesen werden könnte, der zu dem verhängnisvollen Weg des dialektischen Materialismus geführt hätte. Obwohl Marx selbst die Frage nach einer Anwendbarkeit seiner dialektischen Methode auf den Bereich der Natur nie behandelt hat, so hätte er doch den Ausführungen Engels, die er gekannt habe, nie widersprochen. Habermas findet diesen Mangel in »dem Einfluß eines Selbstmißverständnisses der Kritik als Wissenschaft«, dem Marx erlegen sei.[82]

Marx hätte den Standpunkt seiner Kritik nicht mehr selbst reflektiert und diesen unbesehen mit der wissenschaftlichen Methode in eins gesetzt. Die Kritik selbst impliziere eine Voraussetzung, die Marx aus der philosophischen Tradition übernommen habe. »Tatsächlich knüpft Marx systematisch an Kategorien des objektiven Geistes an; er unterstellt die Idee der Sittlichkeit derart als den Begriff der Gesellschaft als Totalität, daß deren eigene Wirklichkeit daran gemessen und auch daran erst als das unsittliche Verhältnis einer zerrissenen Welt erkannt werden kann.« Habermas betont zwar im Sinne von Marx, daß diese

Idee dann in dem ökonomisch-gesellschaftlichen Zusammenhang und gegenwärtigen Entwicklungsstand materialistisch begründet wird. »Marx' theoretisches Bemühen geht darauf aus, sowohl historisch-soziologisch die Bedingungen der Möglichkeit revolutionärer Praxis zu analysieren, als auch historisch-philosophisch aus dem Widerspruch der bestehenden Gesellschaft den Begriff ihrer selbst, zugleich das Maß seiner Kritik und die Idee der kritisch praktischen Tätigkeit, abzuleiten.« Er ist jedoch der Auffassung, daß dieses Verfahren nicht mehr mit der wissenschaftlichen Methode — im hier gebrauchten Sinn — geleistet werden kann.[83]

Die für unser Thema wichtige Frage nach der Wissenschaftlichkeit der Lehre von Marx kann nunmehr eine Beantwortung finden. Marx hat ohne Zweifel empirisch nachprüfbare Ergebnisse in seinen Werken angeführt. Es bleibt aber für das hier behandelte Problem entscheidend, in welchem Entwurf diese Ergebnisse eingetragen sind. Der Gesamtentwurf von Marx ist selbst nicht auf wissenschaftliche Weise entstanden, schon allein aus dem einfachen Grund, weil es sich um einen Totalitätsentwurf handelt. Der kritische Standpunkt von Marx erlaubt es, das Ganze der Geschichte, das Ganze der Gesellschaft, das Ganze der Produktion, damit aber das Ganze des Menschen zu überblicken.

Es ist unverkennbar, daß gerade diese Totalität das Attraktive an der Lehre von Marx darstellt, das bis zum heutigen Tage wirksam geblieben ist. Die Versuchung liegt nahe, die attraktive Totalität mit der im wissenschaftlichen Zeitalter als Wahrheitskriterium geltenden Bezeichnung »wissenschaftlich« zu versehen, um den metaphysischen Hintergrund der Lehre von Marx verschwinden zu lassen.

2. *Antimetaphysische Umkehrung. Der Mensch als arbeitendes Lebewesen*

Von Marx' Nachfolgern wird mit Recht immer wieder betont, daß Marx kein Interesse daran gehabt habe, das Wesen des Menschen zu bestimmen oder auch nur Reflexionen darüber anzustellen. Sein Anliegen habe darin bestanden, die Entfremdungssituation des Menschen aufzuhellen und aus ihrem Unwesen auf das mögliche Wesen hinzuzeigen, dies aber nicht theoretisch-spekulativ, sondern praktisch-revolutionär.[84] Diese Auffassung der Marxschen Lehre ist richtig. Wenn sich in den Frühschriften — auch dies nur spärlich — Ausführungen über den Menschen finden, so hat Marx doch keine Anthropologie betrieben. Eine andere Frage ist, ob die Interpretation einer entfremdeten Menschenwelt und das Ziel einer praktischen Veränderung dieser zum Guten hin ohne eine Vorstellung davon vonstatten gehen kann, was menschliches Dasein sei. Auch wenn dieses menschliche Dasein noch gar nicht dort hingekommen sein sollte, wo es hingehört, und sich noch auf dem Weg zur »Humanität« befindet, dann müßte ebenso diese Möglichkeit zukünftigen menschlichen Lebens irgendwie verstanden sein, sonst wäre es ausgeschlossen, die gegenwärtigen und vergangenen Verfehlungssituationen zu begreifen. Die Frage nach dem Verständnis des Menschen kann nochmals so unterlaufen und unterbunden werden, daß behauptet wird: Die Tatsache, daß nach dem Menschen überhaupt philosophisch gefragt wird, ist eine Folge der Entfremdungssituation. Der Mensch muß in seiner Widersprüchlichkeit *erklärt* werden, und dabei wird das einzig Mögliche vergessen und unterlassen, die Widersprüchlichkeit seiner Realität praktisch aufzuheben. Dagegen könnte eingewendet werden, daß die Kenntnis der Widersprüchlichkeit und das Wissen um die mögliche Aufhebung bei allem praktischen Interesse doch den Menschen bereits im Blick haben müßte. Aber der dialektische Begriffsdrehkreis kann beliebig weitergedreht werden, so daß es schließlich den Anschein hat, die Frage nach den Voraussetzungen der Kritik sei überholt und überflüssig. Demgegenüber soll hier von einer Position ausgegangen werden, von der aus jede auf welcher dialektischen Reflexionsstufe immer befindliche Theorie der Gesellschaft eine Vorstellung davon haben muß, wie es um den Menschen bestellt sei. Warum die Frage bei Marx nicht auftaucht und bei den Nachfolgern energisch abgelehnt wird, dürfte ein Problem darstellen, das in der Ausarbeitung der Frage eine gewisse Aufhellung erfahren wird.

Marx hat in der Tat über eine Bestimmung oder eine Grundstruktur des Menschen wenig gesagt. Das schließt jedoch keineswegs aus, daß er im Zuge seines Gesamtentwurfes wesentliche Bestimmungen des Menschen setzt. Marx zeichnet sich gerade dadurch aus, daß er Wesenszüge des Menschen des industriellen Zeitalters durch sein Werk hindurch darstellt und zum Teil vorwegnimmt, wobei entscheidend ist, daß Marx den Menschen der industriellen Arbeitswelt im Grunde bejaht und in ihm den Menschen der Zukunft angelegt sieht. Seine vielgerühmte Kritik bezieht sich nicht auf Technik und Wissenschaft in Gestalt der modernen Industrie, die als solche unmenschliche Züge in sich tragen könnte, sondern darauf, daß der Mensch seine Rolle in der technisch industriellen Welt noch nicht entschieden genug übernommen habe.[85]

Die Grundbestimmung des Menschen bei Marx heißt: Arbeit. Arbeit ist eine Bestimmung, die ausschließlich dem Menschen zukommt. Sie ist eine Bestimmung, die für das menschliche Dasein konstitutiv ist, nicht eine Eigenschaft, die ihm unter anderem zukäme. Arbeit ist demnach nicht notwendige Tätigkeit, um das »Leben« zu erhalten, Arbeit ist nicht »Lebensmittel für«, sondern »Lebenstätigkeit«, grundlegende Bestimmung dieses Lebens selbst.

Die Bedeutung dieser Grundbestimmung erweist sich im Zusammenhang mit der Frage nach der Entstehung des Menschen. Der Mensch als Mensch bringt sich in einem historischen Prozeß hervor, der einen Ablauf von sich verändernden Formen gesellschaftlicher Arbeit darstellt.

»In dem aber für den sozialistischen Menschen die *ganze sogenannte Weltgeschichte* nichts anderes ist als die Erzeugung des Menschen durch die menschliche Arbeit, als das Werden der Natur für den Menschen, so hat er also den anschaulichen, unwiderstehlichen Beweis von seiner Geburt: durch sich selbst, von seinem *Entstehungsprozeß*.«[86]

Auf die Frage, was den Menschen hervorgebracht habe, müßte in der Abstammungslehre die Antwort lauten: Die Natur. Bei Marx hieße die Antwort: Die Arbeit. Mit Arbeit ist die »Totalität des menschlichen Seins bestimmt«[87] und der Raum, in welchem die Analysen ausgeführt, Ergebnisse und Prognosen erzielt werden, unwiderruflich abgegrenzt.[88]

Die Auffassung, daß Arbeit die umfassendste Bestimmung des Menschen sei, hat Marx niemals reflektiert oder auch nur in Andeutungen zu begründen versucht. Die Überzeugung ruht auf einer geschichtlichen Erfahrung auf, die so mächtig ist, daß sie eigens überhaupt nicht in den Blick kommen kann. Um so reiner pflegt sich eine solche Erfahrung dann in den Begriffen, Bestimmungen und Vorstellungen eines Werkes niederzuschlagen. Marx hat mit der Bestimmung des Menschen als arbeitenden Lebewesens eine Erfahrung ausgesprochen, die das technisch-industrielle Zeitalter zutiefst kennzeichnet.

Arbeit muß etwas vorliegen haben, was bearbeitet wird. Was die Arbeit selbst nicht hervorbringen kann und auf was sie als Bearbeitungsstoff angewiesen bleibt, ist die Natur. »Die Erde ... findet sich ohne sein Zutun als der allgemeine Gegenstand der menschlichen Arbeit vor.«[89] Das arbeitende Leben muß nun die Natur in eine ihm adäquate Form überführen, da die Natur dem Menschen entsprechende fertige Naturprodukte nur im allerseltensten Falle und auch dann kaum ohne eine sekundäre Bearbeitung bietet. Natur und arbeitendes Lebewesen stehen sich dabei nicht äußerlich gegenüber, sondern befinden sich in einem Verhältnis. Marx faßt dieses Verhältnis kategorial, d. h. die Produktion stellt die allgemeinste Kategorie dar, in der sich Natur allererst konstituiert, und zwar allein *für* das arbeitende Lebewesen. Die Natur bleibt daher nicht immer die gleiche, sie erscheint, der geschichtlich sich verändernden Produktionsweise entsprechend, je *anders*. Was die Natur »an-sich« außerhalb des kategorialen Produktionsverhältnisses sein mag, ist für Marx eine sinnlose Frage, weil für ihn durch die grundsätzliche Bestimmung des Menschen als arbeitendes Lebewesen die Natur nur in diesem Produktionsverhältnis erscheinen, d. h. da sein kann.

Es gibt allerdings neben dieser kategorialen Bedeutung eine nur gelegentlich erwähnte andere Bedeutung von Natur. Hiermit ist die schon immer für die Bearbeitung vorliegende (und nicht durch die Arbeit erst konstituierte), die »erste« Natur gemeint.[90] Diese ist durch »Generatio aequivoka« entstanden, einem natürlichen Selbsterzeugungsprozeß, aus dem schließlich auch das Leben hervorgegangen ist.

Aus dieser doppelten Bedeutung von Natur ergibt sich für den Menschen eine doppelte Entstehung. Zunächst hat ihn die »erste« Natur auf dem Wege hervorgebracht wie sie selbst entstanden ist, durch Generatio aequivoca, eine Art Urzeugung durch Synthese anorganischer Stoffe, die schließlich sich zu organischen verkomplizieren. Diese erste Erzeugung liefert das Material, aus dem dann *die* Lebewesen entstehen, die sich durch Arbeit auszeichnen. Die zweite Erzeugung leistet aber nicht mehr die »Natur« (als »erste« Natur), sondern die *Arbeit*. Erst die zweite Erzeugung bringt den Menschen hervor, d. h., er bringt sich selbst aus (tierischen) Vorformen hervor, die im strengen Sinn die Bezeichnung Mensch nicht verdienen. »Sie selbst fangen an, sich von Tieren zu unterscheiden, sobald sie anfangen, ihre Lebensmittel zu produzieren.«[91] Wenn daher Marx von einem *Naturwesen* Mensch spricht, dann ist in dieser Bezeichnung der Begriff Natur in beiden Bedeutungen enthalten, genauso, wie wenn die Geschichte der Menschen *Naturgeschichte* benannt wird als »Werden der Natur zum Menschen«.

Die Problematik der doppelten Bedeutung von Natur wird von Marx nirgends behandelt, eine Klärung des gegenseitigen Verhältnisses der Bedeutung nicht unternommen. Es liegt auf der Hand, daß mit dieser Zweideutigkeit erhebliche Probleme verbunden sind. Wie soll der Übergang von der ersten zur zweiten Natur vonstatten gegangen sein? Es mag sein, daß Marx diese Frage nicht interessiert hat, da es ihm nur um die Natur in der kategorialen Bedeutung (die allein im Produktionsverhältnis erscheinen kann) und damit um den schon sich hervorgebracht habenden Menschen ging. Damit blieb aber das Problem ungelöst. Die problematische Aneinanderbindung der zwei Bedeutungen in einem Begriff bildet dann eine der Quellen, aus der die bis heute ungelösten Widersprüche des Marxismus fließen.

Für unsere Thematik ist davon nur das Verhältnis von Abstammungslehre und der Marxschen Lehre vom Menschen von Interesse. Die Abstammungslehre handelt allein von der »ersten« Natur. Den Marxschen kategorialen Begriff Natur (die »zweite« Natur) kennt sie überhaupt nicht. Sie handelt demnach, von Marx her gesehen, überhaupt nicht vom Menschen, sondern von tierischen Formen, die ja erst durch die Arbeit zu Menschen werden können. Dies aber wiederum stimmt mit ihren Aussagen nicht überein, im Begriff Mensch der Abstammungslehre ist der gegenwärtig lebende Mensch und damit der Mensch des Marxschen Verständnisses eingeschlossen.

Engels hat das Dilemma der doppelten Bedeutung des Begriffes Natur genauso wenig behandelt wie Marx. Er scheint aber die Natur in der entscheidenden Marxschen Bedeutung überhaupt nicht verstanden zu haben, denn er bezieht sich in seinen Schriften auf die Bedeutung: »erste« Natur und hat demnach keine Schwierigkeiten, eine Beziehung zur Natur der Naturwissenschaften herzustellen. Aus diesem Grund wird er auch der Begründer der Dialektik der Natur, in der es nur um die »erste« Natur geht. Mit dem daraus entstehenden dialektischen Materialismus wird die ungeklärte doppelte Bedeutung des Marxschen Begriffes mit allen daraus resultierenden Problemen fortgeschleppt. Vom Standpunkt der Dialektik der Natur her kann ein Versuch unternommen werden, die problematische Übergangsstelle zwischen »erster« Natur und Mensch und »zweiter« Natur und Mensch herzustellen.

»Die Arbeit ist die Quelle alles Reichtums, sagen die politischen Ökonomen. Sie ist dies — neben der Natur, die ihr den Stoff liefert, den sie in Reichtum verwandelt. Aber sie ist noch unendlich mehr als dies. Sie ist die Grundbedingung alles menschlichen Lebens, und zwar in einem solchen Grade, daß wir in gewissem Sinne sagen müssen: Sie hat den Menschen selbst geschaffen.«[92]

Dieser Versuch, von Engels und in seinem Gefolge von Kautzky unternommen, ist an sich schon dürftig, selbst aber wenn er von einer breiteren Basis aus unternommen worden wäre, kann er schon aus dem einfachen Grunde nicht gelingen, weil sich der Begriff Natur der »Dialektik der Natur« mit dem Marxschen Begriff von Natur nicht problemlos aneinander kitten läßt.

Wie das elementare neue Prinzip, nämlich Arbeit, aus der »ersten« Natur hervorgegangen sein soll, bleibt in der Marxschen Lehre offen, ein Prinzip immerhin von solcher Bedeutung, daß mit ihm *das Verhältnis von Natur und Lebewesen geradezu umgekehrt wird.* Zunächst ist es die Natur, aus der das Lebewesen hervorgeht, dann ist die Natur dasjenige, das aus dem arbeitenden Lebewesen »hervorgeht«. Denn jetzt kann Natur nur von ihm her verstanden werden, die »wirkliche Natur« ist die »anthropologische Natur«.[93]

Arbeit wurde in unserer Erörterung bislang nur ganz allgemein als Grundverfassung menschlichen Daseins behandelt. Der allgemeine Begriff muß nun in seiner konkreten Erscheinung betrachtet und damit erst zum vollen Verständnis gebracht werden. Dabei zeigt sich, daß Marx die Begriffe der Gesellschaft und der Geschichte auf die Grundkategorie der Arbeit zurückbezieht. Gesellschaft wie auch Geschichte sind keine eigenständigen Phänomenbereiche, sondern allein aus der arbeitenden Verfassung des Lebewesens Mensch her konstituiert und verständlich.

Die Gesellschaft ist eine Gesellschaft von Produzenten. »Alle Produktion ist Aneignung der Natur von Seiten des Individuums innerhalb und vermittels einer bestimmten Gesellschaftsform.«[94] Mit der Rückbeziehung von Gesellschaft auf Arbeit ist eine Ausgrenzung verbunden, die alle zwischenmenschlichen Phänomene des Menschen von vornherein auf die Arbeitssphäre festlegt. Wenn Marx den Menschen im wörtlichsten Sinne ein Zoon politikon nennt, dann meint er damit ein arbeitendes Lebewesen, das nur in Gesellschaft produzieren kann.

Stellt man zur Illustration der Verwendung dieser Bezeichnung die Bedeutung des Ausdrucks bei Aristoteles dagegen, so zeigt sich der fundamentale Unterschied. Für Aristoteles kann der Mensch deswegen niemals ein »geselliges« Lebewesen sein, da er sich durch diese Eigenschaft nicht als Mensch erweisen würde. Gesellige Lebewesen sind auch die Tiere. Soweit der Mensch gesellig lebt, nämlich in Familie und Haushalt, ist er gerade kein politisches Lebewesen, da er in diesen Formen des Daseins in der Notwendigkeit des »animalischen« Lebens eingebunden bleibt und nicht über die erste Voraussetzung eines politischen Lebens verfügt, nämlich die Freiheit von der Notwendigkeit der Lebensreproduktion. Politisches Handeln, das auf die Gemeinschaft von freien Menschen ausgerichtet ist, hat zur Voraussetzung, daß es gerade nicht mit Arbeit in Verbindung gebracht werden darf. Es kann erst dort gelingen, wo es frei von den Lebensnotwendigkeiten, damit aber auch frei von den Interessen der Lebensreproduktion ist. Für Marx gibt es diesen Unterschied des *Politischen* vom *Sozialen* nicht mehr, das Soziale wird in seiner Rückbezogenheit auf ökonomische Kategorien mit der Politik gleichgesetzt.

Ähnlich steht es mit der Auffassung der Geschichte bei Marx. Die Geschichte ist eine Abfolge von Geschehnissen, die letzten Endes in der Lebensproduktion verwurzelt sind. Das »Gesetz der Geschichte« ist danach auf Arbeit bezogen und auf sie allein.

»Im Maße, wie die Arbeit sich gesellschaftlich entwickelt und dadurch Quelle von Reichtum und Kultur wird, entwickeln sich Armut und Verwahrlosung auf Seiten des Arbeiters, Reichtum und Kultur auf Seiten des Nichtarbeiters. Dies ist das Gesetz der ganzen bisherigen Geschichte.«[95]

»Was Marx und Engels dazu bewog, gleichsam noch den Sündenfall der Menschheit, ihre Urgeschichte, in politische Ökonomie zu übersetzen, obwohl doch deren Begriff, an die Totalität des Tauschverhältnisses gekettet, selber ein Spätes ist, war die Erwartung der unmittelbar bevorstehenden Revolution.«[96]

Der als arbeitendes Lebewesen festgestellte Mensch ist als solcher zugleich der in Gesellschaft produzierende Mensch. Die historischen Erscheinungsformen der Arbeit beziehen sich auf eine fortlaufende Entwicklung der Produktivkräfte, die nicht nur bestimmen, *wie* der Mensch jeweils produziert, sondern auch, wie er gesellschaftliche Formen ausbildet, wie er sich in diesen Formen bekämpft, auseinandersetzt und interpretiert. Es bleibt kein Phänomen in Gesellschaft und Geschichte, das nicht auf die Produktion als Lebenstätigkeit des Menschen zurückgeführt werden könnte.

In der Auffassung von Gesellschaft und Geschichte wird die Grundverfassung des arbeitenden Lebewesens verdeutlicht und bekräftigt.

Wie kommt Marx zu einer Betrachtung des Menschen, die die Arbeit derart in den Mittelpunkt stellt? Hatte die Arbeit schon seit jeher in einer solchen Hochschätzung gestanden? Offenbar nicht. Der »plötzliche und glänzende Aufstieg der Arbeit von der untersten und verachtetsten Stufe zum Rang der höchstgeschätztesten Tätigkeit« beginnt erst mit der Neuzeit. Der Aufstieg läuft parallel mit einer Höherbewertung der Vita activa, des tätigen Lebens gegenüber der bis dahin als Ideal geltenden Vita contemplativa, des sich auf sich selbst besinnenden Lebens.

Der Aufstieg »begann theoretisch damit, daß Locke entdeckte, daß sie die Quelle des Eigentums sei. Der nächste entscheidende Schritt war getan, als Adam Smith in ihr die Quelle des Reichtums ermittelte; und auf den Höhepunkt kam sie in Marx' ›System der Arbeit‹, wo sie zur Quelle aller Produktivität und zum Ausdruck der Menschlichkeit des Menschen selbst wird.«[97]

Es ist sicher kein Zufall, wenn an der Wiege der metaphysischen Bestimmung des Menschen in der Zeit von Platon und Aristoteles die Arbeit als verachtetste Tätigkeit angesehen wurde, die der Bestimmung des Menschen geradezu entgegensteht und in der antimetaphysischen Bestimmung einen Rang erhält, in dem sie allein die Verwirklichung des Menschen vollbringt.

Die metaphysische Bestimmung des Menschen legte das Menschliche in eine über der Physis befindliche Sphäre. Die Physis einschließlich der nur durch Arbeit zu befriedigenden Lebensnotdurft muß auf dem Weg des Überstiegs überwunden werden. Bei Marx ist es gerade umgekehrt. Das Physische ist das Menschliche des Menschen in Gestalt der das Leben produzierenden Arbeit geworden, das Metaphysische der Tradition ist das Hindernis in Gestalt des falschen Bewußtseins der Ideologie, das es auf dem Weg zur Befreiung der Arbeit zu beseitigen gilt.

Um Marx gerecht zu werden, muß man sich in seine Situation versetzen, d. h., seinen geschärften Blick für die Verhältnisse seiner Zeit und seine zutiefst kritische, von einem sittlichen Ideal geleitete Einstellung in Rechnung stellen und sich die Zustände in der ersten Phase der Industrialisierung vor Augen halten, die er im Kapital in einem Abschnitt festgehalten hat, der den Titel trägt: Der Arbeitstag. Die darin beschriebene Vergewaltigung der auf Lohnarbeit angewiesenen Menschen, ihre restlose und rücksichtslose Ausnutzung im Produktionsprozeß stand die Reaktion der Öffentlichkeit in Gestalt von Staat, Recht und Kirche und nicht zuletzt der Philosophie gegenüber, die in diesen Zuständen kein Alarmsignal sahen, sondern zumeist bestrebt waren, diese Zustände als »natürlich« vorgegeben zu erklären. Im Falle der Philosophie Hegels sind sie zwar bereits zum Teil vermerkt und interpretiert, aber zu Gunsten eines metaphysischen Prinzips spekulativ aufgehoben.

Sein Zeitalter ist charakterisiert von dem Schwinden der Erfahrungsmöglichkeit einer Wirklichkeit, über die der Mensch *nicht* verfügen kann, ein Thema, das die Zeitgenossen Kierkegaard, Nietzsche, Dostojewskij beschäftigt, das für Marx jedoch überhaupt kein Problem mehr darstellt. Er geht bereits von einer Position aus, die alles auf den Menschen zurückstellen muß. »Ein *Wesen* gibt sich erst als selbständiges, sobald es auf eigenen Füßen steht und es steht erst auf eigenen Füßen, sobald es sein *Dasein* sich selbst verdankt.«[98] Er steht zwar nicht in einer derart engen Verbindung mit der modernen Wissenschaft wie sein Gefährte Engels. Er sieht jedoch in den technischen Herstellungs- und Beherrschungsmöglichkeiten die Bedingung für eine zukünftige emanzipierte Gesellschaft.

Die Voraussetzung, mit der Marx an das Problem des Menschen herangeht, ist die Position des auf sich selbst gestellten Menschen, der mit der Wissenschaft bereits gewaltige Erfolge erzielt hat und der mit Mitteln dieser Wissenschaft die technische Produktion einzurichten beginnt. Die traditionelle Philosophie und insbesondere ihre aufgeklärt-bürgerliche Auffassung vom Menschen als vernünftigem Lebewesen, von ihren Thesen von Vernunft, Gleichheit, Freiheit, müssen angesichts der verbreiteten Situation eines 18 Stunden zur Arbeit gezwungenen Lohnarbeiters mit einer gewissen Zwangsläufigkeit als Herrschaftsideologie erscheinen. Es kann nicht verwunderlich sein, wenn ein Protest gegen die überlieferte Deutung des Menschen, die noch dazu von der christlichen Religion übernommen und bestätigt wurde, entsteht und in eine Theorie des Menschen einmündet, die ihn nun gerade von der Seite her interpretiert, die im industriellen Zeitalter augenfällig zutage tritt und offenbar in der traditionellen Bestimmung einen untergeordneten Platz gefunden hatte.

Was aber nicht ohne weiteres verständlich ist, ist der Tatbestand, daß Marx aus der metaphysischen Sphäre, gegen die er zu Recht aufsteht, nicht herauszutreten vermag. In seinem Protest gegen die Überlieferung übernimmt er wesentliche Grundzüge der Metaphysik, so daß durch ihn eine Bestimmung des Menschen aufgezeigt wird, in der innerhalb metaphysischer Strukturen eine Umkehrung stattgefunden hat. Das metaphysische Erbe von Marx zeigt sich mehrfach:

1. in der Auffassung, von einem historischen Moment aus das Ganze der Geschichte und des Menschen überblicken und endgültig deuten zu können;

2. in dem Unternehmen, eine Totalkonstruktion des Menschen zu entwerfen, in der auch die Entfremdungselemente völlig verständlich werden;

3. in der Konstruktion einer Ideallösung, die durch Aufhebung der Entfremdungselemente zustande kommen soll.

Dies ist alles nur möglich, wenn der *Vernunft* des auf sich selbst gestellten Menschen die Fähigkeit zugetraut und zugesprochen wird, verbindliche Totalentwürfe erstellen zu können. Obwohl der Vernunft gemäß dem antimetaphysischen Impuls eigentlich nur eine epiphänomenale Rolle zugedacht werden kann — und diese Rolle nimmt sie auch in der Darstellung von Marx ein — gilt diese Rolle für den Darstellenden selbst nicht. Die Vernunft, die die Marxsche Lehre hervorbringt, ist dem ökonomisch-gesellschaftlichen Fundament selbst enthoben.

3. Folge der Umkehrung: Die Übertragung menschlicher Problematik auf den ökonomisch-gesellschaftlichen Bereich. Das neue Entfremdungsmedium

Die metaphysische Deutung im Hinblick auf Verfehlung und Beeinträchtigung menschlichen Daseins läßt sich zusammenfassen in der Bestimmung: Der Mensch ist entfremdeter Geist. Geist in all seinen Erscheinungsformen ist gehindert durch das Entfremdungsmedium der *Materialität* (Animalität), in der er allein vergänglich erscheinen kann. Das vollkommene Geistige ist getrübt durch das endliche Medium seiner Vergegenwärtigung.

Bei Marx ist es nicht der Geist, der sich in seiner endlichen Erscheinung entfremdet, sondern die Arbeit als materiale Lebensproduktion, die eine Entfremdung erfahren hat. Welches Entfremdungsmedium gibt es nun, wenn die Materialität dafür nicht mehr fungieren kann, da sie in Gestalt der materialen Lebensproduktion das primäre und grundlegende Element des Menschen geworden ist?

Zunächst gibt es die der Umkehrung entsprechende Gegenseite, die subjektiven und objektiven Gestalten des Geistes, die Bewußtseinsformen, die sich in Religion, Staatsgebilden, Kunst, Philosophie und Wissenschaft niederschlagen als sekundäre Erscheinungsformen der materialen Produktion. Sie sind im selben Maße entfremdet wie die ihnen zugrunde liegenden ökonomisch-gesellschaftlichen Verhältnisse, sie spiegeln die Entfremdung nur wider. An einem bestimmten historischen Entwicklungsstand dieser Entfremdungsverhältnisse tritt nun eine Möglichkeit auf, die bislang im »naturwüchsigen« Verlauf der materialen Produktionsgeschichte nicht gegeben war: die Möglichkeit eines *unentfremdeten* Bewußtseins. Ein bestimmtes Bewußtsein (Marx) vermag *trotz der Entfremdungsverhältnisse,* in denen es sich ja befindet und von ihnen konstituiert sein muß, aus dieser seiner Entfremdung herauszutreten.

Diese merkwürdige und problematische Möglichkeit, nämlich der Umschlag von einem entfremdeten Bewußtsein in die Möglichkeit eines nicht entfremdeten, obwohl die konstitutiven materialen Entfremdungsverhältnisse nach wie vor gegeben sind, erklärt Marx nicht. Er setzt sie einfach voraus und wiederum deswegen, weil er von einer Erfahrung übermächtigt wird, die er dann getreu seiner sonstigen Position beschreibt. Danach ist das unentfremdete Bewußtsein nicht »ideell« zustande gekommen, sondern aus den materialen Verhältnissen hervorgegangen. Das unentfremdete Bewußtsein bezieht sich auf eine Möglichkeit, die sich im Schoß der materialen Produktionsgeschichte vorbereitet hat, und vermag aus der extrem zugespitzten Entfremdungslage eine unentfremdete Struktur herauszulesen. Es tut dabei — nach den Worten von Marx — nichts anderes als das Materielle ins Ideelle zu übersetzen. Das auf die unentfremdete Möglichkeit in der Entfremdung bezogene Bewußtsein in Gestalt des Denkens von Marx spricht nur aus, was sich material schon angeboten hat und darauf wartet, erkannt, d. h. bewußt gemacht zu werden.

Marx erklärt sehr wohl, was das unentfremdete Bewußtsein in der gegenwärtigen materialen Produktionsgeschichte erblickt, er erklärt aber nicht, wie es zu diesem Umschlag kommt, wie ein an sich entfremdetes Bewußtsein dazu kommt, die Entfremdung abzuwerfen, womit allererst die Möglichkeit entsteht, das zu »übersetzen«, was in der Materialität vor sich gegangen ist. Er gibt auch darüber keine Auskunft, warum dieser Umschlag nur in einem einzigen Bewußtsein stattfindet, zumindest antizipierend, denn für die Klasse des Proletariats soll der Umschlag dann generell eintreten.

Die gegenwärtige Konstellation der ökonomisch-gesellschaftlichen Produktion und ihres Entfremdungsstatus sagt denjenigen, die zu hören vermögen, was Entfremdung überhaupt sei und in welchem Medium sie erscheine. Die materiale Entfremdung zeigt in ihrem zugespitzten jetzigen Zustand die Möglichkeit einer materialen Nichtentfremdung.

Was bedeutet materiale Nichtentfremdung? Sie bedeutet offenbar, daß die Menschen ihr Dasein als produzierende Lebewesen in einer für alle befriedigenden geglückten Weise vollziehen könnten, womit das Elend der Arbeit selbst, Verknechtung, Ausbeutung, Vergewaltigung der Menschen unter einander entfallen und eine humanitäre Gesellschaft von Produzenten entstehen könnte. Die *vernünftige* humanitäre Möglichkeit müßte demnach in der materialen Produktionsgeschichte angelegt oder zumindestens in dem gegenwärtigen geschichtlichen Moment material vorbereitet sein. So ist es auch in der Tat. Ohne die Voraussetzung, »daß es in der Weltgeschichte vernünftig zugeht«, daß in der Geschichte als materialem Produktionsprozeß das Werden der Menschheitsgattung jenseits des Willens und Machens des Menschen eine Tendenz am Werke sei, die zu einem vernünftigen Ziele hinführt, ist die Marxsche Lehre nicht aufrecht zu erhalten. Er knüpft dabei — wiederum für ihn selbstverständlich und deshalb unausgewiesen — an die geschichtsphilosophische Tradition an, die von Vico über Herder, Lessing, Humboldt, Schiller bis hin zu ihrer Aufgipfelung in Hegel in der Geschichte eine Entwicklung und Realisierung der Humanitätsidee erblickt. Die Entwicklung und Realisierung geschieht zwar bei Marx der Umkehrung entsprechend in der materialen Produktionsgeschichte, gleichwohl ist in ihr jetzt die Vernunft eingebettet. Die materiale Produktionsgeschichte zeigt ja im gegenwärtigen Moment vernünftige Möglichkeiten, die *bewußt gemacht werden müssen.* Die im antimetaphysischen Impuls zurückgedrängte Vernunft kommt auf diese Weise wieder zum Vorschein.

In der Bewußtmachung der in der »naturwüchsigen« Produktionsgeschichte immanenten vernünftigen Möglichkeit nimmt die Vernunft ihre alte bestimmende Rolle, wenn auch unter dem Vorzeichen des Animal laborans, wieder ein. Sie ist jetzt nur nicht am Anfang, apriori, gegeben, sondern entwickelt sich in einem materialen Produktionsprozeß bis zu ihrer Epiphanie im industriellen Zeitalter.

Das Entfremdungsmedium ist die ökonomisch-gesellschaftliche Sphäre als materialer Lebensproduktion, sie repräsentiert sich als entfremdet, d. h. als unvernünftig, und zwar in zweifacher Bedeutung:

1. als noch nicht durchschaut, noch nicht bewußt gemacht,
2. als vernünftig realisierbar, wenn die Bewußtmachung gelingt und die bislang naturwüchsig verlaufenden Produktionsprozesse in den Machtbereich des Menschen einbezogen sind, der sie nun mit *Bewußtsein* betreibt.

Für das Thema des Menschenverständnisses ist bei alledem von besonderem Interesse, daß mit diesem Ansatz des möglichen Vernünftigen die Entfremdungsqualitäten des Menschen in die ökonomisch-gesellschaftlichen Verhältnisse hineingebunden sein müssen. Alle mit menschlichem Dasein seit je verbundenen Probleme, Schwierigkeiten und Nöte werden damit auf den ökonomisch-gesellschaftlichen Nenner gebracht. Man könnte auch umgekehrt sagen, menschliche Problematik wird nur mehr insoweit zugelassen, als sie durch ökonomisch-gesellschaftliche Kategorien festgestellt und erklärt werden kann. Diese Übertragung menschlicher Problematik auf die ökonomisch-gesellschaftliche Sphäre des arbeitenden Lebewesens bietet allerdings eine grandiose Aussicht. Das materiale Voranschreiten der Geschichte, ihre zunehmende Rationalisierung auf Humanität hin, wird die Entfremdungserscheinungen des arbeitenden Lebewesens in Form der sozial betriebenen Produktionsprozesse aufheben.

Die Lehre von Marx zieht ihre Überzeugungskraft nicht zuletzt aus dem Tatbestand, daß die Schilderung und Darstellung des Entfremdungsmediums, nämlich der kapitalistischen Produktionsweise, zum überwiegenden Teil zutrifft. Das gelingt Marx gerade dadurch, daß er nicht wissenschaftlich, d. h. »wertfrei«, an die Sache herangeht, sondern sie kritisch darstellt. Er sieht in der beginnenden technischen Großproduktion zu Recht eine Macht auf den Menschen zukommen, die ihn mit Beschlag belegt, ihn unmenschliche Verhältnisse einzugehen zwingt, ihn im Falle des Arbeiters in die trost- und hoffnungslose Lage einer Arbeitsmaschine stößt. Marx analysiert wesentliche Züge der kapitalistischen Produktion mit vollem ausweisbaren Recht. Wie er richtig erkennt, sind diese Wesenszüge durch äußerliche Modifikationen, wie sie in der ihm folgenden Zeit und sicher nicht ohne seinen Einfluß vorgenommen wurden, nicht aufhebbar. Marx und seine Nachfolger können sich daher insoweit auf nachweisbare Phänomene stützen. Sie bieten einen greifbaren Anhalt, einen empirischen Ausgangspunkt, indem jederzeit auf sie verwiesen werden kann.

Eine ganz andere Frage ist, ob diese zu Recht und zum Teil noch heute zutreffende Kritik der kapitalistischen Produktion dann auf einer Ebene behandelt und ausgetragen wird, die aus dieser Kritik gar nicht hervorgegangen sein kann. Denn die Auffassung, die die Lehre trägt, daß die Umwandlung der kapitalistischen Produktion die menschliche Problematik *an ihrer entscheidenden Stelle trifft*, geht aus der berechtigten Kritik dieser Produktionsweise nicht hervor. Sie muß der Kritik von woanders her zugewachsen sein. Die zukünftige Gesellschaft kann ohne Entfremdungsqualität nur dann sein, wenn die ökonomisch-gesellschaftlichen Verhältnisse den Menschen in einer *wesentlichen* Weise bestimmen und wenn sie in der jetzigen Form bereits alle unentfremdeten Bestimmungen dialektisch in sich tragen. Beides ergibt sich nicht aus den Verhältnissen der kapitalistischen Produktion.

Im Verständnis des arbeitenden Lebewesens wird die Ursache für alle Entfremdung und alle Widersprüchlichkeit unmerklich einem allgemeinen Subjekt zugeschoben, wie immer dies benannt sein mag: Kapitalismus, Gesellschaft, Staat usw. Es wird zwar nicht betritten, daß diese allgemeine Hypostasierung nur als Ergebnis handelnder Individualsubjekte — der Marxsche Terminus heißt die Individuen — zustande kommt. Die Individuen bilden in ihrem Zusammenwirken als produzierende und sich in Institutionen zusammenschließende Wesen eine eigene Macht aus und auf diese richtet sich die Kritik allein, niemals auf die »Individuen« als einzelne. Diese sind ja nach dem Grundansatz des arbeitenden Lebewesens vom gesellschaftlichen Charakter der Arbeit her immer ökonomisch-gesellschaftlich bestimmt. Die Annahme eines *einzelnen* Individuums wird als Fiktion erklärt und zurückgewiesen, weil diese Fiktion immer nur das Ergebnis der jeweiligen ökonomisch-gesellschaftlichen Verhältnisse sei. Der Mensch als Einzelner läßt sich im Verständnis des Animal laborans in ökonomisch-gesellschaftliche Momente auflösen.

Das Individuum als Personifikation ökonomisch-gesellschaftlicher Kategorien[99] kann nicht für etwas verantwortlich gemacht werden, durch was es selbst konstituiert worden ist. Es ist im Hinblick auf die Folgen seiner Handlungen freigesprochen, da nicht es selbst, sondern die objektive Macht der ökonomisch-gesellschaftlichen Verhältnisse durch es hindurch handelt. Über diese materiale Macht kann sich das Individuum bestenfalls subjektiv erheben, es kann sie vom Subjektiven her beurteilen wollen, kritisieren, vielleicht sogar sittlich verwerfen, das ist aber alles eitler »subjektiver« Wahn, denn in Wirklichkeit sind alle Würfel im objektiv-realen Raum der ökonomisch-gesellschaftlichen Sphäre längst gefallen.

»... So können wir daraus nur den Schluß ziehen, daß die Menschen, bewußt oder unbewußt, ihre sittlichen Anschauungen in letzter Instanz aus den praktischen Verhältnissen schöpfen, in denen ihre Klassenlage begründet ist — aus den ökonomischen Verhältnissen, in denen sie produzieren und austauschen.«[100]

An der Konstitution der Individuen durch diese Sphäre ist grundsätzlich nichts zu ändern. Sie ist ja auch hinsichtlich der Veränderungsmöglichkeit der Menschen zu begrüßen, denn die unentfremdeten zukünftigen ökonomisch-gesellschaftlichen Zustände werden sich zum Heil auswirken, wie sie sich jetzt in ihrem entfremdeten Zustand zum Unheil ausgewirkt haben.

Von dem objektiv-ökonomisch-gesellschaftlichen Prozeß wird das Individuum auch schon jetzt über seine subjektive und unmaßgebliche Meinung hinaus für den unentfremdeten Zukunftsstatus *verwendet.* »Nur soweit der Kapitalist personifiziertes Kapital ist, hat er einen historischen Wert ... Nur insoweit steckt seine eigene transitorische Notwendigkeit in der *transitorischen Notwendigkeit der kapitalistischen Produktionsweise.*«[101] Das Individuum leistet somit in welcher Klassensituation immer über die persönliche Auffassung seines Lebens hinaus seinen Beitrag für die objektive Entwicklung des materialen Produktionsprozesses. Von diesem Verständnis her besteht kein grundsätzliches Hindernis, die sittliche Norm für das Verhalten der einzelnen Individuen im Hinblick auf die objektive Entwicklung der materialen Produktionsgeschichte und ihr Ziel festzulegen.

»Einer der Teilnehmer jener Diskussion, der unter dem Pseudonym Pavel Konrad schrieb, wurde in der Zwischenzeit aus dem historischen Umlauf gezogen, da er durch die Missionare der großen geschichtlichen Gerechtigkeit ermordet worden ist. Die Teilnehmer der heutigen Diskussion sollten das beachten, wenn sie zu den Auffassungen von vor 10 Jahren zurückkehren und sie in der gleichen Version wiederholen wollen. Sie sollten daran denken, sage ich, was man alles durch Schlagworte zu rechtfertigen vermochte und also auch in Zukunft rechtfertigen und heiligen kann — durch allgemeine Phrasen vom politischen Realismus und von der einzigen Alternative, zu der die Welt angeblich verurteilt ist.«[102]

Je nach den Machtmitteln, über die diejenigen verfügen, die dieses Ziel erkannt haben, und der Einstellung zu ihrem Gebrauch, können dann Individuen, die sich »reaktionär« der Entwicklung widersetzen, aus dem Weg geräumt werden.

Marx und seine Nachfolger begreifen das Verhältnis des Einzelnen zur Gesellschaft im Rahmen der Lebensproduktion. Damit ist dieses Verhältnis ökonomisch-gesellschaftlich eingegrenzt. Das Verhältnis des Einzelnen zur Gesellschaft kann nur mehr im Rahmen der Produktion und der ihr zugehörigen Momente bestimmt werden.

Marx und seine Nachfolger sind blind für Phänomene des Menschlichen, aus denen evident hervorgeht, daß dieses Verhältnis des Einzelnen zur Gesellschaft fundamentaler bestimmt werden müßte. Sie gehen von einer zeitgeschichtlichen Situation aus, in der in der Tat die gesellschaftliche Produktion eine übermächtige Bedeutung gewonnen hat. Diese im technischen Zeitalter auftretende Übermacht wird aber dann konstitutiv angesetzt, so als wäre sie das Wesenselement des Menschen selbst.

Dies kann nochmals deutlicher werden an der ausschließlichen Betonung der Herrschaft im Verhältnis des Einzelnen zur Gesellschaft. In allen marxistischen Theorien stehen die Beschreibung von Herrschaft der Gesellschaft, der Wirtschaft, des Systems, des Staates und die ihr entsprechende Unterdrückung, Ausbeutung, Knechtschaft an erster Rangstelle. Das Verhältnis wird so gefaßt, daß die Macht- und Herrschaftsdimension, die dem Einzelnen gegenübersteht, von ihm nicht beeinflußt werden kann, er ist ihr ohnmächtig unterworfen. Diesem kritisierten Zustand wird das Ideal eines herrschaftsfreien Zustandes dialektisch gegenübergestellt, in dem zukünftig der Einzelne von diesen ihn jetzt unterdrückenden Mächten befreit sein soll.

Diese Auffassung hat zur Folge, daß Probleme des Einzelnen auch dann in die Herrschafts-Unterdrückungsbeziehung eingebracht werden können, wenn sie gar nichts damit zu tun haben. Die entscheidende Rolle, die der Herrschaft und Unterdrückung in der Marxschen Theorie zukommt, ist mit besonderer Attraktivität ausgestattet. Sie ermöglicht für einen sehr weiten Kreis von allgemein auftretenden menschlichen Schwierigkeiten und Problemen eine Interpretation, mit der dem einzelnen Menschen erspart wird, sich mit diesen zu konfrontieren und auseinanderzusetzen. Es sind nicht *seine* Probleme und Schwierigkeiten, sondern es sind solche der gesellschaftlichen Produktion. Die Probleme betreffen nicht sein eigenes Dasein, sondern das Sein der gesellschaftlichen Produktion und Organisation. Die einzelnen Menschen, *»die Personen«*, gelten ja als *»Personifikation ökonomischer Kategorien ... Träger von bestimmten Klassenverhältnissen und Interessen.«*[103] Es liegt in einem solchen Verständnis nahe, gegenwärtige Probleme als unauflösbar erscheinen zu lassen und ihre Erledigung einem zukünftigen Zustand zu übertragen, für dessen revolutionäre Proklamation dann die Kräfte eingesetzt werden. Die Interpretation des Einzelnen als »Träger« ökonomisch-gesellschaftlichen Seins bietet eine elementare *Entlastungsfunktion* für Anforderungen an, die möglicherweise allein der einzelne Mensch übernehmen kann. Die Entlastungsfunktion wird noch verstärkt durch die Möglichkeit der Verschiebung gegenwärtiger Anforderungen auf revolutionäre Einstellung und Tätigkeit. Es wäre in einer ausführlichen Analyse der Verfassung menschlichen Daseins zu zeigen, daß die verantwortliche Übernahme seines eigenen Daseins den Menschen vor bestimmte, nicht leicht zu erfüllende Anforderungen stellt, die nicht der ökonomisch-gesellschaftlichen Sphäre entstammen. Es könnte in einer solchen Analyse begründet werden, warum der Mensch als Einzelner dazu neigt, einer solchen Übernahme auszuweichen. Von dieser Seite aus würde die Anziehungskraft der Marxschen Theorie verständlich: bietet sie doch eine doppelte Entlastung: die Übertragbarkeit der eigenen Problematik auf ökonomisch-gesellschaftliche Umstände und die Auflösung der Problematik in der Zukunft eines verwandelten ökonomisch-gesellschaftlichen Seins.[104] Damit soll nicht behauptet werden, daß es die in der Marxschen Theorie hervorgehobene Herrschafts-Unterdrückungsbeziehung im Verhältnis des Einzelnen zur Gesellschaft nicht gäbe. Wie immer und überall in der Marxschen Theorie wird aber ein zu Recht beschriebenes und kritisiertes Phänomen absolut gesetzt und eine weitere differenzierte Beschäftigung mit der Sache vermieden.

Die Auflösung und Vernichtung der beherrschenden Mächte ist bei Marx selbst insofern noch unproblematisch, als er die Ausführung dieser Aufgabe letzten Endes der objektiv verlaufenden materialen Produktionsgeschichte überträgt, die in der Weise von naturgeschichtlichen Prozessen vorangehen soll. Sobald aber diese Auffassung bei den unorthodoxen Marx-Nachfolgern aufgegeben wird, weil sie doch zu unliebsame Konsequenzen nach sich gezogen hat, entsteht die Schwierigkeit, wer die Bekämpfung der das Individuum beherrschenden objektiven Mächte betreiben soll, wenn dieses Individuum von diesen überwältigt und übermächtigt wird. Wie kommt der Umschlag aus abhängiger Entfremdung in unabhängige Einsicht zustande?

Sobald der objektive materiale Geschichtsprozeß nicht mehr die Verwirklichung der Befreiung der Menschen vorantreibt, muß der Mensch für diese Verwirklichung selbst eintreten. Dann erhebt sich aber die alte Frage mit aller Dringlichkeit, wie der Mensch und vor allem *welcher Mensch* dazu imstande sein soll.

4. Das neue Jenseits als Diesseits der zukünftigen Idealgesellschaft

Das metaphysische Ideal des Menschen besteht in der Vorstellung der Rückkehr des entfremdeten Geistes zu sich selbst. Der Geist kommt zu sich selbst, sobald er die materiale-animalische Entfremdung seiner selbst überwunden hat. Was Platon unübertrefflich und exemplarisch für alle metaphysische Deutung des Menschen in den Bildern des Aufschwungs der Seele zum ewig-wahren Ideenbereich darstellt, ist Vergegenwärtigung der Rückkehr des Geistes zu seinem Ursprung.

Durch die Aufnahme der jüdisch-christlichen Endzeiterwartung in die metaphysische Spekulation erscheint Vernunft in den geschichtsphilosophischen Entwürfen der Neuzeit von Vico bis Hegel nun in einem geschichtlich fortschreitenden Entwicklungsgang. Marx schließt an diese Tradition an. Entsprechend seiner antimetaphysischen Umkehrung kann jetzt allerdings Vernunft nur im materialen Produktionsprozeß der arbeitenden Lebewesen zur Erscheinung gelangen. Antimetaphysisches Ideal bleibt Verwirklichung der Vernunft.

Es müssen in »einer langen und qualvollen Entwicklungsgeschichte« die »materialen Grundlagen« hervorgebracht werden. Die Hervorbringung geschieht »naturwüchsig«. Bewußtlos entstehen die materialen Bedingungen, die nunmehr durchschaut, bewußt gemacht werden sollen, indem der »mystische Nebelschleier«, der über ihnen liegt, abgestreift wird. Das geschieht, sobald »die Gestalt des gesellschaftlichen Lebensprozesses, d. h. des materiellen Produktionsprozesses ... als Produkt frei vergesellschafteter Menschen unter deren bewußter planmäßiger Kontrolle steht«.[105]

Das antimetaphysische Ideal wird im Gegensatz zum metaphysischen nicht erst in einem »Jenseits«, in einem »ideellen« Bereich gesehen, sondern im »Diesseits«, in der »wirklichen« Welt aufgerichtet. Sein Zustandekommen bedeutet materiale Verwirklichung der Vernunft als bewußte, planmäßige Kontrolle des materialen Lebensprozesses.

Idealvorstellungen sind Antworten auf Problematik, Unzulänglichkeiten und Unvollkommenheiten der Menschen. Die metaphysischen Idealvorstellungen seit Platon sind mit mehr oder weniger Gewaltsamkeit gegenüber der menschlichen Wirklichkeit verbunden. Im metaphysischen Verständnis des Menschen wird unter der Übermacht des geistigen Ideals selten danach gefragt, ob der Mensch das, was ihm in Normen, Forderungen und Verzichten auferlegt wird, auch zu erfüllen vermag. Marx will in seinem antimetaphysischen Ansatz deshalb mit Normen und sittlichen Forderungen nichts zu tun haben, da sie mit den materialen Verhältnissen in Widerspruch stehen. Er erkennt — zum großen Teil völlig zu Recht — daß dabei der leibhaft-sinnliche Mensch außer Betracht gelassen ist und Postulate jenseits menschlicher Wirklichkeit aufgestellt werden. Das antimetaphysische Ideal ist daher auf die materiale Wirklichkeit des Menschen bezogen und nur insoweit zu verwirklichen, als es in der »Materie« offenbar wird und sich zur Verwirklichung anbietet. Demnach müßte eine Diskrepanz zwischen Sein und Sollen, zwischen Wirklichkeit und Ideal, zwischen Existenz und Wesen entweder gar nicht auftreten oder zumindestens in anderer Weise, als dies in der metaphysischen Sicht der Fall gewesen war.

Haben wir es jetzt mit einer gewaltlosen Lösung zu tun, wenn doch die »Wirklichkeit« selbst auf die Lösung hingearbeitet hat? Wie kommt die *diesseitige Verwirklichung der Vernunft* zustande?

Die Geschichte, in deren Schoß sich die Verwirklichung der Vernunft vorbereitet hat, ist nach Marx die vom Menschen gemachte Produktionsgeschichte, die eine fortschreitende Beherrschung der Natur und ihre Umwandlung für die Belange der Menschen hervorgebracht hat. Höhepunkt in dieser Entwicklung ist die technische Industrieproduktion, wie sie in der liberal-kapitalistischen Wirtschaftsform zustande gekommen ist. Die Umformung der Natur zu den Zwecken des Menschen scheint dabei ein Niveau erreicht zu haben, auf dem die Sicherstellung der Bedürfnisse für alle gewährleistet ist. Mißstände, Schwierigkeiten, Nöte der Menschen liegen jetzt nicht mehr im Mangel der materialen Versorgung oder in der Mühsal der dazu erforderlichen Maßnahmen, sondern in der Art und Weise, wie die gesellschaftliche Produktion betrieben wird. Wissenschaft, Technik und Großproduktion haben die Natur weitgehend in die Beherrschbarkeit der Menschen gebracht. Die Natur ist durch den technischen Großeinsatz gezwungen worden, müheloser Quell für menschliche Bedürfnisse zu werden. Was der Beherrschbarkeit der Menschen noch nicht unterworfen wurde, ist die gesellschaftliche Lebensproduktion.

Nach dem Ansatz des Menschen als arbeitendem Lebewesen ist dessen Dasein in der ökonomisch-gesellschaftlichen Lebensproduktion gegründet und mit ihr veränderbar. Wenn es demnach gelingt, die schon erreichte — auf naturwüchsige Weise zustande gekommene — Beherrschbarkeit der Natur auf die Produktionsverhältnisse auszudehnen, dann ist das diesseitige Ideal verwirklicht. Die »Vernünftigkeit« der gesellschaftlichen Produktion muß ja nach dem Ansatz des arbeitenden Lebewesens den Weg zur Aufhebung menschlicher Problematik freilegen. Die Verwirklichung des antimetaphysischen Ideals ist demnach im Raum der Beherrschbarkeit angesetzt, die ja auf die Produktionsverhältnisse ausgedehnt werden soll. Die Kategorien, mit denen der antimetaphysische neue Mensch zustande kommen soll, sind Kategorien menschlicher Machbarkeit. Die Produktionsverhältnisse und damit die Verhältnisse der Menschen untereinander sollen mit denselben Mitteln von einem naturwüchsigen, d. h. bewußtlosen — in einen bewußt-kontrollierten Zustand übergeführt werden, mit denen die Beherrschung der Natur sichergestellt worden ist.

»Die gesellschaftlich wirksamen Kräfte wirken ganz wie die Naturkräfte: blindlings, gewaltsam, zerstörend, solange wir sie nicht erkennen und nicht mit ihnen rechnen. Haben wir sie aber einmal erkannt, ihre Tätigkeit, ihre Richtungen, ihre Wirkungen begriffen, so hängt es nur von uns ab, sie mehr und mehr unserm Willen zu unterwerfen und vermittels ihrer unsere Zwecke zu erreichen. Und ganz besonders gilt dies von den heutigen gewaltigen Produktivkräften. Solange wir uns hartnäckig weigern, ihre Natur und ihren Charakter zu verstehen ... solange wirken diese Kräfte sich aus trotz uns, gegen uns, solange beherrschen sie uns, wie wir das ausführlich dargestellt haben. Aber einmal in ihrer Natur begriffen, können sie in den Händen der assoziierten Produzenten aus dämonischen Herrschern in willige Diener verwandelt werden. Es ist der Unterschied zwischen der zerstörenden Gewalt der Elektrizität im Blitze des Gewitters und der gebändigten Elektrizität des Telegrafen und des Lichtbogens; der Unterschied der Feuersbrunst und des im Dienst des Menschen wirkenden Feuers. Mit dieser Behandlung der heutigen Produktivkräfte nach ihrer endlich erkannten Natur tritt an die Stelle der gesellschaftlichen Produktionsanarchie eine gesellschaftlich-planmäßige Regelung der Produktion nach den Bedürfnissen der Gesamtheit wie jedes Einzelnen.«[106]

Wie soll nun der Übergang von den »naturwüchsigen« Gesellschaftsverhältnissen zu den vernünftig kontrollierten stattfinden? Kommt die vernünftige Struktur von selbst zustande? Wer leistet die Umstrukturierung zum Vernünftigen hin?

Marx war der Meinung gewesen, ein fortschreitender Prozeß werde das Proletariat vermehren und es in eine hoffnungslose Lage drängen, von der aus »bei Strafe des Untergangs« kein anderer Weg als zu einer geplanten Vergesellschaftung der Produktion offen bliebe. Insofern hätte die »Wirklichkeit« zu der Verwirklichung der Vernunft hingetrieben. Immerhin war auch von dieser Situation her eine Übergangsperiode angesetzt, die bezeichnenderweise »Diktatur des Proletariats« genannt wurde. Diese Zwischeninstanz sollte getreu dem Ansatz der Machbarkeit mit Gewalt und Zwangsmitteln jenen Zustand herbeiführen, der die Signatur »vernünftig« trägt. Die Rechtfertigung der Gewalt zieht ihre Argumente aus dem Hinweis auf die Gewaltverhältnisse der »naturwüchsigen« Form des Produktionsprozesses.[107] Die mit Gewaltmitteln ausgestattete Zwischeninstanz soll auch nur vorübergehend eingesetzt werden, bis es gelungen ist, alle Menschen dahin zu bringen, wohin sie offenbar von selbst und ohne Zwang nicht gelangen können. Die Gewalt arbeitet für das vernünftige Ideal des Diesseits, in dem selbst keine Gewalt mehr sein soll, für die klassenlose Gesellschaft, in der der Mensch seine Produktion in Harmonie und Notlosigkeit betreibt. »Uniformie als Weg schlägt geheimnisvoll in Mannigfaltigkeit als Ziel, Zwang als Weg geheimnisvoll in Freiheit als Ziel um.«[108]

Auch beim antimetaphysischen Ideal ist die Verwirklichung mit Gewalt verbunden, es tritt nicht von selbst ein und steht weiterhin in einer »Antizipation« eines »Jenseits«. Die Gewaltsamkeit hat sich aber gegenüber den metaphysischen Idealen unübersehbar hinaufgesteigert.

Sie ist radikal und totalitär geworden. Dem radikalen Ausgriff korrespondiert sowohl der Ansatz des Menschen als arbeitendem Lebewesen — von ihm her ist der Mensch, der sich in seinem Produktionsprozeß selbst herstellt, durch die Gestaltung dieses Prozesses total erfaßbar — als auch mit der Vorstellung der Machbarkeit, die in sich die Überzeugung trägt, daß der Mensch nur über das sicher und gewiß verfügen kann, was er in den Bereich der Beherrschbarkeit und Machbarkeit einbeziehen kann.

Keine eindeutige Position nimmt in dieser Hinsicht Habermas ein. Auf der einen Seite betont er mehrfach und im Sinne und Gefolge von Marx zu Recht: »Der Sinn der Geschichte im ganzen erschließt sich theoretisch in dem Maße, in dem sich die Menschheit praktisch anschickt, ihre Geschichte, die sie immer schon macht, nun auch mit Willen und Bewußtsein zu machen«. »Marx erklärt das Machenwollen zur Voraussetzung des Erkennenkönnens.« »Die Einheit der Welt ist die eine Voraussetzung der Geschichtsphilosophie, Machbarkeit der Geschichte die andere: Die Menschen können sich ihrer Geschichte nur so weit rational versichern, als sie ihr eigenes Werk ist.« Auf der anderen Seite behauptet er, daß die Gesellschaft nur dann den Weg zur Befreiung einschlagen könne, wenn eine »Veränderung der Bewußtseinslage selber« zustande käme, »durch die praktische Wirkung einer Theorie, die nicht Dinge und Verdinglichtes besser manipuliert, die vielmehr durch penetrante Vorstellungen einer beharrlichen Kritik das Interesse der Vernunft an Mündigkeit, an Autonomie des Handelns und Befreiung von Dogmatismus vorantreibt«.[109] Wie soll aber die Veränderung der Bewußtseinslage selbst zustandekommen? Ist Mündigkeit selbst, Autonomie des Handelns durch penetrante kritische Vorstellungen machbar?

Der Ausgriff gründet in dem neuzeitlichen Verständnis, in dem der Mensch sich allein auf sich selbst stellt und mit seinem Wissen und seinen Machtmitteln sein Erlösungswerk unternimmt.

Die Selbstmachtvorstellung, bei der der Mensch und sein Wille in den Mittelpunkt alles Geschehens rückt, entsteht nicht ohne Bezug zu dem antimetaphysischen Affekt. In ihm geht es ja darum, das Metaphysische als nichtig zu erweisen, und damit alles, was den Menschen übersteigt, als Illusion zu entlarven. Der Mensch soll nüchtern die Realität anerkennen und übernehmen, in der es allein auf ihn und seine Unternehmungen ankommt.

Möglicherweise besteht die Religionskritik Feuerbachs zu Recht, bei der die Versuche der Menschen, ihr Heil in einem »Jenseits« zu suchen, als Projektionen enthüllt werden, die den Menschen davon abhalten, das Nötige im Diesseits zu tun. Was an der Selbstmachtvorstellung des Menschen aber entscheidend ist und mit der Abwehr religiöser und metaphysischer Jenseitsprojektionen der Menschen nicht notwendig zusammenhängt, ist der Vorgang, in dem die »wahre« und allein gültige »Wirklichkeit« die Wirklichkeit des Herstellbaren und Feststellbaren wird.

In diesem entscheidenden Punkt treffen aber die Intentionen von Marx im Hinblick auf das künftige Ideal der Menschheit mit dem Grundansatz der modernen Wissenschaft zusammen. Deren Methode ist auf die Forderung nach sichernder Feststellbarkeit aufgebaut, was bedeutet, daß nur das gewiß und richtig sein kann, was festgestellt, verfügbar gemacht, hergestellt werden kann.

Dieser Zug der neuzeitlichen Wissenschaft wird in der Technik offenbar, die insofern keine weitläufige Folge der Wissenschaft darstellt, sondern nur deren konsequente Durchführung. Die Technik hat aber erst das hervorgerufen, was Marx beschäftigt und was er zu seiner Kritik vorliegen hat, die industrielle Großproduktion samt ihren Folgen und Nebenerscheinungen. Marx denkt den in der modernen Wissenschaft angelegten Zug zur totalen Herstellbarkeit und Machbarkeit, zur endgültig sichernden Verfügbarkeit konsequent zu Ende. Aus dieser Konsequenz allein ist seine Differenz zur »bürgerlichen« Wissenschaft letzten Endes verständlich.

Die Wissenschaft hält an dem animalisch-biologischen Menschenverständnis, wie es in der wissenschaftlichen Abstammungslehre dargestellt wird, fest. Von dort her sind auch die Entwürfe der Wissenschaft zu verstehen, die eine Änderung der menschlichen Mißstände vornehmen wollen und dies mit biologischen Abänderungen und Manipulationen versuchen. Wenn das Genmaterial für eine neue und harmonische Menschennatur beeinflußt oder gezüchtet werden soll, dann ist dabei die Tendenz des Herstellens unverkennbar. Das Herstellen bezieht sich auf das biologisch festgestellte animalische Wesen Mensch, damit aber auf Teilbereiche (Erbgut, Ersatzorgane, Hormonsystem). Marx ist in bezug auf die Tendenz des Herstellens konsequenter, da er den Menschen als arbeitendes Lebewesen festgestellt hat. *Jetzt ist das Herstellen an die erste und grundlegende Stelle gerückt, da der Mensch sich in seiner Lebensproduktion selbst herstellt.* Es ist von daher nicht schwer einzusehen, daß das Herstellen des neuen Menschen sich nun auf ihn total erstrecken muß.

Die Wissenschaft verwahrt sich — von ihrem Ansatz her zu Recht — gegen den Totalanspruch der Marxschen Lehre. Sie behauptet, daß dieser wissenschaftlich nicht verifiziert oder falsifiziert werden kann. Marx und seine Nachfolger behaupten dagegen ebenso mit Recht, daß die Wissenschaft von ihrem Ansatz her nicht in der Lage sei, über die entscheidenden menschlichen Probleme zu befinden.

Die Marxsche Lehre legt einen solchen Entwurf plausibel vor. Nicht dies ist aber der letzte Grund für ihre Attraktivität, sondern der Sachverhalt, daß der Totalentwurf in Gestalt des antimetaphysischen Ideals Marxscher Prägung sich mit der Tendenz zur Herstellbarkeit und Machbarkeit des auf sich gestellten menschlichen Machtwillens verbindet. In dem Marxschen Entwurf ist der Mensch selbst total und endgültig in seinen eigenen Ausgriff einbezogen.

Wenn es einmal gelänge, aus dem Gesichtskreis herauszutreten, der durch die alles übertäubende Wirklichkeit des Herstellbaren und Machbaren ausgegrenzt ist, dann würde sich der einfache Sachverhalt zeigen können, daß gerade das, was dem Menschen wichtig und entscheidend ist, nicht *gemacht* werden kann. Erziehung, Bildung, Selbstverantwortung, Mündigkeit, Gemeinschaft sind nicht zu »machen« im Sinne des Herstellens. Das bedeutet, daß sich zwischenmenschliche Beziehungen letzten Endes in einer anderen Wirklichkeit abspielen als der des Machbaren und Herstellbaren.

Von daher gesehen ist der paradoxe dem Sachverhalt aber völlig angemessene Ausspruch Martin Bubers zu verstehen: *Marx sei kein Sozialist gewesen.* »Daß er die tiefe Problematik, die sich hier auftut, anscheinend nicht sah, liegt an der Hegemonie des politischen Gesichtspunktes, die für ihn überall bestand, wo es um die Revolution, ihre Vorbereitung und ihr Werk ging. Von den drei Modi des Denkens in Dingen des öffentlichen Lebens, dem ökonomischen, dem sozialen und dem politischen, hat Marx den ersten mit methodischer Meisterschaft beherrscht, dem dritten war er mit Leidenschaft ergeben, mit dem sozialen ist er — so absurd das auch in den Ohren eines bedingungslosen Marxisten klingen mag — nur selten in näheren Umgang getreten, und nie ist er für ihn bestimmend geworden.«[110]

Der Machbarkeit widersetzt sich die widersprüchliche Verfassung des menschlichen Daseins selbst. Es ist erstaunlich, mit welcher Geschlossenheit Marx an diesem Problem vorübergegangen ist, obwohl er den Menschen aus ihren Schwierigkeiten heraushelfen wollte. Die Frage nach widersprüchlichen Kräften, die in der Anlage menschlichen Seins begründet sind, hat sich Marx nie gestellt, weil er der unausgesprochenen »humanistischen«, d. h. aber auf das metaphysische Verständnis des Menschen zurückgehenden Überzeugung war, daß der Mensch im Grunde ein integres, ungestörtes und nicht widersprüchliches Wesen sei. Damit steht er aber wiederum im Bann der metaphysischen Tradition, die in all ihren Modifikationen des Menschenverständnisses die *grundsätzliche Widersprüchlichkeit des Menschen* nicht ernst oder nicht ernst genug genommen hat und immer auf eine »vernünftige« Auflösung des Widerspruches ausgegangen ist.

Marx »verkannte die irrationalen Kräfte im Menschen, die ihn die Freiheit fürchten lassen, und seine Machtlust wie seinen Zerstörungsdrang hervorrufen. Im Gegenteil war die seiner Theorie zugrunde liegende Auffassung die unausgesprochene Annahme von der natürlichen Güte des Menschen, die sich durchsetzen würde, sobald die hemmenden wirtschaftlichen Fesseln gesprengt wären«. »Die Unterschätzung der Vielschichtigkeit der menschlichen Leidenschaften verführte Marx zu drei höchst gefährlichen Denkfehlern. Erstens zur Vernachlässigung des moralischen Faktors im Menschen, eben weil er glaubte, das Gute im Menschen würde sich automatisch durchsetzen, wenn die wirtschaftlichen Wandlungen vollzogen seien, sah er nicht, daß eine bessere Gesellschaft nicht von Menschen ins Leben gerufen werden kann, die keinen sittlichen Wandel in sich selbst vollzogen haben ... Der zweite, aus der gleichen Quelle stammende Irrtum, war Marx' Fehlbeurteilung der Chancen der Verwirklichung des Sozialismus ... Der dritte Irrtum war Marx' Auffassung, die Sozialisierung der Produktionsmittel sei nicht nur die *notwendige,* sondern die *ausreichende* Vor-bedingung für die Umwandlung der kapitalistischen in eine sozialistisch-kooperative Gesellschaft. Auch diesem Irrtum liegt das übervereinfachte, überoptimistische, rationalistische Bild des Menschen zu Grunde.[111]

Die Widersprüchlichkeit verweist aber kategorisch auf eine Bestimmung des menschlichen Daseins, in der nicht von vornherein dieses als ökonomisch-gesellschaftliches Sein aufgefaßt wird. Indem Marx die Produktion als Grundbestimmung menschlichen Seins festsetzt, eliminiert er Phänomene, die nur vom einzelnen menschlichen Dasein her in den Blick kommen können.

Zwar handelt Marx in begrenzter Weise und auch da nur in sehr allgemein gehaltenen Ausführungen in den Frühschriften vom Menschen im Sinne des Einzelnen. Aus diesem Grund erlangen auch die später veröffentlichten Pariser Manuskripte die verbreitete Wirkung, da sie als Zeugnis eines »individualistischen« Marx gegen die sowjetmarxistische Verwirklichung ins Feld geführt wurden. Von daher werden sowohl von östlicher als auch von westlicher pro- und gegen-marxistischer Seite her Versuche unternommen, die sowjet-marxistische Version der Verwirklichung von Marx als verfehlten Weg aufzuzeigen, der nicht mit Notwendigkeit in dieser Weise hätte eingeschlagen werden müssen.[112] Marx sei auf diese Weise verhängnisvoll mißverstanden und nicht seinem Anliegen entsprechend in die Tat umgesetzt worden.[113] Sein Ziel und Anliegen sei die Befreiung des Individuums gewesen, ein Ziel, das in der sowjet-marxistischen Praxis in keiner Weise realisiert sei.

Die tiefer angesetzte Analyse der Marxschen Lehre zeigt dagegen, daß im Grundansatz des Menschen als arbeitendem Lebewesen die Sphäre des Einzelnen im eminenten Sinn bereits eliminiert worden ist. Marx wendet sich zu Recht gegen die abstrakte Individualität des liberalen Bürgertums, bei dem jeder für sich und ohne Bezug zur Gemeinschaft lebt. In seiner Polemik gegen dieses so verstandene isolierte Individuum überspringt er aber den Phänomenbereich des Einzelnen, weil er den *Einzelnen* sofort und unmittelbar mit dem isolierten, von ökonomisch-gesellschaftlichen Gegebenheiten losgelöst betrachteten Individuum gleichsetzt. Der Weg vom isolierten »bürgerlichen« Individuum führt daher unmittelbar zum »individuellen« Gattungswesen. »Erst wenn der wirkliche individuelle Mensch den abstrakten Staatsbürger in sich zurücknimmt und als individueller Mensch in seinem empirischen Leben, in seiner individuellen Arbeit, in seinen individuellen Verhältnissen, *Gattungswesen* geworden ist, ... erst dann ist die menschliche Emanzipation vollbracht.«[114] Das Gattungswesen ist zwar Individuum, aber eben gesellschaftliches Individuum. Sein Sein ist gesellschaftlich. Mit dieser Bestimmung fallen Phänomene, die gesellschaftlich nicht mehr gefaßt werden können, aus. Ich erwähne davon nur natürliche Ungleichheit, Leiden, Schuld, Krankheit, Tod.

Der Tod mag durch gesellschaftliche Maßnahmen erleichtert werden, sterben muß jeder Mensch allein. Krankheit, Leiden und Schuld können mit vollem Recht mit ökonomisch-gesellschaftlichen Kategorien betrachtet werden. Schuld mag durch ökonomisch-gesellschaftliche Verhältnisse provoziert und determiniert sein. Krankheit, Leiden, Schuld bleiben jedoch jenseits aller möglichen Betrachtung und Beeinflussung Phänomene, die den *einzelnen* Menschen betreffen. Sie sind in jedem Fall, ob sie ökonomisch-gesellschaftlich verursacht und damit vermeidbar angesehen werden oder nicht, ob sie als konstitutive Phänomene des Menschlichen anerkannt oder abgelehnt werden, mit einer wesentlichen Problematik verbunden, die es aufzuweisen gälte. Im Marxschen Verständnis bleiben sie konsequenterweise unerwähnt.

Die wenigen Hinweise auf die Problematik des Einzelnen und seines Verhältnisses zu den ökonomisch-gesellschaftlichen Bedingungen müssen hier genügen, um den von dem Marxschen Ansatz her zwangsläufig ausgelassenen Phänomenbereich anzuzeigen. Die Phänomene machen sich allerdings sozusagen gegen das Marxsche Verständnis bemerkbar und müssen nun, wenn man an der Lehre von Marx festhalten will, mit dieser in einen Einklang gebracht werden. Diesen Versuchen kann deswegen kein überzeugender Erfolg beschieden sein, da in ihnen die grundsätzliche Unvereinbarkeit der Marxschen Position des gesellschaftlich produzierenden Lebewesens mit dem Problem des Einzelnen nicht berücksichtigt wird.

Die Ausführungen A. Schaffs zu diesem Thema beschränken sich auf Hinweise der Bedeutung der Problematik des Einzelmenschen, auf den (fragwürdigen) Hinweis, daß Marx diese Problematik im Auge gehabt habe und auf sehr allgemein gehaltene Rezeptvorschläge wie Recht und Freiheit des Einzelmenschen unter den Erfordernissen marxistischer Sozialpraxis weitmöglichst gewahrt werden könnten. Eine echte Auseinandersetzung der Problematik unterbleibt.[115]

Die Schriften von L. Kolakowsky dagegen reichen in der Erörterung der Problematik viel weiter. Sie sind gegenüber den westlichen Marx-Nachfolgern unvergleichlich beeindruckender, da sie aus der durchlittenen persönlichen Erfahrung mit der sozialistischen Realität heraus geschrieben sind. Sobald allerdings die Kritik des Marxismus einen Tiefgang wie bei Kolakowsky erreicht, ist die Position von Marx in ihrem Grundansatz überschritten.[116]

Marx Vorstellung von der Aufhebung menschlicher Problematik im Raum und mit Mitteln der Herstellbarkeit wird besonders deutlich in seinem Verhältnis zur menschlichen Kommunikation. Nach dem Ansatz von Marx ist eine Verständigung zwischen Menschen immer schon gestört und unterbaut von falschem ideologischen Bewußtsein. Solange dieses nicht aufgelöst ist, bleibt menschliche Kommunikation von Ideologie notwendig durchtränkt und verstellt. Die Vorstellung einer *echten* Verständigung unter *entfremdeten* Verhältnissen hätte ihm völlig absurd erscheinen müssen. Daher wird auch auf eine mögliche Verständigung von vornherein verzichtet, die nicht schon immer in der Marxschen Position eingegliedert und verankert ist. Diese Einstellung hat Marx selbst mit aller Deutlichkeit praktiziert, eine Einstellung, die sich bei allen konsequenten Nachfolgern wiederfindet. Die Totalität des Marxschen Ansatzes macht es unmöglich, die Position eines Andersdenkenden anzuerkennen, da sie von diesem Ansatz her schon als widerlegt erscheinen muß.

Das Marxsche Verständnis vom Menschen hat den a-dialogischen Charakter des konstruierenden metaphysischen Denkens keineswegs überwunden, sondern diesen vielmehr versteift und verfestigt, da es das spontane und nicht von vornherein unter bestimmten Bedingungen gesetzte Gespräch zwischen Menschen ausschließt. Die Bestimmungen, die den Menschen zu seinem Heil führen sollen, werden immer schon gewußt, sie müssen und können nicht in einem Gespräch erst hervorgebracht werden.

5. *Die Verfehlung der Wirklichkeit des Menschen*

Durch seine radikale Religions- und Philosophiekritik erfaßt Marx die Wirklichkeit des Menschen illusionslos und ohne »ideelle« Verbrämung. Er nimmt die »unvernünftige« Wirklichkeit des Menschen ernst. Indem er gegen alles Metaphysische aufsteht, es als »Mystifizierung« entlarvt und mit ihm nichts mehr zu tun haben will, tritt er der Seite der Wirklichkeit, die Not, Elend, Unterdrückung, Ausbeutung und Vergewaltigung des Menschen bedeutet, unvoreingenommener und »realistischer« gegenüber als dies in der traditionellen Philosophie der Fall gewesen war.

Marx läßt sich auf die widervernünftige Wirklichkeit ein. Er bekommt in dem Willen, sie zu *verändern*, den bleibenden Anstoß für seine Lebensarbeit. In seinen Analysen der widervernünftigen Welt des Menschen, wie sie ihm in der Gestalt jener epochalen Umwälzung entgegen trat, die den Beginn des technisch-industriellen Zeitalters kennzeichnet, hat er Strukturen und Tendenzen aufgedeckt, die bislang unter der Vormachtstellung der Geistphilosophie nicht gesehen werden konnten.

In der Gegenbewegung gegen die Tradition bleibt aber Marx an sie gebunden. Gerade weil er seine Kritik als Aufstand gegen die Metaphysik vorträgt, bleibt er an das von ihm Bekämpfte verhaftet. Es ist nicht zu verkennen, daß Marx ein anderer Impuls leitet als Hegel. Ihm geht es um die praktische revolutionäre Veränderung der bestehenden schlechten und widervernünftigen Verhältnisse.

Marx ist von der widervernünftigen Wirklichkeit des Menschen betroffen. Der Wille zur Abänderung der bestehenden Umstände, die seiner Auffassung nach die nunmehr mögliche Aufhebung der Widervernunft in sich tragen, bestimmt sein Lebenswerk. Gleichwohl nimmt er im Fortgang seiner Bemühung die widervernünftige Wirklichkeit des Menschen nicht ernst genug. Das geschieht dadurch, daß er im Kampf gegen die Metaphysik deren Gesetz übernimmt. Er unterliegt der Gewalt einer Erfahrung, die sich ihm unwiderstehlich aufdrängt und in der er die Auflösung der Rätsel der Menschen und ihrer Geschichte wahrzunehmen meint. Marx Schriften und Taten lassen eindeutig erkennen, daß er unter dem überwältigenden Eindruck stand, den Schlüssel für das Verständnis der menschlichen Wirklichkeit und der bislang mit ihr unaufhebbar verbundenen Schwierigkeiten gefunden zu haben. Seine Lebensarbeit besteht darin, mit wechselnden Mitteln mit Hilfe dieses Schlüssels die Wirklichkeit begreiflich zu machen, insbesondere denen, die den Schlüssel zum Umsturz der Verhältnisse verwenden sollen, der die neue Wirklichkeit heraufführt.

Marx nimmt die Widersprüchlichkeit des Menschen deswegen nicht ernst genug, weil er der Überzeugung ist, daß diese Widersprüchlichkeit grundsätzlich aufgelöst werden kann. Als Vorbild für diese Überzeugung dient ihm Methode und System der Hegelschen Philosophie, deren säkularisierte Grundvorstellungen: eine in der Geschichte zu sich selbst kommenden Vernunft, eine die Totalität reflektierende Vernunft, eine in dialektischem Widerspruch sich darstellende und schließlich diesen Widerspruch auflösende Vernunft, er übernimmt.

Das eben Gesagte schließt nicht aus, daß Marx zutreffende Analysen menschlicher Phänomene vorlegt, die von entscheidender Bedeutung sind. Er ist aber immer schon auf dem Sprung, die Ergebnisse seiner Forschung in den Rahmen der grundsätzlichen Lösung einzutragen. Marx verfehlt die Wirklichkeit des Menschen weniger in den Ergebnissen seiner Forschung, als in der Tendenz, diese als Generallösung menschlicher Probleme anzusetzen.

Marx ist überzeugt, daß nur unter der Voraussetzung einer umfassenden und tiefgreifenden Veränderung der Menschen die menschlichen Probleme eine befriedigende Lösung erfahren könnten. Die Veränderung kann seiner Auffassung nach nicht durch abstrakte Vermittlung von theoretischen Einsichten zustande kommen. Erst die konkret-praktische Umwälzung der bestehenden Verhältnisse, aus denen heraus der Mensch sein Leben führen muß, bringt diese Umwälzung zustande.

Die Behauptung von der Notwendigkeit einer umfassenden Verwandlung des Menschen ist nicht neu. Sie ist in vielen Religionen zu finden, von Dichtern und Philosophen ausgesprochen worden. Dabei handelt es sich aber immer um die Umänderung einzelner Menschen. Einzelner bedeutet nicht isoliertes Individuum, der Einzelne kann sehr wohl von seinen gesellschaftlichen Lebensumständen abhängig sein, sie müssen aber noch nicht unbedingt eine Veränderung seiner selbst verhindern. Umgekehrt bei Marx. Hier kommt die Veränderung durch die äußeren Umstände zustande. Damit dies möglich ist, muß ihnen Marx jene eigenartige Doppelfunktion zuschreiben, die einerseits die Emanzipation hindert, andererseits sie ermöglicht. Die ökonomisch-gesellschaftlichen Bedingungen, die das Individuum als gesellschaftliches Gattungswesen konstituieren, haben im gegenwärtig historisch gewordenen Zustand sowohl Sündenbock- als auch Erlösungsfunktion.

Die Marxschen Thesen geben weithin entscheidende Einsichten in die geschichtliche Wirklichkeit des Menschen des industriell-technischen Zeitalters. Seine Darstellung der kapitalistischen Produktionsweise und der Verstricktheit des Menschen in seine eigenen Gemächte trifft in eine wesentliche Dimension der gegenwärtigen Situation. Das Verhängnisvolle der Marxschen Lehre besteht darin, daß diese Einsichten dann dazu benutzt werden, ein Revolutionsprogramm für einen neuen Menschen zu entwickeln. Seine Analysen brechen überall dort ab, wo sie das Ziel, zu dem sie offenbar angelegt sind, gefährden: einer Generallösung der menschlichen Probleme zu dienen. Wie kommt Marx zu der Überzeugung, die seine gesamte Auffassung trägt, daß eine Änderung der ökonomisch-gesellschaftlichen Umstände jene umfassende Verwandlung des Menschen herbeiführen wird? Was veranlaßt ihn zu der Illusion, die Lösung der menschlichen Probleme in einer Umwälzung der ökonomisch-gesellschaftlichen Bedingungen der menschlichen Lebensproduktion anzusetzen?

Wir treffen mit diesen Fragen auf die fundamentale Schicht, aus der die Marxsche Lehre hervorgeht. In gewisser Weise sagt Marx, und das macht seine Größe aus, das was »ist«. Er zeigt auf die Verknechtung der gegenwärtigen Menschheit durch die technische Produktion, die sie selbst in Gang gesetzt hat, und beschreibt diesen Zustand zum Teil mit apokalyptischen Bildern. Der Grund für diese Verknechtung liegt aber seiner Auffassung nach nicht in dem technischen Ausgriff des Menschen, der alles, was ist, in Beherrschbarkeit und Machbarkeit überführen will, sondern in der noch nicht genügend entschiedenen Anwendung des technischen Ausgriffs auf die ökonomisch-gesellschaftliche Wirklichkeit des Menschen selbst. Das was *ist,* soll zwar nach Marx so nicht sein, es ist unwahr. Das ist es aber nicht deswegen, weil es als solches unwahr oder verhängnisvoll wäre, sondern weil es noch nicht entschieden genug das geworden ist, zu dem es unterwegs ist.

Marx »täuscht« sich demnach nicht in seinen Analysen der Wirklichkeit des gegenwärtigen Menschen. Er verfehlt die Wirklichkeit des Menschen, indem er die ihm sich aufdrängende Wirklichkeit als die »wahre« Wirklichkeit des Menschen proklamiert und ein Programm zu ihrer entschiedenen Einsetzung entwickelt.

Marx, der mit dem Impuls zur Aufhebung der Knechtschaft der Menschen im technischen Zeitalter angetreten ist, verfällt selbst dem Grundzug des Zeitalters, das durch den totalen Ausgriff, alles Seiende der Beherrschbarkeit, Verfügbarkeit und Machbarkeit zu unterwerfen, gekennzeichnet ist.

Emanzipation heißt Befreiung. Die Freiheit wird dann eintreten, wenn es dem Menschen gelingt, die ökonomisch-gesellschaftlichen Fesseln abzuwerfen, die er sich selbst angelegt hat. Die Befreiung, die Marx in seinem revolutionären Totalprogramm vorschlägt, geht auf eine Freiheit, die vom Menschen hergestellt werden soll, offenbar deswegen, weil sich ihm die Befreiung und Freiheit seiner selbst bislang am hartnäckigsten seiner Verfügbarkeit entzogen hat.

DRITTER TEIL

DAS VERSTÄNDNIS DES MENSCHEN BEI SIGMUND FREUD

EINLEITUNG

In der *Abstammungslehre* wird der Mensch im Hinblick auf die Artverwandtschaft mit dem übrigen Lebensbereich und auf die möglichen Zusammenhänge seiner Abkunft vom Tierreich Gegenstand der biologischen Forschung. Das damit erlangte Wissen gliedert sich den übrigen Fachzweigen der Naturwissenschaft an und bereichert das wissenschaftliche Wissen überhaupt in einer wesentlichen Hinsicht. Eine unmittelbare Anwendung dieses Wissens ist nicht festzustellen. In der Betrachtung von *Marx* geht es um ein Wissen, das den Menschen befähigen soll, durch ökonomisch-gesellschaftliche Veränderungen eine durchgreifende Umwandlung seines bisherigen — immer entfremdeten — Daseins in Zukunft zu erreichen. In der *Psychoanalyse Freuds* geht es um ein Wissen, mit dem kranke Menschen praktisch geheilt werden können.

Während in der Abstammungslehre die Betonung auf der Erforschung der kollektiven Vergangenheit des Menschengeschlechtes ruht, ist sie im Marxismus auf die kollektive Zukunft gesetzt. Der gegenwärtige Mensch wird ja immer unter dem Hinblick eines möglichen zukünftigen Menschen gesehen und kann nach der Marxschen Theorie überhaupt nur von dorther in seiner jetzigen Verfassung verstanden werden.

In der Psychoanalyse jedoch gerät der jeweils gegenwärtige, jetzt lebende *konkrete* Mensch in das Blickfeld der Betrachtung.

Die Abstammungslehre beschäftigt sich mit dem Menschen unter dem abstrakten Begriff des Organismus.

Marx will den »wirklichen« Menschen erfassen. Er wird von ihm als ein sein Leben produzierendes Gattungswesen bestimmt. Das bedeutet, daß der Mensch ein gesellschaftliches Wesen ist, das individuell gar nicht bestimmt werden kann. Dementsprechend muß in aller marxistischen Theorie die Gesellschaft (Ökonomie) im Vordergrund der Betrachtung stehen.

Bei Freud sind es nur jeweils einzelne Menschen, an denen er seine Befunde erhebt. Diese legen zwar ein beredtes Zeugnis von dem Verhältnis der Individuen zu ihren ökonomisch-gesellschaftlichen Bedingungen ab. Der Ausgangspunkt ist aber das Individuum, dem sich Freud ohne jegliche Voreingenommenheit (moralischer, ideologischer, religiöser Art) zuwendet.

Freud ist überzeugter Naturwissenschaftler. Er ist der Meinung, daß seine Beobachtungen der wissenschaftlichen Methode entsprechen. Häufig vergleicht er seine Ergebnisse mit denen der Physik und Chemie. Sein Verständnis des Menschen ist eindeutig biologisch orientiert. Darwin gilt ihm als großes Vorbild. Nicht wenige philosophische und geisteswissenschaftliche Kritiker Freuds haben daher auf seine einseitig naturalistische, ja zum Teil mechanistische Auffassung des Menschen verwiesen. Für unser Thema hätte sich ein naheliegender Schritt angeboten: Freud im Rahmen der darwinistischen Auffassung vom Menschen abzuhandeln.

Wenn dies nicht getan wurde, so hat das eine erstaunliche Begründung. Trotz allem Anschein und trotz aller gegenteiligen Versicherungen von Freud selbst hat er seine Forschung weder auf Grund der naturwissenschaftlichen Methode erzielt, noch sind seine Vorstellungen vom Menschen, sobald man sie inhaltlich betrachtet, einem biologischen Menschenverständnis einzuordnen. Es ergibt sich der paradoxe Sachverhalt, daß Freud Phänomene in Kategorien beschreibt und mit Begriffen belegt, die diesen Phänomenen selbst weitgehend unangemessen sind, ja den unabweisbaren Eindruck erwecken, daß sie mit der Vorstellungswelt, der diese Kategorien und Begriffe entstammen, niemals hätten eruiert werden können. Als vorläufiger Beweis für diese Behauptung kann einerseits der Tatbestand dienen, daß die Ergebnisse und die Methode der Psychoanalyse bis heute keinen befriedigenden Anschluß an die Schulmedizin gefunden haben, die ja in ihrem Vorgehen und in ihren Begriffen eindeutig naturwissenschaftlich orientiert ist, und zum anderen der Nachweis der analytischen Wissenschaftstheorie, daß Freuds Psychoanalyse nicht einmal den Minimalerfordernissen einer wissenschaftlichen Theorie entspräche.

Bevor aber diese Behauptung eingehend belegt und die damit zusammenhängende Problematik behandelt wird, folgt eine Darstellung der Ergebnisse Freuds mit seinen eigenen Begriffen und Vorstellungen.

Es kann hier keine umfassende Darstellung von Freud gegeben werden. Dem umfangreichen und nach vielen Aspekten ausgegliederten Werk kann eine kurze Zusammenfassung niemals völlig gerecht werden. Eines dürfte aber im folgenden deutlich werden: Der differenzierte und vielschichtige Charakter der Freudschen Theorie vom Menschen, welcher in der gängigen und schlagwortartigen Verbreitung seiner Schriften allzu häufig nicht mehr zur Geltung kommt.

A. DARSTELLUNG DER LEHRE VON FREUD

1. Das Unbewußte

Die große Entdeckung Freuds ist die unbewußte Dimension des Menschen. Zwar hat man auch schon vor Freud vom Unbewußten im Menschen gewußt. Sein entscheidender Vorstoß in ein bislang unbetretenes Land besteht jedoch in dem zusammenhängenden Aufweis spezifischer Qualitäten und Leistungen unbewußter Vorgänge und deren Beziehungen zum Bewußtsein des Menschen.

Der Begriff des Unbewußten bietet zunächst eine Problematik, wenn man ihn der philosophischen Überlegung entgegenhält, die besagt, daß alles Wirkliche nur als Inhalt eines Bewußtseins gegeben und bestimmbar sein kann. Diese Überlegung ist auf die Behauptung von unbewußten Vorgängen insofern polemisch anwendbar, als gesagt werden kann: ob es Unbewußtes »gibt« oder nicht, darüber läßt sich schwer streiten, denn entscheidend bleibt, sobald wir etwas vom Unbewußten wissen können, muß es im Bewußtsein zutage getreten sein. Demnach ist es sinnlos, von Unbewußtem zu reden, denn alle Kunde des Unbewußten muß eben unabdingbar bewußt werden. Damit aber steht diese wiederum unter den allgemeinen Strukturgesetzen des Bewußtseins.

> »Den meisten philosophisch Gebildeten ist die Idee eines Psychischen, das nicht auch bewußt ist, so unfaßbar, daß sie ihnen absurd und durch bloße Logik abweisbar erscheint.«[1]

Zwar können auch Freuds Beschreibungen vom Unbewußten nur durch bewußte Akte zustandekommen. Damit jedoch ist das Phänomen des Unbewußten im Sinne Freuds nicht getroffen. Freud ist der Auffassung, daß auf Grund seiner Beobachtungen gesagt werden müßte: es gibt *unbewußte Kundgabe* und vor allem unbewußte *Wirksamkeit des Unbewußten.*

Die erste Bekanntschaft mit unbewußten Vorgängen machte Freud auf pathologischem Gebiet. Er konnte mit der von ihm entwickelten Behandlungsmethode aufweisen, daß es Symptome gibt, die mit Vorstellungen und Gefühlskomplexen im Zusammenhang standen, die dem Kranken nicht bewußt waren. Die *pathogene* Bedeutung des Unbewußten in den Erscheinungen von Hysterie, Zwangsneurose, Phobie und Psychose nimmt im Werk Freuds den ersten Rang ein.

Aufgrund seiner Beobachtungen auf diesem Gebiet hat Freud aber bald auf normale — und bei allen Menschen nachweisbare — Phänomene verwiesen, die mit unbewußten Vorgängen im Zusammenhang stehen. Bei diesen Phänomenen handelt es sich um den Traum, um die alltäglichen kleinen und großen Fehlleistungen, um die Bedeutung des Witzes und um die schöpferischen Leistungen des Unbewußten.

Der Traumdeutung hat Freud sein umfangreichstes Einzelwerk gewidmet. Er legt als erster eine Theorie des Traumes vor, aus der hervorgeht, daß es sich in den Träumen keineswegs um sinnlose, chaotische, von lokalen Sinnesreizen veranlaßte Erscheinungen handelt, sondern um verstehbare Bilder, in denen die unbewußten Wünsche und Strebungen des Menschen und ihre gegenläufigen, einschränkenden, verbietenden und bestrafenden Tendenzen zum Ausdruck kommen. Ebenso zeigen sich in den Fehlleistungen, im Versprechen, Vergessen, Vergreifen etc. Konfliktlösungen zwischen unbewußten Strebungen und ihrer Abwehr. Mit dem Witz wiederum wird auf unbewußte allgemein verbreitete Konfliktzustände geantwortet.

Ein weiterer Aspekt des Unbewußten zeigt sich in den spontanen schöpferischen Einfällen des Künstlers, Dichters und Wissenschaftlers.

Freud nimmt in der ersten Phase seines Werkes eine Zweiteilung des psychischen Geschehens vor: Bewußtsein (Ich) und Unbewußtes. Er verbindet damit die Vorstellung eines abgrenzbaren unbewußten Bereiches. Diese Vorstellung wird in der späten Phase aufgegeben. An ihre Stelle tritt die Auffassung, daß alle psychischen Vorgänge grundsätzlich unbewußt verlaufen, die Bewußtheit kann unter bestimmten Bedingungen hinzutreten. Die Psyche wird jetzt mit den Begriffen Ich, Es und Über-Ich beschrieben, bewußt und unbewußt sind Qualitäten, die bei allen drei Anteilen auftreten können.

»... So müssen wir zugestehen, daß der Charakter des Unbewußtseins für uns an Bedeutung verliert. Er wird zu einer vieldeutigen Qualität, die nicht die weitgehenden und ausschließenden Folgerungen gestattet, für welche wir ihn gern verwertet hätten. Doch müssen wir uns hüten, ihn zu vernachlässigen, denn schließlich ist die Eigenschaft bewußt oder nicht die einzige Leuchte im Dunkel der Tiefenpsychologie.«[2]

2. *Die Trieblehre*

Die Trieblehre stellt das Fundament der Theorie Freuds dar. Sie bildet den metapsychologischen Horizont, in den die Einzelbeobachtungen eingetragen und zu einem umfassenden — über die Einzelwissenschaft Psychologie hinausreichenden — Verständnis gebracht werden sollen.

Als Grundbegriff der psychologischen Wissenschaft gilt der *Trieb.* Der Grundbegriff braucht am Anfang der Forschung noch nicht eindeutig definiert zu sein.[3] Der Grundbegriff ist zwar zur Beschreibung der empirischen Beobachtungen nötig, er ist aber aus diesen Beobachtungen selbst nicht hervorgegangen. Die Voraussetzung im Fall des Grundbegriffes Trieb besteht in seinem biologischen Ansatz. Trieb ist dabei für alle Lebewesen einschließlich des Menschen in grundsätzlich gleicher Weise angesetzt. Die »biologische Natur« des Triebes ist für Freud eine selbstverständliche Annahme, die niemals zur Diskussion gelangt.

a) Erste Fassung der Trieblehre: Ich- und Sexualtriebe. Hunger und Liebe

Freud sieht sich angesichts der von ihm beobachteten Krankheitserscheinungen vor die Frage eines theoretischen Verständnisses gestellt. In den vorliegenden Triebtheorien findet er keinen Anhalt für eine Klärung der ihm vorliegenden Probleme.

»Keine Kenntnis wäre für die Begründung einer richtigen Psychologie so wichtig gewesen wie eine ungefähre Einsicht in die gemeinsame Natur und die etwaigen Besonderheiten der Triebe. Aber auf keinem Gebiet der Psychologie tappte man so sehr im Dunkeln. Jedermann stellte soviele Triebe oder Grundtriebe auf, als ihm beliebte, und wirtschaftete mit ihnen, wie die alten griechischen Naturphilosophen mit ihren vier Elementen ...«[4] Da eine mögliche Orientierung an einer psychologischen oder philosophischen Theorie der Triebe ausfällt, sieht sich Freud genötigt, eine eigene Theorie zu entwerfen. »Bei dem völligen Mangel einer irgendwie orientierenden Trieblehre ist es gestattet oder besser geboten, zunächst irgendeine Annahme in konsequenter Durchführung zu erproben, bis sie versagt oder sich bewährt.«[5]

Er hält sich dabei zunächst an die populäre Unterscheidung von Hunger und Liebe, durch welche nach Schiller das Weltgetriebe in Gang gehalten wird. Den beiden großen Bedürfnissen scheint auch in den Krankheitsphänomenen eine grundlegende Bedeutung zuzukommen, was Freud veranlaßt, in der ersten Phase die Unterscheidung zwischen Ich- oder Selbsterhaltungstrieben und Sexualtrieben vorzunehmen.

Die Unterscheidung wird auf der einen Seite durch die Beobachtungen gerechtfertigt. Bei den Krankheitserscheinungen, mit denen er es zu tun bekommt, glaubt Freud einen prinzipiellen Konflikt wahrzunehmen. Ich-Triebe und Sexualtriebe liegen im Streit miteinander.[6] Die Forderungen der einen Triebgruppe sind nicht ohne weiteres in Einklang mit den Interessen der Selbsterhaltung, mit den Bedingungen der Außenwelt und den kulturellen Anforderungen der gesellschaftlichen Normen zu bringen. Das Ich, das die Selbsterhaltung vertritt, muß gegen die Lustansprüche auftreten, es fühlt sich von diesen bedroht und versucht mit verschiedenen Mitteln eine Abwehr. Diese Abwehr hat nicht immer einen guten Ausgang und kann zu Krankheitssymptomen führen, in denen Freud das Ergebnis eines Kompromisses zwischen den widerstreitenden Triebgruppen zu erkennen glaubt. »Da wir bei der Untersuchung der Neurosen das Ich als die einschränkende, verdrängende Macht kennenlernten, glauben wir nicht nur die Verschiedenheit, sondern auch den Konflikt zwischen beiden Triebgruppen mit Händen zu greifen.«[7]

Wie steht es nun um den biologischen Hintergrund, vor dem sich die Trennung und die Konfliktmöglichkeit der beiden Triebarten abspielt?

Der Trennung entspricht die biologische Unterscheidung von Individual- und Arterhaltung und den diesen jeweils dienenden Interessen. Von einem übergeordneten Standpunkt aus zeigt sich das Individuum als partikulares Gebilde einer langen Reihe, das als solches eine Doppelfunktion aufzuweisen hat. Es lebt für sich als Selbstzweck *und* als Mittel für die Fortpflanzung der Art. Der letztere Zweck scheint in der biologischen Auffassung der entscheidende und allein maßgebende zu sein, dem sich die Eigeninteressen des Individualgebildes unterordnen. Die Sexualität steht im Dienst der Arterhaltung, und das Individuum wird durch die Lust, die sich mit ihrer Ausübung verbindet, zu diesem Dienst bewogen. Die »Lustprämie« veranlaßt das Individuum, diesen Dienst als in seinem eigenen Interesse liegend anzunehmen. Die Eigen- und Selbsterhaltungsinteressen können dabei nur insofern Befriedigung finden, als diese primäre Aufgabe der Arterhaltung nicht infrage gestellt ist. Das Individuum erscheint als Anhängsel des gleichsam unsterblichen Keimplasmas, das es in seinen Fortpflanzungsfunktionen weiterträgt, selbst dabei früher oder später zugrunde geht.[8]

Die Sexualität hebt sich daher von den übrigen Funktionen des Individuums ab, stellt einen eigenen Bereich dar, der besonderen Tendenzen gehorcht, die sich u. U. anderen Anteilen des Individuums entgegenstellen können.[9] Den beiden Trieben entsprechen verschiedene psychische Energien, die der Sexualtriebe nennt Freud *Libido,* die der Ich-Triebe *Interesse.*[10]

Die erste Phase ist, wie bereits deutlich geworden, von der Erforschung der Sexualtriebe und der diesen zugehörigen Libido gekennzeichnet, die Ich-Triebe und das Interesse bleiben im Hintergrund. Die wenigen Angaben, die sich über das »Interesse« vorfinden lassen, charakterisieren dieses als Bestrebungstendenzen, die »mit der Erhaltung, Behauptung und Vergrößerung der Person« zu tun haben.[11]

Der Begriff der Libido bezieht sich zwar ausdrücklich auf die psychische Energie der Sexualtriebe, sie kann jedoch nicht einfachhin und unmittelbar als Äußerung der Geschlechtsliebe angesehen werden. Der Libido steht eine weite Skala der Möglichkeiten für ihre Manifestation offen, je nach den Wegen, die ihr in der Entwicklung geboten wurden, nach ihrem Verhältnis zum einschränkenden Ich und zu den äußeren Einflüssen.

»Libido ist ein Ausdruck aus der Affektivitätslehre, wir heißen so die als quantitative Größe betrachtete — wenn auch derzeit nicht meßbare — Energie solcher Triebe, welche mit all dem zu tun haben, was man als Liebe zusammenfassen kann. Den Kern des von uns Liebe geheißenen bildet natürlich, was man gemeinhin Liebe nennt und was die Dichter besingen, die Geschlechtsliebe mit dem Ziel der geschlechtlichen Vereinigung. Aber wir trennen davon nicht ab, was auch sonst an dem Namen Liebe Anteil hat, einerseits die Selbstliebe, andererseits die Eltern- und Kindesliebe, die Freundschaft und die allgemeine Menschenliebe, auch nicht die Hingebung an konkrete Gegenstände und an abstrakte Ideen.«[12]

Die Libido zeichnet sich gegenüber den anderen Seelenkräften gerade dadurch aus, daß sie zu weitgehenden Wandlungen und Umformungen geeignet ist. In gewissen Grenzen kann sie Formen annehmen und Ziele anstreben, die schließlich von ihrer ursprünglichen Bestimmung der Geschlechtsliebe weit entfernt zu liegen scheinen.[13] Diese Transformationsfähigkeit ist auch eine Bedingung der Krankheitsphänomene. Das Ich, das sich gegen die Libido zur Wehr setzt, kann sie unter bestimmten Bedingungen zwingen, einen Weg zu suchen, der keine adäquate Befriedigung bietet. Unter dem Druck des Ich und der Realität entstehen Formen von Ersatzbefriedigung, die in Gestalt der Krankheitssymptome auftreten und eine äußerst eingeschränkte und mit quälenden Nebenerscheinungen verbundene Befriedigung der Libido darstellen. Die Symptombildung geschieht regelmäßig unbewußt; es ist ihr daher nicht leicht anzusehen, aus welchen Quellen und Konflikten sie zustande gekommen ist.

Die Wandlungsfähigkeit der Libido zeigt sich nicht nur in den

Krankheitserscheinungen. Auch die »geistigen« Errungenschaften der Menschheit, die sozialen Kulturleistungen, Kunst, Wissenschaft und Dichtung gelten Freud als verwandelte Formen der Libido. Auch diese hohen Leistungen sollen letzten Endes auf den biologischen Widerstreit zwischen Selbsterhaltung und Arterhaltung zurückführbar sein.

b) Zweite Fassung der Trieblehre: Eros und Thanatos

Die Änderungen, die Freud an seiner Theorie im Laufe seines Lebens vornimmt, stellen keine grundsätzlichen Umbrüche dar. Es sind sukzessive Modifikationen, die durch die genauere Beobachtung und durch die erweiterte Erfahrung in der Krankenbehandlung erzwungen werden. Die Abänderungen verursachen allerdings eine fortlaufende Differenzierung der Theorie, die offenbar mit der Mannigfaltigkeit der Phänomene zusammenhängt und diesen Rechnung tragen soll.

Die scharfe Trennung von Ich- und Sexualtrieben wird erstmals erschüttert durch die *Einführung des Narzißmus.* Verschiedene Krankheitsbilder, die Hypochondrie, der Größenwahn, die Schizophrenie, aber auch normale Vorgänge des Seelenlebens, der organische Schmerz, der Schlaf, Zustände des Liebeslebens, führen zu der Annahme, daß das Ich die Libido auf sich ziehen kann. Diese Auffassung wird verstärkt durch den Einblick in die frühkindlichen Entwicklungsvorgänge. Danach zeigt sich, daß ursprünglich überhaupt keine Trennung von Ich und Es vorhanden war, sondern eine Einheit von beiden, die erst im Lauf der Entwicklung zugunsten einer Differenzierung und Herausbildung des Ich aufgegeben wird.[14] Da am Beginn der Entwicklung Luststreben und Ich-Interesse zusammenfallen, das Kind die Befriedigung seiner Bedürfnisse allein am eigenen Körper erlebt, nennt Freud diesen Zustand den *primären Narzißmus.*[15] Die Libido verbleibt auf diese Weise im noch unausgebildeten Ich und erst im Fortgang der Entwicklung, die mit der Bildung und Stärkung des Ich einhergeht, wird sie auf die Objekte ausgesandt, d. h., das Individuum geht aus seiner Eigenbefriedigung heraus und tritt in Beziehung zu anderen.

Der Vorgang wird mit den Begriffen *Ich-Libido* und *Objekt-Libido* beschrieben. »Die Sonderung der Libido in eine solche, die dem Ich eigen ist, und eine, die den Objekten angehängt wird, ist eine unerläßliche Forderung einer ersten Annahme, welche Sexualtriebe und Ichtriebe voneinander schied.«[16] Das Ich bildet das Libidoreservoir, von dem aus die Libido ausgesendet wird und auch dahin wieder zurückgezogen werden kann. Beispiel für die Rückkehr in den Zustand des primären Narzißmus ist der Schlaf, in dem sämtliche Beziehungen zur Außenwelt zurückgezogen und eine Situation wieder hergestellt wird, die der ursprünglichen Einheit von Ich und Es entspricht, wie sie vollgültig in der intrauterinen Phase gegeben war.[17]

Die Notwendigkeit, aus dem primären Narzißmus herauszutreten, ergibt sich aus einem *ökonomischen* Sachverhalt. Offenbar kann ab einem bestimmten Entwicklungsstadium eine Anhäufung von Libido im Ich ohne Schädigung und pathologische Folgen nicht vertragen werden. »Ein starker Egoismus schützt vor Erkrankung, aber endlich muß man beginnen zu lieben, um nicht krank zu werden und muß erkranken, wenn man infolge von Versagung nicht lieben kann.«[18]

Der Narzißmus und das Verhältnis von Ich-Libido und Objekt-Libido erfährt eine weitere Beleuchtung durch den psychischen Prozeß der *Identifizierung*. Das Ich verfügt über die Möglichkeit, sich mit einer anderen Person zu identifizieren. Ein nicht erreichbares oder durch Verlust entzogenes Liebesobjekt wird dabei im eigenen Ich aufgerichtet und bietet nun die Möglichkeit an, die Libido anstelle des realen Objektes auf sich zu ziehen, wobei die Objektlibido in Ich- oder narzistische Libido umgewandelt wird. Die Identifizierung spielt insbesondere bei der Bildung des Über-Ich und des Ideal-Ich eine erhebliche Rolle. Die frühkindlichen Liebesbeziehungen zu den Eltern, deren komplizierte Natur Freud unter dem Begriff *Ödipuskomplex* beschreibt und zusammenfaßt, werden in einem bestimmten Entwicklungsstadium über den Weg der Identifizierung verinnerlicht. Die als Ideale im Ich aufgerichteten Elternvorbilder wirken dann als richtungweisende Instanzen, die anstelle der einstigen Objektlibido jetzt mit — desexualisierter — narzißtischer Libido versehen werden. »Diesem Ideal-Ich gilt nun die Selbstliebe, welche in der Kindheit das wirkliche Ich genoß.«[19]

Die auf verschiedenartige Weise mögliche Einsetzung des Ich anstelle unerreichbarer oder verloren gegangener Beziehungen wird als *sekundärer Narzißmus* beschrieben, der in den psychotischen Erkrankungen besonders extreme pathologische Ausbildungen erfahren kann. Im Größenwahn wird alle verfügbare Libido auf das eigene Ich zurückgebogen, was dadurch eine so erhebliche Vergrößerung und Erweiterung erfährt, daß es diese mit der eigenen Zerstörung bezahlen muß.

Die Einführung des Narzißmus tritt aus zwei Gründen in Widerspruch mit der strikten Unterscheidung von Ich- und Sexualtrieben. Das Ich erweist sich als nicht mehr durchgehend unabhängig und abtrennbar. Es kann selbst an die Stelle der Objekte der Sexualtriebe treten, war einmal in jedem Fall an dieser Stelle gewesen. Zum anderen wird die Sonderung der Libido von einer anderen psychischen Energie fragwürdig, denn die Aufdeckung der narzißtischen Vorgänge in der Psyche spricht für die Auffassung einer Triebkraft allein.

»Die Deutung der Übertragungsneurosen als Versuche des Ichs, sich der Sexualität zu erwehren, brauchte nicht verlassen zu werden, aber der Begriff der Libido geriet in Gefahr. Da auch die Ichtriebe libidinös waren, schien es eine Weile unvermeidlich, Libido mit Triebenergie überhaupt zusammenzufallen lassen, wie C. G. Jung schon früher gewollt hatte. Doch blieb etwas zurück wie eine noch nicht zu begründende Gewißheit, daß die Triebe nicht alle von gleicher Art sein können.«[20]

Wenn Freud trotzdem am früheren Begriff der Libido festhält und ihn gegen eine andere psychische Triebkraft abgegrenzt haben will, so veranlassen ihn dazu zwei weitere Phänomene. Es sind dies der im Gefolge von traumatischen Neurosen erstmals beobachtete *Wiederholungszwang* und der schon seit langem festgestellte, aber theoretisch nicht verarbeitete zerstörerische Anteil der Sexualtriebe, der *Sadismus.*

In den traumatischen Neurosen, welche nach schweren Unfällen oder nach Schockeinwirkungen — durch den ersten Weltkrieg gehäuft — auftraten, zeigte sich eine Erscheinung, die dem von Freud als oberste Regulation des Seelenlebens aufgestellten *Lustprinzip* nicht einzuordnen waren. Träume oder sonstige psychische Vorgänge blieben gleichsam an dem schädigenden und mit äußerster Unlust verbundenen Ereignis der Vergangenheit haften, produzierten es immer wieder aufs neue, so, als ob es gerade vorgefallen wäre. Diese seltsame Erscheinung veranlaßt Freud zu einer entscheidenden Revision seines obersten Prinzips, indem nun eine Kraft angenommen werden muß, die »Jenseits vom Lustprinzip« am Werke ist.[21] Die Kraft, die sich nicht nur in den traumatischen Neurosen, sondern auch in anderen Krankheitserscheinungen, vor allem als Widerstand gegen die Genesung, nachweisen läßt, und schließlich im »Schicksal der Menschen« überhaupt eine große Rolle spielt, hat als gemeinsames Kennzeichen eine Tendenz nach rückwärts zur Erstarrung und zum Unlebendigen.

Der Sadismus war dagegen keine Neuentdeckung, er war seit jeher als Komponente des Sexualtriebes erkannt worden. Da die zerstörerische Tendenz des Sadismus mit den lebenserhaltenden Sexualtrieben in keine Einheit gebracht werden und schon gar nicht aus ihnen abgeleitet werden kann, scheint diese ebenfalls der im Wiederholungszwang sich äußernden destruktiven Kraft zuzugehören.

Die beiden Phänomene führen nun zu der letzten Fassung der Triebtheorie. Zwei große Triebe beherrschen das psychische Geschehen, das mit dieser Theorie in kosmische Zusammenhänge eingeordnet wird: *Eros* und *Tod*. Dem Eros unterstehen die bislang als Sexualtriebe bezeichneten Kräfte, deren Betätigungsfeld nun endgültig weit über die Geschlechtsliebe und die Verbindung zur Fortpflanzung ausgedehnt wird. Sie werden nun *Lebenstriebe* genannt. Ihre Tendenz geht auf Erhaltung, Erweiterung, Veränderung und Verkomplizierung des Lebens aus. Dem Tod unterstehen die destruktiven und aggressiven Kräfte, die die baldmöglichste Aufhebung und Zerstörung der Lebensvorgänge zum Ziele haben. Der anorganische unlebendige Zustand gilt als Ausgangspunkt, zu welcher Ruhelage die *Todestriebe* zurückkehren wollen (Nirwanaprinzip).

Das Weltgeschehen, in dem das Leben der Menschen und das der anderen Lebewesen eingeordnet ist, wird von diesen zwei Kräften bestimmt, die gegenläufige Ziele haben. Sie liegen in einem unaufhörlichen Streit miteinander, dessen Ausgang immer ungewiß bleiben wird.[22] Die Lebenstriebe sind dabei diejenigen, die sichtbar in den Vordergrund treten, sie erfüllen die Welt »mit Lärm«, während die Todestriebe ihr Werk untergründig, nicht leicht und eindeutig feststellbar, »stumm« vollbringen.[23]

Die biologische Fundierung der neuen Fassung ist nicht mehr so eindeutig wie in der ersten Phase. Es wird zwar der Versuch wiederholt, biologische Gesichtspunkte für die Begründung der Theorie heranzuziehen, allein sie reichen dafür nicht aus und sind nicht plausibel genug, sie zu stützen. Die Feststellung, daß der Trieb als »ein dem belebten Organischen innewohnender Drang zur Wiederherstellung eines früheren Zustandes« aufzufassen ist, hat den Charakter der Vermutung. Diese allgemeine »und *konservative*« Natur des Triebes würde nicht nur für die Todestriebe gelten, für die sie einsehbar wäre, sondern auch für die Lebenstriebe des Eros, die dann allerdings zu dieser Rückkehr einen längeren Umweg einschlagen und benötigen. »Das Ziel alles Lebens ist der Tod.«[24]

Freud macht an keiner Stelle seines Werkes so häufige Vorbehalte wie hier. »Diese Auffassung des Triebes klingt befremdlich, denn wir haben uns daran gewöhnt, im Triebe das zur Veränderung und Entwicklung drängende Moment zu sehen, und sollen nun gerade das Gegenteil in ihm erkennen, den Ausdruck der konservativen Natur des Lebenden.«[25] »Man könnte mich fragen, ob und inwieweit ich selbst von den hier entwickelten Annahmen überzeugt bin. Meine Antwort würde lauten, daß ich weder selbst überzeugt bin noch bei anderen um Glauben für sie werbe. Richtiger: ich weiß nicht, wie weit ich an sie glaube ... Ich verkenne nicht, daß der dritte Schritt in der Trieblehre, den ich hier unternehme, nicht dieselbe Sicherheit beanspruchen kann wie die beiden früheren, die Erweiterung des Begriffs der Sexualität und die Aufstellung des Narzißmus.«[26]

Was erfahren wir mit der letzten Fassung der Trieblehre über den Menschen? Wenn die fragwürdige spekulative Einkleidung, die nicht aus dem empirischen Material hervorgegangen ist, einmal weggelassen wird, dann zeigt sich, daß die Aufstellung der beiden Triebarten, die jetzt Eros und Todestrieb heißen, wiederum dem theoretischen Verständnis beobachteter menschlicher Phänomene dienen soll. Der bisherige Gegensatz von Ich- und Sexualtrieben hatte sich zunächst in den Unterschied von Ich-Libido und Objekt-Libido durch die Einführung des Narzißmus gewandelt. Jetzt tritt eine nochmalige Änderung ein, bei der die libidinösen Ich- und auch die Sexualtriebe dem großen Bereich des Eros zugewiesen werden. Ihnen treten die destruktiven Todestriebe gegenüber, die im Ich wirksam angenommen werden, der Beobachtung weit weniger zugänglich als die auffälligeren Lebenstriebe.

Die entscheidende These lautet nun, daß die beiden Triebarten beim Menschen eine Mischung eingehen. »In welcher Weise sich Triebe der beiden Arten miteinander verbinden, vermischen, legieren, wäre noch ganz unvorstellbar; daß dies aber regelmäßig und im großen Ausmaß geschieht, ist eine in unserem Zusammenhang unabweisbare Annahme.«[27] Die Behauptung von der Mischung der beiden Triebe geht aus den Beobachtungen eines eigenartigen psychischen Phänomens hervor, das sich unter der Bezeichnung *Ambivalenz* durchgängig im menschlichen Seelenleben nachweisen läßt. Alle Triebregungen des Menschen entstammen danach selten oder nie einer der beiden Triebgruppen allein, sondern besitzen Anteile von beiden. Exemplarisch dafür kann die Verbindung von Liebe und Haß gelten.

Die letzte Quelle aber, aus der die neue Fassung mit der These der Mischung der beiden Triebe hervorgeht, sind die aggressiven, zerstörerischen Kräfte des Menschen, denen Freud in der zweiten Phase seine besondere Aufmerksamkeit zuwendet.

»Ich erkenne, daß wir im Sadismus und Masochismus die stark mit Erotik legierten Äußerungen des nach außen und innen gerichteten Destruktionstriebes immer vor uns geschieden haben, aber ich verstehe nicht mehr, daß wir die Ubiquität der nicht erotischen Aggression und Destruktion übersehen und versäumen konnten, ihr die gebührende Stellung in der Deutung des Lebens einzuräumen.«[28]

Das Ausmaß an Destruktion und Aggression, das die Menschen sowohl nach außen, in zerstörerischen Aktionen gegen andere und gegen Dinge, aber auch gegen sich selbst, in selbstzerstörerischen Akten vollbringen können, gibt den Anstoß für Überlegungen, wo die Herkunft dieser Triebe anzusetzen, und wie vor allem ihr Verhältnis zu den in der ersten Phase im Vordergrund stehenden erotischen Trieben zu bestimmen sei. Die Behauptung eines eigenständigen Aggressionstriebes könnte zwar angesichts der Erfahrungen der gegenwärtigen und vergangenen Menschheitsgeschichte mühelos belegt werden. Freud verweist auf diese Erfahrungen, da seine Aufstellung eines eigenen Aggressionstriebes auf heftigen Widerspruch auch aus eigenen Kreisen gestoßen ist. Er führt diese Ablehnung auf ein hartnäckiges Vorurteil zurück, das den Menschen besser haben will, als er ist, und das in traditionellen Vorstellungen von einer ursprünglichen Güte des Menschen begründet ist.

»Aber es ist merkwürdig, daß diese Aufstellung von Vielen als Neuerung empfunden wird, und zwar als eine sehr unerwünschte, die möglichst bald wieder beseitigt werden sollte. Ich nehme an, daß ein starkes affektives Moment sich in dieser Ablehnung durchsetzt. Warum haben wir selbst solange Zeit gebraucht, ehe wir uns zur Anerkennung eines Aggressionstriebs entschlossen, warum nicht Tatsachen, die offen zutage liegen und jedermann bekannt sind, ohne Zögern für die Theorie verwertet? Wahrscheinlich würde es auf geringen Widerstand stoßen, wenn man den Tieren einen Trieb mit solchem Ziel zuschreiben wollte. Aber ihn in die menschliche Konstitution aufzunehmen, erscheint frevelhaft; es widerspricht zuvielen religiösen Voraussetzungen und sozialen Konventionen. Nein, der Mensch muß von Natur aus gut oder wenigstens gutmütig sein. Wenn er sich gelegentlich brutal, gewalttätig, grausam zeigt, so sind das vorübergehende Trübungen seines Gefühlslebens, meist provoziert, vielleicht nur Folge der unzweckmäßigen Gesellschaftsordnungen, die er sich bisher gegeben hat.«[29]

Der Beweis für die Behauptung eines Aggressionstriebes wird aber nicht von diesem allgemein zugänglichen Erfahrungsfundament aus geführt, das nicht zu dem Bereich der psychologischen Wissenschaft gehört. Der Beweis ergibt sich aus dem Studium der Krankheitsphänomene und der an ihnen beobachteten Erscheinungen des Sadismus und Masochismus.[30]

Sadismus scheint zunächst eine relativ selten vorkommende Perversion des Geschlechtslebens zu sein. Was veranlaßt Freud, diesen gelegentlich auftretenden Verirrungen solche Bedeutung für grundlegende Betrachtungen über den Menschen zuzumessen?[31] Es sind nicht in erster

Linie die auffälligen Perversionen des Sexuallebens, wie sie im voll ausgebildeten Sadismus oder Masochismus zutage treten, die Freud in diesem Zusammenhang beschäftigen. Diese mögen relativ selten auftreten. Was ihn zu seiner These veranlaßt, sind Beobachtungen, die durchgängig zerstörische Strebungen des menschlichen Seelenlebens nachweisen, welche nach außen gewendet — Personen, Dinge — *sadistisch* und nach innen — auf die eigene Person gerichtet — *masochistisch* genannt werden. Diese allgemein feststellbaren, in sehr wechselndem Ausmaß und in mannigfachen Verkleidungen auftretenden Züge des menschlichen Verhaltens können weit entfernt von den ins Auge fallenden Perversionen des Sexuallebens erscheinen, ohne jedoch völlig ihre Verbindung dazu verleugnen zu können. Eine wesentliche Stütze für diese Behauptung legt die Psychoanalyse in dem Aufweis der kindlichen Entwicklung vor, welche verschiedene Phasen des Luststrebens und der Bildung des Ich durchmachen muß. Zu einer dieser Phasen (der analen) gehört das regelmäßige Auftreten von sadistischen Impulsen, die je nach dem Weg, den die Entwicklung unter dem Einfluß der Erziehung und der kulturellen Normen nimmt, in bestimmten Prägungen in das Erwachsenenalter übernommen werden. Nach diesem Aufweis der kindlichen Entwicklung hat jeder Mensch Phasen einer sadistischen Lustbefriedigung durchzumachen. Die Perversionen stellen Regressionen zu jenen Phasen dar, Anzeichen für ein Mißlingen der Erfordernis, diese Stufen auf dem Entwicklungsweg zu durchschreiten. Mit anderen Worten: die grell ins Auge fallenden Erscheinungen der sadistischen oder masochistischen Perversionen sind keine dem »normalen« menschlichen Dasein von Haus aus fremden Phänomene, sondern Möglichkeiten, die in jedem Menschen bereit liegen, durch bestimmte Schranken an ihrer Verwirklichung aber normalerweise gehindert werden. Es sind jedoch Schranken, die nicht jeder Belastung trotzen und durch bestimmte äußere und innere Einflüsse aus dem Weg geräumt werden können.

Sadismus und Masochismus sind auch deutliche Beispiele für die Vermischung der beiden Grundtriebe. Die Zerstörung oder Quälerei anderer wird als Lustbefriedigung verspürt, und auch die Selbstquälerei und Selbstzerstörung in den masochistischen Syndromen gehen nicht ohne Befriedigung einher.

In der späten Phase nimmt Freud als Erklärung für diese Erscheinungen eine Selbstzerstörungstendenz im Menschen an, die eine Befriedigung darin findet, das eigene Leben einzuschränken, zu schädigen und in extremen Fällen zu vernichten. Diese Tendenz eines *primären*

Masochismus wird durch die biologische Spekulation des Todestriebes begründet. Damit wird eine prinzipielle Anlage — so befremdlich das klingen mag — zur Selbstzerstörung angenommen.

»Ein sonderbarer Trieb, der sich mit der Zerstörung seines eigenen organischen Heims befaßt! Die Dichter sprechen zwar von solchen Dingen, aber Dichter sind unverantwortlich, sie genießen das Vorrecht der poetischen Lizenz.«[32] Mit einem dieser Dichter ist wohl Goethe gemeint: »Ganz besonders überzeugend wirkt die Identifizierung des bösen Prinzips mit dem Destruktionstrieb in Goethes Mephistopheles: ›Denn alles, was entsteht, ist wert, daß es zugrunde geht.‹ ... ›So ist denn alles, was Ihr Sünde, Zerstörung, kurz das Böse nennt, mein eigentliches Element‹.«[33]

Die mit den Aggressionstrieben immer vermischten Lebenstriebe tendieren nun dazu, diese Selbstzerstörung zu verhindern. Das geschieht generell auf einem Weg, auf dem versucht wird, die zerstörerischen Anteile in den Dienst des Eros zu stellen.[34] Solange der erotische Anteil die gefährlichen Aggressionstriebe »bindet«, sie auf Wege und Abwege leitet, auf denen ihr direktes Ziel umgewandelt wird, ist die lebenserhaltende Absicht des Eros zum Zuge gekommen. Die Durchführung dieser Absicht ist aber keineswegs unproblematisch, allzu häufig mißlingt sie. Es tritt dann der Fall einer »Triebentmischung« auf, bei der der zerstörerische Anteil eine wesentliche Verstärkung erfährt und nun ungehindert seinen Tendenzen nachgehen kann.[35]

Eine solche Entmischung kann auch bei der Absicht des Eros auftreten, die selbstzerstörerische Aktion nach außen abzulenken. Es wird mit der auf die Außenwelt gerichteten Aggression zwar die Selbstzerstörung abgewendet, die aggressiven Tendenzen wirken sich dann aber als zerstörerische Kräfte gegen anderes Leben und andere Dinge aus.

Der in der Menschheitsgeschichte und beim individuellen Menschen so häufig beobachtete Hang zur Aggression und Zerstörung hat nun seit jeher eine Gegenkraft hervorrufen müssen. Der Aggressionsbetätigung tritt ein mächtiges Bollwerk entgegen, an dem die Menschheit seit ihrem Bestehen arbeitet und das keine endgültige Gestalt zu erreichen scheint: die Kultur. In den Gemeinschaftsformen, den kulturellen Normen, der Erziehung und Bildung, verlangt sie eine weitgehende Einschränkung der Aggression. Diese Einschränkung wird beim Menschen, und offenbar bei ihm allein, durch eine merkwürdige Einrichtung erreicht, die bereits zur Sprache gekommen ist. Im Laufe seiner Entwicklung nimmt der Mensch unter der Drohung des Liebesentzuges von seinen Erziehungspersonen deren Imagines auf, er verinnerlicht sie, welchen Vorgang Freud mit der Bildung des Über-Ich umschreibt. Das Über-Ich übernimmt die Belange der Kultur und der Gesellschaft, indem es sich mit den aggressiven Tendenzen ausstattet und im unbewußten Anteil des Ichs die Handlungen, Strebungen, Wünsche und Vorsätze des Menschen überwacht. »Die Einsetzung des Über-Ichs, das die gefährlichen aggressiven Regungen an sich reißt, bringt gleichsam eine Besatzung in die zum Aufruhr geneigte Stätte.«[36] Das Über-Ich als innere Instanz und als Vertreter der Kulturforderungen muß die vom Eros angestrebte Abfuhr der Aggressionen zurückweisen, da sie sich nicht in Einklang mit den Anforderungen des menschlichen Zusammenlebens bringen läßt. Sowohl die innere Instanz als auch reale Hindernisse der Außenwelt können weitgehend die Aggressionstendenzen einschränken. Die Folge davon ist, daß das Ausmaß der Selbstzerstörung wieder anwächst. Die vom Über-Ich zurückgedrängten, oftmals mit schonungsloser Heftigkeit bekämpften Aggressionsneigungen kehren sich dann gegen das eigene Ich. »Verhinderte Aggression scheint eine schwere Schädigung zu bedeuten; es sieht wirklich so aus, als müßten wir anderes und andere zerstören, um uns nicht selbst zu zerstören, um uns vor der Tendenz zur Selbstdestruktion zu bewahren. Gewiß eine traurige Eröffnung für den Ethiker!«[37] Das zum überwiegenden Teil unbewußt bleibende Über-Ich, das die Aggressionen verhindert, und auch schon Vorsätze zu solchen mit grausamen inneren Strafen belegen kann, arbeitet dabei im Dienste der Todestriebe und den lebenserhaltenden Absichten des Eros entgegen. Menschliches Leben im Individuellen wie auch im Ganzen der Menschheit erscheint dabei grundlegend vom Kampf der beiden Urtriebe bestimmt. Zwar gelingt es dem Eros oft zu verhindern, daß die zerstörenden Tendenzen die Oberhand gewinnen, aber diesem Ausgang stehen allzu häufig Ergebnisse der destruktiven Tendenzen gegenüber, die zu Beeinträchtigung, Schädigung oder Vernichtung des Lebens geführt haben.

3. Ich, Es und Über-Ich

Es gilt nun, die Auffasung von der psychischen Struktur des Menschen, wie sie Freud in der zweiten Phase und im Zusammenhang mit der letzten Fassung der Trieblehre entwickelt hat, näher ins Auge zu fassen. Das Verständnis des Menschen bei Freud hat mit der Beschreibung und der Unterscheidung dieser drei Bereiche, ihrer gegenseitigen Beziehungen und der verschiedenen Verhältnisse zur Außenwelt seinen faßbarsten Ausdruck gefunden.

Der Begriff des *Es* soll einen — unanschaulichen, nicht greifbaren — Bereich des seelischen Lebens darstellen, in dem die unmittelbaren Bedürfnisse (Triebe) präsent werden. *Es* bedeutet psychische Repräsentanz von Triebbedürfnissen. Wie der Zusammenhang mit dem Somatischen beschaffen sein mag, bleibt offen. Die Quelle der Triebe wird im physiologischen Bereich angesetzt, die Triebregungen setzen sich an einem *unbekannten Substrat* ins Psychische fort und finden ihren Ausdruck in den Triebbedürfnissen. Die Darstellung der psychischen Vorgänge im Es stößt auf Schwierigkeiten. Die psychischen Vorgänge im Es sind von der Sphäre des Bewußtseins her gedacht unbewußt. Die Kenntnis von ihnen geschieht immer — wiederum von der Bewußtseinssphäre her gesehen — mittelbar. Der Traum ist zwar ein unmittelbarer Ausdruck des Es, genauso wie das Krankheitssymptom. Er spricht aber eine andere Sprache als das bewußte wache Leben. Die andere Sprache muß erst in die Sprache des Wachbewußtseins übersetzt werden, um in dieser Sphäre verstehbar zu werden.

Daß dies nicht in jedem Fall nötig ist, beweist, daß die Kundgabe des Unbewußten eines Menschen vom Unbewußten des anderen ohne Vermittlung bewußter Vorgänge verstanden werden kann, wahrscheinlich ein sehr häufig vorkommendes Ereignis, das nur unter der Vorherrschaft der wachbewußten (rationalen) Sphäre keine Beachtung findet. »Es ist sehr bemerkenswert, daß das Ubw mit Umgehung des Bw auf das Ubw eines anderen reagieren kann.«[38]

Die Kennzeichnung der unbewußten Vorgänge kann daher zum großen Teil nur negativ erfolgen. Im Es gibt es *nichts*, was den Anschauungsformen von Raum und Zeit entspräche. Es gibt keine logischen Denkgesetze und logischen Zusammenhänge, keine Weise der Negation, der Satz vom Widerspruch hat keine Geltung. Trotz des »a — logischen« Charakters der psychischen Vorgänge im Es kann — vorbildlich an dem Phänomen des Traumes und der pathologischen Symptombildungen — eine Art der psychischen Verarbeitungen abgelesen werden, die mit Begriffen wie Verdichtung, Verschiebung, Ersatz durch das Gegenteil, Überdeterminierung usw. beschrieben wird. Diese Vorgänge sind nun keineswegs a-rational, so daß sie chaotisch ohne jeglichen Sinn und Zusammenhang ablaufen würden. Sie sind sinnvoll und erschließen sich einem Verständnis, sobald der entsprechende Zugang gewonnen wird.

Das Es ist der fundamentale Bereich. Ich und Über-Ich haben sich erst aus ihm heraus entwickelt. Das Es ist phylogenetisch das Ältere und Ursprünglichere, indem es die Triebbedürfnisse repräsentiert und den Niederschlag der kollektiven Erfahrungen der Menschheit verkörpert. Gegenüber dem späteren Ich-Bewußtsein kann es in seinen Äußerungen archaisch und primitiv anmuten.

Das Es ist aber auch ontogenetisch das Erste und Ältere. Das Einzelleben des Menschen beginnt ohne Ich-Organisation, und die Entwicklung des Individuums besteht ja im Aufbau des Ichs und des Über-Ichs in stetiger Auseinandersetzung mit den Ansprüchen des Es und deren Befriedigung und Versagung durch die Realität. Im Es repräsentieren sich die beiden Grundtriebe. Die *lebenserhaltenden,* die Hunger, Durst, das Bedürfnis nach Liebe und Geliebtwerden, das Streben nach Vereinigung, Bindung, Erweiterung des Lebens umfassen, und die *Todestriebe,* die aggressive und zerstörerische, lebensfeindliche Tendenzen verkörpern. Die Triebregungen im Es können nun — abstrakt — zur Verständigung isoliert vorgestellt werden. Sie zeigen sich dann als ungebändigt und von maßlosem Charakter. Das Es gleicht dann einem »Chaos«, einem »Kessel voll brodelnder Erregungen«.[39] Das Es kennt keinerlei Hemmung, keine Rücksicht auf das Eigenleben oder auf das der anderen, auf die Bedingungen der Außenwelt, kennt keine Moral, keine Wertungen, kein Gut und Böse. Es will seine Triebregungen ohne jeglichen Aufschub und ohne Einschaltung vermittelnder Momente befriedigen. Die maßlose und ungebändigte Wunschtendenz gehorcht allein dem *Lustprinzip.* In der frühkindlichen Entwicklung kann das psychische Geschehen sich weitgehend am Lustprinzip ausrichten. Die Erzieher übernehmen für das hilflose Kind die Vermittlung mit der Realität, um seine Bedürfnisse zu erfüllen. Die Entwicklung des Kindes ist allerdings dabei so angelegt, daß sukzessive eine eigene Bewältigung und Verarbeitung der Bedürfnisse übernommen werden muß. In verschiedenen Phasen, die sich an die Essensaufnahme (oral), an die Ausscheidungsfunktion (anal) und an die kindlichen Äußerungen des Geschlechtslebens (genital) anlehnen, muß die Aufgabe der Vermittlung zwischen den Ansprüchen des Es und den Befriedigungsmöglichkeiten der Außenwelt, die diesen Ansprüchen nie ganz entsprechen, eingeübt werden. Diese Einübung geschieht nicht automatisch, sondern steht weitgehend unter dem Einfluß der Erziehung und der Bedingungen der Außenwelt. Von diesem Einfluß hängt es ab, wie sich die Entwicklung vollzieht, ob sie mehr oder weniger gelingt oder gar mißglückt, wobei ein Maß dieses Gelingens oder Mißglückens nicht problemlos aufzufinden ist. Es wird sich noch zeigen, warum diese Entwicklung einer grundsätzlichen Gefährdung ausgesetzt ist.

Die Einübung läuft parallel zum Aufbau des *Ich,* ist der Ausdruck der Entwicklung und Bildung des Ich. Im Gegensatz zum Es kann dessen Struktur in den Kategorien des Wachbewußtseins beschrieben werden. Das Ich stellt eine zusammenhängende Organisation dar, der die lebenswichtige Aufgabe zugeteilt ist, die Vermittlung zur Außenwelt herzustellen. Das Ich — und, wie noch erörtert wird, auch das Über-Ich — übernimmt gleichsam die Aufgabe, die bislang die Erziehungspersonen für das Kind stellvertretend übernommen haben, eine Aufgabe, die sie in einem fortlaufenden Austauschprozeß dem Kind allmählich übertragen sollten. Andererseits entspräche es einer »gesunden« Entwicklung, wenn das Kind auf seinem Weg zum Erwachsenen diese Aufgabe übernähme.

Das Ich ist nach innen zu empfänglich für die Wahrnehmung der Triebreize, nach außen für die Reize der Außenwelt. Für die Bewältigung der Außenreize hat es die Sinnesorganisation aufgebaut. Die Sinnesorgane ermöglichen die Wahrnehmung und Beobachtung der Außenwelt, mit ihrer Betätigung entsteht das Bewußtsein. Die Entstehung aus dem Es wird biologisch erklärt, das Ich als Rindenschicht ausgelegt, mit der sich eine lebende Substanz allmählich zum Reizschutz und zur Reizbewältigung umgibt. Mit den Sinnesorganen verfügt das Ich über die willkürliche Beherrschung der Motilität, um mit ihrer Hilfe der Vermittlungsaufgabe nachkommen zu können.

Die Vermittlungsaufgabe besteht prinzipiell in der Vertretung der Ansprüche des Es gegenüber der Außenwelt. Das Es — isoliert vorgestellt — könnte diese Ansprüche nicht befriedigt bekommen, da die Art und Weise dieser Ansprüche sich nicht mit der Verfassung der Außenwelt vereinigen ließe. Das Es ginge ohne Vermittlung zugrunde. Das Ich muß die Außenwelt beobachten und sich nach ihr richten, wenn es eine Erfüllung der Ansprüche des Es durchsetzen will. Die jeweilige Beschaffenheit der Außenwelt im Verhältnis zu den Triebansprüchen und ihrer möglichen Befriedigung nennt Freud *Realität.* Realität bezeichnet damit einen aus der psychischen Grundstruktur hervorgehenden konstanten Sachverhalt, da die dem Es entstammenden *maßlosen* Triebregungen in einem prinzipiellen Mißverhältnis zu den Befriedigungsmöglichkeiten stehen. Dem im Es waltenden Lustprinzip steht daher das *Realitätsprinzip* entgegen, unter dessen Maßgabe allein das Ich eine erfolgversprechende Vermittlung tätigen kann. Das immanent sich anzeigende Ziel der Entwicklung und damit das der Erziehung würde darin bestehen, das anfänglich allein maßgebende Lustprinzip allmählich durch das Realitätsprinzip zu ersetzen.

Das Ich trägt dem Realitätsprinzip Rechnung, indem es zwischen den Ansprüchen des Es und der angestrebten sofortigen und vollständigen Erfüllung einen Hiatus eingesetzt hat. Zwischen Bedürfnis und Handeln tritt der »Aufschub der Denkarbeit« ein. »Auf solche Weise hat es das Lustprinzip entthront, das uneingeschränkt die Vorgänge im Es beherrscht und es durch das Realitätsprinzip ersetzt, das mehr Sicherheit und größeren Erfolg verspricht.«[40] Unter der Maßgabe des Realitätsprinzips kann das Ich in seiner Vermittlungsaufgabe eine hohe Leistung hervorbringen. Es tritt dabei ein wesentlicher Charakterzug des Ich zutage: seine Fähigkeit zur *produktiven Synthese.* »Was das Ich zum Unterschied vom Es aber ganz besonders auszeichnet, ist ein Zug zur Synthese seiner Inhalte, zur Zusammenfassung und Vereinheitlichung seiner seelischen Vorgänge, der dem Es völlig abgeht... Er allein stellt jenen hohen Grad von Organisation her, dessen das Ich bei seinen besten Leistungen bedarf.«[41] Die Möglichkeit der konstruktiven Vereinigung widerstrebender Tendenzen kommt aber nicht einfachhin zustande. Den »hohen Grad« von Organisation könnte das Ich erst nach Überwindung erheblicher struktureller Schwierigkeiten erreichen. Die Hindernisse, die sich einem freien Vollzug der Fähigkeiten des Ich in den Weg stellen, sind außerordentlicher Natur, so daß die beeindrukkenden Vorzüge des Ich demgegenüber an Gewicht verlieren. Um diese »Kehrseite« des Ich kennenzulernen, muß der dritte der drei Bereiche, das Über-Ich, eingeführt werden.

Das *Über-Ich* verdankt seine Einsetzung Beobachtungen von Phänomenen, bei denen das Ich sich selbst gegenübertreten kann. Ein Teil des Ich spaltet sich ab und nimmt die Rolle einer beobachtenden und kontrollierenden Funktion an, in der die Absichten, Gedanken und Handlungen des Ich einer Zensur unterworfen werden. Freud erläutert diesen Vorgang an dem Phänomen des Gewissens.[42]

Das Über-Ich ist der Vertreter der Moral, der herrschenden Normen einer Gesellschaft, der Kultur. In ihm haben sich die Richtlinien niedergeschlagen, nach denen das allgemein gültige Handeln und Verhalten in einer Gesellschaft abläuft. Da es über diesen Weg auch ein Streben nach Vervollkommnung, nach einem »Höheren« im Menschen verkörpern kann, sieht Freud im Über-Ich auch eine Funktion wirksam, die die Menschen veranlaßt, sich nach einem vorgegebenen Ideal auszurichten und diesem sich so weit als möglich anzunähern.[43] Entgegen aller »metaphysischen« Ableitung des Gewissens legt Freud eine betont psychologische Deutung dieser Phänomene vor. Das Gewissen ist zwar etwas »in uns«, es ist aber nicht von Anfang an — a-priori — da und ist auch nicht allgemein bei den Menschen anzutreffen, wie Religion und Philosophie behauptet hat.

»In Anlehnung an einen bekannten Ausspruch Kants, der das Gewissen in uns mit dem gestirnten Himmel zusammenbringt, könnte ein Frommer wohl versucht sein, diese beiden als die Meister-Stücke der Schöpfung zu verehren. Die Gestirne sind gewiß großartig, aber was das Gewissen betrifft, so hat Gott hierin ungleichmäßige und nachlässige Arbeit geleistet, denn eine große Überzahl von Menschen hat davon nur ein bescheidenes Maß oder kaum soviel, als noch der Rede wert ist, mitbekommen.«[44]

Als Beweis für diese These wird die völlig amoralische Kindheit des Menschen angeführt und die sehr unterschiedlich verteilten sittlichen Fähigkeiten der Menschen.

Das Über-Ich ist wie das Ich ein Entwicklungsprodukt, das im Laufe des Weges vom Kind zum Erwachsenen entsteht. Im Unterschied zur Vermittlungsaufgabe des Ich, hat das Über-Ich allein eine beobachtende, überwachende und richterliche Funktion. Der Maßstab dafür bildet sich bei der Entstehung des Über-Ichs durch die Übernahme der Eltern- oder Erziehervorbilder. Dieser Vorgang — soweit er nicht durch Verwahrlosung ausfällt — verläuft notwendig, durch die »biologisch« vorgegebene Konstitution des Menschen erzwungen, der in einer lange währenden Hilflosigkeit auf Pflege und Unterstützung der Erzieher angewiesen ist. Das Kind wird in der Erziehung durch Liebesbeweise und durch Drohung des Liebesentzuges auf das Maßstabsgefüge hin erzogen, das die Eltern in der Weise des Über-Ichs in sich tragen.[45] In einer bestimmten Phase der Entwicklung identifiziert sich das Kind mit den Eltern und nimmt deren Vorbilder in sein Ich auf, die dort ihre frühere Funktion fortsetzen.

Den komplizierten Vorgang der Identifizierung und der Bildung des Über-Ichs versucht Freud mit der Darstellung der Beziehungen der Kinder zu ihren Eltern zu begreifen, die er unter dem Begriff Ödipuskomplex zusammenfaßt. Diese Beziehungen machen in der Entwicklung des Kindes ein eigenartiges Schicksal durch, bei dem die Geschlechtsdifferenz und die Beziehung des Kindes zur Mutter und zum Vater eine erhebliche und für die Zukunft bedeutungsvolle Rolle spielen.[46]

Die Tatsache, daß die Entstehung des Über-Ichs in eine frühkindliche Phase der Entwicklung fällt, macht verständlich, daß die Inhalte des Über-Ichs weitgehend unbewußt bleiben. Das Über-Ich steht dem Es näher als das Ich. Es kann daher auf seine Weise als Vertreter des Es gegenüber dem Ich auftreten, indem es die unbewußt verbliebenen moralischen, strafenden, auch quälenden Impulse trägt. Die Spannung zwischen den Anforderungen des Über-Ichs und den Möglichkeiten des Ich werden als Schuldgefühl (Gewissensangst) empfunden. Infolge der unbewußten Wirksamkeit des Über-Ichs können diese Schuldgefühle auftreten, ohne daß dem Ich bewußt würde, welcher Ursache und welcher Verfehlung sie entstammen. Die Funktion des Über-Ichs kann noch verborgener in Erscheinung treten, wenn unbewußte Schuldgefühle als Krankheitssymptome verkleidet auftreten, denen keine Verbindung mehr zu ihrem Ursprung anzumerken ist.

Die innige Verbindung des Über-Ichs zum Es läßt auch verstehen, daß ins Ich-Ideal die phylogenetischen Erwerbungen der Menschheit eingegangen sind.[47] Das Über-Ich und seine Herkunft gilt schließlich als Schlüssel für das Verständnis der Religion. Die frühkindlichen Erfahrungen eines übermächtigen, allmächtigen und allwissenden Vaters, die auf dem Weg der Identifizierung ins Über-Ich aufgenommen werden, erscheinen später als innere Gewißheit eines allmächtigen Gottes, dessen Geboten der Mensch sich zu unterwerfen habe.[48]

Es, Ich und Über-Ich sind zunächst *topische* Kategorien der Metapsychologie. Sie sollen »drei Reiche, Gebiete, Provinzen« eines Gesamtbildes unterscheiden. Die Unterscheidung bedeutet jedoch keine strikte Trennung, alle drei Bereiche fließen mehr oder weniger zusammen, wie in einem Land, in dem drei verschiedene Volksgruppen zusammenleben, die in einem Kern rein vertreten sein mögen, an ihren Berührungslinien jedoch eine gemischte Bevölkerung bilden werden. Mit der topischen Beschreibung der drei Begriffe verbindet Freud die *dynamische* und *ökonomische* Kennzeichnung. Mit diesen beiden weiteren metapsychologischen Kategorien sollen einmal die Kräfteverhältnisse der Bereiche untereinander, zum anderen das Auftreten, die Verteilung und die Stärke der jeweiligen Kräfte von Ich, Es und Über-Ich beschrieben werden.

Mit der Aufgabe des Ich, zwischen Es und Außenwelt zu vermitteln, war dessen Fähigkeit zur Vereinigung, zur produktiven Synthese sichtbar geworden. Dieser beeindruckenden Möglichkeit steht jedoch die »Kehrseite« gegenüber, die in den »Abhängigkeiten« des Ich begründet ist, denen es schwer oder nie sich entziehen kann.

Der *Stärke* des Ich, die in der *Unabhängigkeit*, und vor allem in der Fähigkeit einer konstruktiven Tätigkeit besteht, steht die *Schwäche* des Ich, seine *Abhängigkeit* gegenüber. Die Abhängigkeit ist eine 3fache. Sie resultiert aus den Beziehungen zum Es, zum Über-Ich und zur Realität.

»Ein Sprichwort warnt davor, zwei Herren zu dienen. Das arme Ich hat es noch schwerer, es dient drei gestrengen Herren, ist bemüht, deren Ansprüche und Forderungen in Einklang zu bringen. Diese Ansprüche gehen immer auseinander, kein Wunder, wenn das Ich so oft an seiner Aufgabe scheitert. Die drei Zwingherren sind die Außenwelt, das Über-Ich und das Es.«[49]

Das Es verlangt die Befriedigung seiner Triebansprüche. Das Über-Ich greift in diese Ansprüche ein, überwacht schon Gedanken und Vorstellungen und bestraft unnachsichtlich Wünsche, Tendenzen und ausgeführte Taten, die seinen Geboten und Verboten nicht entsprechen. Die Realität steht weder zu den Forderungen des Es noch zu denen des Über-Ichs in einem harmonischen Verhältnis. Die Forderungen des Es übersteigen die Möglichkeiten der Befriedigung in der Außenwelt, sie stehen dazu in einem prinzipiellen und unaufhebbaren Mißverhältnis. Würden die Bedingungen der Außenwelt eine reichlichere Erfüllung bieten können, dann wird der maßlose Charakter der Es-Ansprüche dafür sorgen, daß die Wünsche auch die bestmöglichen Befriedigungen übersteigen. Das Über-Ich erschwert die Vermittlungstätigkeit, da es nur bestimmte, unter Umständen sehr eingeschränkte Formen der Befriedigung zuläßt. In seinen fordernden Tendenzen nach Vervollkommnung, nach Annäherung an ein Ideal, treibt das Über-Ich das Ich zu Leistungen an, die es unter den selten günstigen Bedingungen der Realität zu vollziehen hat, bedrängt von den Lustwünschen des Es, die sich gegen diese Einschränkung ihrer Ansprüche energisch zur Wehr setzen können.

Das Ich kann dem dreifachen Anspruch, der an seine Vermittlungsaufgabe ergeht, oft nicht gerecht werden. Die verschiedenen und unvereinbar angelegten Forderungen setzen es in Bedrängnis.

»So vom Es getrieben, vom Über-Ich eingeengt, von der Realität zurückgestoßen, ringt das Ich um die Bewältigung seiner ökonomischen Aufgabe, die Harmonie unter den Kräften und Einflüssen herzustellen, die in ihm und auf es wirken, und wir verstehen, warum wir so oft den Ausruf nicht unterdrükken können: das Leben ist nicht leicht!«[50]

Sobald das Ich seine Unfähigkeit, mit der Vermittlungsaufgabe fertigzuwerden erfährt, gerät es in *Angst*. Die Angst steht in einem Bezug zu dem jeweiligen Verhältnis des Ich.

»Wenn das Ich seine Schwäche einbekennen muß, bricht es in Angst aus, Realangst vor der Außenwelt, Gewissensangst vor dem Über-Ich, neurotische Angst vor der Stärke der Leidenschaften im Es.« [51]

Angst ist ein Phänomen, das offenbar zu der Integrationsaufgabe des Ich in einer Entsprechung steht. Wenn in dieser mit Schwierigkeiten belasteten und nie endgültig zu lösenden Aufgabe die zentrale »Lebensaufgabe« des Gesamtbildes zu sehen ist, dann dürfte der Angst eine entscheidende Bedeutung für die Bestimmung des »Triebwesens« Mensch zukommen.

»Wie immer das sein mag, es steht fest, daß das Angstproblem ein Knotenpunkt ist, an welchem die verschiedensten und wichtigsten Fragen zusammentreffen, ein Rätsel, dessen Lösung eine Fülle von Licht über unser ganzes Seelenleben ergießen müßte.«[52]

Das Ich versucht, der von den disharmonischen Verhältnissen bestimmten Vermittlungsaufgabe auf verschiedene Weise gerecht zu werden. Diese Versuche, ihre Erfolge und Mißerfolge, ergeben das bunte Bild, die kaum übersehbare Mannigfaltigkeit des menschlichen Lebens, in seinen als »normal« angesehenen Formen nicht weniger als in den abnormalen Erscheinungen. Die Schwäche und Abhängigkeit des Ich zeigt sich überaus häufig in den »normalen« Kompromissen, zu denen das Ich Zuflucht nimmt. Es vertuscht Konflikte mit dem Es, indem es die Realität verfälscht und umdeutet. Mit den Mitteln der *Rationalisierung* täuscht es einen von äußeren Umständen verursachten Sachverhalt vor, begründet ihn mit logischen Argumenten, während in Wirklichkeit das Ergebnis eines Triebwunsches oder eines Triebkonfliktes vorliegt. Es gibt einen umfangreichen Katalog von Möglichkeiten, der Auseinandersetzung mit den verschiedenen Forderungen und dem möglichen unguten Ausgang und damit der dann eintretenden Angst auszuweichen.

Von dieser Seite her gesehen, gleicht das Ich einem Reiter, der die Kraft seines Pferdes zur Fortbewegung benutzt und das Ziel bestimmen will. Das Pferd geht jedoch seinen eigenen Weg und nimmt den Reiter mit sich, der sich den überlegenen Kräften, ob er nun will oder nicht, beugen muß. Er kann dann das Ziel, das er dabei unfreiwillig erreicht, als sein von ihm gewähltes ausgeben.[53]

Mit der Beschreibung von Es, Ich und Über-Ich hat sich eine *Gefährdung* des Gesamtgebildes gezeigt. Die Gefährdung ist in dem Tatbestand begründet, daß die Verhältnisse der menschlichen Psyche mannigfache, schwer zu vereinigende Gegensätze aufweisen.

Die Gefährdung tritt schon und gerade in der Entwicklungssituation zutage. Die lang andauernde kindliche Hilflosigkeit steht in einer Entsprechung zu der Angewiesenheit auf die Liebe und Pflege der Eltern. Diese umfassende Abhängigkeit scheint für den Menschen charakteristisch zu sein. Dieses »biologische« Moment wird mehrfach betont. Freud nimmt die These der »menschlichen Frühgeburt« (Portmann) vorweg, die er für die Intensität der Abhängigkeit von den Pflegepersonen und für den frühen, schwer zu bewältigenden Einfluß der Außenwelt verantwortlich macht.

»Der biologische (Faktor) ist die langhingezogene Hilflosigkeit und Abhängigkeit des kleinen Menschenkindes. Die Intrauterinexistenz des Menschen erscheint gegen die der meisten Tiere relativ verkürzt; er wird unfertiger als diese in die Welt geschickt. ... Dies biologische Moment stellt also die ersten Gefahrensituationen her und schafft das Bedürfnis geliebt zu werden, das den Menschen nicht mehr verlassen wird.«[54]

Ein weiteres Moment der Gefährdung sind die bereits im frühkindlichen Alter mit erstaunlicher Stärke auftretenden *Triebwünsche*. Diesen Triebregungen kann von den Erziehern schon allein aus dem Grund nicht stattgegeben werden, da dies eine Schädigung oder gar Zerstörung des kindlichen Lebens unweigerlich zur Folge haben würde. Aber auch die Erfordernis, daß das Kind für seine spätere Lebensaufgabe Triebeinschränkung lernen muß, verbietet eine schrankenlose Befriedigung. In der Art und Weise der Einschränkung der Triebregungen werden nun aber die späteren Verhaltensweisen geprägt. Durch das frühkindliche Alter bedingt, bleiben diese Prägungen unbewußt, sie bieten später dem Erwachsenen die Muster für den Umgang und die Bewältigung seiner Triebregungen und Triebkonflikte. »Die Erziehung hat also ihren Weg zu suchen zwischen der Scylla des Gewährenlassens und der Charybdis des Versagens ...«

»Das Kind soll Triebbeherrschung lernen. Ihm die Freiheit geben, daß es uneingeschränkt allen seinen Impulsen folgt, ist unmöglich. Es wäre ein sehr lehrreiches Experiment für Kinderpsychologen, aber die Eltern könnten dabei nicht leben und die Kinder selbst würden zu großem Schaden kommen, der sich zum Teil sofort, zum anderen Teil in späteren Jahren zeigen würde. Die Erziehung muß also hemmen, verbieten, unterdrücken und hat dies auch zu allen Zeiten reichlich besorgt. Aber aus der Analyse haben wir erfahren, daß gerade diese Triebunterdrückung die Gefahr der neurotischen Erkrankung mit sich bringt.«[55]

Die optimale Erziehung würde Voraussetzungen haben müssen, die offenbar in der »Realität an und für sich« kaum geboten werden können. Die »Erzieher müßten selbst erzogen sein«, sie müßten ihre eigenen Konflikte weitgehend selbst bewältigt haben, um dem Kind ein entsprechendes Vorbild zu bieten. Selbst dann wäre es aber noch nötig, auf die jeweils anders gelagerten Verhältnisse des Kindes, auf die »ökonomischen« Relationen achtzuhaben und einzugehen.

Ist der Gefährdung überhaupt beizukommen? Gibt es ein Maß oder eine Norm, an der Freud das Mißlingen und Scheitern der Ich-Aufgabe mißt?

Freud hat über dieses Maß keine unmittelbaren Ausführungen gemacht. Es lassen sich aber mittelbar Angaben darüber finden. Sie stehen im Zusammenhang mit der von ihm entwickelten Therapie.

4. Therapie: Aus Es soll Ich werden

Das Ziel seiner Therapie faßt Freud in dem Satz zusammen: Was Es war, soll Ich werden.[56] Dieses Ziel gilt nicht für pathologische Fälle allein, es ist als Aufgabe für menschliches Dasein überhaupt anzusehen.

Dem Ich, das mit seiner Aufgabe nicht fertig werden kann, an ihr gescheitert ist oder sie nur sehr eingeschränkt zu vollziehen vermag, muß zu Hilfe gekommen werden. Die Hilfe ist von eigener Art, da sie dem Ich in einer Weise Beistand leistet, die keine Unterstützung in seinen Schwierigkeiten, keinen Rat und keine Lebenshilfe bedeutet, sondern allein darauf ausgerichtet bleibt, das Ich zur Übernahme seiner Aufgabe zu bewegen und zu befähigen. Das Ich, das seiner Vermittlungsaufgabe nicht nachkommen kann, ist *verarmt*. Es verfügt in den verschiedensten Schattierungen über wenig oder gar keine Selbständigkeit, hat seine Kräfte entweder nie adäquat entwickelt oder eingebüßt oder so unzweckmäßig eingesetzt, daß sie für die Vollbringung der Aufgabe nicht ausreichen. Das Ich ist *schwach*, weil es von den drei gestrengen Herren, denen es dienen muß, überwältigt worden ist. Es ist nicht imstande, die Triebregungen und ihre Gegentendenzen unter einen Hut zu bringen. Es kommt keine Lösung zustande, bei der die beteiligten Kräfte und Interessen zu einem für alle befriedigenden Ausgleich gelangt wären.

Das Ich ist nicht Herr im eigenen Haus. Es wird von den Impulsen des Es und den dagegen auftretenden Ansprüchen des Über-Ichs und den Anforderungen der Realität hin und hergetrieben. Gegen das seinem Einfluß entzogene Geschehen hat es Reaktionsweisen gebildet, die seine Kräfte beanspruchen und sie von der eigentlichen Aufgabe abziehen. Die Ich-Einschränkung vollzieht sich immer in einem dialektischen Verhältnis zu den anderen Anteilen der Persönlichkeit. Die Unselbständigkeit des Ich hat Konsequenzen, die sich letzten Endes zu seinem Nachteil auswirken. Das Ich kann sich zwar seiner Aufgabe entziehen und »Abwehrmechanismen« entwickeln, es büßt aber dieses Ausweichen mit der Einschränkung seiner Handlungsfähigkeit. Die seiner Verfügung entzogenen unbewußten Vorgänge im Es laufen nach den dort herrschenden Gesetzen ab und bedrohen mit mehr oder weniger deutlichen und wirksamen Störungen das Leben des Gesamtgebildes. Freud interessiert die Ich-Verarmung in erster Linie als Ergebnis einer individuellen Lebensgeschichte. Er vernachlässigt dabei keineswegs die konstitutionellen Momente, die von der naturwissenschaftlichen Medizin als die allein maßgebenden Ursachen angesehen wurden (Erbschäden, Degeneration). Für ihn treten aber die konstitutionellen Momente in den Hintergrund, zum einen, weil sie im psychischen Leben »an-sich« ohnehin kaum faßbar und schon immer in die Lebensgeschichte eingeflochten sind. Zum anderen ist seine Therapie auf Möglichkeiten einer Änderung der Lebensgeschichte bezogen und kann auch allein von daher Hilfe gewähren. Ähnliches gilt von den Einflüssen der ökonomisch-gesellschaftlichen Verhältnisse auf die Ich-Verarmung. Auch hier werden diese Einflüsse beachtet und in den kultur- und gesellschaftskritischen Schriften herausgestellt. Sie treten deswegen nicht in den Vordergrund, weil Freud zum einen von seinen Erfahrungen her zu der Auffassung gelangt, daß diese Einflüsse nicht allein für die Ich-Verarmung verantwortlich gemacht werden können, zum anderen seine Intention auf gegenwärtige Hilfe für seine Patienten ausgerichtet ist, die jetzt in ihrem Leben zurechtkommen müssen und keine globale Änderung der gesellschaftlich-ökonomischen Verhältnisse abwarten können. Daß seine Hilfe keineswegs eine Anpassung an die bestehenden Verhältnisse bedeutet, wird noch gezeigt werden. Die Schwierigkeit, die sich einer Erweiterung des Ich, einer Stärkung seiner Fähigkeiten in den Weg stellt, ist der dem Willen und der Denkarbeit des Ich entzogene unbewußte Verlauf der psychischen Vorgänge. Die Art und Weise der Hilfestellung, die die Therapie leisten kann, besteht daher prinzipiell in der *Bewußtmachung.* Die dem Ich unzugänglichen unbewußten Vorgänge sollen bewußt gemacht, die dagegen auftretenden Widerstände überwunden und damit die Verdrängungen aufgehoben werden. »Wir umschrieben unsere therapeutische Aufgabe durch die zwei Inhalte: Bewußtmachung des Verdrängten und Aufhebung der Widerstände.«[57] Falls die keineswegs leichte und vor besonderen Schwierigkeiten stehende Aufgabe der Bewußtmachung gelingt, ist gewissermaßen der ursprüngliche Zustand, von dem die Ich-Verarmung ihren Ausgang genommen hat, wieder hergestellt. Dem Ich steht es dann — im Rahmen eines »normalen« Konfliktes — frei, sich anders als durch eine Flucht oder durch einen Abwehrversuch der Situation zu stellen und *seine* Entscheidung über die Impulse, Triebregungen und ihr Verhältnis zur Realität zu treffen[58]

Eine besondere Rolle spielt bei den Entscheidungen über die Zulassung oder Verwerfung eines Impulses das Über-Ich. Diese weitgehend unbewußte Instanz hat ja die einstigen Gebote und Verbote der frühkindlichen Vorbilder übernommen und diese mit späteren Autoritäten ergänzt. Als solches orientiert sich das Über-Ich an Maßgaben von Vor- und Leitbildern, kontrolliert die Handlungen des Ich, erhebt Einsprüche, Gebote und Verbote. Die Bewußtmachung dieser einstigen, nach *kollektivem* Vorbild entstandenen Prägungen versetzt nun das Ich in die Lage, ihre Angemessenheit zu den *individuellen* Gegebenheiten und deren Verhältnis zur Realität zu prüfen. Es kommt in die Möglichkeit, die überkommenen Normen durch eigene Entscheidungen zu ersetzen.

Bewußtmachung bedeutet *Ich-Erstarkung*. Das Ich verzichtet durch die bewußte Übernahme der an es ergehenden Anforderungen auf Schein- und Truglösungen. Dadurch bewahrt es sich gleichzeitig vor den Folgen der Scheinlösungen und damit vor Einbußen seiner Selbständigkeit. Der neue Ausgang aus der struktural bedingten Konfliktsituation bedeutet mehr Wahrhaftigkeit und mehr Selbständigkeit zugleich.[59]

Was hat das Ich gehindert, sogleich diesen ersprießlichen Weg zu gehen? Warum unternimmt es Fluchtversuche vor seiner Aufgabe und läßt sich in Unselbständigkeit und Abhängigkeit treiben? Offenbar ist seine Aufgabe nicht leicht zu leisten. Sie erfordert Einsatz, ausdauernde Bemühung und, da sie unter der Maßgabe des Realitätsprinzips ablaufen muß, erhebliche Einbußen oder Aufschübe des Lustanspruches. Was aber die Aufgabe in besonderer Weise erschwert, ist einem Sachverhalt zuzuschreiben, der wiederum aus dem besonderen Entwicklungsweg der menschlichen Psyche resultiert. Die frühkindlichen Lösungen der Triebkonflikte — so wurde gezeigt — sind unbewußte Vorbilder für das ganze Leben des Erwachsenen. Sie stellen aber auch die Lösungen dar, die das noch schwache, infantile Ich unter der Beihilfe von Eltern oder

Erziehungsautoritäten gefunden hat. Es sind Lösungen, die weit mehr noch unter dem Lustprinzip zustandegekommen sind, als dies im späteren Alter unter den veränderten Verhältnissen möglich ist.

Was liegt näher, als an diesen einstigen Lösungen festzuhalten? Was Es war, soll Ich werden, heißt nicht zuletzt, die Kindheit zu verlassen und ein erwachsener Mensch zu werden, eine Aufgabe, die offenbar in einem konstitutionellen Mißverhältnis zu den dem Menschen mitgegebenen Bereitschaften steht.

Nun erkranken nicht alle Menschen an somatischen oder psychischen Störungen, die mit dem Scheitern der Ich-Aufgabe in einem Zusammenhang stehen. Einem großen Anteil gelingt die Aufgabe der Ich-Vermittlung. Sie gelten als die »normalen« Gesunden.

Freud stellt sich angesichts dieses Tatbestandes eine entscheidende Frage: was ist dafür verantwortlich zu machen, daß in einem Fall der Mensch an der Ich-Aufgabe scheitert und erkrankt, im anderen Fall »gesund« bleibt und »normale« Funktionen vollziehen kann?[60] Die Antwort auf diese Frage läßt viele Wege offen, da sich damit ein »neues Forschungsgebiet« auftut. Zwei Momente lassen sich jedoch sofort angeben. Einmal sind die *ökonomischen* Verhältnisse für den Ausgang des Kampfes um die Stellung des Ich entscheidend. Mit dieser metapsychologischen Kategorie ist gemeint, daß es von der Stärke der gegenläufigen Tendenzen abhängt, von der Intensität, mit der die widerstrebenden Kräfte aufeinander treffen, wie der Ausgang ausfällt.

Das zweite Moment besagt, daß viele Menschen sich eine Erkrankung in der Weise ersparen, daß sie einer Übernahme der Ich-Aufgabe aus dem Wege gehen. Sie haben mehr oder weniger eingeschränkte Ich-Funktionen ausgebildet, die mit den »normalen« Verhältnissen verträglich, oder besser gesagt, an diese angepaßt sind.[61]

Ob die sogenannten normalen Verhältnisse dann nicht dem eingeschränkten Ich Rechnung tragen und Kapital aus der konstitutionellen Ich-Schwäche schlagen, ob damit die Erkrankungen, die sich nicht mit diesen »normalen« Verhältnissen abfinden wollen und können, nicht in ein anderes Licht rücken, diese naheliegende Frage hat Freud sich nicht gestellt.

Die Frage nach dem Maß, nach dem das Gelingen oder Nichtgelingen der Ich-Aufgabe beurteilt werden kann, ist durch die prinzipielle Tendenz der Bewußtmachung noch nicht genügend beantwortet. Gibt es im Hinblick auf die Ich-Aufgabe Anzeichen, an denen ein Gelingen abgelesen werden könnte?

Freud gibt dafür zwei Anhaltspunkte, die *Leistungs- und Genußfähigkeit* und das *Verhältnis zur Realität.*

In dem einen Fall bietet sich im fließenden Übergang von krankhaft zu normal eine Beurteilungsebene in dem Ausmaß der Fähigkeit an, berufliche oder sonstige Tätigkeiten auszuüben und Freude und Lust am Leben zu empfinden. Beide Fähigkeiten scheinen im Verhältnis zum Gelingen und Mißlingen der Ich-Aufgabe zu wachsen und zu schwinden.[62]

In dem anderen Fall ist es das Verhältnis zur Realität, an dem ersichtlich wird, ob ein »gesundes« Verhalten vorliegt. Ein solches wäre dann gegeben, wenn die Realität »anerkannt« wird, d. h., wenn sie als Befriedigungsmöglichkeit der Bedürfnisse so gesehen wird, wie sie »wirklich« ist. Die in der Realität möglichen Befriedigungen müssen genauso wahrgenommen werden wie die möglichen Versagungen. Das unnormale Verhalten zeigt sich am extremsten in der Psychose, die die Realität überhaupt verleugnet und sie durch die »psychische Realität« ersetzt. In den wahnhaften Erkrankungen wird anstelle der unerträglichen Realitätswelt eine eigene Phantasiewelt aufgebaut. Die verschiedenen Neuroseformen stehen dem normalen Verhalten näher, da hierbei die Realität nicht abgeleugnet wird, sie wird aber nicht angenommen. Man will mit ihr nichts zu tun haben und hat sich von ihr abgekehrt. Das »gesunde« Verhalten wäre dadurch gekennzeichnet, daß die Realität trotz ihrer möglichen Versagung anerkannt wird und gleichzeitig im Rahmen des Möglichen Versuche zu einer produktiven Veränderung unternommen werden.

> »Die Neurose verleugnet die Realität nicht, sie will nur nichts von ihr wissen; die Psychose verleugnet sie und sucht sie zu ersetzen. Normal oder ›gesund‹ halten wir ein Verhalten, welches bestimmte Züge beider Reaktionen vereinigt, die Realität so wenig verleugnet wie die Neurose, sich aber dann wie die Psychose um ihre Abänderung bemüht. Dies zweckmäßige, normale Verhalten führt natürlich zu einer äußeren Arbeitsleistung an der Außenwelt und begnügt sich nicht wie bei der Psychose mit der Herstellung innerer Veränderungen; es ist nicht mehr *autoplastisch, sondern alloplastisch.*«[63]

Den beiden Gesichtspunkten kann jedoch auch noch keine befriedigende Antwort entnommen werden. Leistungs- und Genußfähigkeit ebenso wie Realitätsbezug und Realitätsveränderungen können in einen weiteren Rahmen eingetragen werden, der willkürliche Beurteilungen gestattet.

Auf dieser Stufe der Problematik findet sich bei Freud ein eigenartiger Hinweis. Das Maß bildet sich durch die Bewußtmachung selbst.

Die Bezeichnung Psychoanalyse sollte Rückführung bewußter Vorgänge des Seelenlebens auf die unbewußten Anteile bedeuten. Müßte dieser »Zerlegung« nicht eine »Psychosynthese« folgen, die unter der Leitung und Maßgabe des Arztes zustandekommt? Ein solcher Eingriff des Arztes erweist sich aber nach Freud nicht nur unnötig, sondern äußerst unangebracht. Die Vorstellung einer »Psychosynthese« ist eine »gedankenlose Phrase«.[64] In der Bewußtmachung findet gar keine Zerlegung statt, sondern eine dauernde Umgruppierung und Verwandlung, die im günstigen Fall unter der unbewußten Wirkung eines in der Psyche tätigen Faktors zu stehen scheinen.

»So vollzieht sich bei dem analytisch Behandelten die Psychosynthese ohne unser Eingreifen, automatisch und unausweichlich. Durch die Zersetzung der Symptome und die Aufhebung der Widerstände haben wir die Bedingungen für sie geschaffen, es ist nicht wahr, daß etwas in dem Kranken in seine Bestandteile zerlegt ist, was nun ruhig darauf wartet, bis wir es irgendwie zusammensetzen.«[65]

In diesem Geschehen entsteht dann das »Maß«, nach dem die Entscheidungen des Ich in Zukunft getroffen werden können. Welche »Instanz« diese Leistung vollbringt, bleibt offen. Sie kann weder dem Es noch dem Über-Ich, noch dem bewußten Ich zugeschrieben werden. Die Bewußtmachung, wie sie Freud versteht, ist eine »Erziehung zur Wahrheit«, in der sich ein »Maß« für die Entscheidungen des erstarkten Ich bildet.

»Wir sagen uns, wer die Erziehung zur Wahrheit gegen sich selbst mit Erfolg durchgemacht hat, der ist gegen die Gefahr der Unsittlichkeit dauernd geschützt, mag sein Maßstab der Sittlichkeit auch von dem in der Gesellschaft gebräuchlichen irgendwie abweichen.«[66]

Es ist ein Maß, das den strukturellen Konflikt zwischen Triebansprüchen und ihrer möglichen Erfüllung in der Realität *ich-gerecht* bewältigt. Das bedeutet weder eine »maßlose« Befriedigung, die nicht in Einklang mit der »Realität« zu bringen wäre, noch eine »maßlose« Einschränkung und Versagung.

5. Der gesellschaftliche Zusammenhang

Die Befunde, die der Freudschen Theorie zugrunde liegen, sind an einzelnen Menschen erhoben worden. Mit diesem Sachverhalt erhebt sich die Frage, ob damit nicht eine einseitige Betrachtung des Menschen vorgelegt sei, die die ökonomischen (in der marxistischen Bedeutung des Begriffes) und gesellschaftlichen Bedingungen außer acht lasse. Gesetzt der Fall, diese Bedingungen würden eine fundamentale Rolle in der Bestimmung des Menschen spielen, dann wären Beobachtungen an einzelnen Menschen schon immer sekundärer Natur, da sie an einem von einer anderen Sphäre her vorgeprägten Material gemacht worden wären. Die Psychoanalyse Freuds wäre dann *Individual-Psychologie,* die eine vielleicht teilweise berechtigte, historisch aber sehr begrenzte Auffassung über den Menschen gegeben hätte, die durch veränderte ökonomisch-gesellschaftliche Bedingungen jedoch ihren Wahrheitsgehalt einbüßt.

Freud hat in der Tat seine Beobachtungen ausschließlich an einzelnen Menschen, und überdies an Menschen einer bestimmten Gesellschaftsschicht gemacht. Das hat jedoch keineswegs dazu geführt, daß die gesellschaftlichen Zusammenhänge bei ihm keine Beachtung gefunden hätten. Vielmehr hat die von Freud vorgenommene Erforschung des *konkreten* Einzelmenschen seine Verflechtung in die ökonomisch-gesellschaftlichen Zusammenhänge mit aller Deutlichkeit erwiesen.

»Der Gegensatz von Individual- und Sozial- oder Massenpsychologie, der uns auf den ersten Blick als sehr bedeutsam erscheinen mag, verliert bei eingehender Betrachtung sehr viel von seiner Schärfe. Die Individualpsychologie ist zwar auf den einzelnen Menschen eingestellt und verfolgt, auf welchen Wegen derselbe die Befriedigung seiner Triebregungen zu erreichen sucht, allein sie kommt dabei nur selten, unter bestimmten Ausnahmebedingungen, in die Lage, von den Beziehungen dieses einzelnen zu anderen Individuen abzusehen. Im Seelenleben des einzelnen kommt ganz regelmäßig der andere als Vorbild, als Objekt, als Helfer und als Gegner in Betracht, und die Individualpsychologie ist daher von Anfang an auch gleichzeitig Sozialpsychologie in diesem erweiterten, aber durchaus berechtigten Sinne. Das Verhältnis des einzelnen zu seinen Eltern und Geschwistern, zu seinem Liebesobjekt, zu seinem Lehrer und seinem Arzt, also alle die Beziehungen, welche bisher vorzugsweise Gegenstand der psychoanalytischen Untersuchung geworden sind, können den Anspruch erheben, als soziale Phänomene gewürdigt zu werden ...«[67]

Die gesellschaftlichen Phänomene waren vor allem deshalb Thema für Freud geworden, weil das oben erörterte »Maß« für ein *ich-gerechtes* Verhalten mit den gesellschaftlich anerkannten Normen fast regelmäßig in Konflikt zu treten pflegte. Freuds Befunde stellen daher schon immanent eine Gesellschaftskritik dar. Der Kritik der Gesellschaft — der Kultur — hat sich Freud dann allerdings noch explizit zugewandt und sich in diesem Zusammenhang mit der Marxschen Theorie und ihrer sowjetrussischen Verwirklichung auseinandergesetzt.

Das gesellschaftliche Zusammenwirken der Menschen und die daraus entstehende Kultur sieht Freud von zwei Momenten bestimmt: der Naturbeherrschung und der Regelung der sozialen Beziehungen.[68]

Die Entwicklung der Kultur vergleicht er mit der Entwicklung des Kindes zum Erwachsenen. Am Anfang stünde danach die Möglichkeit uneingeschränkter Triebbetätigung, die von keinem kulturellen Gebot betroffen wird, der aber durch die unbezwungene Natur und die primitiven Gesellschaftsverhältnisse wenig Raum zur Befriedigung offensteht, letzten Endes vielleicht nur wenigen Mächtigen. Der Kulturfortschritt, der sowohl in der fortlaufenden Verbesserung der Naturbeherrschung und der damit erzielten Lebensgüter, als auch in der fortschreitenden Verbesserung der Beziehungen der Menschen untereinander bestehen soll, wird aber nur durch *Triebeinschränkung* sichergestellt. Die Beherrschung der Natur, die den Arbeitseinsatz des Menschen verlangt, und das friedliche Zusammenleben mit anderen ist nur unter *Triebverzicht* zu vollbringen[69]

Die Gesellschaft muß von ihren Mitgliedern ein je nach ihrem Entwicklungsstand, ihren Ansprüchen und Vorstellungen verschiedenes Ausmaß an Triebeinschränkung verlangen. Die uneingeschränkte Befriedigung aller Triebe und Wünsche würde nicht nur den Interessen der Gesellschaft zuwiderlaufen, sondern letzten Endes ihren Bestand gefährden.

»Denkt man sich ihre Verbote aufgehoben, man darf also jetzt zum Sexualobjekt jedes Weib wählen, das einem gefällt, darf seinen Rivalen beim Weib, oder wer einem sonst im Weg steht, ohne Bedenken erschlagen, kann dem anderen auch irgend eines seiner Güter wegnehmen, ohne ihn um Erlaubnis zu fragen, wie schön, welch eine Kette von Befriedigung wäre dann das Leben! Zwar findet man bald die nächste Schwierigkeit. Jeder andere hat genau dieselben Wünsche wie ich und wird mich nicht schonender behandeln als ich ihn. Im Grunde kann also nur ein einziger durch solche Aufhebung der Kultureinschränkungen uneingeschränkt glücklich werden, ein Tyrann, ein Diktator, der alle Machtmittel an sich gerissen hat, und auch der hat allen Grund zu wünschen, daß die anderen wenigstens dies eine Kulturgebot einhalten: Du sollst nicht töten.«[70]

Warum leistet der Mensch nicht freiwillig den geforderten Triebverzicht, der ihm doch wieder nur zum Vorteil gereichen würde, wenn doch dem einzelnen Menschen ohne Gemeinschaft nicht nur kein erträgliches, sondern überhaupt kein Leben möglich ist? Dem geforderten und notwendigen Verzicht steht die strukturale Verfassung des Menschen entgegen. Freud wird nicht müde, das grundsätzliche Mißverhältnis, das in dieser Verfassung und den Erfordernissen der Gesellschaft begründet liegt, zu betonen.

Der Mensch wird von den beiden großen Triebansprüchen, die dem Eros und den Aggressionstrieben entstammen, beherrscht. Eine befriedigende Bewältigung dieser Ansprüche, die einen harmonischen Ausgleich zwischen den Interessen der Gesellschaft und denen des Individuums herbeiführen würde, gelingt nur in den seltensten Fällen. Zumeist bringt der Mensch diesen Widerspruch nur dadurch zur Seite, daß er eine Lösung zustandebringt, die entweder auf seine Kosten oder auf die der Gesellschaft (Kultur) geht. Da mit einer freiwilligen Einschränkung in den meisten Fällen nicht gerechnet werden kann, hat die Kultur zu allen Zeiten Verbote, Gebote und regelnde Vorschriften erlassen müssen, deren Übertretung mit verschiedenen Zwangsmaßnahmen geahndet wird.

Freud sieht aber auch in der Kulturentwicklung eine Tendenz, die diesen äußeren Zwang weitgehend durch einen inneren zu ersetzen bestrebt ist. Das Über-Ich übernimmt im Inneren der Person die gleichen Funktionen wie die äußeren Zwänge, richtet Gebote, Normen und Ideale auf und vertritt diese gegenüber dem Ich mit denselben Mitteln.

Eine dritte Möglichkeit, den Konflikt zu lösen, wäre die Verwendung der Triebkräfte für die sozialen Erfordernisse selbst, die eine Verwandlung ihrer ursprünglichen Ziele zur Voraussetzung hätte. Die *Sublimierung* der Triebe ist aber nur in einem bestimmten Ausmaß möglich. Darüber hinaus scheint diese Möglichkeit beim größten Teil der Menschheit auf keine große Bereitschaft zu treffen. Aus diesen Gründen bleibt das Verhältnis der Menschen untereinander in einem unbefriedigenden Status. Ein friedliches Zusammenleben wird nur durch äußeren und inneren Druck gewährleistet.

»Man merkt dann mit Überraschung und Besorgnis, daß eine Überzahl von Menschen den diesbezüglichen Kulturverboten nur unter dem Druck des äußeren Zwanges gehorcht, also nur dort, wo er sich geltend machen kann und solange er zu befürchten ist ... Unendlich viele Kulturmenschen, die vor Mord oder Inzest zurückschrecken würden, versagen sich nicht die Befriedigung ihrer Habgier, ihrer Aggressionslust, ihrer sexuellen Gelüste, unterlassen es nicht, den anderen durch Lüge, Betrug, Verleumdung zu schädigen, wenn sie dabei straflos bleiben können, und das war wohl seit vielen kulturellen Zeitaltern immer ebenso.«[71] »Wo die Gemeinschaft den Vorwurf aufhebt, hört auch die Unterdrückung der bösen Gelüste auf, und die Menschen begehen Taten von

Grausamkeit, Tücke, Verrat und Rohheit, deren Möglichkeit man mit ihrem kulturellen Niveau für unvereinbar gehalten hätte.«[72] »... Es ist aber unverkennbar, daß sich in diesem Verhalten der Menschen eine Haßbereitschaft, eine Aggressivität kundgibt, deren Herkunft unbekannt ist, und der man einen elementaren Charakter zusprechen möchte.«[73]

In diesem Zusammenhang zeichnet Freud ein wenig erfreuliches Bild des Menschen. Der Mensch ist danach ein Wesen, dem die erforderliche Triebbewältigung schlecht gelingt. Für die Gesellschaftsbelange ist dabei der Aggressionstrieb von besonderer Bedeutung. Er ist zumeist nur oberflächlich niedergehalten, äußert sich schon bei vielen Handlungen und Verhaltensweisen, die durch die Gebote der Gesellschaft nicht erfaßt werden können, tritt aber mit unerwarteter Heftigkeit vor allem dann hervor, wenn der äußere oder innere Zwang durch besondere Anlässe (Krieg, Umänderung des Kultur-Über-Ich) aufgehoben wird, und zeigt dann den wirklichen Tatbestand mit aller Deutlichkeit. Die Aggressionsneigung des Menschen stellt daher das größte Kulturhindernis dar.[74]

Im Verhältnis von Individuum und Gesellschaft ist das *Ausmaß* des geforderten Triebverzichts von erheblicher Bedeutung. Freud ist der Auffassung, daß der Mensch nur ein begrenztes Maß von Triebverzicht zu leisten imstande sei, welches Maß wiederum in den individuellen Gegebenheiten einen breiten Spielraum aufweist. Er wirft der Gesellschaft vor, daß sie dieses Ausmaß nur selten berücksichtigt und in ihren Vorstellungen, Vorschriften und Normen den Menschen allzu häufig überfordert. Die Überforderung führt zu Verhaltensweisen, mit denen in irgendeiner — unwahren — Form den geltenden Normen ausgewichen wird, während mögliche, dem Menschenwesen besser entsprechende Lösungen unterbleiben. Als Musterbeispiel führt er dafür das christliche Nächstenliebegebot an, das er für eine zwar ideale, aber unmögliche, weil mit den Bedingungen des Menschen nicht verträgliche Forderung ansieht.[75]

Das »Unbehagen in der Kultur« ist in der »moralischen« Überforderung des Menschen gegründet. Es rührt von dem Anspruch der Gesellschaft her, der die Menschen zu so weitgehenden Triebverzichten veranlaßt, daß diese auf breiter Basis nicht mehr geleistet werden können, wofür Freud deutlich Anzeichen in den neurotischen Erkrankungen sieht, die häufig mit sexuellen Versagungen im Zusammenhang stehen, und in den weit verbreiteten Charakterverbildungen (Heuchelei), die aus der Aggressionseinschränkung hervorgehen.

Der Tatbestand des Konfliktes zwischen Individuum und Gesellschaft veranlaßt nun wegen seiner entscheidenden Bedeutung die Frage, ob es nicht an den gesellschaftlichen Einrichtungen, den ökonomischen Verhältnissen läge, daß dieser Konflikt bisher in der Geschichte der Menschheit ungelöst blieb. Könnte nicht eine radikale Veränderung der gesellschaftlichen Einrichtungen eine Besserung herbeiführen? Liegt es womöglich an diesen Einrichtungen allein, daß der Mensch in seiner gegesellschaftsbildenden Aufgabe bislang scheitern mußte?

»Man wird sagen, der hier geschilderte Charakter der Menschenmassen, der die Unerläßlichkeit des Zwanges zur Kulturarbeit beweisen soll, ist selbst nur die Folge fehlerhafter kultureller Einrichtungen, durch die die Menschen erbittert, rachsüchtig, unzugänglich geworden sind. Neue Generationen, liebevoll und zur Hochschätzung des Denkens erzogen, die frühzeitig die Wohltaten der Kultur erfahren haben, werden auch ein anderes Verhältnis zu ihr haben, sie als ihr eigenstes Besitztum empfinden, bereit sein, die Opfer an Arbeit und Triebbefriedigung für sie zu bringen, deren es zu ihrer Erhaltung bedarf. Sie werden den Zwang entbehren können und sich wenig von ihren Führern unterscheiden. Wenn es menschliche Massen von solcher Qualität bisher in keiner Kultur gegeben hat, so kommt es daher, daß keine Kultur noch die Einrichtungen getroffen hat, um die Menschen in solcher Weise, und zwar von Kindheit an, zu beeinflussen.[76]

Freud führt einen gewichtigen Anteil an der Ursache dieses Scheiterns auf die Unzulänglichkeit der gesellschaftlich-ökonomischen Verhältnisse zurück. Er rechnet der Gesellschaft vor, mit welchen Mitteln sie ihre Ziele verfolgt, und mit welcher Rücksichtslosigkeit sie allzu häufig über die Belange aller oder eines Teiles ihrer Mitglieder sich hinwegsetzt.

»Wenn aber eine Kultur es nicht darüber hinaus gebracht hat, daß die Befriedigung einer Anzahl von Teilnehmern die Unterdrückung einer anderen, vielleicht der Mehrzahl, zur Voraussetzung hat, und dies ist bei allen gegenwärtigen Kulturen der Fall, so ist es begreiflich, daß diese Unterdrückten eine intensive Feindseligkeit gegen die Kultur entwickeln, die sie durch ihre Arbeit ermöglichen, an deren Gütern sie aber einen so geringen Anteil haben.«[77] »Es braucht nicht gesagt zu werden, daß eine Kultur, welche eine so große Zahl von Teilnehmern unbefriedigt läßt und zur Auflehnung treibt, weder Aussicht hat, sich dauernd zu erhalten, noch es verdient.«[78]

Eine Abänderung der gesellschaftlichen Einrichtungen, die die Güterverteilung betreffen, eine Revision des kulturellen Über-Ichs, das die notwendige Triebeinschränkung in der Weise der gesellschaftlichen Normen aufrichtiger als bisher regelt, könnte eine Besserung der menschlichen Beziehungen herstellen. Wie im Einzelleben des Menschen müßten auch im Gesamtkörper der Menschheit die Abänderungen unter der Vorgabe stehen, mehr Bewußtsein, mehr Nüchternheit, mehr »Vernunft« zu erreichen. Wenn es gelänge, die »Diktatur der Vernunft« über das Triebleben und die Leidenschaften aufzurichten, dann würde der menschlichen Gemeinschaft ein aussichtsreicher Weg in die Zukunft offenstehen.

»Der ideale Zustand wäre natürlich eine Gemeinschaft von Menschen, die ihr Triebleben der Diktatur der Vernunft unterworfen haben. Nichts anderes könnte eine so vollkommene und widerstandsfähige Einigung der Menschen hervorrufen, selbst unter Verzicht auf die Gefühlsbindungen zwischen ihnen. Aber das ist höchstwahrscheinlich eine utopische Hoffnung.«[79] »Aber vielleicht machen wir uns auch mit der Idee vertraut, daß es Schwierigkeiten gibt, die dem Wesen der Kultur anhaften und die keinem Reformversuch weichen werden.«[80]

Die grundsätzlichen Schwierigkeiten, die einer »idealen« Lösung der gesellschaftlichen Probleme im Wege stehen, entstehen aus konstitutionellen Eigenschaften des Menschenwesens. Aggressionsneigung, spontane Arbeitsunlust, das Übergewicht der Leidenschaften über vernünftige Argumente,[81] die Schranken der Erziehbarkeit,[82] die »natürliche« Ungleichheit der Menschen,[83] die Trägheit und Einsichtslosigkeit der Masse[84] stellen Hindernisse dar, die nur schwer bewältigt werden können. Als besonders schwerwiegendes Moment gilt dabei die Tatsache, daß mit jedem Menschen, der in die Welt eintritt, die Aufgabe der Bewältigung von neuem gesetzt ist.[85]

Trotz dieses ungünstigen Befundes über die zukünftigen Möglichkeiten des Menschengeschlechtes betrachtet Freud die Aussichten auf eine Besserung nicht völlig hoffnungslos. Es bleibt allerdings nach seiner Auffassung nur ein Weg offen, der mit einiger Aussicht auf Erfolg beschritten werden kann. Dieser Weg ist gekennzeichnet durch die Losung: *Verzicht auf Illusionen.* Man muß der tatsächlichen und ungeschminkten Verfassung der Menschennatur nüchtern ins Auge sehen, die alles andere als mit humanistischen Idealen in Einklang zu bringen ist, und allen Versuchen widerstehen, die dieser den »narzißtischen« Stolz der Menschen wenig befriedigenden Erkenntnis ausweichen wollen. Vorschläge, die Freud zu einem gedeihlichen Zusammenleben der Menschen macht, beziehen daher immer diese Verfassung der Menschennatur in die Rechnung ein. Eine grundsätzliche Veränderung dieser Verfassung selbst, auch unter der Voraussetzung eines radikalen Umsturzes der gesellschaftlich-ökonomischen Einrichtungen ist nicht zu erwarten oder liegt in derart weiter Ferne, daß mit ihrem Eintreten für überblickbare Perioden der Geschichte nicht gerechnet werden kann.

Die wissenschaftliche Weise der Vernunft ist allein, im Gegensatz zur Religion, zur Philosophie und zu Weltanschauungen in der Lage, die Realität angemessen — ohne in Wahnbildungen zu verfallen — zu erfassen. Dieser Weg der Vernunft ist keine Illusion,[86] ist daher langwierig, mühevoll und verspricht vor allem nicht jene großartigen Lösungen der Menschheitsprobleme, die die *metaphysischen* Entwürfe in Gestalt von Religion, Philosophie und Weltanschauung bieten oder geboten hatten.

In dem »Kulturkampf« der Menschheit sieht Freud wieder die beiden großen Mächte von Eros und Todestrieb am Werke. Der Kampf der zerstörerischen Kräfte des Todestriebes gegen die gemeinschaftsbildenden, zu größerer Einheit tendierenden des Eros kennzeichnet den Weg der menschlichen Kulturentwicklung, ein Kampf, der womöglich immer unentschieden bleiben wird. Mit dieser seiner Auffassung meint Freud der Menschheit nicht den Trost bringen zu können, den sie aufgrund ihrer Neigung zur Täuschung, zum Ausweichen und damit zur Illusion ständig erhofft.[87]

Als eine der großen Illusionen der Menschheit gilt die Religion. Da sie gegenüber den philosophischen Systemen, die nur wenigen zugänglich sind, die breite Masse erfaßt, ist sie gefährlich. Mit ihrer Vorspiegelung einer irrealen Welt und dem Trost eines jenseitigen Ausgleichs aller irdischen Unzulänglichkeit und Ungerechtigkeit, mit ihrem den Gläubigen auferlegten *Denkverbot*, ist sie als eminentes Hindernis auf dem Weg zu einem realitätsgerechten, mündigen Verhalten der Menschheit anzusehen und zu bekämpfen. Sie ist eine den infantilen Phasen des Einzelmenschen entsprechende Stufe der Daseinsbewältigung, die überwunden werden muß.

»Gewiß wird der Mensch sich dann in einer schwierigen Situation befinden, er wird sich seine ganze Hilflosigkeit, seine Geringfügigkeit im Getriebe der Welt eingestehen müssen, nicht mehr der Mittelpunkt der Schöpfung, nicht mehr das Objekt zärtlicher Fürsorge einer gütigen Vorsehung. Er wird in derselben Lage sein wie das Kind, welches das Vaterhaus verlassen hat, in dem es ihm so warm und behaglich war. Aber nicht wahr, der Infantilismus ist dazu bestimmt, überwunden zu werden?«[88]

Eine beunruhigende Ähnlichkeit mit der im wissenschaftlichen Zeitalter zerfallenden Illusion der Religion hat das »große Kulturexperiment« aufzuweisen, »das gegenwärtig in dem weiten Land zwischen Europa und Asien angestellt wird«.[89]

Die Lehre von Marx wird als ernst zu nehmender Versuch angesehen, eine Antwort auf die menschlichen Grundprobleme zu geben. Diese Antwort tritt jedoch in Widerspruch zu den von Freud vorgelegten Ergebnissen. Die marxistische »Weltanschauung« gilt als erneuter Versuch, der »Realität« auszuweichen. »Und obwohl der praktische Marxismus mit allen idealistischen Systemen und Illusionen erbarmungslos aufgeräumt hat, hat er doch selbst Illusionen entwickelt, die nicht weniger fragwürdig und unbeweisbar sind als die früheren«.[90]

In der Marxschen Lehre sieht Freud die in den folgenden Aspekten gegliederte Auffassung vertreten.

1. Die Auffassung der menschlichen Kulturentwicklung als ökonomisch determinierter und dem Willen der Menschen entzogener Prozeß, der nach dem Vorbild der Naturgeschichte erfaßt und vorhergesagt werden könnte.

2. Die Behauptung von der ökonomischen Bedingtheit des Menschen, die es ermöglicht, die intellektuellen, ethischen und künstlerischen Phänomene und vor allem die prinzipiellen Probleme des Einzelmenschen und der Gesellschaft auf ökonomische Verhältnisse zurückzuführen.

3. Die daraus resultierende Behauptung, daß ein radikaler Umsturz der bestehenden Verhältnisse eine grundsätzliche Veränderung der bislang bekannten Menschennatur bewirken werde.

4. Die diesen Behauptungen zugrundeliegende Voraussetzung, daß der Mensch der Möglichkeit nach ein harmonisches, friedfertiges, für die sozialen Anforderungen des menschlichen Zusammenlebens prinzipiell geeignetes Wesen sei, dessen Verwirklichung nur durch die entfremdenden, ökonomisch-gesellschaftlichen Verhältnisse gehindert würde.

5. Die Behauptung, daß Anwendung von Gewalt, von doktrinärem Einfluß auf die Massen, von Denkverbot und Erziehungszwang zum Umsturz der bestehenden Verhältnisse gerechtfertigt sei, obwohl diese Erscheinungen gerade bekämpft und in der zukünftigen Gesellschaftsordnung eliminiert sein sollen, durch den Hinweis, daß diese »Übergangsmittel« allein den bestehenden Umständen adäquat seien. Gegen diese Thesen bringt Freud die folgenden Einwände vor:

1. Die marxistische Auffassung der Geschichte wird ohne nähere Begründung abgewiesen, da »offenbar« . . . die Stärke des Marxismus . . . nicht in seiner Auffassung der Geschichte und der darauf gegründeten Vorhersage der Geschichte« liegt.[91]

2. Die Bedingtheit des Menschen durch die ökonomischen Verhältnisse wird anerkannt und auf die bedeutende Entdeckung dieser Beziehungen verwiesen, die bislang in der Geschichte der Menschheit nicht die gebührende Beachtung gefunden haben. Auf scharfen Widerspruch stößt jedoch die Auffassung, daß die ökonomischen Bedingungen die »einzigen« und wichtigsten seien, die bei der Beurteilung der Menschennatur beachtet werden müßten. Diese Auffassung des Menschen übersieht völlig die »psychologischen Faktoren«, denen auch bei den ökonomischen Bedingungen, bei der Einrichtung des Privateigentums, den ungleichen Besitz- und Machtverhältnissen und den damit zusammenhängenden Umständen die entscheidende Rolle zukommt. Die einseitige Betonung der ökonomischen Sphäre, ihre fundierende Einsetzung bei der Erklärung des Menschen ist angesichts der »psychologischen« Wirklichkeit der Menschennatur nicht recht begreifbar.

»Man versteht überhaupt nicht, wie man psychologische Faktoren übergehen kann, wo es sich um die Reaktionen lebender Menschenwesen handelt, denn nicht nur, daß solche bereits an der Herstellung jener ökonomischen Verhältnisse beteiligt waren, auch unter deren Herrschaft können Menschen nicht anders als ihre ursprünglichen Triebregungen ins Spiel bringen, ihren Selbsterhaltungstrieb, ihre Aggressionslust, ihr Liebesbedürfnis, ihren Drang nach Lusterwerb und Unlustvermeidung.«[92]

3. In Entsprechung dazu stehen die Vorstellungen, die sich über den Weg der Veränderung der ökonomisch-gesellschaftlichen Verhältnisse eine Lösung der menschlichen Problematik erhoffen. Nach diesen Vorstellungen seien die Schwierigkeiten, die bislang in der Menschheitsgeschichte auftraten, Ergebnisse des Mangels an Lebensgütern (Naturbeherrschung) und der Mängel der gesellschaftlichen Einrichtungen und Ordnungen, die untereinander wiederum in einer Beziehung stehen.

Es liegt nun nahe anzunehmen, nachdem die Naturbeherrschung außerordentliche Fortschritte gemacht hat, daß in Verbindung mit diesem Tatbestand eine bislang noch nicht dagewesene neue Gesellschaftsordnung den Weg zu einem alle Probleme lösenden Zustand freimachen könnte. Dieser Hoffnung steht aber die Verfassung der Menschennatur entgegen. Diese Verfassung kann durch keine ökonomisch-gesellschaftlichen Veränderungen aus der Welt geschafft werden. Unter geänderten Verhältnissen wird sie sich andere Wege ihrer Manifestation suchen.

4. Die Vorstellung, daß die Aufhebung des Privateigentums eine grundsätzliche Veränderung in den menschlichen Beziehungen zur Folge haben wird, gilt als »haltlose Illusion«.

»Die Kommunisten glauben, den Weg zur Erlösung vom Übel gefunden zu haben. Der Mensch ist eindeutig gut, seinen Nächsten wohlgesinnt, aber die Einrichtung des privaten Eigentums hat seine Natur verdorben.«[93] »Ich habe nichts mit der wirtschaftlichen Kritik des kommunistischen Systems zu tun, ich kann nicht untersuchen, ob die Abschaffung des privaten Eigentums zweckdienlich und vorteilhaft ist. Aber seine psychologische Voraussetzung vermag ich als haltlose Illusion zu erkennen. Mit der Aufhebung des Privateigentums entzieht man der menschlichen Aggressionslust eines ihrer Werkzeuge, gewiß ein starkes, und gewiß nicht das stärkste. An den Unterschieden von Macht und Einfluß, welche die Aggression für ihre Absichten mißbraucht, daran hat man nichts geändert, auch an ihrem Wesen nicht. Sie ist nicht durch das Eigentum geschaffen worden, herrschte uneingeschränkt in Urzeiten, als das Eigentum noch sehr armselig war ...«[94]

Auch wenn die Aufhebung des uneingeschränkten Privateigentums durch andere Maßnahmen wie »der völligen Befreiung des Sexuallebens« ergänzt und damit die »Keimzelle aller Kultur«, die Familie, beseitigt wird, kann man auch auf diesen nicht voraussehbaren Wegen der menschlichen Kulturentwicklung eines erwarten: daß »der unzerstörbare Zug der menschlichen Natur ihr auch dorthin folgen wird«.[95]

5. Die Auffassung von der fundamentalen und einzig ausschlaggebenden Bedeutung der ökonomisch-gesellschaftlichen Verhältnisse hat den »revolutionären Eingriff« in dem Versuch der Verwirklichung der Marxschen Theorie zur Folge gehabt. Dabei hat

»der theoretische Marxismus die Energie, Geschlossenheit und Ausschließlichkeit einer Weltanschauung gewonnen, gleichzeitig aber auch eine unheimliche Ähnlichkeit, mit dem, was er bekämpft.« »Ursprünglich selbst ein Stück Wissenschaft, in seiner Durchführung auf Wissenschaft und Technik aufgebaut, hat er doch ein Denkverbot geschaffen, das ebenso unerbittlich ist wie seinerzeit das der Religion. Eine kritische Untersuchung der marxistischen Theorie ist untersagt, Zweifel an ihrer Richtigkeit werden so geahndet wie einst die Ketzerei von der katholischen Kirche. Die Werke von Marx haben als Quelle einer Offenbarung die Stelle der Bibel und des Korans eingenommen, obwohl sie nicht freier von Widersprüchen und Dunkelheiten sein sollen als diese älteren heiligen Bücher.«[96]

Die Anwendung der Gewalt »bis zum Blutvergießen«, die sonstigen Zwangsmittel, das Denkverbot, das die Kritik der marxistischen Doktrin betrifft, wird von der Gegenseite gerechtfertigt durch die These: »Solange die Menschen in ihrer Natur noch nicht umgewandelt sind, muß man sich der Mittel bedienen, die heute auf sie wirken.«[97] Auf die Frage, wie es denn anders zu machen sei, wüßte Freud keine Antwort zu geben. Für sich würde er allerdings den Vorbehalt machen, »daß die Bedingungen dieses Experimentes mich und meinesgleichen abgehalten hätten, es zu unternehmen ...«[98]

B. KRITISCHE ÜBERLEGUNG

1. Psychoanalyse und Wissenschaft

Wie Marx und die Forscher der Abstammungslehre, beruft sich auch Freud für seine Lehre auf die »Wissenschaft«. Unter Wissenschaft versteht er die neuzeitliche Naturwissenschaft, als Beispiel dafür nennt er Physik und Chemie. Er dokumentiert diese seine Auffassung in zahlreichen, unmißverständlichen Äußerungen und behält sie bis zu seinen letzten Werken ohne Abänderung bei.

Was ist aber nun die tatsächlich angewandte Methode Freuds? Läßt sie sich seinen Behauptungen gemäß in der Tat ohne Schwierigkeiten mit der Methode der Naturwissenschaften in eins setzen? Freud behauptet mehrfach, daß die seiner Lehre zugrunde liegenden Ergebnisse durch Beobachtung und Erfahrung zustande gekommen seien und keine Produkte von Spekulationen darstellen würden. Da diese Behauptung allem Anschein nach zutrifft, würde hier eine wesentliche Übereinstimmung mit der Naturwissenschaft vorliegen, die ja auch ihre, den Gesetzen und Theorien zugrunde liegenden Daten durch Beobachtung und Erfahrung (Empirie) ermittelt. Sobald man aber die *praktische* Forschertätigkeit von Freud ins Auge faßt und sie mit der der Naturwissenschaften vergleicht, ergeben sich schwerwiegende Differenzen.

Die moderne Wissenschaft wurde im ersten Abschnitt (S. 33 ff.) auf ihre Grundstruktur hin befragt. Wissenschaft hatte sich dabei als ein *bestimmter Zugang zur Wirklichkeit* gezeigt. Der Zugang ist bestimmt von der grundsätzlichen *Methode,* die alle Einzelwissenschaften und ihre speziellen Methoden umfaßt und die in der unbedingten Forderung nach *sichernder Feststellbarkeit* besteht. Dieser Forderung wird nachgekommen, indem der vorliegende Untersuchungsgegenstand erst dann Objekt der Wissenschaft werden kann, wenn er im weitesten Sinne gemessen (quantifiziert) werden kann.

Die Meßergebnisse (Basissätze, Protokollsätze) bilden die *intersubjektiv* nachprüfbare *empirische* Basis für Regeln, Theorien, Gesetze, welche durch diese empirische Basis verifiziert bzw. falsifiziert werden können. Die ermittelten Ergebnisse müssen sich durch intersubjektive Nachprüfbarkeit, Wiederholbarkeit der Ermittlung, allgemeine Einsehbarkeit und damit unproblematische Übertragbarkeit auszeichnen, um der Forderung nach sichernder Feststellbarkeit zu entsprechen.

Werden nun die Ergebnisse der Lehre Freuds einer Prüfung unter der Maßgabe dieser Forderung unterzogen, so ergibt sich ohne weitereres, daß sie dieser nicht standhalten können. Keine einzige der Forderungen nach sichernder Feststellbarkeit wird erfüllt. Der allerersten Erfordernis nach *meßbaren* (greifbar nachweisbaren) Beobachtungsdaten wird nicht nachgekommen, da der Beobachtungsbestand der Psychoanalyse nicht gemessen (quantifiziert) werden kann. Die Daten kommen auf eine gegenüber der wissenschaftlichen Ermittlung völlig andere Weise zustande. Sie stellen Ergebnisse dar, die in einer besonderen zwischenmenschlichen Gesprächssituation entstanden sind und nur auf diesem Weg — wenn überhaupt — entstehen können. Sie unterscheiden sich daher auch schon von der psychologischen Exploration, weil in dieser Befragung der Untersuchungsobjekte diese zwischenmenschliche Situation nicht mehr gegeben ist. Die analytische Situation stellt einen ganz eigenartigen »Beobachtungsraum« dar, bei dem das Wort Beobachtung strenggenommen schon falsch am Platz ist. Eine wissenschaftliche Beobachtungssituation würde gerade das Zustandekommen der psychoanalytischen »Beobachtungsdaten« verhindern.

Die wissenschaftliche Beobachtungs- und Forschungssituation ist durch die Tendenz gekennzeichnet, das beobachtende Subjekt als *menschliches* Subjekt mit seinen vielfältigen, besonderen und zufälligen Eigenschaften und Beziehungen zu eliminieren. Das Ziel ist die *objektive* Ermittlung des Untersuchungsgegenstandes, die von allen subjektiven Zutaten purifiziert werden muß. Der Forscher steht demnach — sobald er der Forderung nach sichernder Feststellbarkeit nachkommen will — in einer notwendigen *Distanz* zum Forschungsobjekt. Es kann nur insoweit für ihn Wirklichkeit werden, als feststellbare Daten an ihm ermittelt werden können. Die Trennung von Subjekt und Objekt in der wissenschaftlichen Forschung entspricht der Grundforderung der wissenschaftlichen Methode und mit der Beachtung dieser steht und fällt die Verläßlichkeit und Gültigkeit der Ergebnisse.

Faßt man das Verfahren Freuds dagegen ins Auge, so zeigt sich, daß er von Anfang an einen gänzlich anders gearteten Zugang zu seinen »Untersuchungsobjekten« praktiziert. In diesem Zugang ist die strenge wissenschaftliche Distanz aufgehoben, Freud wendet sich — entgegen seinen Versicherungen — seinen Patienten nicht als unbeteiligtes Forschungssubjekt zu, sondern als *Mensch* in der Bereitschaft, einem anderen zu helfen. Bereitschaft bedeutet dabei nicht, Bedienungskenntnis einer vorbereiteten, auf ein bestimmtes Maß zugeschnittenen Rezeptionsapparatur (die auch in einer Begriffsapparatur bestehen kann), sondern Offenheit für einen anderen Menschen. Bereitschaft heißt hier *hören* können. Das Hören ist kein Registrieren von vorgängig in einem Schema festgelegten Beobachtungsdaten, sondern Hören auf die Sprache des Anderen. Dessen Aussagen können nicht einfach in ein begriffliches Koordinatensystem eingeordnet werden, sondern müssen angenommen und verstehend interpretiert werden. Diese Interpretation unterscheidet sich aber auch grundsätzlich von der Auslegung eines Textes, weil sie nur innerhalb eines *Dialogs* stattfinden kann. Allein die dialogische Zuwendung zum anderen Menschen läßt die Sphäre entstehen, in der die Ergebnisse Freuds zustandegekommen sind.

Für die wissenschaftliche Methode dagegen ist die unter Bedingungen stehende Beobachtungssituation und die mit ihr verknüpfte *Distanz* zwischen Beobachter und Beobachtungsobjekt unerläßlich. Die Aufhebung dieser Beobachtungssituation und der mit ihr verbundenen Distanz in der von Freud praktizierten Methode hat zwar erstaunliche Phänomene zutage gebracht. Die notwendige Folge dieser Praktik ist jedoch der Verlust der wissenschaftlichen Qualifikation und der mit ihr ermittelten Ergebnisse. Da keine quantifizierbaren — greifbar nachweisbaren — auf der Ebene eines einheitlichen Maßes ermittelten Daten vorliegen, können die Ergebnisse der Psychoanalyse nicht intersubjektiv nachgeprüft werden. Durch den Ausfall der überprüfbaren Beobachtungsbasis besteht keine Möglichkeit der Verifikation oder Falsifikation, damit keine Kontroll- und Korrigiermöglichkeit der Freudschen Begriffe. Eine Wiederholung der Ermittlung (Experiment) ist nicht einzurichten, da es sich um *einmalige* Vorgänge, vor allem aber um *keine* unter allen Umständen *herstellbare* Beobachtungssituation handelt. Eine Prognose der Vorgänge entfällt damit genauso wie eine mögliche Beherrschbarkeit und Machbarkeit. Schließlich ist eine unproblematische, allgemeine Einsehbarkeit und Übertragbarkeit der Ergebnisse nicht gewährleistet. Der Unterschied des Freudschen Verfahrens gegenüber der wissenschaftlichen Methode zeigt sich von einer anderen Seite vielleicht noch deutlicher.

Die Sicherheit, Verläßlichkeit, Beweisbarkeit, die greifbare Verifizierbarkeit der von der wissenschaftlichen Methode ermittelten Ergebnisse wird erkauft mit ihrem *ausschnitthaften Charakter.* Wissenschaft bedeutet in diesem Sinne immer Einzelwissenschaft, die sich auf eine in verschiedenem Maß ausgrenzbare Region des Seienden richtet.

Als Beispiel dafür kann die Medizin dienen. Die medizinische Untersuchung stellt Erhebungen am menschlichen Körper unter Aspekten an: anatomische Befunde, Organfunktionsprüfungen, histologische Untersuchungen, Röntgenaufnahmen usw. Die auf diese Weise zustande gekommenen Ergebnisse sind zwar nachweisbar richtig, d. h. sicher festgestellt, sie stehen aber gegenüber dem Ganzen, dem jeweiligen menschlichen Dasein, in einer *Reduktion.* Diese Reduktion kann niemals durch Zusammenstückung der isolierten Einzelergebnisse zureichend aufgehoben werden. Die sichernde Feststellung ist allemal auf Ausschnitte ihres Untersuchungsgegenstandes beschränkt, sie kann ihn niemals in seiner Einheit und Ganzheit in den Blick bringen. Dagegen können die auf der Ebene des Ausschnittes ermittelten Daten in einen kausalen Zusammenhang gebracht werden, womit sich die Möglichkeit ergibt, die Vorgänge, die den Ausschnitt betreffen, kausal zu beeinflussen.

Die Ergebnisse Freuds hingegen beziehen sich nicht auf einen ausgrenzbaren Bereich des Seienden von der Art des Menschen. Sie meinen jeweils das Dasein eines konkreten Menschen. Sie haben den Charakter von *Ganzheitsaussagen.* Damit verlieren sie die Eindeutigkeit und Sicherheit der Aussagen auf der Ebene des Ausschnittes und sind in keine kausalen Zusammenhänge einzubringen. Eine mögliche kausale Beeinflussung der von Freud beschriebenen psychischen Vorgänge entfällt. Freud betreibt — wiederum entgegen seinen Behauptungen — keine erklärende Psychologie, sein Verfahren besteht in der Interpretation von Sinnzusammenhängen. Da diese der subjektiven Willkür der Forscher ausgeliefert sein kann und im Sinne der Feststellbarkeit keinen Ansatz für Kontrollmöglichkeiten bietet, kann der Vorwurf der Unwissenschaftlichkeit gegen die Lehre Freuds nicht verwunderlich erscheinen.

»Die Gültigkeit der Interpretation in der Psychoanalyse erheischt die gleiche Art von Fragen, wie die Gültigkeit einer historischen oder exegetischen Interpretation. Man muß Freud die gleichen Fragen stellen, wie man sie Dilthey, Max Weber, Bultmann, stellt, nicht solche, wie man sie einem Physiker oder Biologen stellt.«[99]

Der Vorwurf wird bereits zu Lebzeiten von Freud erhoben. Er sagt dazu (1905):

»Vielen Ärzten erscheint noch heute die Psychotherapie als ein Produkt des modernen Mystizismus und im Vergleiche mit unseren physikalisch-chemischen Heilmitteln, deren Anwendung auf physiologische Einsichten gegründet ist, als geradezu unwissenschaftlich, des Interesses eines Naturforschers unwürdig.«[100]

Freud versucht für diese Ablehnung der naturwissenschaftlichen Schulmedizin eine Begründung zu finden. Er meint, daß neben starken affektiven Momenten — Kränkung des narzißtischen Stolzes — die alleinige Ausrichtung auf physikalisch-chemisch-anatomische Untersuchungsverfahren in der Medizin die Sicht auf *psychische* Phänomene verstelle.

»Die Mediziner waren in der alleinigen Hochschätzung anatomischer, physikalischer und chemischer Momente erzogen worden. Für die Würdigung des Psychischen waren sie nicht vorbereitet, also brachten sie diesem Gleichgültigkeit und Abneigung entgegen. Offenbar bezweifelten sie, daß psychische Dinge überhaupt eine exakte wissenschaftliche Behandlung zulassen.«[101]

Freud ist zwar der Meinung, daß die »psychischen Dinge« eine wissenschaftliche Erfassung und Bearbeitung zulassen, er legt sich aber niemals Rechenschaft darüber ab, ob die Art seines von ihm praktizierten Verfahrens nicht einen wesentlichen Unterschied zu der naturwissenschaftlichen Methode aufweist. Er ist der Auffassung, daß »Wissenschaft« mit Beobachtungs- oder Erfahrungswissenschaft gleichzusetzen ist. Da er seine Ergebnisse auf Grund von Beobachtungen und Erfahrungen zustande gekommen sieht, zweifelt er keinen Moment daran, die diesen Beobachtungen entstammenden Begriffe, Zusammenhänge und Theorien als genuin wissenschaftlich anzusetzen, und zögert nicht, sie ohne weiteres in die Dimension der naturwissenschaftlichen Gesetze und Theorien einzubringen. Aus dieser bis an sein Lebensende durchgehaltenen Einstellung erklären sich die Zweideutigkeit und Widersprüchlichkeit vieler Aussagen und Begriffe.

Die Kritik der Lehre Freuds und der ihr nachfolgenden Schulen im Hinblick auf ihre »wissenschaftliche« Fundierung setzt sich bis zum heutigen Tage fort. Dabei ist besonders die analytische Wissenschaftstheorie in den Vordergrund getreten, die von ihrem Standpunkt aus einwandfrei darlegen kann, daß die Lehre Freuds den wissenschaftlichen Kriterien nicht standhält.

»Die Psychoanalyse wurde, insbesondere in den angelsächsischen Ländern, einer strengen Prüfung ihres wissenschaftlichen Charakters unterzogen. Erkenntnistheoretiker, Logiker, Semantiker und Sprachphilosophen haben ihre Begriffe und Aussagen, ihre Argumentation und ihre theoretische Struktur gesichtet und allgemein gefolgert, daß die Psychoanalyse den elementarsten Anforderungen einer wissenschaftlichen Theorie nicht genüge.«[102]

Vom Ansatz der wissenschaftlichen Methode aus gesehen, besteht das Verdammungsurteil der Wissenschaftstheorie völlig zurecht. Die verschiedenartig fundierten Einwände und Argumentationen laufen letzten Endes auf den bereits dargestellten Sachverhalt hinaus: Die Psychoanalyse Freuds kann den Erfordernissen der sichernden Feststellbarkeit nicht nachkommen. Sie ist, von daher gesehen, *unwissenschaftlich*.[103]

Auf Grund dieser Situation wurde in der Nachfolge von Freud der Versuch unternommen, die von Freud angewandte Methode und die ihr entsprechenden Begriffe so abzuändern, daß sie den wissenschaftlichen Kriterien genügen.[104] Dabei zeigt sich allerdings, daß jegliche Angleichung an die wissenschaftliche Methode gleichzeitig die Aufhebung der Eigentümlichkeit der Lehre Freuds bedeutet. Der wesentliche Gehalt der Ergebnisse der Psychoanalyse ist beseitigt, sobald diese in Verhaltensbeziehungen von Umwelt und Organismus umformuliert werden, die auf operationalistische Begriffe gebracht werden können.

»Wenn man die Originalität der ersten Begründung dieser Begriffe im Vergleich zu der der behavioristischen Psychologie verkennt, gibt es keine Möglichkeit mehr, die Psychoanalyse als einen gesonderten Zweig der alleinigen Verhaltenspsychologie zu retten. Unweigerlich muß man nach und nach den radikalsten Operationalisten Recht geben und die Psychoanalyse für die zurückgebliebene Form der Beobachtungstheorie und ihre Hypothesen für Metaphern vom Phlogiston-Typ halten. Der Unterschied besteht von Anfang an oder niemals: Die Psychologie ist eine Beobachtungswissenschaft, die sich auf die Tatsachen des Verhaltens bezieht, — die Psychoanalyse eine exegetische Wissenschaft, die sich auf die Sinnbezüge zwischen den Ersatzobjekten und den ursprünglichen (und verlorenen) Triebobjekten bezieht. Die beiden Disziplinen weichen von Anfang an voneinander ab, und zwar gerade auf der Ebene des Ausgangsbegriffes der Tatsache und des Erschließens auf Grund von Tatsachen.«[105]

Das Problem der Wissenschaftlichkeit der Lehre Freuds verweist auf die Frage nach der »Wirklichkeit« dessen, was in der Psychoanalyse Freuds zutage tritt. Nach der konsequent verfahrenden wissenschaftlichen Methode kann allein das als »Wirklichkeit« gelten, was der Forderung nach Feststellbarkeit entspricht. Die Ergebnisse der Freudschen Lehre sind in diesem Sinne nicht feststellbar.

Geht man umgekehrt vom Standpunkt der Lehre Freuds aus, dessen Kern als praktischer Therapie sich offenbar bewährt und bestätigt hat und bis heute fruchtbar wirksam geblieben ist, so könnte die Frage an die wissenschaftliche Methode gerichtet werden: Wird mit den Ergebnissen Freuds nicht diese Methode oder zumindestens ihre Alleingültigkeit und ihr Alleinanspruch auf »Wissenschaftlichkeit« in Frage gestellt? Um welche »Wirklichkeit« soll es sich dann aber handeln, wenn die

Freudschen Ergebnisse nicht als Mystifikation oder als Vorstufen zu behavioristischen Verhaltensforschungen angesehen werden sollen? Er selbst sagt: »... so scheint jetzt das Schwergewicht vom Materiellen weg aufs Seelische verlegt.«[106] Was ist dieses »Seelische«, wenn es vom Materiellen her, d.h. von *feststellbaren* Daten, Beziehungen und Funktionen nicht zureichend erfaßt werden kann? Warum interessieren Freud im Verlauf seiner Entdeckungen nicht mehr die Nervenbahnen, auf denen Erregungsvorgänge ablaufen, sondern die *Angst als psychisches Phänomen?*

»Dort (in der naturwissenschaftlichen Medizin G. K.) scheint man sich vor allem dafür zu interessieren, auf welchen anatomischen Wegen der Angstzustand zustande gebracht wird. Es heißt, die Medulla oblongata sei gereizt, und der Kranke erfährt, daß er an einer Neurose des Nervus vagus leidet. Die Medulla oblongata ist ein sehr ernsthaftes und schönes Objekt. Ich erinnere mich ganz genau, wieviel Zeit und Mühe ich vor Jahren ihrem Studium gewidmet habe. Aber heute muß ich sagen, ich weiß nichts, was mir für das psychologische Verständnis der Angst gleichgültiger sein könnte als die Kenntnis des Nervenweges auf dem ihre Erregungen ablaufen.«[107]

Die Wirklichkeit, die Freud u. a. mit dem psychischen Phänomen Angst beschreibt, ist die Wirklichkeit des menschlichen Daseins, dessen *Sein* einen anderen Charakter hat als das *Sein* der von der wissenschaftlichen Methode festgestellten Objekte. Dieses Sein mag zwar der exakten Nachweisbarkeit entbehren, ist jedoch gleichwohl einer evidenten *Erfahrung* zugänglich. Sie ist für Freud deswegen so überzeugend, weil er mit seiner Interpretation der Angst dem erkrankten, von verschiedenen Formen der Angst bedrängten Menschen helfen und ihn heilen kann. Das bedeutet, daß es sehr wohl eine Verifikationsmöglichkeit für seine Aussagen gibt, diese Verifikation auch von anderen in seiner Nachfolge vorgewiesen werden kann; allerdings bleiben diese der *greifbaren Nachprüfung* und der unproblematischen Übertragbarkeit entzogen.

Die von Freud gemachte und von anderen bestätigte *Erfahrung* ist eine andere als die der exakten Beobachtungswissenschaften. Sie kann nicht im Sinne der sichernden Feststellbarkeit nachgewiesen werden, was nicht ausschließt, daß sie *nachvollzogen* werden kann.

Freud hat von dem Unterschied der beiden Erfahrungen gewußt, wenn er ihn auch nie näher bedacht hat. »Ich bin nicht immer Psychotherapeut gewesen, sondern bin bei Lokaldiagnosen und Elektroprognostik erzogen worden, wie andere Neuropathologen, und es berührt mich selbst noch eigentümlich, daß die Krankengeschichten, die ich schreibe, wie Novellen zu lesen sind, und daß sie sozusagen des ernsten Gepräges der Wissenschaftlichkeit entbehren.«[108]

Hat Freud dann insgeheim doch Philosophie getrieben, wenn sein Verfahren mit der wissenschaftlichen Methode nicht zusammengebracht werden kann? Entspricht sein »Psychisches« dem Seelischen, wie es in der traditionellen metaphysischen Zweiteilung des Menschen aufgefaßt worden war?

Dieser Vorwurf eines Rückfalls in überwundene Metaphysik wird ihm von B. F. Skinner gemacht, der Freud bezichtigt, daß er die Ursachen des menschlichen Verhaltens in die »traditionelle Fiktion eines Seelenlebens« verlegt.[109]

Unter dem Eindruck der Ablehnung seitens der naturwissenschaftlichen Medizin stellt Freud selbst Betrachtungen darüber an, ob sein von ihm entdecktes »Psychisches« nicht dem Psychischen der Philosophen verwandt wäre. Hier zeigt sich jedoch ein erhebliches anderes Hindernis, was dieser Zugehörigkeit im Wege steht.

»Das Psychische der Philosophien war nicht das der Psychoanalyse.« »Die Philosophen heißen in ihrer überwiegenden Mehrzahl psychisch nur das, was ein Bewußtseinsphänomen ist. Die Welt des Bewußten deckt sich ihnen mit dem Umfang des Psychischen. Was sonst noch in der schwer zu erfassenden ›Seele‹ vorgehen mag, das schlagen sie zu den organischen Vorbedingungen oder Parallelvorgängen des Psychischen.«[110]

Da seine Lehre offenbar weder der Medizin, noch der Philosophie zuzurechnen war, ergibt sich für Freud eine »Mittelstellung zwischen Medizin und Philosophie«.

»Der Mediziner hält sie für ein spekulatives System und will nicht glauben, daß sie wie jede andere Naturwissenschaft auf geduldiger und mühevoller Bearbeitung von Tatsachen der Wahrnehmungswelt beruht; der Philosoph, der sie an dem Maßstab seiner eigenen kunstvoll aufgebauten Systembildungen mißt, findet, daß sie von unmöglichen Voraussetzungen ausgeht, und wirft ihr vor, daß ihre — in Entwicklung befindlichen — obersten Begriffe der Klarheit und Präzision entbehren« . . .[111]

Die Mittelstellung zwischen Einzelwissenschaft und Philosophie zeigt den Tatbestand, daß die Lehre Freuds weder dem einen noch dem anderen Bereich zuzuordnen ist. Sie bleibt einer eindeutigen Einstufung in bekannte Wissensformen entzogen. Könnte es sein, daß dieser Tatbestand auf ein Neues verweist? Die Wirklichkeit des Psychischen, die Freud in den Blick bringen will, wird zum Anstoß, sowohl für die Einzelwissenschaft, als auch für die Philosophie. Sie ist ein »Unding«, d. h., sie kann in den gewohnten und bekannten Denkkategorien nicht begriffen werden.[112] Das undingliche Psychische fällt nicht mit bewußten, seelischen Vorgängen zusammen. Freud behauptet, daß das Psychische an sich unbewußt sei, nur unter bestimmten Bedingungen käme ihm die Qualität des Vorbewußten und Bewußten zu. Er handelt in seiner Lehre von einem *Nichtwissen,* das gleichwohl ein Wissen bedeutet. Diese Dimension des Menschen ist in der traditionellen metaphysischen Bestimmung nicht enthalten. Zwar deckt sich das Seelische der überlieferten Deutung nicht unbedingt mit Bewußtheit. Das Seelische wird als vegetativ-animalisches Lebensprinzip ebenso angesetzt wie als bewußtes, wahrnehmendes Denken. Freud bezieht sich mit seinem »Psychischen« aber nicht auf abgrenzbare, unbewußte Vitalvorgänge, sondern meint das umfassende *Erleben* des Menschen. Sein Nichtwissen unterscheidet sich von allem Nichtwissen der metaphysischen Bestimmung durch seine positive Bedeutung und Wirksamkeit. Das Nichtwissen im überlieferten Sinne dagegen ist privativ verstanden, bedeutet Unwissenheit, Mangel des Wissens, dem prinzipiell durch Bildung, Erziehung, Aufklärung, durch Information abzuhelfen ist.

Habermas versucht die Freudsche Methode in die von ihm unterschiedenen »Wissensformen«, die jeweils von einem anderen »erkenntnisleitenden Interesse« bestimmt sind, einzuordnen. Danach gehört die Freudsche Methode weder zu den empirisch-analytischen Wissenschaften, noch zu den hermeneutischen, sondern gerät in die Nähe der kritischen Theorie. Allerdings fehle den Freudschen Begriffen die erforderliche gesellschaftstheoretische Reflexion.

Inwieweit bei Habermas wiederum das Nichtwissen der Freudschen Lehre »metaphysisch«, d. h. durch richtige »herrschaftsfreie« Information aufhebbar, gedeutet wird, kann hier nicht weiter erörtert werden.[113]

Das Nichtwissen Freuds ist nicht durch Wissensvermittlung, durch Lernprozesse, durch Information in das bewußte Wissen überführbar.

»Wissen und Wissen ist nicht dasselbe; es gibt verschiedene Arten von Wissen, die psychologisch gar nicht gleichwertig sind. ... Das Wissen des Arztes ist nicht dasselbe wie das des Kranken und kann nicht dieselben Wirkungen äußern. Wenn der Arzt sein Wissen durch Mitteilung auf den Kranken überträgt, so hat dies keinen Erfolg.«[114]

Um das Nichtwissen bewußtseinsfähig zu machen und damit seine in den Symptomen zutage tretende *Wirksamkeit* zu beeinflussen, bedarf es einer »inneren Veränderung«, »wie sie nur durch eine psychische Arbeit mit bestimmtem Ziel hervorgerufen werden kann«.

Diese wesentlichen Unterschiede zum überlieferten Verständnis von Wissen, Bewußtheit und Wissensvermittlung hängen mit der »Wirklichkeit« des Psychischen, wie sie Freud erfährt, zusammen. Diese Wirklichkeit benennt er in einem seiner letzten Werke als das »eigentliche, noch nicht enthüllte Geheimnis des Psychischen«.[115]

2. *Antimetaphysische Umkehrung: Der Mensch als Triebwesen*

Freuds Auffassung des Menschen liegt allem Anschein nach offen zutage. Zahlreiche klar formulierte Angaben, aber auch der Aufbau seiner Theorie verweisen auf ein Menschenverständnis, das dem der Abstammungslehre völlig zu entsprechen scheint und dessen psychologische Ergänzung darstellen könnte. »Der Mensch ist nichts besseres und anderes als die Tiere.«[116] Im Mittelpunkt seiner Theorie steht die *Trieblehre.* Sie zeigt in ihrer ersten Fassung Selbsterhaltung und Arterhaltung als die den Menschen bestimmenden Kräfte an, Kräfte, die mit ihren Zielrichtungen und in ihrem Verhältnis zueinander sich von denen im übrigen Lebewesenbereich nicht unterscheiden. Auch die zweite Fassung von Eros und Todestrieb ist biologisch konzipiert. Die beiden Grundtriebe sind jetzt zwar hypothetisch gesetzt und im Unterschied zur ersten Fassung mit der biologischen Forschung nicht ohne weiteres vereinbar. Sie werden aber von Freud ohne Vorbehalt im sämtlichen Lebensbereich als wirksam angenommen.

Das bislang als auszeichnendes Moment des Menschen geltende vernünftige Denken wird als Epiphänomen erklärt. Es ist sowohl onto- als phylogenetisch ein spätes Ergebnis der Entwicklung. Die Entstehung erfährt eine biologische Deutung: die Funktion der Wahrnehmung und des aus ihr hervorgehenden Denkens ist ein Ergebnis der Anpassung an die Außenwelt.

Das für den Beweis eines »Höheren« im Menschen seit jeher angeführte *Gewissen* wird als eine die Triebbetätigung regelnde und einschränkende Instanz erkannt. Sie ist nicht im Menschen von vornherein angelegt, sondern entwickelt sich in einem relativ späten Stadium der Kindheit bei der Bildung des Über-Ichs. Entstehung und Aufbau des Über-Ich erklären gleichermaßen die Idealbildungen und Strebungen nach Höherem, da die einst übermächtig erscheinenden Gestalten der Erzieher, insbesondere die des Vaters, dem Kind als unerreichbare Vorbilder gelten mußten.

Die Kulturleistungen und Kulturphänomene des Menschen sind Ergebnisse der *Triebverdrängungen* und aus ihnen restlos ableitbar. Die Entwicklung der Menschheit bis zu ihrem gegenwärtig hohen kulturellen Niveau beruht auf einem zunehmenden Verzicht der unmittelbaren Befriedigung erotischer und aggressiver Triebe. Die von der direkten Befriedigung abgehaltenen Triebanteile können in der Weise der Sublimation in »höhere« seelische Fähigkeiten, wie gemeinschaftsdienliche, künstlerische, wissenschaftliche Betätigungen umgewandelt werden, falls sie der naheliegenden Gefahr einer pathologischen Verformung entgehen. Eine von den Trieben und den biologischen Erfordernissen unableitbare Strebung nach Vervollkommnung und Höherentwicklung ist weder beim Menschen noch beim Tier anzutreffen.

»Die bisherige Entwicklung des Menschen scheint mir keiner anderen Erklärung zu bedürfen als die der Tiere, und was man an einer Minderzahl von menschlichen Individuen als rastlosen Drang zu weiterer Vervollkommnung beobachtet, läßt sich ungezwungen als Folge der Triebverdrängung verstehen, auf welche das Wertvollste an der menschlichen Kultur aufgebaut ist.«[117]

Religion, Philosophie und Kunst werden als illusionäre Wunschgebilde dargestellt, die der Eigenart menschlichen Trieblebens ihr Dasein verdanken.

Die *Religion* ist die Fortsetzung einer Reaktion, die das Kind aufgrund seiner Hilflosigkeit ausgebildet hat. In der infantilen Hilflosigkeit wird Schutz und Trost, Ausgleich für Ungerechtigkeiten bei einer leiblichen Vaterfigur gesucht. Beim Erwachsenen bleibt ein Gefühl von Ohnmacht, Hilflosigkeit und Unglück angesichts eines prinzipiell unbefriedigenden Zustandes erhalten, der aus den mit den Bedingungen der Realität nie völlig zu vereinbarenden Triebwünschen entsteht. Die Religion entspricht dann mit einer übermenschlichen Vaterfigur einem wesentlichen Bedürfnis der Menschen nach Aufhebung dieses Leidenszustandes.

»... wenn wir die psychische Genese der religiösen Vorstellungen ins Auge fassen. Diese, die sich als Lehrsätze ausgeben, sind nicht Niederschläge der Erfahrung oder Endresultate des Denkens, es sind Illusionen, Erfüllungen der ältesten, stärksten, dringendsten Wünsche der Menschheit: das Geheimnis ihrer Stärke ist die Stärke dieser Wünsche.«[118]

Die *Philosophie* umgeht auf ihre Weise das konstitutionelle Mißverhältnis des menschlichen Trieblebens. Sie setzt an die Stelle der tatsächlichen Realität Systembildungen einer nur *gedachten* Welt, »indem sie an der Illusion festhält, ein lückenloses und zusammenhängendes Weltbild liefern zu können, das doch bei jedem neuen Fortschritt unseres Wissens zusammenbrechen muß«.[119] Die Ersetzung der äußeren durch die (illusionäre) psychische Realität ist eines der pathologischen Ergebnisse der Nichtbefriedigung der Triebe. Die Philosophie kann daher in die Nachbarschaft der wahnhaften Erkrankungen gebracht werden, deren Kennzeichnung in dieser Ersetzung besteht.[120]

Die *Kunst* stellt die harmloseste der drei großen Arten von Ersatzbefriedigung dar. Auch in ihr gelangen die unbefriedigten Triebwünsche nur in der Phantasie zur Erfüllung. Der Künstler versteht es, seine unbewußten Wünsche in der Weise des Kunstwerkes zur Darstellung zu bringen. Diese besondere Weise spricht die anderen Menschen an, belebt und befriedigt in der Anschauung oder im Umgang mit der künstlerischen Produktion ihre unbewußten Wünsche. Da die Kunst keine weiteren Absichten hegt, ist sie harmlos. »Die Kunst ist fast immer harmlos und wohltätig, sie will nichts anderes sein als Illusion.«

Von der Triebableitung ist auch die *Wissenschaft* nicht ausgenommen, auch sie stellt, soweit sie nicht der Bewältigung der Außenwelt und damit — biologisch — der Selbsterhaltung dient, eine Ersatzbefriedigung dar, die sich jedoch mit keiner Illusion verknüpft.[121]

Auch die dritte der antimetaphysischen Lehren vom Menschen steht im Banne der *genetischen* Ableitung aller menschlichen Phänomene aus einem »naturhaften« — nichtgeistigen Element. Die Kategorie der *Entwicklung* spielt die entscheidende und allein begründende Rolle für das Verständnis des Menschen.

»Hinter dieser individuellen Kindheit wird uns dann ein Einblick in die phylogenetische Kindheit, in die Entwicklung des Menschengeschlechts, versprochen, von der die des Einzelnen tatsächlich eine abgekürzte, durch die zufälligen Lebensumstände beeinflußte Wiederholung ist.«[122]

Der Anstoß für die Entwicklung wird wiederum biologisch erklärt und in die »Not des Lebens« verlegt, die eine zunehmend komplizierte Anpassung an die Außenwelt gegenüber dem zunächst einfachen Reflexschema (Primärvorgang) erzwingt.

Die Triebe sind gegenüber den sekundären »geistigen« Phänomenen elementar. Sie sind nicht weiter ableitbare, allgemein feststellbare Prinzipien des Lebens, zuletzt Mächte von kosmischem Ausmaß.

Freuds biologische Auffassung vom Menschen ist mit einer mechanisch-physikalischen Begrifflichkeit dargelegt. Der psychische Apparat, in Systeme oder Instanzen unterteilt, funktioniert nach dem Vorbild eines physikalischen Aggregrates. Triebenergien fließen in kommunizierenden Röhren, stellen die Verbindung zwischen den Systemen her, können durch Unterbrechungen gehemmt, gespeichert, durch Brüche des Röhrensystems plötzlich entladen werden. Zahlreiche Begriffe der

Theorie Freuds wie Verdrängung, Widerstand, Übertragung, Libido-Reservoir, Verschiebung, Verdichtung, Besetzung usw., stellen Umschreibungen für quantitative Energieumsetzungen dar. Das Verhältnis des Menschen zur Welt und zu seinen Mitmenschen wird wie das dinghafte Verhältnis zweier Apparate beschrieben. Diese mechanistische Begrifflichkeit hat Anlaß für zahlreiche Kritiken gegeben, die diese Beschreibung mit den Phänomenen des Menschlichen für unvereinbar hielten. Nicht wenige haben von dem mechanistisch-positivistischen Rahmen, in den Freud seine Lehre einträgt, auf die Ergebnisse der Lehre selbst geschlossen und dieser keine weitere Beachtung geschenkt.

Im folgenden soll gezeigt werden, daß sowohl der begriffliche Rahmen als auch das naturalistische Menschenbild Freuds im Widerspruch zu den von ihm selbst entdeckten und beschriebenen Phänomenen steht. Diese Divergenz stellt an sich ein erhebliches Problem dar, das umfassend nur in einer eigenen Freudinterpretation behandelt werden könnte. Hier muß es in erster Linie um den Aufweis gehen, daß der antimetaphysische Rahmen der Theorie Freuds nicht das Wesentliche seiner Lehre verkörpert, sondern *verstellt*.[123] Offenbar hat der antimetaphysische Impuls Richtung und Begrifflichkeit der Lebensarbeit Freuds vorgegeben, andererseits jedoch bei ihm allein in Dimensionen geführt, die über das bisherige metaphysische Verständnis des Menschen und seine Umkehrungen hinausweisen.

3. Die immanenten Widersprüche der Theorie Freuds

a) Triebeinschränkung

Die psychoanalytische Lehre zeigt, »daß das tiefste Wesen des Menschen in Triebregungen besteht, die elementarer Natur, bei allen Menschen gleichartig sind und auf die Befriedigung gewisser ursprünglicher Bedürfnisse zielen«.[124] Die Lehre zeigt aber auch gleichzeitig, daß das Triebwesen Mensch seine Triebe notwendigerweise *einschränken* muß.

Freud steht am Anfang seines Werkes unter dem überwältigenden Eindruck von der Bedeutung der Triebe, insbesondere des Sexualtriebes für das Seelenleben des Menschen. Die Hemmungen werden in diesem Zusammenhang zwar gebührend beachtet, bleiben aber als Gegenstand der Forschung selbst im Hintergrund. Später ziehen die hemmenden und einschränkenden Instanzen im Zuge der vermehrten und detaillierteren Beobachtung in zunehmendem Maß das Interesse auf sich. Das

Verdrängende tritt gegenüber dem Verdrängten mehr in den Vordergrund. Der Tatbestand der Hemmung von Trieben überhaupt wird in der ersten Phase der Trieblehre theoretisch mit dem Gegenlaufen zweier Triebe mit verschiedenen Zielen erklärt. Die Zwecke der Art- und der Selbsterhaltung schließen sich auf bestimmten Bereichen gegenseitig aus. Das einschränkende, hemmende und steuernde Ich wäre demnach als Funktion eines Triebes aufzufassen. Freud gibt keinen weiteren Aufschluß darüber, wie ein Trieb zu einer derart »artfremden« Betätigung gelangen soll. Die späteren Ausführungen über das Ich haben diese Erklärung auch aufgegeben, das Ich erhält jetzt eine »personifizierte« Position. Die gegenüber der konstitutionellen »Schwäche« unter bestimmten Bedingungen erreichbare »Stärke« des Ich, mit der es seiner Aufgabe der Vermittlung nachkommen kann, verweist auf Möglichkeiten der *Selbständigkeit*, die nicht mehr unproblematisch aus den Trieben ableitbar erscheint. Triebeinschränkung, Triebverzicht, Triebhemmung, Triebverdrängung und Triebumwandlung spielen in der Darstellung des »normalen« und pathologischen Seelenlebens der Menschen eine derart entscheidende Rolle, daß dieses Phänomen den Trieben selbst an Rang gleichgestellt werden müßte.

Das Triebwesen Mensch der Psychoanalyse wäre danach zutreffender als ein Wesen der *Triebeinschränkung* zu bestimmen. Der Begriff der Triebeinschränkung müßte dabei die Möglichkeiten der Triebbewältigung wie die der Nichtbewältigung einschließen.

In der Nachfolge Freuds haben Vertreter der New Yorker Gruppe H. Hartmann, E. Kris und R. Loewenstein der Autonomie des Ich besondere Beachtung geschenkt und diese Auffassung gegenüber der von Freud herausgearbeitet. Hartmann vertritt die These einer von Anfang an vorgegebenen keimhaften Anlage von Ich-Struktur, die unabhängig vom Es anzusehen ist. Im gleichen Zusammenhang sind die Ausführungen Hartmanns und seiner Mitarbeiter zu sehen, die die Abwehrmechanismen des Ich nicht als nur pathologischen Vorgang ansehen, sondern als solchen, der zur normalen Entwicklung unabdingbar gehört.[125]

Wie ist das Phänomen der Triebeinschränkung in die biologische Gesamtdeutung einzubringen? Wie kommt ein Lebewesen, dessen Lebensziel und Lebenszweck sich von denen der anderen Lebewesen nicht wesentlich unterscheidet, dazu, seine ihm naturhaft mitgegebenen Triebe einzuschränken?

In dem Freudschen Begriff der Einschränkung sind zwei Momente enthalten. Einmal, daß ein Trieb mit einem bestimmten Ziel dieses mehr oder weniger erreichen kann. Zum anderen, daß ein Ziel, und mit ihm der Trieb, verändert werden kann, so daß der Trieb nicht von vornherein auf bestimmte Erfüllungsweisen festgelegt wäre. Er kann Umbildungen und Prägungen erfahren, er ist, wie dies Freud besonders für den Sexualtrieb herausstellt, »plastisch«, gestaltfähig.

Das erste Moment mag im außermenschlichen Lebensbereich eine gewisse Rolle spielen, der Trieb des Tieres ist auf ein bestimmtes Ziel gerichtet, das nicht immer in völliger Entsprechung zu dem Trieberfordernis steht. Trotzdem erscheint es schon hier fraglich, von einer Triebeinschränkung zu sprechen. Äußerst problematisch erscheint jedoch das zweite Moment im biologischen Rahmen zu sein. Das vornehmliche Kennzeichen der tierischen Triebe besteht in ihrer Festgelegtheit, ihrer instinktiven und damit gleichbleibenden Regulierung. Selbst wenn man den höheren Säugetieren einen Spielraum für gelerntes Verhalten (bedingter Reflex) und sogar für spontanes intelligentes Verhalten zubilligt, so stellt sich die Umformbarkeit, Prägbarkeit und Plastizität der menschlichen Triebregungen in einem derart eminenten Ausmaß dagegen, daß sich der Gedanke eines qualitativen Unterschiedes aufdrängt.

Sobald man auf der Ebene der biologischen Interpretation des Menschen bleibt, stellt sich die Frage, welcher lebensdienliche Zweck mit dieser ungeregelten, maßlosen und erst sekundär zu prägenden Triebkonstitution des Menschen erreicht werden soll. Die Antwort darauf fällt nicht schwer. Von der biologischen Sicht her ist eine solche Konstitution äußerst unzweckmäßig. Den Tieren gelingt es, mit ihrem geregelten Triebleben unvergleichlich besser und unkomplizierter mit ihrem Leben fertigzuwerden als den Menschen. Konsequent weiter gedacht, müßte der Mensch im Sinne des naturhaften Lebens als eine *Mißgeburt* angesehen werden.

Diese Deutung ist von E. Fromm auch vorgelegt worden. Obwohl Fromm sich von der positivistisch-naturalistischen Konzeption Freuds absetzt und eine philosophisch-humanistische Psychoanalyse ins Leben rufen will, hält er an dem biologischen Entwurf (im Sinne der Entstehung und Erklärung des Menschen) fest. »Wahrnehmung des eigenen Seins, Vernunft und Phantasie haben die ›Harmonie‹ durchbrochen, welche das tierische Dasein kennzeichnet. Diese Erscheinung hat den Menschen zu einer Anomalie, zu einer Art Mißgeburt (a freak) innerhalb des Universums, zu einem Sonderwurf der Natur gemacht.«[126]

Problematisch ist weiterhin, warum die natürliche Entwicklung einen solchen Abweg eingeschlagen hat. Keineswegs kann die »Not des Lebens« dazu Anlaß gegeben haben, denn die spezielle Not des Menschen ist ja erst aus seiner bereits vorliegenden abnormen Konstitution zu erklären, wäre also eine Folge dieser und nicht ihr Grund, während die Not des Lebens der Tiere diese doch nur zu zweckmäßigen, aber nicht zu unzweckmäßigen Anpassungen bringen könnte.

In der Nachfolge Freuds gibt es aber auch einen anderen Versuch, mit dem Phänomen der komplexen Triebeinschränkung fertig zu werden. Dabei werden die differenzierten Vorgänge des menschlichen Trieblebens auf den behavioristischen Ansatz zurückgeführt und alle Erscheinungen nach dem Schema des bedingten Reflexes erklärt. Mit dieser Reduzierung bietet auch die biologische Deutung kein Problem mehr.[127]

b) Triebentwicklung

Die Sphäre der menschlichen Individualentwicklung entdeckt und erforscht zu haben, gehört zweifellos zu den großen Errungenschaften der Freudschen Lehre.

Die Zentrallinie, an der die Entwicklung vom Säugling bis zum Erwachsenen verläuft, sieht Freud in der Ausbildung und Formung der *Libido*. Libido ist Ausdruck für eine angenommene Triebenergie, die im weitesten Sinn mit Regungen zu tun hat, die sich auf Liebe beziehen. Die Triebenergie entstammt dem einen der beiden großen Triebe, dem Sexualtrieb; der Kern der Libido wäre — biologisch — auf die Sexualbetätigung im engeren Sinn, die die Fortpflanzung zum Ziel hat, zurückzuführen. Die Libido, anfangs noch völlig undifferenziert, macht nun im Lauf der Kindheit eine komplizierte Entwicklung durch. Das Zustandekommen der unmittelbaren Sexualbetätigung ist zwar eines ihrer Ziele, aber nicht das einzige, neben und mit dieser Entwicklung gehen die Ausbildungen der anderen Verhaltensweisen des Menschen einher und bleiben — wie Freud meint — allemal mehr oder weniger mit dem Hauptstrang der Sexualität verknüpft. Die hervorstechende Eigenart der Libido besteht in ihrer Amalgierbarkeit mit allen menschlichen Betätigungen, Verhaltensweisen, Leistungen, Steuerungs-, Abwehr-, Verdrängungsmechanismen und nicht zuletzt mit den aggressiven und zerstörerischen Trieben.

Mit Adler und Jung kam es in erster Linie wegen der abweichenden Auffassungen in diesem Punkt zum Bruch. Adler sah im Geltungsstreben, im »Willen zur Macht« allein die zentrale Antriebssphäre des Menschen, während Jung den Energiebegriff der Libido beibehielt, ihn jedoch in einem neutralen Sinn verwendete. Auch bei Jung ist die Libido erstaunlicher »Wandlungen« fähig, ihr Ursprung wird aber nicht in die Sexualität verlegt, sie ist »seelische Energie« schlechthin.

Freud unterscheidet in seiner Theorie der Libidoentwicklung drei große Phasen, die sich an die in diesen Phasen maßgebende Ausbildung von wichtigen Körperfunktionen anlehnen. Nach dieser Lehre stehen die Entwicklung, Ausbildung und Beherrschung dieser Körperfunktionen in einem untrennbaren Zusammenhang mit der Entwicklung der Libido. Nahrungsaufnahme (orale Phase), Ausscheidungsvorgänge (anale Phase) und die kindlichen Liebesbeziehungen zu den Eltern (phallische, ödipale Phase) bestimmen die Gestaltung der Libido und umgekehrt: Nahrung ist nicht nur »lebenserhaltende« Kalorienzufuhr, sondern mit der Nahrungsaufnahme verbinden sich Erfahrungen von Lust und Unlust, von Geliebt- und Abgelehntwerden, von Geborgenheit und Ungeborgenheit.

Mit dem Eintritt in die Phase, in der die Beherrschung der Ausscheidungsfunktionen erlernt werden muß, gerät das Kind in das Feld der sozialen Auseinandersetzung. Die aggressiven und zerstörerischen Antriebe gelangen jetzt zur ersten Entfaltung und treten zu den libidinösen hinzu. In dieser Phase (der ersten Kulturansprüche) wird wiederum nicht nur körperliches Verhalten »konditioniert« oder »dressiert«, sondern Erfahrungen von Behalten und Abstoßen, Nehmen und Hergeben, Produzieren und Vernichten, Beschmutzen und Sauberhalten, Ordnung und Unordnung usf. gemacht.

In der ödipalen Phase schließlich, der »Frühblüte« des kindlichen Geschlechtslebens, entstehen Erfahrungen der mitmenschlichen Begegnungen zum Vater und zur Mutter oder den diese ersetzenden Personen, in denen in exemplarischer Weise die Beziehungen zu den gegengeschlechtlichen Partnern durchlebt werden.

Obwohl die Libidotheorie nur von der »orthodoxen« Richtung beibehalten wird, bleibt doch der empirische Beobachtungsgehalt der Phasen in den Nachfolgewerken überwiegend erhalten und wird durch direkte Beobachtungen an Kleinkindern bestätigt, erweitert und ergänzt. Eine detaillierte und systematische Beschreibung der Entwicklung des menschlichen »Antriebserlebens« hat H. Schultz-Hencke vorgelegt. Er setzt sich von einer durchgängigen sexuellen Bestimmung des Trieblebens ab und unterscheidet drei eigenständige Kreise von Antrieben: Besitzstreben, Geltungsstreben, Sexualstreben, deren sukzessive Entwicklung den Freudschen Phasen entspricht.[128]

Die Libidoentwicklung vollzieht sich in allen Phasen im steten Verhältnis zu den Eltern oder Pflegepersonen, deren das Kind bedarf. Wie sich die Libido und die mit ihr verbundenen Verhaltensweisen ausbilden, hängt zu einem schwer feststellbaren, sicher aber beträchtlichen Teil von der Art dieses Verhältnisses ab.

R. A. Spitz hat besonders eindrucksvoll gezeigt, daß die »pure« Nahrungsaufnahme bei Säuglingen keinesfalls für eine gedeihliche Entwicklung zureichend ist. Kinder können trotz bester hygienischer und ernährungstechnischer Betreuung schwer erkranken oder zugrundegehen, wenn ihnen die liebende Zuwendung entzogen bleibt.[129]

Es zeigt sich hier aber ein merkwürdiger Sachverhalt. Die Entwicklungsphasen, wie sie nun immer angesetzt, aufgeteilt und beschrieben werden mögen, stellen eine jeweilige *Reifungsaufgabe* dar. Die Entwicklung des Menschen vollzieht sich nicht von selbst — natürlich — sondern ist nur in einer Auseinandersetzung mit der jeweiligen Anforderung möglich. Dieser Sachverhalt zeigt sich besonders deutlich darin, daß die Bewältigung der jeweils geforderten Reifungsschritte mißlingen kann.

Es werden hierbei gewisse *Konstanten* der menschlichen Entwicklung sichtbar, die »gesellschaftsunabhängig« erscheinen. Zu den mit den Begriffen oral, anal und genital bezeichneten Entwicklungsvorgängen mag in den verschiedenen Gesellschaftsformen ein je anderes Verhältnis bestehen, das Verhältnis mag »schlechtere« oder »bessere« Ergebnisse der Entwicklung zeitigen, jenseits von alledem bleibt die Aufgabe der Bewältigung der in den jeweiligen Phasen geforderten Reifungsschritte bestehen. Die Gesellschaft mag mit ihrer Einflußnahme auf die Vorstellungen, Handlungen und Verhaltensweisen der Erzieher diese Bewältigung fördern oder hemmen — sie kann sie sicher unmöglich machen — keinesfalls aber wird es je eine Gesellschaftsform geben, die die Bewältigung überhaupt aus der Welt schaffen kann.

Die Formen von Entwicklung dagegen, wie wir sie im außermenschlichen Lebensbereich antreffen, sind von einem vorgezeichneten, damit geregelten, konfliktfreien Ablauf gekennzeichnet.

Solange der Mensch nicht eingreift. Seit einiger Zeit, allererst veranlaßt durch den von Freud (unwissenschaftlich [!]) aufgezeigten eigenartigen Weg der menschlichen Individualentwicklung wird u. a. dem Problem des frühen Mutterentzuges steigende Beachtung geschenkt. Da einer wissenschaftlichen Bearbeitung durch die »humane« Verfassung des Objektes Grenzen gesetzt sind, wird versucht, diese Problematik streng wissenschaftlich durch Tierversuche anzugehen, wobei die Idee dazu wieder dem animalischen Menschenverständnis entspringt. Die Ergebnisse dieser Versuche (vgl. H. F. Harlows Experimente mit Rhesusaffen) können den Anschein erwecken, als sei beim Tier auch in dieser Hinsicht alles ähnlich und vergleichbar. Das Problem bedürfte einer ausführlichen Erörterung. Hier kann nur auf einiges verwiesen werden:

1. Warum treten im Tierreich die erst durch den Menschen verursachten »traurigen« Ergebnisse der Mutterentbehrung nicht von selbst auf?

2. Sind die Folgen des Mutterentzuges wirklich vergleichbar? Ist das menschliche Antriebserleben nicht von vornherein (dem tierischen nicht vergleichbar) *antinomisch* (siehe Anm. 146) angelegt, d. h., es kann sowohl ein zuwenig als auch ein zuviel geben (auch in der Mutterzuwendung), was wiederum bedeutet, daß die Antinomik *bewältigt* werden muß, sowohl von der Mutter als auch schon vom Kleinkind?

3. Daß beim totalen oder annähernd totalen Ausfall der Zuwendung eine Entfaltung bei Tier und Mensch verhindert wird, ist vermutlich nicht so sehr erstaunlich, der Befund kann jedenfalls für die Vergleichbarkeit der beiden verschiedenen Entwicklungswege nichts beitragen.[130]

Von einer »biologischen« Verfassung in diesem Sinn ist in der menschlichen Entwicklung höchstenfalls bis zur Geburt eine Entsprechung zu finden. Es gibt dann womöglich noch eine dem übrigen Lebensbereich vergleichbare Vorformung des Prozesses. Diese ist aber, recht besehen, von völlig anderer Art. Die Entwicklungsschritte sind zwar vorgezeichnet — wenn auch in sehr beweglichen Grenzen — sie laufen aber nicht von selbst ab, auch dann nicht, wenn optimale Bedingungen dafür geboten wären, aus dem einfachen Grund, weil das Kind diese Schritte selbst vollziehen muß. Kein Tier hat das nötig. Es wird von seinen Entwicklungssteuerungen »gelebt«, seine Entwicklung vollzieht sich deshalb konflikt- und störungsfrei.

Das Kind kann diese Aufgabe allerdings nur in einer entsprechenden mitmenschlichen Situation vollbringen, was den Anschein zu erwecken vermag, daß die soziale Umgebung allein die Entwicklung bestimmt.

Freud beschreibt in der menschlichen Entwicklung eine eigentümliche Tendenz. Das Kind muß eine jeweils erreichte Stufe der Lustbefriedigung aufgeben, um eine andere, selbständigere und von den Erziehern unabhängigere zu gewinnen. Der Übergang von der einen zur anderen Stufe erscheint deswegen schwierig und oft krisenhaft, weil die einfachere, undifferenziertere und abhängigere eine größere Attraktivität zu haben scheint. Der krisenhafte und anfällige Weg der menschlichen Entwicklung, den Freud mit seiner »Libido-Entwicklung« beschreibt, ist deswegen allzu häufig von *Fixierungen* gekennzeichnet. In der Sprache Freuds ist die Libido dabei auf einer der zu durchschreitenden Stufen hängengeblieben, sie will sich nur oder nur zum Teil in dieser Form ausleben, obwohl von der Vorzeichnung des Lebensalters her längst eine andere gefordert wäre.

In Entsprechung dazu steht das Phänomen der *Regression*. Sobald der Entwicklung Hindernisse in den Weg gelegt werden, Überforderungen, Versagungen usw., zieht sich die Libido unter Umständen auf eine der bereits überwundenen Stufen zurück, welcher Rückzug allerdings von Fixierungen markiert sein mag, von nicht ganz bewältigten Teilbereichen der einstigen Stufen.

Die entscheidende Erkenntnis, die Freud aus den Beobachtungen der frühkindlichen Entwicklung zuwächst, ist die der Prägung, die durch sie stattfindet. Die Art und Weise, wie die Bewältigung der Reifungsschritte vollzogen wurde, wie sie gelungen oder mißlungen ist, — selten ist eines der beiden Extreme erreicht — wird vorbildlich für den Charakter, für die Verhaltensweisen und die typischen Einstellungen und Bewältigungsformen der Erwachsenen. Die Erlebnisse, Krisen und Geschehnisse der ersten Kinderzeit verfallen regelmäßig der Amnesie. Die stattgefundene Prägung wird dadurch unbewußt und unterliegt den Gesetzen des Unbewußten.

Mit dem unwiderlegten empirischen Beobachtungsfundament der Libidoentwicklung hat Freud einen vielschichtigen und weitverzweigten Phänomenbereich des Menschen aufgedeckt, der hier auch nicht annähernd zu einer umfassenden Behandlung gelangen kann. Was das vorliegende Thema betrifft, kann aber schon aus dem bisher Angeführten erschlossen werden: die »biologische« Deutung des Menschen läßt sich zu diesen Ergebnissen in keine Entsprechung bringen. Eine »natürliche« Entwicklung eines durch Triebe bestimmten Lebewesens sollte anders geartet sein.

Freud selbst verwendet den Begriff »biologisch« zweideutig. »Biologisch« kann einmal »anlagemäßig vorgegeben«, bedeuten, zum anderen, daß diese Anlage *biologisch* in der tierischen Abstammung und damit in der tierischen Lebenssphäre begründet läge. Die lange währende kindliche Hilflosigkeit des Menschen, seine unterbrochene Sexualentwicklung, die damit verbundene Abhängigkeit wird von Freud als »biologische Tatsache« bezeichnet. Sie soll die Eigenart und vor allem die Konfliktträchtigkeit der menschlichen Ontogenese erklären. Im gleichen Zusammenhang wird auf das »biologische Moment« der gegenüber den höheren Säugetieren verkürzten Tragzeit verwiesen, aus dem das eminente Bedürfnis des Menschen nach Liebe abgeleitet werden soll.

»Biologisch« in der Bedeutung von »anlagemäßig« könnte dabei als neutrale Bezeichnung eine rechtmäßige Verwendung finden, wobei allerdings dieser Begriff deutlich aus dem tierischen Interpretationshorizont herausgehoben werden müßte. Die Verwendung von »biologisch« in der Bedeutung: von Tierischem ableitbar, ist jedoch problematisch.

Der nicht auf die animalische Auslegung fixierten Betrachtung drängt sich ein anderer Sachverhalt auf: die menschliche Lebensgestalt ist offenbar von vornherein anders als die der Tiere angelegt. Deswegen ist für das menschliche Kind eine langandauernde Entwicklung nötig, eine von dem Tierreich fundamental abweichende Entwicklung des Sexuallebens, eine verkürzte Tragzeit usw.

Für die eigenartige Entwicklung des menschlichen Sexuallebens, deren kennzeichnendes Moment für Freud im Ödipuskomplex und in der Latenzzeit besteht, sieht er selbst keine Analogie im Tierreich. Nach dem Muster der Hypothesen der Abstammungstheorien wird für diese Eigenart ein Ereignis in der Eiszeit vermutet. Die Hypothesen sind nicht von Freud selbst erstellt worden.[131]

c) Triebmaß

Wie im Abschnitt A ausführlicher dargestellt, wird die notwendige Triebeinschränkung von zwei Instanzen geleitet, vom Ich und vom Über-Ich. Beide haben von sich aus *kein Maß* für die Einschränkung. Das Ich versucht — wie Freud meint, oft vergeblich — zwischen den Ansprüchen des Es und der Außenwelt zu vermitteln. Die Vermittlung müßte sich nach dem im Es herrschenden Lust- und Unlustprinzip richten. Das Ich wäre danach gehalten, die dem Es entstammenden Triebwünsche nach dem Maß der größtmöglichen Lustbefriedigung zu erfüllen. Daran dürfte im Grunde genommen auch die spätere Einsetzung des *Realitätsprinzips* nichts ändern. Das Ich verfügt zwar dann nach der Maßgabe des Realitätsprinzips einen Lust-Aufschub, eine Lustverdrängung und unter Umständen einen Lustverzicht, letzten Endes aber deswegen, um eine überhaupt mögliche Lustbefriedigung zu erzielen.

Das *Über-Ich,* das Freud sich aufgrund des breiteren Erfahrungsmaterials später einzuführen genötigt sieht, hat wieder sein Maß nicht aus sich, es richtet sich aber auch nicht nach dem Lust- oder Realitätsprinzip. Seine Struktur und sein Inhalt stammen aus der *Vergangenheit,* sind Ergebnis der phylogenetischen und ontogenetischen Herkunft des Menschen.

Das Über-Ich vertritt die Forderungen der Kultur, ein Begriff, der bei Freud die zivilisatorischen, gemeinschaftsbildenden, sozialen und geistigen Errungenschaften der Menschheit umfaßt. Die phylogenetische Herkunft des Über-Ichs, welche wie in der Abstammungslehre die Funktion einer Wesens- oder Ursprungserklärung übernimmt — wird mit der in »Totem und Tabu« erstmals vorgelegten, in der »Mosesschrift« im späten Alter wiederholten Hypothese der *Urhorde* erklärt, bei welcher Konzeption sich Freud vornehmlich an Darwin orientiert.

»Im Jahre 1912 habe ich die Vermutung von Ch. Darwin aufgenommen, daß die Urform der menschlichen Gesellschaft die von einem starken Männchen unumschränkt beherrschte Horde war. Ich habe darzulegen versucht, daß die Schicksale dieser Horde unzerstörbare Spuren in der menschlichen Erbgeschichte hinterlassen haben, speziell, daß die Entwicklung des Totemismus, der die Anfänge von Religion, Sittlichkeit und sozialer Gliederung in sich faßt, mit der gewaltsamen Tötung des Oberhauptes und der Umwandlung der Vaterhorde in eine Brüdergemeinde zusammenhängt«.[132]

Die Urhorde wäre von einem starken männlichen Exemplar angeführt worden, das despotisch geherrscht und alleiniges Anrecht auf alle Frauen beansprucht hätte. Die Söhne seien von dem Verkehr mit den Frauen ausgeschlossen gewesen, Vergehen wären streng und grausam bestraft worden. Die Söhne rotten sich zusammen, töten den Vater und verzehren ihn. Die spätere Uneinigkeit und das Schuldgefühl über die begangene Tat führen zu den ersten *ethischen* Geboten der Menschheit, dem Inzestgebot und der Exogamie, zu der Vereinbarung gleicher Rechte für alle Mitglieder der sich zusammenschließenden Brüdergemeinschaft. In der symbolischen Totemmahlzeit, in der zur Erinnerung und Sühnung an die begangene Tat ein Opfertier getötet und verzehrt wird, wird die Befreiung von dem Schuldgefühl erreicht.[133] Mit dieser Hypothese werden die Phänomene der *Ethik* und des *Schuldgefühls,* aber auch das der *Religion* abstammungsgeschichtlich erklärt.[134] In diesem Zusammenhang zeigt sich der antimetaphysische Impuls des Freudschen Werkes besonders deutlich.

Alle drei Phänomene stehen im Zusammenhang mit dem *Triebverzicht.* Dieser ist für die Einhaltung allgemein verbindlicher Gebote nötig. Das Wissen um den Ursprung wird im kollektiven Unbewußten der Menschheit weitergetragen, in der individualen Situation wird es mit aktuellen Gestalten belebt. Das Verhalten des Kindes im Ödipuskomplex wäre nach der Ansicht Freuds ohne diese archaische Erbschaft nicht erklärlich. Mit dieser Behauptung gerät Freud aber — wie er selbst zugibt — in Widerspruch zu der biologischen Forschung, nach deren Ergebnissen eine Vererbung *erworbener* Eigenschaften nicht nachzuweisen ist. Er meint, nichtsdestoweniger auf seinem Standpunkt beharren zu müssen.

»Unsere Sachlage wird allerdings durch die gegenwärtige Einstellung der biologischen Wissenschaft erschwert, die von der Vererbung erworbener Eigenschaften auf die Nachkommen nichts wissen will. Aber wir gestehen in aller Bescheidenheit, daß wir trotzdem diesen Faktor in der biologischen Entwicklung nicht entbehren können.«[135]

Obwohl die archaische Erbschaft von der Struktur her schwer einen Vergleich mit dem Tierreich zuläßt — wo wäre je etwas Ähnliches wie Vatermord, Totemmahlzeit, Schuldgefühl bei Tieren festgestellt worden — und obwohl die biologische Forschung strikt die Möglichkeit der Vererbung erworbener Eigenschaften verneint, beharrt Freud auf der tierischen Deutung des Menschen.

Umgekehrt überträgt Freud — nach dem Schema alles animalischen Menschenverständnisses — die am Menschen gemachten Beobachtungen auf das Tier. »Dies allgemeine Schema eines psychischen Apparates wird man auch für die höheren, dem Menschen seelisch ähnlichen Tiere gelten lassen. Ein Über-Ich ist überall dort anzunehmen, wo es wie beim Menschen eine längere Zeit kindlicher Abhängigkeit gegeben hat. Eine Scheidung von Ich und Es ist unvermeidlich anzunehmen. Die Tierpsychologie hat die interessante Aufgabe, die sich hier ergibt, noch nicht in Angriff genommen.«[136]

Er läßt sich nicht abhalten, die archaische Erbschaft des Menschen, aus der ihr heutiges Triebeinschränkungsverhalten hervorgegangen sein soll, mit der Regelung der tierischen Verhaltensweisen in einen Vergleich zu setzen.

»Wir verringern die Kluft, die frühere Zeiten menschlicher Überhebung allzuweit zwischen Mensch und Tier aufgerissen haben. Wenn die sogenannten Instinkte der Tiere, die ihnen gestatten, sich von Anfang an in der neuen Lebenssituation zu benehmen, als wäre sie eine alte, längst vertraute, wenn dies Instinktleben der Tiere überhaupt eine Erklärung zuläßt, so kann es nur die sein, daß sie die Erfahrungen ihrer Art in die neue eigene Existenz mitbringen, also Erinnerungen an das von ihren Voreltern Erlebte in sich bewahrt haben. Beim Menschentier wäre es im Grunde auch nicht anders. Den Instinkten der Tiere entspricht seine eigene archaische Erbschaft, sei sie auch von anderem Umfang und Inhalt.«[137]

C. G. Jung hat auf seine Weise die *archaische Erbschaft* zum Gegenstand der Forschung gemacht. In seiner Lehre des kollektiven Unbewußten ist von der Urhorde-Hypothese keine Rede. Der Inhalt des kollektiven Unbewußten wird an Symbolen dargelegt, die sich in einem erstaunlich vielfältigen Material der Überlieferung, an Mythos, Religion, Dichtung, Philosophie, Kunst in gewissen Gemeinsamkeiten finden. Die daraus hervorgehende Lehre der *Archetypen* wird nicht mehr naturalistisch-genetisch begründet. »Ob die seelische Struktur und ihre Elemente, die Archetypen, überhaupt je entstanden sind, das ist eine Frage der Metaphysik und daher nicht zu beantworten.«[138]

Der eigentliche Ausgangspunkt für die Hypothese von Urhorde und

Urvater ist die individuale Entstehung des Über-Ichs. Nach dieser durch die Beobachtungen besser belegten These bildet sich das Über-Ich im Gefolge der Bindung an die Elternautoritäten, in der Auseinandersetzung mit diesen, insbesondere mit dem Vater. Beim Untergang des Ödipuskomplexes werden die von diesen Autoritäten bisher tatsächlich vertretenen Gebote, Verbote, Strafandrohungen verinnerlicht. Sie herrschen nunmehr vom Unbewußten her wie einst die realen Vorbilder von außen.

Während das Ich eine regelnde Tätigkeit ausübt, die inhaltlich nicht weiter bestimmt ist und in der Vermittlung der Ansprüche des Es und der Realität besteht, ist nunmehr mit dem Über-Ich eine mit Inhalt erfüllte, maßregelnde Instanz eingeführt. Das Über-Ich vertritt in der gleichen Weise wie das Es seine Ansprüche. Es herrscht als Gewissen, reagiert auf Übertretungen mit Schuldgefühlen, es wirkt als Ideal-Ich mit idealen Vorstellungen und Vorbildern, deren annähernde Erfüllung mit Befriedigung und Stolz empfunden wird. Ist jetzt vom Über-Ich her das Maß der Triebeinschränkung gesetzt? Indem das Über-Ich die Normen der Erziehung übernimmt, damit die der Gesellschaft und der Tradition, ist zweifellos ein Richtmaß für die Triebeinschränkung gesetzt worden.

Dies gilt aber für Freud keineswegs als das Maß schlechthin. Das Über-Ich ist für Freud, zum mindesten zu einem großen Teil, eine fragwürdige Instanz. Die Normen, Verbote und Forderungen, die es vermittelt, stehen nicht selten mit der »Wahrheit« des jeweiligen Daseins in Widerspruch. Das Maß einer adäquaten Triebeinschränkung, einer »gesunden« oder »normalen« *Triebbewältigung*, müßte demnach woanders zu suchen sein. Wenn es weder im Ich noch im Über-Ich zu finden ist, wo dann?

Das Maß der Triebbewältigung sollte den Beobachtungen seiner Therapie zufolge vom jeweiligen Menschen selbst gefunden werden. Der Mensch soll danach imstande sein, für sich selbst zu entscheiden, allerdings nicht nach den Richtlinien des begreifenden Verstandes, sondern von dem Maß einer »gelebten« *Vernunft* her. Freud meint, daß sich im Vorgang der Bewußtmachung gegenüber der Abhängigkeit von den unbewußten Mächten der Vergangenheit, die bislang das Maß festgesetzt und die Kontrolle ausgeübt hatten, ein *unabhängiges* Maß bildet, gleichsam ein echtes Gewissen, das nicht mehr mit dem Über-Ich der Vergangenheit und Tradition identisch ist, sondern durch dieses hindurch das eigene Maß gefunden hat.

Das *eigene Maß* hat mit »individueller Isoliertheit« nichts zu tun, sondern kommt gerade nur durch die Bezogenheit auf Welt, d. h. auf die geschichtliche Situation zustande. Freud hat sich über seine auf dieses »Maß« ausgerichtete Praxis keine Rechenschaft abgelegt. Über die Möglichkeit von *Freiheit* gibt es im Freudschen Werk keine theoretischen Betrachtungen.

Wenn es eine »Instanz« im Menschen gäbe, die zu seiner geschichtlichen Situation, zu seinen Entscheidungen, Handlungen und Vorstellungen in einem sinnvollen Verhältnis stünde, dann wäre die naturalistische Fundierung des Triebmaßes nicht aufrecht zu erhalten gewesen. Wie sollte dies möglich sein, wenn es hierbei nicht um Befriedigung und Versagung von Trieben, nicht um Selbst- und Arterhaltung, nicht um Lust- und Unlustreaktionen geht, sondern um die Mitte, aus der heraus sich dem menschlichen Dasein entsprechende Möglichkeiten zu einer sinnvollen Erfüllung auftun?

d) Triebkonflikt

Freuds Theorie fußt auf der Beobachtung und Behandlung von *kranken Menschen.* Seine anthropologischen Aussagen sind auf dem Fundament der Erkrankungsmöglichkeiten des Menschen aufgebaut und von diesem nicht trennbar. Hat Freud damit dann nicht seine Ergebnisse an *unnormalem* menschlichem Dasein gewonnen und das normale womöglich nicht zureichend in sein Beobachtungsfeld bekommen? Muß nicht das gesunde und normale Dasein die Grundlage für Aussagen über die menschlichen Verhältnisse bilden, und kann nicht dieses allein als Maßstab für das unnormale fungieren? Hat Freud nicht, indem er den kranken Menschen in den Mittelpunkt seiner Betrachtungen rückt, eine *pathologische Anthropologie* betrieben?

Freud hat in diesem Punkt keine Unklarheit hinterlassen. Er sagt eindeutig: »Erst wenn man das Krankhafte studiert, lernt man das Normale kennen.«[139] Das klingt befremdend. Wie kann das Studium des Krankhaften Aufschluß über das Gesunde liefern? Freud meint mit seiner Behauptung, daß die normalen Erscheinungen so gewohnt und selbstverständlich ablaufen, daß man ihnen nicht mehr ansehen kann, wie sie in ihrem Aufbau zustande gekommen sind. Erst wenn sie nicht mehr das gewohnte Erscheinungsbild bieten, können sie Anlaß werden, auf ihren *unselbstverständlichen* grundsätzlichen Aufbau und auf ihre Entstehung hin erforscht zu werden. Wenn diese Auffassung Freuds auch zutrifft, so läßt sie nichtsdestoweniger ungeklärt, warum die

Krankheitserscheinungen des Menschen bei ihm eine derart grundlegende Bedeutung für eine Theorie des Menschen einnehmen.

Die menschliche Krankheit rückt damit erstmals in den Mittelpunkt einer umfassenden theoretischen Deutung des Menschen, ein eigenartiges Geschehen angesichts des Tatbestandes, daß in der traditionellen Geistbestimmung des Menschen eine positive Beschäftigung mit den Krankheitsphänomenen weitgehend unterblieben war.

Die Kranken, die Freuds Aufmerksamkeit auf sich zogen und Anlaß zu seiner Lehre werden sollten, waren Stiefkinder der Schulmedizin gewesen. Die von den großen Erfolgen des 19. Jahrhunderts gekrönte naturwissenschaftliche Medizin konnte mit dieser Gruppe von Kranken nichts anfangen, weil sie mit ihren Symptomen nicht ihrem Grundkonzept von Krankheit entsprachen. Nach dem theoretischen Fundament des ausgehenden 19. Jahrhunderts mußte jede Krankheit einen organischen, anatomisch-lokalisierbaren Befund aufweisen, um als Krankheit gelten zu können. Bei Störungen und Ausfallserscheinungen des Bewegungsapparates, Sprach- und Sehstörungen, verschiedenartigsten Angstzuständen, melancholischen Depressionen bis zur psychischen Verworrenheit, die mit dem als Hysterie bezeichneten Krankheitsbild auftraten, konnte kein organischer Befund nachgewiesen werden und eine entsprechende Behandlung war nicht möglich.

Freud hatte keine andere Ausbildung als Nervenarzt absolviert als die Mediziner seiner Zeit und war in dem naturwissenschaftlichen Denken aufgewachsen. Trotzdem schließt er sich dem allgemeinen medizinischen Urteil über die Hysterie nicht an, er teilt die in ärztlichen Kreisen insgeheim vertretene Auffassung, daß es sich hierbei um eingebildete oder simulierte Krankheiten handle, nicht, sondern nimmt den phänomenalen Krankheitsbefund ernst.[140] Freud verfährt wohl analog der naturwissenschaftlichen Methode, wenn er nach der *Ursache* der hysterischen Krankheitserscheinungen fragt. Es ist aber nicht zu übersehen, daß er in eine andere Richtung fragt, die Ursache nicht mehr in einem anatomisch-physiologisch feststellbaren Substrat finden will. Wie kommt er dazu, diese Ursache nicht mehr in einer pathologischen Veränderung der Nervenzellen zu suchen, sondern anderswo?

Bei dem Versuch eines positiven Verständnisses der hysterischen Krankheitserscheinungen stößt Freud auf keinen *körperlichen,* sondern auf einen *seelischen* Befund. Die im anatomischen Sinne ursachelosen Krankheiten werden von *Konflikten* des Seelenlebens »verursacht«. Der Konflikt entsteht aus gegensätzlichen Strebungen.

»Man findet bei solchen Personen die Anzeichen eines Widerstreites von Wunschregungen oder wie wir zu sagen gewohnt sind, eines psychischen *Konfliktes.* Ein Stück der Persönlichkeit vertritt gewisse Wünsche, ein anderes sträubt sich dagegen und wehrt ab. Ohne solchen Konflikt gäbe es keine Neurose.«[141]

Mit der Entdeckung des Konfliktes, der als entscheidender Tatbestand bei den Krankheitserscheinungen berücksichtigt werden muß, wird das herrschende Krankheitsverständnis der Medizin infrage gestellt.

Der metaphysischen Bestimmung des Menschen entsprechend, war die Krankheit seit dem Entstehen der abendländisch-europäischen Medizin bei den griechischen Ärzten der Physis und damit den körperlichen Funktionen zugerechnet worden, während die Philosophie den »eigentlichen« metaphysischen Teil des Menschen zum Gegenstand ihrer Betrachtungen machte.

Krankheit gilt jetzt nicht mehr nur als Störung der natürlich-körperlichen Vorgänge eines Organismus. Sie ist jetzt nicht gleichsam einem Raum zugeteilt, der mit den »höheren« Funktionen des Menschen, mit seiner »Seele« nichts zu tun hat, sondern ist in das menschliche Dasein als Ganzes hereingenommen. Krankheit erweist sich als eine grundlegende Möglichkeit menschlichen Daseins.[142]

Wie steht es nun um den *Konflikt,* dem in der Deutung der Krankheit eine so bedeutende Stellung eingeräumt wird? Was trifft in ihm zusammen und bringt ihn hervor? Der Konflikt wird von Freud zunächst in einer einfachen Formel beschrieben. Der Konflikt ist ein Ergebnis der widerstreitenden Tendenzen von Sexual- und Ich-Trieben. Später wird diese einfache Kennzeichnung in immer differenziertere Begriffe und komplizierte Beschreibungen aufgelöst. Der Grundsachverhalt des Konfliktes wird in Begriffen der Ambivalenz, im Gegensatz von Ich und Libido, männlich und weiblich, Sadismus und Masochismus, Angst und Angstabwehr, in dem mehrfachen Gegensatz von Ich, Es und Über-Ich und Realität dargelegt. Der Konflikt bedeutet, daß zwischen gegensätzlichen oder unvereinbaren Strebungen kein befriedigender Ausgleich gefunden werden kann. Jede der zwei oder mehr Strebungen hält an ihrem Ziel fest. Die Krankheit stellt nun das Ergebnis dieses unverträglichen Zustandes dar. In ihr bildet sich zwar ein Ausgleich, aber ein pathologischer, in der Weise des Krankheitssymptoms. Das Symptom hat beide oder mehrere Anteile der verschiedenen, unverträglichen Tendenzen in sich vereinigt. Damit ist zwar die unerträgliche Spannung zwischen dem Gegensatz aufgehoben und insofern eine

Lösung zustande gekommen. Es ist aber eine Lösung, die wiederum mit anderen Bezügen des Daseins in Widerstreit tritt, die Leiden bedeutet und eingeschränktes Leben. Die Konfliktmöglichkeit des Menschen verweist auf einen grundsätzlichen Sachverhalt. Die *Welt* des Menschen, in die er hineinversetzt worden ist, bietet niemals eine seinen Wünschen entsprechende Befriedigung. Die Wirklichkeit der Welt, — in der Freudschen Terminologie, die »Realität« — ist mit den Wünschen, Ansprüchen, Sehnsüchten in keine befriedigende Deckung zu bringen. Diese grundsätzliche Differenz bedeutet Konfliktmöglichkeit, die in den vielfältigen Verhältnissen der Entwicklung und des Erwachsenenalters durch das gesamte Leben des Menschen hindurch vorliegt und ständig bewältigt sein will.[143] Aus diesem Grund erweist die Erforschung kranken menschlichen Daseins die Konstitution des Gesunden.

Die »zwei Hauptsätze der Neurosenlehre« besagen daher, »Erstens ..., daß die Neurosen aus dem Konflikt zwischen dem Ich und der Libido entspringen, zweitens ..., daß keine qualitative Verschiedenheit zwischen den Bedingungen der Gesundheit und denen der Neurose bestehe, daß die Gesunden vielmehr mit denselben Aufgaben der Bewältigung der Libido zu kämpfen haben, nur daß es ihnen besser gelungen ist.«[144]

Der sogenannte Normale unterscheidet sich vom Kranken nicht dadurch, daß er keine Konflikte hätte, er hat sie nur anders austragen können als der Kranke.

Inwieweit die Konfliktlosigkeit dabei als Norm, als »Wahrheit« gelten kann, ist durchaus problematisch. »Hiermit wird aber, wie wohl ersichtlich, ausdrücklich gesagt, daß der ›mittlere‹ Mensch, der Mensch im allgemeinen seine Zwiespältigkeit *nicht* als Qual empfindet. Andererseits aber ist zu betonen, daß der mittlere Mensch seiner Zwiespältigkeit gegenüber immerhin so hilflos zu sein pflegt, daß er dazu neigt, sie zu bagatellisieren. Hierin liegt wieder einer der Gründe, die dafür sorgten, daß die Psychologie diese Zwiespältigkeit der menschlichen Natur nicht mit der Unbefangenheit und dem — notwendigen — Grad an Interesse behandelte, der der Bedeutsamkeit dieses anthropologischen Tatbestandes angemessen ist.«[145]

Die Freudschen Ergebnisse verweisen mit aller Klarheit auf eine anthropologische Grundbestimmung: Menschliches Dasein ist widersprüchlich. Die Widersprüchlichkeit wird sich in seiner individualen Geschichte, aber auch in der Menschheitsgeschichte *je anders* verwirklichen. Die Aufgabe ihrer Bewältigung mag je anders gestellt sein. Sie bleibt aber als solche erhalten, weil sie das menschliche Dasein als solches kennzeichnet.

Auf dem Gebiet der Psychoanalyse hat H. Schultz-Hencke wohl wie kein anderer die Widersprüchlichkeit als anthropologische Grundbestimmung bestätigt. Ihm fällt das Verdienst zu, als erster Versuche einer Systematik der Konfliktmöglichkeiten auf Grund der therapeutischen Erfahrung geboten zu haben. Seine These der *Antinomik des Antriebserlebens* besagt, daß bei den drei wesentlichen Antriebsbereichen des Menschen, Besitzstreben, Geltungsstreben und Sexualstreben, die Strebungen nach zwei gegensätzlichen Seiten tendieren können; sowohl das »zu viel« als auch das »zu wenig« bedeutet Verfehlung von Daseinsmöglichkeiten. Das rechte Maß ist nur durch die Bewältigung der gegenläufigen Tendenzen zu finden. Zu der Antinomik des Antriebserlebens kommt die Antinomik der zwischenmenschlichen Beziehungen und die zwischen Menschen und Welt.[146]

Die widersprüchliche Verfassung menschlichen Daseins hat F. Riemann in den »Grundformen der Angst« beschrieben, die jeweils zur Bewältigung oder Nichtbewältigung der gegenläufigen Tendenzen des Menschen in einem Bezug stehen.[147]

Unter dem überwältigenden Eindruck der Mannigfaltigkeit der Krankheitserscheinungen, die jede für sich eine Antwort auf die Konfliktmöglichkeit gibt, kommt Freud auch nahe daran, die Neurose als eine spezifisch menschliche Möglichkeit anzusetzen und sie gegenüber dem tierischen Lebensbereich abzuheben.

»Zu solcher Entzweiung kommt es vielleicht nur beim Menschen, und darum mag im Ganzen und Großen die Neurose sein Vorrecht vor den Tieren sein. Die überstarke Entwicklung seiner Libido und die vielleicht gerade dadurch ermöglichte Ausbildung eines reich gegliederten Seelenlebens, scheinen die Bedingungen für die Entstehung eines solchen Konfliktes geschaffen zu haben.«[148]

Der Ansatz wird aber nicht weiter verfolgt und als ablenkende Spekulation aufgegeben. Die Konfliktmöglichkeit wird in der ersten Phase mit dem Gegensatz von Hunger und Liebe, von Art- und Selbsterhaltung biologisch erklärt. In der späten Phase ist diese Erklärung auch für Freud nicht mehr aufrechtzuerhalten. Zu den bisher beobachteten Erscheinungen des Konfliktes treten die unter der Bezeichnung Wiederholungszwang zusammengefaßten Phänomene hinzu. Die ohnehin mit nicht wenigen Möglichkeiten ausgestattete Konfliktanlage des Menschen wird nun durch die Möglichkeit der *Selbstzerstörung* erweitert. Auch diese höchst merkwürdige Erscheinung hält Freud nicht ab, seinem vorgefaßten Verständnis treu zu bleiben und dem Menschen einen biologisch faßbaren Platz im Bereich des Lebens anzuweisen. Die These vom Todestrieb postuliert eine zerstörende Macht von kosmischem Ausmaß, die in allen Lebensbereichen nachweisbar sein soll. Hierbei setzt sich Freud allerdings weiter als sonst von aller empirischen Beobachtung ab. Um sein naturalistisches Verständnis vom Menschen aufrecht erhalten zu können, muß er in der letzten Phase seines Werkes zu weitausgreifenden Spekulationen Zuflucht nehmen. Recht besehen ist der Versuch, die durch die Beobachtungen belegte Konfliktmöglichkeit einer biologischen Erklärung zuzuführen, von vornherein der Boden entzogen. Wie soll eine am Leitfaden der bestmöglichen Lebensanpassung verlaufende Entwicklung je einen solchen Fehlweg einschlagen können?

e) Triebgeschichte

Als letzter Gesichtspunkt der immanenten Widersprüche der Freudschen Theorie soll das Thema *Zeit* berührt werden.

Freud hat über das Phänomen der Zeit keine expliziten Ausführungen vorgelegt. Er verweist allerdings öfter auf die seiner Ansicht nach *zeitlose* Verfassung des Unbewußten. In diesem Zusammenhang wird Kant erwähnt und die Gültigkeit der apriorischen Anschauungsformen von Zeit und Raum auf das Wahrnehmungsbewußtsein beschränkt.[149]

Die Zeit begreift Freud dabei als »Zeitvorstellung« im Sinne eines Vorher und Nachher, einer nach einer Richtung ablaufenden Reihe. Die Entstehung der Zeitvorstellung wird mit der Entstehung des Wahrnehmungsbewußtseins verknüpft. Sie dient dem »Lebenszweck«, indem durch die Ordnung des Nacheinander der Wahrnehmungen eine adäquate Erfassung der Außenwelt gewährleistet wird.

Neben dieser »Zeitvorstellung« gibt es aber noch ein anderes Verständnis von Zeit, das sich auf die Triebentwicklung und Triebbewältigung bezieht. Es ist implizit in Begriffen wie Fixierung, Regression, Wiederkehr des Verdrängten (Wiederholungszwang), Todestrieb enthalten. Welche Rolle spielt bei alledem die Zeit? Nach der Theorie der Libidoentwicklung hat die zentrale Triebkraft des Menschen verschiedene Phasen ihrer Ausbildung durchzumachen. Da eine »natürliche« Regelung dieser Entwicklung beim Menschen nicht vorgegeben ist, kann sie fehllaufen, gestört oder unterbrochen werden. Die Fehlmöglichkeiten werden von Freud unter dem allgemeinen Begriff der Fixierung und der Regression zusammengefaßt. Fixierung bedeutet, daß die Libido auf einer ihrer Phasen festgehalten wurde, sie hat das notwendige *Durchschreiten* nicht oder nur zum Teil vollziehen können und bleibt in ihrer Äußerung an jene Entwicklungsphase »fixiert«. Das hat zur Folge, daß die späteren Phasen mit ihren eigenen Ansprüchen an die Form und Bewältigung der Libido mit den fixierten Formen in Widerspruch treten können.

Regression bedeutet Rückkehr von einer späteren zu einer früheren Stufe. Der Sachverhalt, der durch diesen Begriff zum Ausdruck gebracht werden soll, ist nochmals verwickelter. Bezieht sich Fixierung auf die einstige Entwicklungsstufe, so Regression auf die späteren Ergebnisse der Fixierung. Diese sind keineswegs eindeutig, wie eben das Seelenleben des Menschen, das Freud beschreibt, für die vielseitigsten Komplikationsmöglichkeiten offensteht. Die Fixierungen sind selten extrem und sauber umgrenzt ausgebildet, sie stellen Knotenpunkte dar, die nach vielen Richtungen hin ausstrahlen und im Laufe der Zeit mit einem Netz von Gegenreaktionen (Abwehrmechanismen) umgeben worden sind. »Normalerweise« müssen die Fixierungen nicht auffallend in Erscheinung treten, sie können durch andere Verhaltensweisen ausgeglichen, kompensiert, verdeckt werden. Eine Regression tritt nun dann ein, wenn die mit der jeweiligen Lebenssituation, mit der »Realität« auftretenden Anforderungen das übliche, normale Maß überschreiten. Dieser besonderen Belastung ist dann die durch die Fixierung entstandene schwache Stelle nicht mehr gewachsen. Die für die besonderen Anforderungen nötige Libidobewältigung kann nicht geleistet werden, weil die auf einer frühen Stufe festgehaltene Form der Libido dafür nicht geeignet ist. Durch die Belastung wird das Reaktionsnetz, das die Fixierung integrieren sollte, durchbrochen, und die frühere Form der Libidobefriedigung oder -bewältigung tritt nunmehr wieder deutlich hervor. Regression ist die unter bestimmten Umständen eintretende Rückkehr zu einer scheinbar bereits überwundenen Stufe der Entwicklung.

Umfang, Bedeutung, Ausbildung der Fixierung stehen zu der »Realität« und damit zur Möglichkeit der Regression in einem Verhältnis. Je stärker die Fixierung, um so leichter, und schon bei geringen Belastungen wird eine Regression eintreten können.

Beide Begriffe beziehen sich auf Vergangenheit. Bei den durch sie erfaßten vielfältigen Erscheinungen handelt es sich um vergangene Ereignisse. Es ist aber nicht nur die Vergangenheit, die sich hierbei bemerkbar macht, die Vergangenheit wird wirklich und aktuell in der Gegenwart. Das vergangene Ereignis ist nicht restlos vergangen, erledigt und abgetan, sondern steht in einem Verhältnis zur Gegenwart. Besser gesagt: Die Vergangenheit ist in der Weise der Fixierung gegenwärtig, sie bestimmt auf dem Wege der Regression die Gegenwart.

Es kann den Anschein haben, daß die Freudsche Theorie vom Menschen sich vornehmlich mit der Vergangenheit beschäftigt. Sie verlegt nicht nur die entscheidenden, den Erwachsenen bestimmenden Ereignisse in die Vergangenheit der ersten fünf Kindheitsjahre, sondern betont mit den einen breiten Raum einnehmenden Beschreibungen der Regression, der Infantilismen, der Wiederkehr des Verdrängten, des Traumlebens als Rückkehr in die Kindheit, schließlich mit dem Todestrieb, der ja pointiert die Bewegung nach rückwärts zum Ziele hat, durchgängig die »Macht der Vergangenheit« (Binswanger).

Eine scharfsinnige Betrachtung der Freudschen Lehre hat diesen Sachverhalt herausgestellt. Freuds Theorie fällt danach in die Epoche des Kapitalismus, dessen Grundtendenz sich im Festhalten am Bestehenden verkörpert. Das Vergangene wird in den Vordergrund gehoben und glorifiziert, um das Neue am Heraufkommen zu hindern.

»Wohl wenig Zeiten haben so unvermeidlich den Übergang zu einem Anderswerden, einem Heraufkommenden gespürt wie die jetzige. Aber desto betretener und blinder verhält sich das Bürgertum hierzu, ist am Widerschein des Morgen gar nicht oder nur feindlich interessiert. Kommende Ereignisse werfen diesem Bürgertum lediglich ihre *Schatten* voraus, nichts anderes als Schatten; die kapitalistische Gesellschaft spürt sich von der Zukunft verneint ... Jede Psychoanalyse, mit Verdrängung als Hauptbegriff, Sublimierung als bloßem Nebenbegriff (für Ersatz, Hoffnungs-Illusionen), ist darum notwendig retrospektiv. Sie entstand zwar in einer früheren Zeit als der heutigen, sie nahm, um die Jahrhundertwende, an einem sogenannten Kampf gegen die konventionellen Lügen der Kulturmenschheit teil. Trotzdem ist Psychoanalyse in einer schon damals überalterten Klasse entstanden, in einer Gesellschaft ohne Zukunft.« »Das Unbewußte der Psychoanalyse ist mithin, wie erkennbar, niemals ein *Noch-Nicht-Bewußtes,* ein Element der Progressionen; es besteht vielmehr aus Regressionen. Demgemäß macht auch das Bewußtwerden dieses Unbewußten nur Gewesenes kenntlich; das heißt: *im Freudschen Unbewußten ist nichts Neues.* Das wurde noch klarer, als C. G. Jung, der psychoanalytische Faschist, die Libido und ihre unbewußten Inhalte gänzlich auf Urzeitliches reduzierte.« Die Ausführungen vermeiden sorgfältig eine Auseinandersetzung mit der Sache und sind daher auch mit keinem Hauch von Sachkenntnis belastet. Dazu stehen die polemischen Ausfälle gegen Freud und Jung in einer Entsprechung. Bedenkenlos werden sämtliche Ergebnisse der tiefenpsychologischen Schulen als Ausfluß der sozial-ökonomischen Verhältnisse der kapitalistischen Epoche angesetzt. »Erst der Marxismus vor allem hat einen Begriff des Wissens in die Welt gebracht, der nicht mehr wesentlich auf Gewordenheit bezogen ist, sondern auf die Tendenz des Heraufkommenden; so bringt er erstmalig Zukunft in den theoretisch-praktischen Griff.«[150]

Die Beschäftigung mit der Vergangenheit hat Freud sich aber nicht in seiner Eigenschaft als bürgerlicher Vertreter des Kapitalismus vorgeben lassen, sondern seine Beobachtungen im Umgang mit kranken Menschen haben ihn dazu geführt. Das Festhalten an der Vergangenheit, das mit den Begriffen der Fixierung, Regression, schließlich besonders auffallend mit dem Wiederholungszwang theoretisch beschrieben wird, hat mit einer »ideologischen« Auslegung der Wirklichkeit nichts zu tun. Die von Freud beschriebenen Phänomene sind in der ganz eigenartigen Verfassung der menschlichen Entwicklung begründet und deshalb unabhängig von den jeweiligen sozial-ökonomischen Verhältnissen nachzuweisen.[151] Genauer gesagt: Jede Fixierung wird sich in der Weise der jeweiligen Gesellschaftformen zeigen und kann deswegen auch in der Intensität des Auftretens zu dieser in einem Verhältnis stehen. Keine Gesellschaftsform vermag jedoch die Möglichkeit der Fixierung überhaupt hervorzubringen.

Die Betonung der Vergangenheit bei Freud ist das theoretische Ergebnis von Erfahrungen, die er in den praktischen Bemühungen gemacht hat, Menschen von dem Festhalten am Vergangenen zu *befreien.* Die kolossale Schwierigkeit, mit der er sich bei diesem Versuch konfrontiert sah, die durchgängig vorfindbare Gebundenheit an die Vergangenheit aufzulösen, hat ihn notwendigerweise dazu veranlaßt, in seiner Neurosenlehre diesen Erscheinungen ein breites Feld einzuräumen. Der Befund, der von Freud in dieser Hinsicht über den Menschen vorgelegt wird, besagt, daß sich im menschlichen Dasein eine nicht zu übersehende Tendenz aufweisen läßt, die an der Vergangenheit festhalten will. Für diese Tendenz gibt er folgende Begründung. Einmal ist die Befriedigung der Luststrebungen um so vollkommener erfüllt, je weiter die Phasen der Entwicklung zurückreichen. Als Vorbild der völligen Befriedigung kann die Intrauterinexistenz gelten. Hier ist für eine völlige Befriedigung und Erfüllung aller Strebungen gesorgt. Dieser paradiesische Zustand wird bereits durch die Geburt entscheidend modifiziert. Die Entwicklung des Menschen wird von nun an durch den zunehmenden Verzicht auf die rezeptive Befriedigung bestimmt. An ihre Stelle — ohne, daß sie je ganz aufgegeben werden müssen — sollten eigenständige Bewältigungsformen treten. Dieser Ablösungsprozeß, symbolisch durch die Trennung des Kindes von der Mutter dargestellt, ist offenbar schmerzlicher Natur. Aus diesem Grunde kann sich der Mensch in wechselndem Ausmaß gegen die »progressive« Richtung wehren und der regressiven den Vorzug geben. Freud wird nicht müde, auf die Notwendigkeit zu verweisen, daß der Mensch von der Kindheit Abschied nehmen müsse, um ein Erwachsener zu werden.

Die Tendenz zur Vergangenheit tritt aber nicht nur durch die Sehnsucht nach einem paradiesischen Zustand in Erscheinung. Freud sieht sich in seinem späten Werk genötigt, einen Wiederholungszwang anzunehmen, der ebenfalls ein Festhalten am Vergangenen bedeutet, wobei aber das attraktive Lusterfüllungsmoment ausfällt. Gerade »unlustbetonte«, traumatische Ereignisse werden in diesem Phänomen für die Gegenwart bestimmend, aber auch die von Freud aufgewiesenen abträglichen oder gar traumatischen Erlebnisse der Kinderzeit. Diese negativen Erlebnisse der Vergangenheit werden entweder selbst oder in ihrer Prägung der frühkindlichen Entwicklung später »wiederholt«, was zur Folge hat, daß die Möglichkeiten eines erfüllten Daseins weitgehend eingeschränkt oder überhaupt zunichte gemacht werden. Der Wiederholungszwang (die Wiederkehr des Verdrängten) erweist sich als das stärkste Hindernis für eine Heilung, d. h. für das Offenstehen von Möglichkeiten, die nicht von der — negativen — Vergangenheit bestimmt sind. Wiederholungszwang bedeutet, daß der Mensch *gegen* sich selbst arbeiten kann. Freud kann sich diese von ihm angetroffene, äußerst seltsame Tendenz zur *Selbstzerstörung* nicht anders erklären und in sein Verständnis vom Menschen einbauen, als daß er einen biologisch-kosmischen Trieb zum Tode einführt.

Die Veränderungen der pathogen wirkenden Vergangenheit können durch die Bewußtmachung erfolgen. Sobald es gelingt, die Fixierungen bewußt zu machen, besteht die Chance, die einst fehlgelaufene und festgelaufene Situation nochmals zu durchleben, mit dem Ziel eines besseren Ausganges. Insofern wird auch hierbei eine »Wiederholung« vollzogen, jedoch nicht im Sinne des erstarrten Unlebendigen, sondern mit der Ausrichtung auf ein lebendiges Neues.

Wenn wir von daher noch einmal das Phänomen Zeit in den Blick nehmen, dann zeigt sich unmißverständlich, daß den Begriffen Fixierung, Regression, Wiederholungszwang ein *anderes* Zeitverständnis zugrunde liegen muß, als das anfangs angeführte. Hier handelt es sich nicht um Zeit im Sinne des Nacheinander einer ablaufenden Zeitreihe. Wenn Vergangenheit bestimmend für Gegenwart sein kann, wenn mit diesem Verhältnis über die *Zukunft* entschieden wird, dann wird hier ein Dasein beschrieben, das von der Grundverfassung der *Geschichtlichkeit* getragen ist. Wie könnte es sonst möglich sein, daß einmal die Vergangenheit die Gegenwart bestimmt, womit die Zukunft — im Sinne der erstarrten Unlebendigkeit — festgelegt ist, und daß zum anderen und vor allem die Möglichkeit besteht, diese Vergangenheit nochmals durchzugehen, zu wiederholen, damit ein neues, nämlich zukünftiges Verhältnis zu ihr entsteht?

Das Phänomen der Geschichtlichkeit, das einwandfrei in den Beschreibungen Freuds zutage tritt, stellt einen eminenten Widerspruch zu dem animalischen Menschenverständnis dar. Wie soll diese merkwürdige Verfassung eines »Lebewesens« mit dem Leben der Tiere in eine vergleichende Begründung gebracht werden? Das Tier hat kein Verhältnis zur Zeit. Es lebt in reiner Gegenwärtigkeit, hat weder die Möglichkeit der Vergangenheit im Sinne der Fixierung oder Regression, noch und vor allem die Möglichkeit einer *Revision* der Vergangenheit, die eine neue Zukunft ermöglicht.

4. Die marxistisch orientierte Kritik an der Lehre Freuds

Wenn hier verschiedene kritische Einwände gegen die Lehre von Freud unter den weitläufigen Begriff »marxistisch« zusammengefaßt werden, so bedarf diese Bezeichnung zunächst einer Klärung. Unter »marxistisch« soll hier eine Position verstanden werden, soweit sie, ob sie sich explizit so benennt oder nicht und in welcher Version auch immer, an dem im 2. Abschnitt dargelegten Menschenverständnis prinzipiell festhält. Der Mensch wird danach als ein *gesellschaftlich produzierendes Gattungswesen* angesehen, das sich in und mit dieser Produktion in einem historischen Prozeß selbst konstituiert.

Die von dieser nicht mehr diskutierten Grundposition ausgehenden Kritiken der Lehre Freuds bieten auf den ersten Blick kein einheitliches Bild. Dazu mögen die verschiedenen Versionen dieser Grundposition beitragen wie auch der beträchtliche Umfang des Freudschen Werkes mit seinen immer wieder revidierten und differenzierteren Beschreibungen, die Anlaß bieten, diese oder jene seiner Thesen gesondert zur Interpretation heranzuziehen.

Die Einwände reichen von einer partiellen Rezeption und Neuinterpretation (Marcuse) über Integrationsversuche der Lehre Freuds in die marxistische Auffassung (Fromm) über methodologische Reflexionen im Hinblick auf die kritische Theorie (Habermas) bis hin zu vehementer Verwerfung (Adorno).

Entsprechend zu ihrer Ausgangsposition läßt sich jedoch ein gemeinsames Moment dieser Kritiken erkennen, das sich durch die mannigfaltigen Abwandlungen durchhält. Der Freudschen Lehre wird zum Vorwurf gemacht, daß sie den ökonomisch-gesellschaftlichen Zusammenhängen entweder überhaupt nicht den gebührenden Rang bei der Betrachtung des Individuums einräume, oder wenn dies in beschränkter Weise auch der Fall sein sollte, daß sie diese Zusammenhänge als unveränderbar ansetze. Somit sei bereits im Ansatz der Lehre Freuds ein doppelter Mangel vorhanden. Das Individuum, mit dem sich die Psychoanalyse beschäftigt und das die Voraussetzung für die theoretischen Überlegungen darstellt, gebe es nicht an sich.[152] Bestenfalls sei dieses Individuum das einer bestimmten Klasse einer historisch gewordenen Gesellschaft.

Soweit in den Begriffen Freuds jedoch durch seine unbestechliche Beobachtung erzwungen, die gesellschaftliche Vermittlung implizit zum Zuge komme, werde sie nichtsdestoweniger in einer Auffassung verwendet, die den ökonomisch-gesellschaftlichen Rahmen als »natürlich« vorgegeben ansieht. Aus dieser Sicht ergibt sich nun erst der fundamentale Mangel: Die mögliche und erforderliche *Kritik* der ökonomisch-gesellschaftlichen Verhältnisse unterbleibt. Zwar fänden sich wiederum Ansätze einer solchen Kritik bei Freud, sie bezögen sich jedoch fast ausschließlich auf die zur Zeit Freuds herrschende Sexualmoral der bürgerlichen Gesellschaft.[153]

Da die Psychoanalyse nur das Leiden der Einzelnen zum Gegenstand habe und hierbei eine Hilfe und Abhilfe sein wolle, ergäbe sich angesichts des »wahren« Sachverhalts ein paradoxes Bild: Statt an der Wurzel des Übels anzufangen und die ökonomisch-gesellschaftlichen Ursachen des Leidens aufzuzeigen und zu bekämpfen, habe sich die Psychoanalyse die unmögliche Aufgabe gestellt, das durch entfremdete Verhältnisse konstituierte Individuum von einer Entfremdung zu befreien, von der es doch nur eine epiphänomenale Darstellung biete. Das einzige, was daher der psychoanalytischen Bemühung letzten Endes als Ergebnis bliebe, sei die *Anpassung* an die schlechten bestehenden Zustände.

»Noch die gelungene Kur trägt das Stigma des Beschädigten, der vergeblichen und sich pathisch übertreibenden Anpassung. Der Triumph des Ichs ist einer der Verblendung durchs Partikulare. Das ist der Grund der objektiven Unwahrheit aller Psychotherapie, welche die Therapeutiker zum Schwindel animiert. Indem der Geheilte dem irren Ganzen sich anähnelt, wird er erst recht krank ...«[154]

Von daher gesehen, arbeite die Psychoanalyse wiederum im Interesse der bestehenden entfremdeten Verhältnisse, indem sie nicht zu ihrer Aufhebung, sondern zu ihrer Erhaltung beiträgt.

Der *psychologische* Ansatz der Lehre Freuds trage in sich dialektisch folgerichtig Unwahrheit und Wahrheit zugleich. *Psychologie* des Individuums sei entfremdete Manifestation der individualistischen bürgerlichen Gesellschaft. Als Wissenschaft vom abstrakten Einzelwesen stellt sich ihr die ebenso abstrakte — bürgerliche — Wissenschaft der Gesellschaft, die *Soziologie,* unvermittelt zur Seite, Ausdruck der *unwahren* Trennung vom Allgemeinen und Besonderen. Aufgabe müßte es sein, die *Wahrheit* dieser Trennung in ihrer Aufhebung freizusetzen. Die psychologischen Kategorien müßten daher in gesellschaftliche (politische) umgewandelt werden.

Alle weiteren und detaillierteren Einwände lassen sich auf den Boden dieser prinzipiellen Kritik zurückführen, die es nun näher zu betrachten gilt.

a) Das Problem der gesellschaftlichen Vermittlung

Der kritische Einwand scheint zunächst triftig zu sein: Freuds Lehre habe sich vornehmlich mit dem Individuum beschäftigt und die das Individuum konstituierenden ökonomisch-gesellschaftlichen Verhältnisse nicht eigens und nicht radikal genug in den Blick genommen. Das Individuum, mit dem sich Freud beschäftigt, sei das »Individuum« der bürgerlichen (Wiener) Gesellschaft eines bestimmten historischen Abschnittes (vor und nach dem 1. Weltkrieg). Streng genommen sei es das »Individuum« einer besitzenden Oberschicht dieser Gesellschaftsform, der Freud selbst angehört hat.

Diese Auffassung kann mit zahlreichen plausiblen Hinweisen belegt werden: Die vaterzentrierte Struktur der Theorie Freuds, seine patriarchalisch geprägte Deutung der Frau (Penisneid), die Verabsolutierung des Ödipuskomplexes, seine Einstellung zum Kind, zum Besitz, zur Arbeit, usw.[155] Freud legt danach selbst für die marxistische Grundposition Zeugnis ab: Seine Theorie über den Menschen sei Ausfluß einer ökonomisch-gesellschaftlichen Entwicklungsstufe der menschlichen Gattungsgeschichte.

Um über diese These entscheiden zu können, ist es nötig, sich noch einmal, und nun unter dem Aspekt der Kritik, die Freudsche Auffassung ins Gedächtnis zu rufen. Freud hat in der Tat im Gegensatz zur marxistischen Theorie zum Gegenstand seiner Forschung das menschliche Individuum und nicht die — historisch sich entwickelnde — Gattung Mensch. Dieses Individuum stellt jedoch kein von der Gesellschaft isoliertes Atom dar. Freuds Ausgangspunkt ist der *leidende* Einzelmensch. Die Bemühungen, der Ursache des Leidens auf die Spur zu kommen, führen zu einer Theorie, die die Verflochtenheit des Menschen in die Beziehungen zu anderen mit aller Deutlichkeit aufzeigt. Auch das Freudsche Individuum ist — wenn man den dialektisch getönten Begriff formal beibehalten will — gesellschaftlich vermittelt. Worin besteht der Unterschied zwischen der Freudschen und der marxistischen Vermittlung des Individuums?

Die gesellschaftliche Vermittlung, die bei Freud in erster Linie relevant wird, besteht in Familienbeziehungen. Das Verhältnis des Kindes zur Mutter, zum Vater, zu den Geschwistern, steht im Mittelpunkt der Betrachtung. Darüber hinaus gibt es die Gesellschaft, die gegen die Familie abgehoben wird. Diese Hervorhebung der Familienbeziehungen, den Unterschied von Familie und Gesellschaft überhaupt, gibt es in der marxistischen Auffassung nicht. Die jeweilige Familienstruktur, aber auch die Familie selbst, gilt dabei wiederum als ökonomisch-gesellschaftlich bedingt, stellt also keineswegs eine besonders zu betrachtende oder gar invariante Gegebenheit des menschlichen Lebens dar.[156]

Im Gegensatz dazu scheint Freud der Familie erhebliche Bedeutung zuzumessen. Sie ist es, auf die das *Triebwesen* Mensch zuerst *angewiesen* ist, an die es die Ansprüche seiner Triebwünsche stellt, Befriedigung und Versagung dieser Wünsche erfährt. Diese Erfahrungen seien von derart eminenter Bedeutung, daß sie das Verhalten des Erwachsenen weitgehend bestimmen.

Nun müßte diese Konzeption, auch wenn sie die Bedeutung der Familie betont, noch nicht in Widerspruch zu der marxistischen Auffassung treten. Es könnte eine Verbindung hergestellt werden, indem die Freudschen Ergebnisse prinzipiell — nach Entfernung der zeitbedingten Elemente — wieder integriert werden können. Die Familie wäre dann als Vermittlungsinstrument der Gesellschaft anzusehen. »Die Familie ist die psychologische Agentur der Gesellschaft.«[157]

Die Verbindung der beiden Lehren würde eine *Ergänzung* der marxistischen Auffassung darstellen, indem diese um den *psychologischen* Aspekt der Vermittlung von Gesellschaft und Individuum bereichert würde, ohne daß an ihrer grundsätzlichen Position eine Änderung vorgenommen werden müßte.

»Entscheidend ist, daß alle diese Veränderungen in letzter Instanz auf die ökonomischen Bedingungen zurückgehen, daß sich die Triebregungen und -bedürfnisse im Sinne der ökonomischen Bedingungen, d. h. des jeweils Möglichen bzw. Notwendigen verändern und anpassen. Innerhalb der Auffassung des historischen Materialismus findet die analytische Psychologie eindeutig ihren Platz.«[158]

Die genauere Betrachtung der Freudschen Lehre zeigt jedoch, daß die Bedeutung der Familie und ihr Verhältnis für das aufwachsende Menschenkind nicht darin aufgeht, eine Vermittlungsagentur von Gesellschaft und Individuum zu sein. In der Familie oder mit den sie ersetzenden Personen ist für das Kleinkind eine *erste, besondere,* mit der späteren Gesellschaft nicht einfachhin vergleichbare zwischenmenschliche Sphäre gesetzt, in deren problematischer Dimension darüber entschieden wird, wie der erwachsene Mensch als Gemeinschaftswesen sich verhalten wird.

Die Besonderheit dieser ersten Sphäre wird von Freud mit der »natürlichen« Anlage des Menschen begründet. Der Mensch ist danach ein Triebwesen mit einem *konstitutionellen Triebüberschuß,* das eine im sonstigen Lebensbereich nicht bekannte, lang ausgedehnte kindliche *Hilflosigkeit* aufweist. Beides, der bereits im kindlichen Alter auftretende Triebüberschuß und die langandauernde Hilflosigkeit bringen es mit sich, daß das Menschenkind auf Erziehungs- und Pflegepersonen über viele Jahre hin angewiesen bleibt. In dieser Zeit der Abhängigkeit hat es den Konflikt zwischen Triebanspruch und Befriedigung-Versagung mit den und gegen die Personen durchzusetzen, auf die es unbedingt angewiesen ist. Aufgrund seiner Erfahrungen macht Freud dazu eine seltsame Behauptung. Er sagt, daß der Mensch sich von der ersten Sphäre seines Aufwachsens *loslösen* muß, um ein erwachsener Mensch zu werden. Er beschreibt den Weg, den das Kleinkind bis zur Pubertät zurücklegen muß, als einen Weg, auf dem in verschiedenen Phasen der konstitutionelle Konflikt zwischen Triebanspruch und möglicher Befriedigung bewältigt werden soll, in Zuneigung und Protest, in Liebe und Haß mit den gewährenden und versagenden Personen, Vater, Mutter, Geschwistern.

Der jugendliche Mensch sollte sich nach der Pubertät von den ihn bislang bestimmenden Vater-Mutter-Geschwister-Gestalten *loslösen* und nun sein Leben selbst in die Hand nehmen. Er sollte in einem Ablösungsprozeß *selbständig* werden, d. h. vor allem ohne die bislang maßgebenden, äußeren und inneren Autoritäten, die Aufgaben übernehmen lernen, die sich ihm als erwachsenem Menschen stellen.

Das für den *mündigen* Menschen erforderliche Heraustreten aus der Sphäre der Kindheit ist eine »große Aufgabe« und keineswegs leicht zu vollbringen. Freud weist darauf hin, wie selten sie adäquat geleistet wird.

»Von dieser Zeit an muß sich das menschliche Individuum der großen Aufgabe der Ablösung von den Eltern widmen, nach deren Lösung es erst aufhören kann, Kind zu sein, um ein Mitglied der sozialen Gemeinschaft zu werden. ... Diese Aufgaben ergeben sich für jedermann; es ist beachtenswert, wie selten ihre Erledigung in idealer Weise, d. h. psychologisch wie sozial korrekt, gelingt.«[159]

»Die Ablösung des heranwachsenden Individuums von der Autorität der Eltern ist eine der notwendigsten, aber auch schmerzlichsten Leistungen der Entwicklung.«[160] »Die Ablösung des Kindes von den Eltern wird so zu einer unentrinnbaren Aufgabe, wenn die soziale Tüchtigkeit des jungen Individuums nicht gefährdet werden soll.«[161]

Das Hindernis, das sich dem Überschritt vom kindlichen zum erwachsenen Alter entgegensetzt, ist die starke libidinöse Bindung an die Erziehungspersonen. Das »biologische Moment« der langhingezogenen Hilflosigkeit und Abhängigkeit des kleinen Menschenkindes, »seine Unfertigkeit«[162] bedeutet Angst vor den Gefahren der Außenwelt, was bewirkt, daß die Bedeutung der Personen, die das Kind allein vor diesen Gefahren beschützen, enorm gesteigert wird. Das Kind will geliebt und beschützt werden, ein Bedürfnis, »das den Menschen nicht mehr verlassen wird«. Nach der Pubertät soll der Mensch imstande sein, neue gemeinschaftsbildende Bindungen einzugehen. Das kann aber nur dann wirklich gelingen, wenn die alten Bindungen aufgegeben werden. Bleibt er von den libidinösen Bindungen (Liebe, Haß, Auflehnung, Aggression, Unterwürfigkeit) seiner Kinderzeit bestimmt, dann erwartet er von seinen Partnern in allen sozialen Beziehungen, daß sie ihm in gleicher Weise begegnen werden, wie es einst in der kindlichen Sphäre der Fall gewesen war.

Diese wenigen Hinweise müssen hier genügen, um eine ganz eigenartige Dimension anzuzeigen, die Freud in ihrer ungemeinen Vielfalt beschrieben hat. Diese Dimension kommt in dem marxistischen Menschenverständnis nicht vor. Sie wird überdeckt von der These der gesellschaftlichen Vermittlung des Individuums. Es fällt nicht schwer, nachzuweisen, daß die eigenartige erste Sphäre der menschlichen Kindheit allemal wieder von den sich wandelnden gesellschaftlichen Normen, Vorstellungen und Gewohnheiten durch die Erziehungspersonen geprägt wird. Darum geht es aber gar nicht. Auch Freud hat dieser Prägung Rechnung getragen und sie in dem kulturellen Über-Ich der Eltern und seinem Einfluß auf die Erziehung beschrieben. Es geht um den Entwicklungsweg, den das menschliche Kind in dieser ersten Sphäre zurückzulegen hat. Der Weg ist gekennzeichnet von der Konfliktmöglichkeit zwischen Triebüberschuß einerseits, Gewährung und Versagung andererseits. Er soll in einem Ablösungsprozeß von der die erste Phase bestimmenden Maßgabe der Eltern münden.

Dies alles, Konfliktmöglichkeit, Triebüberschuß, -gewährung, -versagung, Ablösungsprozeß ist allemal ökonomisch-gesellschaftlich-historisch *geprägt*, es ist aber nicht ökonomisch-gesellschaftlich konstituiert. Das bedeutet, es ist auf ökonomisch-gesellschaftliche Sachverhalte nicht rückführbar. Konfliktmöglichkeit, Bewältigung oder Nichtbewältigung dieser Ablösungserfordernis sind kein Ergebnis ökonomisch-gesellschaftlicher Umstände. Die marxistische Theorie richtet sich auf die ökonomisch-gesellschaftlichen Verhältnisse allein. In ihrem Rahmen ist für eine Betrachtung der problematischen Dimension der frühkindlichen *Individualentwicklung* kein Platz.

Die entscheidende Differenz zwischen Individuum und Gesellschaft wird in der marxistischen Auffassung übersprungen. Die Dialektik sorgt dafür, daß diese Differenz immer als eine der absoluten Vermittlung zwischen Gesellschaft (Allgemeines) und Individuum (Besonderes) erscheint, womit sich alle Bestimmungen des Individuums in allgemeine auflösen lassen. Im Gegensatz dazu beschreibt Freud Phänomene, die das Verhältnis des Einzelnen zu sich selbst und das Verhältnis des Einzelnen zur Gesellschaft betreffen. Dieses Verhältnis ist in keine dialektische Vermittlung einzubringen. Es bedeutet, daß der Mensch als *Einzelner* vor bestimmte Aufgaben, Entscheidungen gestellt ist, die nur er selbst übernehmen kann, wobei ihn die jeweiligen ökonomisch-gesellschaftlichen Umstände fördern oder, wie es zumeist der Fall ist, hindern oder gar blockieren können. Keine ökonomisch-gesellschaftlichen Umstände, welcher Art auch immer, können ihm aber diese prinzipiell abnehmen.

Das Phänomen des Verhältnisses des Einzelnen zu sich selbst und dessen Verhältnis zur Gemeinschaft wird bei Freud in seinem *praktischen* Umgang mit einzelnen, leidenden Menschen sichtbar. Es entsteht die weitläufige und differenzierte Problematik, wie der Mensch auf seinem Entwicklungsweg ein mündiger, selbständiger Mensch werden kann, welches nur gelingt, wenn er zu sich selbst in ein Verhältnis treten kann, das nicht mehr von den Maßgaben der kindlichen Sphäre bestimmt wird. Aufgrund seiner Erfahrungen macht Freud für diesen Entwicklungsweg eine befremdlich klingende Behauptung. Infolge der »natürlichen«, von ihm biologisch interpretierten Anlage des Menschen kommt dieser *zwangsläufig* in einen Prozeß, wo ihm die Maßgabe der anderen unersetzlich ist, weil er auf sie angewiesen ist. Genauso zwangsläufig im Hinblick auf ein mündiges Menschendasein wäre es, dieser notwendigen Maßgabe eines Tages zu entsagen, um nun selbst für sich die entscheidende Maßgabe zu finden. Dieser Prozeß ist ein eminent schmerzlicher, da die einstigen tief eingewurzelten libidinösen Bindungen mit ihren Befriedigungsmöglichkeiten aufgegeben werden müssen.

Von alledem ist in der marxistischen Lehre keine Rede. Wenn dort überhaupt etwas Vergleichbares vorgesehen ist, dann betrifft es die theoretisch postulierte Befreiung des Individuums. Das Postulat kann aber eigentlich nur die Veränderung der ökonomisch-gesellschaftlichen Umstände meinen, die die Verwirklichung und Befreiung des Individuums verhindern. Im Vergleich mit der Freudschen Lehre könnten diese Veränderungen nur die Hindernisse oder Blockierungen betreffen, die der Entwicklung des kindlichen zum erwachsenen, mündigen Menschen im Wege stehen. Die Verwirklichung oder Befreiung des Individuums müßte nach der marxistischen Theorie nach gedachter Beseitigung dieser Hindernisse von selbst eintreten. Es bedürfte zu dieser Befreiung keiner problematischen Dimension eines Verhältnisses zu sich selbst, in der nach den Ergebnissen Freuds, trotz günstiger Umstände, diese Befreiung ausbleiben kann. So könnte die Betonung der ökonomisch-gesellschaftlichen Umstände und ihre alleinige Betrachtung eine *Ablenkung* von einer notwendigen Aufgabe bedeuten. Bei aller Richtigkeit der Erfordernisse einer Veränderung dieser Umstände sollte zumindestens, wenn in den marxistischen Thesen vom Individuum und dessen Heil so oft die Rede ist, doch irgendwo einmal der eben erörterte Phänomenbestand aufgezeigt und auf die mit ihm verbundene erhebliche Problematik verwiesen sein. Das ist aber erstaunlicherweise nicht der Fall. Hier stehen die Lehren von Marx und Freud bei all ihren bis heute vorgenommenen Veränderungen und Modifikationen unversöhnlich gegeneinander.

In gewisser Weise hat E. Fromm den in Rede stehenden Phänomenbestand in seine Überlegungen aufgenommen. »Die Furcht vor der Freiheit« ist ein Problem, das in das Verhältnis des Einzelnen zu sich selbst gehört. Er hat aber auf der anderen Seite die von Freud so eindringlich aufgewiesenen Tatbestände des Unbewußten, der Stärke der infantilen Triebwünsche und damit die Problematik, die sich einer Verwirklichung des Menschen von sich her in den Weg stellt, keine Beachtung mehr geschenkt. Aus diesem Grund entsteht wieder die Forderung einer idealistischen Ethik, die dem Menschen Postulate vorgibt, die er (wie ihm von Marcuse mit Recht vorgeworfen wird) aber so (ohne Aufarbeitung seiner unbewußten Triebansprüche würde Freud sagen) nicht erfüllen kann. Fromm unternimmt zwar den Versuch einer Verbindung zwischen Marx und Freud, der aber nur durch die Auslassung wichtiger Freudscher Ergebnisse gelingt.[163]

b) Das Problem der Anpassung

Der Sachverhalt einer grundlegenden Differenz zwischen der Lehre Freuds und der von Marx kann weitere Aufklärung durch die Erörterung der *Anpassung* finden. Die marxistischen Thesen machen mit mehr oder weniger Einschränkungen der Psychoanalyse Freuds den Vorwurf, sie müsse letzten Endes mit ihren Heilungsbemühungen Anpassung an die bestehende — schlechte — Gesellschaft betreiben. Gegenstand ihrer Bemühungen sei das durch die entfremdeten Verhältnisse leidend gemachte Individuum und nicht diese Verhältnisse selbst, die als primäre Ursache einer radikalen Kritik unterzogen werden müßten.

Wir müssen wiederum prüfen, ob dieser Vorwurf die Freudsche Lehre tatsächlich trifft.[164] Freud selbst macht zu dem Problem eine bezeichnende Bemerkung:

»Ich habe wiederholt von meinen Kranken, wenn ich ihnen Hilfe oder Erleichterung durch eine kathartische Kur versprach, den Einwand hören müssen: Sie sagen ja selbst, daß mein Leiden wahrscheinlich mit meinen Verhältnissen und Schicksalen zusammenhängt: daran können Sie ja nichts ändern; auf welche Weise wollen Sie mir denn helfen? Darauf habe ich antworten können: — Ich zweifle ja nicht, daß es dem Schicksale leichter fallen müßte als mir, Ihr Leiden zu beheben: aber Sie werden sich überzeugen, daß viel damit gewonnen ist, wenn es gelingt, Ihr hysterisches Elend in gemeines Unglück zu verwandeln.«[165]

Aus dieser Bemerkung könnte eine doppelte Folgerung gezogen werden. Freud hätte erstens zwar gemeint, daß eine Umänderung der Verhältnisse das hysterische Elend aufheben könne, da er aber der Überzeugung war, daß diese unveränderbar hinzunehmen seien, bliebe zweitens nichts anderes übrig, als eine seelische Haltung einzuüben, die sich mit den elenden Verhältnissen resignativ abfindet.

Wir wenden uns zunächst der zweiten Folgerung zu, die erste soll im nächsten Abschnitt behandelt werden. Wie steht es mit der Umwandlung von hysterischem Elend in gemeines Unglück? Handelt es sich hier um eine resignative Anpassung?

Freud spricht zwar von einer für die »Normalität« der Individuen erforderlichen Anpassung an die *Realität*. Wenn wir hier davon absehen, daß Freud den Begriff Realität mehrdeutig verwendet, und das Augenmerk allein auf die wesentliche Bedeutung richten, in der dieser Verwendung findet, so zeigt sich ein entscheidender Sachverhalt. Mit Realität ist nicht das Ganze der an sich vorkommenden Dinge gemeint.

Realität bedeutet nicht eine von uns unabhängige Außenwelt. Realität ist immer vermittelt. Die Vermittlungsdimension, durch die Realität erfahren wird, ist die jeweilige Bedürfnisstruktur des Menschen. Mit Bedürfnisstruktur ist das Ganze der jeweiligen Verhältnisse von Ich, Es und Über-Ich gemeint. Die Bedürfnisstruktur ist sowohl in den Entwicklungsphasen des Menschen als auch in den Altersphasen je anders ausgeprägt, sie hat darüberhinaus bei jedem Menschen eine individuale Bestimmung (Triebschicksal) erfahren. Sie kann sich in den pathologischen Fällen extrem verwandeln. Aus diesem Grund gibt es verschiedene Erfahrung von Welt, Kinder erfahren Welt anders als Erwachsene, alte Leute anders als Jugendliche. Die Welt des Geisteskranken ist eine andere als die des »Normalen«. Realität ist somit keine objektive, aber auch keine subjektive Kategorie. Realität ist die durch die (subjektive) Bedürfnisstruktur vermittelte (objektive) Erscheinung von Welt. Der »Idealfall« einer Bedürfnisstruktur, die einem ich-gerechten Bezug zur Realität entspräche, würde darin bestehen, daß die libidinösen Ansprüche eine durch das Ich vermittelte, angemessene Befriedigung in der »Realität« fänden. Der Verwirklichung dieses gedachten Idealfalles können nun von zwei Seiten her Behinderungen entstehen, wobei diese zwei Seiten wiederum als verschränkte Einheit betrachtet werden müssen. Von der »Realität« her, die Befriedigungen *versagt*, und von der Bedürfnisstruktur her, durch die auf Versagungen geantwortet wird, und was noch entscheidender ist, von der her Versagungen überhaupt erst hervorgerufen werden können.

Versagung bedeutet daher mehrfaches.

1. Die Versagung kann durch »objektive« äußere Zusammenhänge entstehen, worunter unter anderem auch ökonomisch-gesellschaftliche Umstände im marxistischen Sinn eine Rolle spielen. Der Verlust einer geliebten Person, Einschränkungen durch körperliche Mängel oder angeborene Mißbildungen, Beschränkungen durch fortgeschrittenes Alter, stellen z. B. Versagungen dar, die mit ökonomisch-gesellschaftlichen, z. T. überhaupt nicht, z. T. nur bedingt zusammenhängen.

2. Die durch äußere Anlässe hervorgerufenen Versagungen werden nun durch die Bedürfnisstruktur bedingte Antworten finden. Kann die durch die Versagung entstehende »psychische Spannung in tatkräftige Energie« umgesetzt werden, die schließlich doch noch eine Befriedigung zustande bringt, oder kann das unmittelbar erotische Bedürfnis in ein sublimiertes umgewandelt werden, so wird die Versagung bewältigt werden können.

»Daß beide Möglichkeiten in den Schicksalen der Menschen zur Verwirklichung kommen, beweist uns, daß Unglück nicht mit Neurose zusammenfällt, und daß die Versagung nicht allein über Gesundheit oder Erkrankung der Betroffenen entscheidet.«[166]

Wenn beide Möglichkeiten nicht zustande kommen können, erkrankt das Individuum an der Versagung durch die »Realität«, wobei schwer zu entscheiden bleibt, welcher Anteil der »objektiven« Tatbestände zu dieser Erkrankung Anlaß geben. Daß es einen solchen Anteil »gibt«, steht außer Zweifel, er hängt weitgehend von der »ökonomischen« d.h. mit den bei jedem Individuum anders gelagerten Verhältnissen in der Bedürfnisstruktur ab. Für den verbleibenden »objektiven« Anteil gäbe es eine »Therapie« durch Veränderung der »Realität«.[167]

3. Es kann aber auch bereits von vornherein ein dispositionelles Moment, d. h. eine bestimmte Bedürfnisstruktur vorliegen, die eine Versagung der »Realität« hervorruft, ohne daß dazu »objektiv« unbedingt ein Anlaß bestehen muß.

»Das Individuum erkrankt hier nicht infolge einer Veränderung in der Außenwelt, welche an die Stelle einer Befriedigung die Versagung gesetzt hat, sondern infolge einer inneren Bemühung, um sich die in der Realität zugängliche Befriedigung zu holen.«[168]

Die »unüberwindlichen inneren Schwierigkeiten«, die dabei die Befriedigung in der »Realität« verhindern und somit eine *innere* Versagung hervorrufen, die gleichwohl eine Versagung der Realität bedeutet, hängen aufs engste mit der eben erörterten Ablösung aus der ersten Sphäre des menschlichen Entwicklungsweges zusammen. Die Ablösung ist hierbei überhaupt nicht oder schlecht gelungen, die (infantilen) libidinösen Ansprüche beharren auf ihrer einstigen Befriedigungsweise und verweigern sich Modifikationen, die den »realen« Befriedigungsmöglichkeiten entsprechen würden.

Wenn Freud daher von einer erforderlichen Anpassung an die Realität spricht, so meint er damit eine *ich-gerechte* Anpassung, eine Vermittlung von Triebansprüchen mit Befriedigungs- und Versagungsmöglichkeiten, die ein produktives Ich vollbringen kann, das nicht von *unbewußten,* »ich-fremden« Ansprüchen überwältigt wird. Eine derartige Anpassung hat nichts mit einer resignativen Anpassung an schlechte Verhältnisse zu tun.

Von der beträchtlichen Gesamtproblematik der *Versagung durch die Realität* bleibt ein Teil, der durch äußere Umstände, Ereignisse, Verhältnisse verursacht ist. Insofern könnte eine Abänderung der »Realität« hier der Versagung abhelfen. Von dem ausgedehnten Katalog dieser möglichen Versagungen bilden aber die von der marxistischen Theorie in den Vordergrund gestellten ökonomisch-gesellschaftlich verursachten nur einen Teil. Es steht in Frage, ob dieser Teil der wichtigste ist. Er kann es werden, wenn Ausbeutungsverhältnisse, totalitäre Staatsformen, Gefangenschaft, Folter, Terror usw. die freie Entfaltung des Individuums von vornherein verhindern. Die Einräumung eines bestimmten Freiheitsraumes ist aber nur die Vorbedingung für die Verwirklichung des Einzelnen. Insofern würden ökonomisch-gesellschaftlich ideale Einrichtungen notwendige, aber keine zureichenden Gründe für eine solche Verwirklichung sein.

Freuds Forderung nach einer Anpassung an die Realität ist mit der Erstarkung des Ichs gleichlaufend. Die Bewußtmachung unbewußter Triebansprüche, die den ich-gerechten und damit »wahren« Bezug zur »Realität« gefährden, ist eine »Erziehung zur Wahrheit«. Das bedeutet, daß erst auf Grund bewältigter Triebansprüche die »Realität« angemessen erfaßt werden kann. Sie kann dann erst daraufhin beurteilt werden, was an dieser äußerlich und in welcher Rangordnung geändert werden muß, um die Bedingungen für eine Verwirklichung des Einzelnen herzustellen. Dazu gehört vor allem auch die Gestaltung der Gesellschaftsform. Wer sich von der »Realität« abkehrt, sie von seiner eigenen (infantilen) Wunschwelt her begreifen und umschaffen will, hat sich der Gemeinschaftsaufgabe entzogen. »Die Abkehrung von der Realität ist gleichzeitig ein Austritt aus der menschlichen Gemeinschaft.«[169]

Dagegen bedeutet der ich-gerechte Bezug zur »Realität«, von welcher Position aus immer, Betroffenheit von »falschen« gesellschaftlichen Verhältnissen. Der ich-gerechte Bezug zur »Realität« stellt für sich ein »revolutionäres Moment« dar.

> »Die psychoanalytische Erziehung nimmt eine ungebetene Verantwortung auf sich, wenn sie sich vorsetzt, ihren Zögling zum Aufrührer zu modeln. Sie hat das ihrige getan, wenn sie ihn möglichst gesund und leistungsfähig entläßt. In ihr selbst sind genug revolutionäre Momente enthalten, um zu versichern, daß der von ihr erzogene im späteren Leben sich nicht auf die Seite des Rückschritts und der Unterdrückung stellen wird.«[170]

c) Das Problem der historischen Relativität der »Realität«

Der Begriff der Realität scheint bei Freud weitgehend abstrakt verwendet zu sein. Wenn aber als zwingend angenommen werden muß, daß der jeweilige Stand der Produktion, die Art der Gesellschaftsstruktur, die Weise der Güterverteilung, die »Realität« bestimmt, dies alles aber wieder einem historischen Wandel ausgesetzt ist, dann muß auch die »Realität« einer Veränderung unterliegen. Eine solche aber wird nicht ohne Konsequenzen für die Triebstruktur bleiben, wird sie u. U. grundlegend verändern können. Die Kritik lautet daher: Freud hätte »Realität« als unwandelbar angesetzt, demnach die für seine Zeit herrschenden Produktionsverhältnisse insgeheim als konstant und für alle Zeit bestehend angenommen. Daraus sei insbesondere seine These des notwendigen Triebverzichtes, den alle Kultur (Gesellschaft) erstreben müsse, zu erklären. Er habe einen unauflösbaren Zwiespalt zwischen der »Not des Lebens« und den Triebansprüchen postuliert, der eine Unterdrückung der Triebe durch die Gesellschaft unaufhebbar festlegt. Freud hätte sich mit dieser Ansicht auf die Seite jener gestellt, die seit altersher für die Rechtfertigung von Herrschaft und Unterdrückung rationale Gründe vorbringen, um die Aufhebung dieser zu unterbinden.

»Dieser Gedanke ist so alt wie die Kultur selbst und lieferte schon immer die wirksamste Rationalisierung für die Unterdrückung. Freuds Theorie beteiligt sich recht weitgehend an dieser Rationalisierung.«[171]

Setzt man dagegen die Erkenntnis der historischen Relativität des »Realitätsprinzipes« (das ohne weiteres mit Realität gleichgesetzt wird), so bietet sich ein ganz anderer Ausblick. Das dem Lustprinzip entgegenstehende Realitätsprinzip der Freudschen Theorie sei das *Leistungsprinzip* der westlichen Kultur und Zivilisation. Es sei mit dieser historisch entstanden, muß demnach keineswegs für alle Zeiten gelten und bestimmend sein. Die von Freud so eindringlich hervorgehobenen Regressionen seien in Wirklichkeit Zeichen der unterdrückten und damit *unbefreiten* Lustansprüche, die zum Zuge kommen können, sobald materiale und gesellschaftliche Veränderungen für eine *Abschaffung* des Realitätsprinzips (= Leistungsprinzip) eingetreten seien. »Sie (die vielfältigen Formen der Regression G. K.) bekunden den nur historischen Charakter des Realitätsprinzips, die Grenzen seines Wertes und seiner Unentbehrlichkeit.«[172]

Das in der westlichen Welt herrschende Leistungsprinzip habe gerade durch die Konsequenz seiner effektiven Produktivität einen Stand der Naturbeherrschung herbeigeführt, die dieses Prinzip aufhebbar und durch ein anderes ersetzbar erscheinen lasse, das nicht mehr dem Lustprinzip widerstreiten müsse. Der Wechsel sei bislang deswegen noch nicht eingetreten, weil die die Gesellschaft beherrschenden Mächte an der Aufrechterhaltung von Herrschaft und Unterdrückung und damit an der Beibehaltung des Leistungsprinzipes interessiert seien. Die technisch-automatische Industrieproduktion würde eine *mühelose* Befriedigung der Bedürfnisse gestatten; sie wird aber hintangehalten, indem die Bedürfnisbefriedigung selbst manipuliert, das private Dasein und die Freiheit in die Bedürfnismanipulation mit hineingezogen würden, was ein *freies Spiel* der individuellen Möglichkeiten und Fähigkeiten verhindert. Die ehemals durch »Mangel und Unreife« gerechtfertigte Unterdrückung würde nunmehr nicht in erster Linie mit äußerlichen Mitteln betrieben, sondern durch Beeinflussung und Kontrolle des Bewußtseins der Individuen.[173]

Für unsere Erörterung ist vor allem die Voraussetzung dieser Spekulation von Wichtigkeit, die in einer entscheidenden Kritik der Freudschen Theorie besteht. Sie habe danach einmal das jetzt geltende »Realitätsprinzip« als unaufhebbar angesehen, seine historische Relativität nicht erkennen können und zum anderen die daraus folgende Überlegung: Die Triebstruktur, die Freud beschreibt, sei ein Ergebnis dieses »Realitätsprinzipes«, das die freie Entwicklung der Libido verhindere, sie vielmehr in eine Kanalisierung zwinge, die mit den Erfordernissen des Leistungsprinzips übereinkomme. Dazu gehöre vor allem die Forderung des Genitalprimates (patriarchalisch organisierte monogame Fortpflanzung), die die Lust nur in Zusammenhang mit der Fortpflanzungsfunktion zulasse und von dem aus alle anderen prägenitalen Lustbefriedigungen als pervers, regressiv und infantil verdammt würden. Die Unterdrückung der prägenitalen Sexualität, der Freud aus Unkenntnis der historischen Relativität des Realitätsprinzipes das Wort geredet habe, sei nur nötig und verständlich unter der Annahme eines »ewigen« Kampfes ums Dasein, welche Annahme nunmehr fraglich erscheine.

»Die nichtrepressive Ordnung ist ihrem Wesen nach eine Ordnung der *Fülle*: notwendige Einschränkungen erwachsen aus dem ›Überfluß‹ statt aus der Not. Nur eine Ordnung der Fülle, des Überflusses, ist vereinbar mit Freiheit. ... Jenseits des Bereiches der Notwendigkeit erhebt sich die Vision eines Reiches der Freiheit: Freiheit ist nicht innerhalb, sondern außerhalb des ›Kampfes ums Dasein‹.[174]

Es wird nun wiederum um eine Prüfung gehen, inwieweit diese Voraussetzung einen Anhalt an der Freudschen Lehre findet, inwieweit dieser eine vielleicht zeitbedingte Begrenzung nachgewiesen werden kann oder inwieweit diese Voraussetzung einer bestimmten Zielen dienenden

Interpretation von Freud ihr Dasein verdankt. Realitätsprinzip und Lustprinzip sind zwei von Freud verwendete Begriffe, die verschiedene Dimensionen des psychischen Lebens kennzeichnen sollen. Im unbewußten Bereich herrscht allein das Lustprinzip, das auf ungehemmte und sofortige Befriedigung eingerichtet ist. Ihm stehen die Bedingungen der Außenwelt entgegen, die diesen Lustansprüchen im seltensten Fall entsprechen. Das Leben des Gesamtgebildes kann daher nur dann gewährleistet sein, wenn das Lustprinzip durch das Realitätsprinzip modifiziert wird. Die Lustansprüche müssen in eine Entsprechung zu den realen Befriedigungsmöglichkeiten gebracht werden, eine Aufgabe, die z. B. das Kleinkind in einem langandauernden Prozeß und nur mit Hilfe der Erziehungspersonen erlernen muß.

Freud verwendet den Begriff zur *allgemeinen* Kennzeichnung der Struktur des seelischen Lebens, eine Verwendung, deren Rechtfertigung empirisch bestätigt werden kann. Eine historische Veränderung dieses in seinem Sinne ausgesprochenen Tatbestandes scheint unter welchen vorstellbaren veränderten Bedingungen der Außenwelt auch immer nicht recht möglich. Die Gleichsetzung des Realitätsprinzipes mit dem Leistungsprinzip der westlichen Kultur ist jedoch eine Vorstellung, die im Freudschen Werk *nicht den geringsten Anhalt* findet.[175]

Anders könnte es mit dem Begriff der *Realität* stehen, der eine mehr inhaltliche Bestimmung gefunden hat. Vom Begriff der Realität aus wäre auch das Realitätsprinzip über seine allgemeine Bedeutung hinaus näher bestimmbar.

Freud verwendet den Begriff Realität mehrdeutig. Die wesentliche Bedeutung wurde schon erörtert: Realität ist dabei ein Vermittlungsbegriff. Realität ist keine subjektive, »innere Abbildung« objektiver Gegebenheiten. Realität wird *erfahren*, welche Erfahrung von einer wandelbaren und damit problematischen Bedürfnisstruktur bestimmt ist.

Davon ist eine zweite Bedeutung abzuheben, die zwar mit der ersten zusammenhängt, sich aber auf den »objektiven Anteil« richtet. Natur, Gesellschaft, »Welt« können in ihrer Bedeutung für die Vermittlung eigens betont und betrachtet werden.

Darüber hinaus gibt es eine dritte Verwendung des Begriffes der Realität, als eine an sich bestimmbare objektive Gegebenheit, nach Vorbild des positivistischen Wissenschaftsideals. Äußere Realität bedeutet dabei objektive, *wissenschaftliche* Erfassung der Wirklichkeit.

In der Freudschen Beschreibung sind die drei Bedeutungen ungeschieden, je nach dem Thema tritt bald die eine, bald eine andere in den

Vordergrund. Hier geht es um die zweite Bedeutung. Für Realität setzt hierbei Freud auch *Not des Lebens, Realität der Welt, Gesetze der Natur*, und vor allem die griechische Bezeichnung Ananke.[176] Mit der Not des Lebens oder »ihrem richtigen großen Namen« Ananke, wird die »Welt« des Menschen gemeint, in die er ohne sein Zutun versetzt worden ist, auf die er zu seiner Bedürfnisbefriedigung angewiesen ist, die jedoch diese Befriedigung nur unter bestimmten Bedingungen, nur unter *Einschränkungen* gewährt. Dazu gehört der »Kampf ums Dasein« als Grundvoraussetzung, der Natur muß das für die täglichen Bedürfnisse Nötige abgerungen werden, es müssen Schutzvorkehrungen gegen ihre verderblichen Einflüsse getroffen werden usw., was alles mit *Mühsal, Anstrengung, Kampf* verbunden ist. Das von der Ananke verhängte Los über den Menschen ist damit aber noch nicht erfüllt. Die Einschränkungen reichen weiter. Das »unerbittliche Naturgesetz«, das die Beschränkung des individuellen Daseins bedeutet, das »schmerzliche Rätsel des Todes, gegen den bisher kein Kräutlein gefunden wurde und wahrscheinlich keines gefunden werden wird«,[177] Beschränkungen durch das fortschreitende Alter, Krankheiten, die schwerwiegende Einschränkungen mit sich bringen können, die vielfältigen Leiden, die die Menschen untereinander sich bereiten, die Entbehrungen durch nicht erfüllte Liebe, Schmerzen des Verlustes des geliebten Menschen — ein weitläufiger Katalog von Möglichkeiten, von denen manche den Menschen zuweilen verschonen mögen, denen keiner aber wird gänzlich entgehen können.

Die Möglichkeiten der Beeinträchtigungen und Versagungen scheinen gegenüber den Möglichkeiten der Befriedigung und Gewährung zu überwiegen. Der Mensch strebt von seiner Anlage her nach umfassender Befriedigung seiner Lustansprüche und kann doch für diese keine adäquate Erfüllung finden.

»Dies Prinzip beherrscht die Leistung des seelischen Apparates von Anfang an; an seiner Zweckdienlichkeit kann kein Zweifel sein, und doch ist sein Programm im Hader mit der ganzen Welt, mit dem Makrokosmos ebensowohl wie mit dem Mikrokosmos. Es ist überhaupt nicht durchführbar, alle Einrichtungen des Alls widerstreben ihm; man möchte sagen, die Absicht, daß der Mensch ›glücklich‹ sei, ist im Plan der ›Schöpfung‹ nicht enthalten.«[178]

Realität heißt hier: »Die dunkle Macht des Schicksals«, die sich einer umfassenden Erfüllung der dem menschlichen Dasein inhärenten Möglichkeiten widersetzt.

Wenn wir diese Bedeutung mit der von Marcuse verwendeten vergleichen, so ergibt sich noch immer keine Verbindung, die die Berufung auf Freud rechtfertigen könnte. Es ließe sich allerdings ein Zusammenhang herstellen, sobald von der infrage stehenden »Realität« ein Bereich herausgenommen wird, der den »Kampf ums Dasein« betrifft. Die Produktion hat sich im technischen Zeitalter entscheidend gewandelt. Die aufzuwendende Zeit und die Mühsal hat sich verringert. Die Naturbeherrschung hat einen Grad erreicht, der die Bedrohung des Menschen von äußeren Gefahren auf ein Mindestmaß herabsetzt, Krankheiten, die aus »natürlichen« Ursachen entstehen, können weitgehend bekämpft werden. Es scheint dem Menschen gelungen zu sein, einen Bereich der unerbittlichen Ananke seiner Verfügung zu unterwerfen.

In Marcuses Überlegungen wird »Realität« unmerklich auf diesen Bereich reduziert, sie erscheint nunmehr im Gewand des Kampfes ums Dasein. Da dieser Kampf in der Industriegesellschaft gewonnen zu sein scheint, könnte der von Freud postulierte Triebverzicht, der zu diesem Kampfe nötig war, aufgehoben werden. Damit erhebt sich — gegen Freud — die Vision eines glücklichen Menschen der Zukunft. Die Gründe, die den Menschen bislang an der Erfüllung seines »befreiten« Daseins gehindert hatten, werden konsequent ins Historisch-Materiale verlegt. Dazu bedarf es mehrerer Schritte.

Zuerst wird die »Not des Lebens« auf den ökonomisch-materialen Bereich beschränkt.

Es werden zwar noch andere Bereiche der »Not des Lebens« erörtert. Dies geschieht aber bereits vom Standpunkt eines vom »Kampf ums Dasein« — der Möglichkeit nach — befreiten Menschen aus. Von dieser Position aus soll dann der Kampf gegen Krankheit, Mühsal, Zeit und Tod geführt werden, mit dem vorgesetzten Ziel, diese Bedrückungen und Einschränkungen menschlichen Daseins zu beseitigen. Nur von daher sind die phantastischen Ausführungen über Vergänglichkeit und Tod zu begreifen: »Aber der verhängnisvolle Feind aller dauernden Befriedigung ist die *Zeit,* die innere Endlichkeit, die Kürze aller Zustände. Die Idee einer vollständigen menschlichen Befreiung schließt daher notwendigerweise die Vision eines Kampfes gegen die Zeit in sich«. «Wäre der erreichte Lebenszustand erfreulich und wünschenswert, so würde das der unbewußten Anziehung, die die Triebe auf einen ›früheren Zustand‹ zurückzieht, erfolgreich entgegenwirken. Die ›konservative Natur‹ der Triebe käme in einer erfüllten Gegenwart zur Ruhe. Der Tod hörte auf, ein Triebziel zu sein. Er bleibt eine Tatsache, vielleicht sogar eine letzte Notwendigkeit — aber eine Notwendigkeit, gegen die die unterdrückte Energie der Menschheit protestieren wird, gegen die sie den entschiedensten Kampf aufnehmen wird.« »Eine Philosophie hingegen, die nicht als Handlangerin der Unterdrückung arbeitet, reagiert auf die Tatsache des Todes mit der ›großen Verweigerung‹ — der Weigerung Orpheus, des Befreiers.«[179]

Der nächste Schritt besteht in dem Hinweis auf die historisch sich entwickelnde gesellschaftliche Produktion. Die Gesellschaft hat bislang der Entwicklung der materialen Produktion entsprechend Triebverzicht verlangen müssen, wobei der Triebverzicht der Klassenstruktur gemäß unterschiedlich verteilt worden ist.

Der dritte Schritt ist die Behauptung des Primats der Gesellschaft über die Triebstruktur. Sobald daher die Aufhebung des Triebverzichtes grundsätzlich — material-historisch — möglich sei, können alle Individuen durch eine »freie« Gesellschaft (ohne Klassenstruktur und Herrschaftsverhältnisse) auf den Weg ihrer »freien« Verwirklichung gebracht werden, indem ihre Triebstruktur von der neuen Gesellschaft bestimmt wird.

Der Grund, warum sich diese freie Gesellschaft und das ihr korrespondierende befreite Individuum trotz der materialen Möglichkeit noch nicht konstituiert hat, wird in die Herrschaftsinteressen einer bestimmten Gruppe verlegt, die an ihrer Machtposition und den damit verbundenen Privilegien festhalten will. Sie manipuliert das allgemeine Bewußtsein derart, daß die Bedürfnisbefriedigung selbst zum Mittel der Beherrschung gemacht wird. Manipulierter Konsum ist an die Stelle der Mühsal der Arbeit getreten und verhindert jetzt auf andere Weise dasselbe: die Befreiung des Individuums. Die Kritik muß sich daher auf die Gesellschaft richten, die frei sein könnte, wenn ihr dazu nicht der Weg versperrt würde.

Gegen diese Vision eines befreiten glücklichen Menschen behauptet Freud:

1. Die Not des Lebens, die »Realität« besteht nicht allein im ökonomisch-materialen Bereich. Sie reicht weiter. Selbst wenn es gelänge, die materiale Not des Lebens, den Kampf gegen die Natur, weitgehend zu eliminieren (was bislang keineswegs gelungen ist, da sich zum Beispiel die Mittel im Kampf gegen die Natur gegen den Menschen selbst in einem unvorhergesehenen Ausmaß kehren), sind damit die anderen Bereiche keineswegs aufgehoben.

2. Die gesellschaftliche Produktion ist von der Bedürfnisstruktur *der Individuen*, wenn nicht bestimmt, so doch entscheidend beeinflußt. In ihr spielen menschliche Leidenschaften (Triebe) eine maßgebliche, von dem Entwicklungsstand der Produktion unabhängige Rolle.

3. Die Bedürfnisstruktur des Menschen ist durch die jeweilige Gesellschaft geprägt, und zwar problematisch, aber niemals von der Gesellschaft konstituiert. Sie ist durch einen eigenartigen Entwicklungs-

weg gekennzeichnet, von dessen Verlauf das Verhalten des Individuums in der Gesellschaft und vor allem auch das Verhalten der Gesellschaft entscheidend abhängig ist.

Der Tatbestand der Manipulation der Bedürfnisbefriedigung — an dem nicht zu zweifeln ist — würde von seinem Standpunkt aus anders interpretiert werden müssen. Freud würde sagen, eine derartige Manipulation wäre nicht möglich, wenn nicht in den manipulierten Individuen Bereitschaften vorlängen, die der Manipulation entsprechen und mit der diese rechnen kann. Die Bereitschaft ist primär von der Bedürfnisstruktur der Individuen her zu verstehen. Zum einen sorgt das Lustprinzip der unbewußten Dimension des Menschen normalerweise für einen stetigen Überschuß an Wünschen und Ansprüchen, die prinzipiell nur mit einer äußeren oder inneren Schranke einzudämmen ist. Das Lustprinzip ist von sich her maßlos und wird jede mögliche Befriedigung mit neuen Wünschen und Ansprüchen überdauern.

»Denn die große Hoffnung, die Marx und die Besten der Arbeiterbewegung in allen Ländern beseelte: daß Freizeit schließlich den Menschen von der Notwendigkeit befreien und das Animal laborans produktiv machen würde, beruht aus den Illusionen einer mechanistischen Weltanschauung, die annimmt, daß Arbeitskraft, gleich jeder anderen Energie, niemals verloren gehen kann und daher, wenn sie nicht in der Plage des Lebens verbraucht ... ist, automatisch frei wird für das Höhere. Hundert Jahre nach Marx wissen wir um den Trugschluß dieses Arguments nur zu gut Bescheid; die überschüssige Zeit des Animal laborans wird niemals für etwas anderes verbraucht als konsumieren, und je mehr Zeit ihm gelassen wird, desto begehrlicher und bedrohlicher werden seine Wünsche und sein Appetit.«[180]

Zum anderen ist die Not des Lebens — im umfassenden Sinn gemeint — stetiger Anlaß, einen Ausgleich in der Lustsphäre zu suchen, wobei die naheliegendsten und passiv zu erlangenden Gelegenheiten bevorzugt werden. Der mündige, selbständig für sich entscheidende, »freie« Mensch, den die marxistische Theorie als selbstverständlich voraussetzt, müßte die Sphäre der unbewußten (infantilen) Wunschwelt erst bei sich selbst bewältigt haben, um ein Mündiger sein zu können. Das bedeutet, daß sowohl ein eigenes Maß der Begrenzung gefunden wäre, als auch, daß gegen die falschen Tröstungen angesichts der »Not des Lebens«, gegen alle Vorspiegelungen von Traumwelten der Vergnügungsindustrie und der Massenmedien Mittel des Widerstandes entwickelt worden wären.

Dazu wäre ein schmerzhafter Ablösungsprozeß nötig, den Freud als *Abschied von der Kindheit* bezeichnet. Der Mensch scheint von seiner psychischen Struktur her sich gegen einen solchen Prozeß zu wehren, *ein* Grund, warum er so oft unterbleibt.

Die Realität als Versagung der Realität, als *Not des Lebens* mag sich in ihrer Erscheinungsform wandeln, sie mag in manchen Bereichen durch die technischen Errungenschaften gemildert oder gar eliminiert werden, der von Freud gemeinte phänomenale Tatbestand bleibt nichtsdestoweniger bestehen, da er in der Struktur des menschlichen Daseins begründet ist.

Freud hat der marxistischen Theorie als einer erneuten *Illusion* der Menschheit mißtraut.

In seiner Kritik der Religion macht er jener den Vorwurf, daß sie dem Gefühl der Hilflosigkeit des Menschen angesichts der für ihn bedrohlichen »Not des Lebens«, der Unbegreiflichkeit des Todes, der unumgänglichen Entbehrungen, des Leidens mit einem falschen Trost begegnet. Sie vertröstet den Menschen für die diesseitig erlittene und nicht zu begreifende Unbill auf eine Entschädigung im Jenseits.

Die marxistische Theorie hat zwar auf das himmlische Jenseits verzichtet, bringt aber auf ihre Weise einen neuen Trost, indem die Aufhebung der menschlichen Widersprüche der Mühsal, des Leidens und der Vergänglichkeit prinzipiell möglich erscheint. Freud sieht darin ein »neuerliches idealistisches Verkennen der menschlichen Natur«,[181] den Versuch, eine Wunschwelt zu errichten, um dem zu entgehen, was er als unabänderlich vor Augen hatte: den unbegreifbaren Widerspruch, den der Mensch selbst darstellt, als Wesen, das zu mehr veranlagt ist, als es in seiner Welt bekommen kann.

Aus diesem Grund meint Freud, daß er seinen Mitmenschen »keinen Trost zu bringen weiß, denn das verlangen sie im Grunde alle, die wildesten Revolutionäre nicht weniger leidenschaftlich als die bravsten Frommgläubigen.«[182]

5. *Jenseits von Metaphysik*

Freuds Lehre ist mit einem durchgängigen Widerspruch verbunden. Auf der einen Seite verwendet er naturwissenschaftliche Begriffe und Vorstellungen. Auf der anderen Seite beschreibt er mit diesen Begriffen und Vorstellungen Phänomene, die dem naturwissenschaftlichen Ansatz keineswegs entsprechen, sondern aus einem völlig anderen Verstehenshorizont hervorgegangen sein müssen.

Derselbe Widerspruch zeigt sich in seiner Auffassung vom Menschen. Einerseits will er den Menschen wie in der Naturwissenschaft als hochentwickeltes Säugetier begreifen, auf der anderen Seite beschreibt er dieses Menschentier als ein Wesen, das mit dem naturwissenschaftlichen Verständnis sehr wenig gemeinsam hat.

Diesem Tatbestand entsprechend ist auch sein antimetaphysischer Impuls keineswegs eindeutig. Soweit Freud den Menschen naturwissenschaftlich auffaßt, ist die antimetaphysische Tendenz offenkundig, wie in der genetischen Ableitung des Menschen vom Tier oder in der Rückführung der »geistigen« Phänomene auf die Triebsphäre. In seinen Phänomenbeschreibungen jedoch zeigt sich ein Verständnis des Menschen, das in keinen Zusammenhang mit einer Gegenbewegung gegen die Tradition gebracht werden kann. Hier geht es nicht mehr darum, die bisherige Auffassung in einer Umkehrung zu unterwandern. Mit seinem zu Recht oft gerühmten genialen Beobachtungsvermögen beschreibt Freud trotz des mißverständlichen und inadäquaten Begriffsrahmens Phänomene des konkreten menschlichen Daseins, wie sie sich von sich selbst her zeigen. Wie hätte er sonst je ein Phänomen wie z. B. den Traum als sinnvolle Erscheinung menschlichen Lebens aufzeigen können? Keine von der naturwissenschaftlichen Methode bestimmte Beobachtung hätte jemals eine solche Erscheinung »wahrnehmen« können, weil der nicht objektivierbare Traum dem Methodenansatz nicht entspricht. Das Verständnis des Menschen in den Phänomenbeschreibungen Freuds ist daher nicht antimetaphysisch bestimmt. Vielmehr wird hier erstmalig seit Platon und Aristoteles ein Ansatz zu einem Menschenverständnis vorgetragen, das jenseits der Metaphysik liegen könnte.

Die für alle metaphysische Bestimmung des Menschen charakteristische Zweiteilung in Leib (Körper) und Seele (Bewußtsein) ist bei Freud nicht mehr maßgebend. Es könnte den Anschein haben, daß Freud die psychische Seite allein zum Gegenstand seiner Forschung macht, neben der es dann doch eine somatische gäbe. Recht besehen, handelt es sich in den Freudschen Beschreibungen aber nicht um isolierbare psychische Vorgänge, sondern um das Erleben des Menschen, so wie er es unmittelbar an sich selbst erfährt. Auch wenn er z. B. mit seinem Begriff der Konversion den Umschlag psychischer Vorgänge in somatische beschreiben will, so ist doch auffallend, daß mit dieser Vorstellung die sogenannten somatischen Vorgänge psychisch gedeutet werden. Das heißt auch die »somatischen« Vorgänge sind nur vom Erleben des Menschen her verstehbar. Allein aus diesem Grund gibt Freud den Anstoß für die Begründung der psychosomatischen Medizin.

Das eine und ungeteilte Erleben des Menschen wird dann in seiner ungemeinen Differenziertheit und in seinen mannigfaltigen Möglichkeiten (auch der der »Unbewußtheit«) von den verschiedenen Seiten her beschrieben, was keineswegs eine Aufteilung dieses Erlebens in verschiedene Bereiche bedeutet. Freuds psychische Forschung ist unter der Einschränkung seiner inadäquaten Begrifflichkeit letzten Endes sachgerechte Beschreibung des »Lebens« von der Art des Menschen, das als Ganzes verstehend lebt. Das Erleben ist aber wiederum kein innerpsychisches Geschehen, das dann sekundär mit einer Außenwelt in Beziehung träte, sondern das Erleben meint das menschliche Sein, das sich schon immer verstehend in einer Welt aufhält. Allein ein Wesen, das in dieser eigenartigen und mit allem anderen Sein unvergleichbaren Weise verstehend lebt, kann von seiner Welt angesprochen werden. Dies kann in verschiedener Weise geschehen, z. B. in der, daß Welt als Anspruch zur Zerstörung, zur einseitigen Bemächtigung erfahren wird (Aggressionstrieb), oder als Anspruch zur konstruktiven Veränderung, als liebende Inanspruchnahme (Eros).

Besonders deutlich kann der Ansatz zur Überwindung der metaphysisch-dualistischen Auffassung des Menschen werden, wenn Freud sagt: ihn interessiere nicht mehr, welche Nervenbahnen in den Angsterscheinungen erregt werden, sondern ihn interessiere die Angst als psychisches Phänomen. Das »psychische« Phänomen Angst, das er beschreibt, ist aber keineswegs ein seelischer Prozeß, neben dem es dann noch einen körperlichen gäbe; Angst ist eine Weise des verstehenden Lebens, in der Welt leibhaft verstehend bedrohlich erfahren wird, unter Umständen derart intensiv beängstigend, daß alle Möglichkeiten von Welterfahrung davon durchstimmt sind. Das schließt nicht aus, daß die Neurologie als naturwissenschaftliche Disziplin die Nervenbahnen gegenständlich feststellt und behauptet, daß ohne die Nervenzellen Angst nicht entstehen könnte. Hiermit wird aber nur das am menschlichen Sein festgestellt, was der naturwissenschaftlichen Methode entspricht, keineswegs das ganze oder das wirkliche Dasein, aber auch nicht ein menschlicher Körper, der dann die (unerklärliche) Grundlage für bewußte Vorgänge darstellen soll. Dieses Erklärungsschema beherrscht bis zum heutigen Tag die Neurologie, die den völlig vergeblichen Versuch unternimmt, mit den wissenschaftlich festgestellten Befunden des (somatischen) Nervensystems das Erleben des Menschen zu begreifen.

Auch die mit den Begriffen Ich, Über-Ich und Es beschriebene »Psyche« ist nichts anderes als das Dasein des Menschen. Nicht umsonst sind alle drei Begriffe unverständlich, wenn sie ohne Bezug zu dem vierten Begriff, dem der »Realität« genommen werden. Warum ist die Realität oder die Außenwelt immer mit im Spiel? Weil das verstehende Dasein schon immer bei seiner Welt ist. Dieses »Leben« ist allerdings keineswegs einfachhin zu »leben«, sondern durch Anforderungen höchst eigener Art gekennzeichnet. Die mit diesen Anforderungen verbundene erhebliche Problematik menschlichen Daseins beschreibt Freud mit den drei »Instanzen« und ihrem jeweiligen Verhältnis zur Realität. Ich, Über-Ich und Es stellen aber niemals lokalisierbare Bereiche im Menschen dar, die miteinander und mit der Realität in einem dinglichen Bezug stünden, mit den Begriffen werden verschiedene Aspekte des einen und unteilbaren (Welt-) verstehenden Lebens gemeint. Auch das »Unbewußte« ist keine bewußtlose, vitale (animalische) Triebsphäre des Menschen. Mit dem »Unbewußten« sind bestimmte Daseinsmöglichkeiten gemeint, denen der Verstehenscharakter keineswegs fehlt, sondern vielmehr in einer ganz besonderen Weise eignet. Der Unterschied zur metaphysischen Auffassung wird nochmals durch die inhaltliche Charakterisierung der »Psyche« dokumentiert. Das »Leben« des Menschen wird nach Freud durch einen grundsätzlichen Widerspruch bestimmt, den er mit den Begriffen Lust und Realität beschreibt. Lust bedeutet anderes als Triebhaftigkeit. Lust meint die in allen Antrieben, Strebungen und Impulsen wirksame Sehnsucht nach einem vollkommenen Zustand der Befriedigung. Das bedeutet, daß alle sogenannten Triebe des Menschen immer mehr »wollen« als eine biologisch faßbare Absättigung eines Triebpotentials. Hunger bedeutet daher mehr als Hunger, der durch Nahrungsmittel gestillt werden kann. Aggressivität ist mehr als Lust an Zerstörung, Liebe will mehr als Befriedigung durch Sexualakte. Die Betonung des Geschlechtstriebes bei Freud könnte bei aller fragwürdigen Einseitigkeit seiner Beschreibung doch auch ihr phänomenales Recht haben, da gerade der erotischen Sphäre, Liebe als Phänomen überhaupt, für die Sehnsucht nach einem erfüllten Zustand entscheidende Bedeutung zukommt. In diesem Zusammenhang ist die Unterscheidung von männlichem und weiblichem menschlichen Dasein und die damit verbundene Problematik bei Freud (bei aller Fragwürdigkeit der Bestimmung im einzelnen) wieder auffallend gegenüber der metaphysischen Auffassung, in der der Mensch infolge der Bewußtseins- und Vernunftinterpretation als geschlechtsneutral angesehen worden ist.

Sobald man das Lustprinzip aus dem Blickwinkel der Triebinterpretation herausnimmt, zeigt sich ein äußerst vielschichtiges Phänomen, das nach mehreren Seiten selbst in den inadäquaten Begriffen Freuds festgehalten ist. Das Lustprinzip Freuds müßte als umfassendes Auslangen menschlichen Daseins verstanden werden, das wiederum auf die Grundbestimmungen Verstehen und Zeitlichkeit verweist. Allein ein Wesen, das zeitlich-verstehend lebt, kann Grenzenlosigkeit, Unbeschränktheit, Unendlichkeit, Vollkommenheit und Unvollkommenheit erfahren. Der Lust als Auslangen nach vollkommener Erfüllung steht die Realität gegenüber, die eine im unterschiedlichen Ausmaß eingeschränkte Befriedigung bietet, eine dem Auslangen entsprechende unbeschränkte Erfüllung jedoch versagt.

Mit Realität meint Freud ein äußerst weitläufiges Phänomen, das inhaltlich etwa folgendes umfaßt: Realität meint einmal die jeweils »eigene Realität« des einzelnen Menschen, und zum anderen die mit und in dieser Realität erfahrene »äußere Realität«.

Zur eigenen Realität gehört: Angewiesenheit auf andere (Bedürftigkeit), Nahrung, Pflege, Schutz, Liebe, Geborgenheit. Notwendigkeit von Eigenbehauptung (Aggressivität). Individuelle Beschränktheit: Körperbildung, Geschlecht, Begabungen. Zeitliche Beschränktheit: individuelle Begrenztheit der Lebensdauer, die — schon bei Lebzeiten — alle Unternehmungen einschränkt, schließlich das Ende des Daseins bedeutet.

Zur äußeren Realität gehört: Die »Natur« als Stoff der Lebensreproduktion, die zur adäquaten Befriedigung umgestaltet werden muß. Natur als Naturgesetze. Die Gefahren der Natur im weitesten Sinne, die lokalen und historischen Verhältnisse, in die das Individuum hineingeboren wird.

Die Mitmenschen der unmittelbaren Beziehungen und die Mitmenschen als Gesellschaft.

Realität in allen diesen Bedeutungen steht in keinem adäquaten Verhältnis zu dem als Lust (-prinzip) gekennzeichneten Verlangen nach vollkommener Befriedigung aller Daseinsmöglichkeiten. Gerade und allein aufgrund der Verstehensstruktur kann ja menschliches Dasein alle bestehende »Realität« transzendieren, d. h. es kann die »realen« Verhältnisse in der Weise der entwerfenden Phantasie übersteigen. Insofern besteht seit jeher, und nicht erst seit Marx, der Wunsch, die »Welt« zu verändern, was allerdings wieder nur möglich ist, wenn allererst die »Realität« verstanden, d. h. interpretiert und der Überstieg zu einer anderen »Realität« entworfen, d.h. interpretiert worden ist.

Aufgrund dieses Sachverhalts kann der Mensch in Schwierigkeiten mit seiner »eigenen Realität« geraten, er kann sich selbst als besser, schöner, klüger, jünger, statt als Mann, als Frau und umgekehrt, wünschen. Er kann die »äußere Realität« seinen Bedürfnissen gegenüber unangemessen erfahren, und die Natur dementsprechend umändern. Er kann Mitmenschen der unmittelbaren Beziehungen und Mitmenschen als Gesellschaft in den Dienst seiner Bedürfnisbefriedigung stellen, er kann sie vergewaltigen und ausbeuten.

Zwischen den beiden Phänomenen Lust (Verlangen) und Realität (verstandene Welt) beschreibt Freud eine eigenartige Dialektik des menschlichen Daseins. Einerseits kann das Verlangen nach Befriedigung zu wenig wollen, es kann die Veränderungsmöglichkeiten der »Realität« zu gering einschätzen, vor der Veränderung überhaupt zurückschrecken. Andererseits kann das Verlangen über die »realen« Veränderungsmöglichkeiten hinausgreifen, es kann sich überschätzen, sie phantastisch überspringen. Er beschreibt in diesem Zusammenhang eine weitere Bedeutung von »Realität« und vergleicht sie mit der griechischen Ananke, der unerbittlichen Notwendigkeit, die stärker ist als menschliche Wunschvorstellungen, die oft an ihr zerbrechen müssen. Der versagende Charakter der »Realität« wird hierbei in den Vordergrund gestellt. Freud meint nun in den Beschreibungen seiner Therapie, daß es darauf ankäme, die »Realität« realitätsgerecht anzunehmen. Der Mensch müßte die Kraft entwickeln, um mit der Realität, wie sie wirklich ist, fertigzuwerden. Es käme darauf an, die »realen« Möglichkeiten zur Veränderung zu sehen, d. h. weder dürfte man hinter diesen zurückbleiben, noch dürften sie wahnhaft überstiegen werden. Freud ist der erste, der die Geisteskrankheiten nicht als Folgen körperlicher Defekte deutet, sondern sie als Erscheinungen interpretiert, die in der Dialektik zwischen Verlangen und dem Versagen der Realität begründet sind. Dazu behauptet er, daß auch das sogenannte normale Dasein keineswegs frei ist von der Tendenz, die Realität wahnhaft zu entstellen.

Das Verhältnis von Lust und Realität ist ein entscheidendes Kennzeichen menschlichen Daseins. Das Verhältnis kann als fundamentaler Widerspruch gefaßt werden. Das menschliche Dasein ist selbst dieser Widerspruch. Der Widerspruch zwischen Lust und Realität muß in diesem Leben »gelebt« werden. d. h., der Widerspruch stellt eine Aufgabe dar, die dieses »Leben« lösen muß.

Die Aufgabe besteht in einer Vermittlung. Sie steht vor besonderen Schwierigkeiten, da zwar der Widerspruch mit dem Dasein gesetzt ist, jedoch nicht schon die Bewältigung des Widerspruchs. Die Aufgabe muß in jedem Dasein eigens »erlernt« werden.

Die Aufgabe kann nicht durch ein reproduzierbares Schema gelöst werden, das immer wieder angewandt werden könnte. Weder bleibt die »äußere Realität« gleich — ihre Erscheinungsform wechselt andauernd — noch bleibt es die »eigene«, da das Dasein von Geburt bis zum Tod verschiedene Phasen durchläuft. Diese stellen je anders gelagerte Verhältnisse des Widerspruchs dar und verlangen entsprechende Formen der Bewältigung.

Die Aufgabe der Vermittlung ist nicht willkürlich zu lösen. Sie untersteht allemal einem Maß. Das Maß ist problematisch, was sich in den Verfehlungen der »Lebensaufgabe« zeigt, in denen das rechte Maß nicht gefunden wurde.

Der Widerspruch bringt eine eigene Weise der Untragbarkeit mit sich. Menschliches Dasein wehrt sich gegen die Zumutung, angesichts eines unendlichen Verlangens endliche Beschränkung auf sich zu nehmen. Der Widerspruch scheint dem Dasein zuviel aufzubürden, es scheint anlagemäßig überfordert zu sein. Die Untragbarkeit erweisen die mannigfaltigen Ausweich- und Abwehrmöglichkeiten, die dem Widerspruch auf verschiedene Weise aus dem Weg gehen wollen.

Die Vermittlung zwischen Lust und Realität ist die »Lebensaufgabe« des Lebens von der Art des Menschen. Diese Aufgabe kommt nicht erst zu irgendeinem animalischen Leben hinzu, sondern das menschliche Leben besteht als solches in dieser Aufgabe.

Mit Aufgabe ist eine formale Bestimmung gemeint. Es ist damit nicht gesagt, daß die Aufgabe in sich Möglichkeiten zu einer endgültigen Lösung trage. Der Widerspruch läßt »endliche« Bewältigungen zu, die aber offenbar niemals einen letztgültigen Ausgleich bedeuten können, es sei denn den Tod, der den Widerspruch zwar aufhebt, aber gleichzeitig dem Dasein ein unwiderrufliches Ende setzt.

Dem Widerspruch und damit der Aufgabe korrespondiert ein Phänomen, dem Freud wiederum in seinen Beschreibungen einen breiten Raum gegeben hat, während es in den metaphysischen und antimetaphysischen Bestimmungen des Menschen keine Beachtung zu finden scheint. Es handelt sich um das Phänomen der Angst. Angst steht zu der Aufgabe, die das »Leben« des Menschen bedeutet, in einer Entsprechung. Der Mensch ängstigt sich im Grunde seines Wesens, weil er als

Mensch unausweichlich vor diese Aufgabe gestellt ist. Er kann sie übernehmen, sie lustvoll und leidvoll leben, er kann im Protest gegen sie sein Leben verzehren, kann ihr auf mannigfaltige Weise begegnen, ihr ausweichen oder sie umgehen wollen, er kann aber niemals aus der Aufgabe überhaupt herausfallen, da sein »Leben« diese selbst ist. Das Selbst-Übernehmen-Müssen des »Lebens« in welcher Form immer ist eine Anforderung, vor der sich das menschliche Dasein ängstigt. Da diese Anforderung von Geburt bis zum Tod anhält, ist die Angst unaufhebbar.

Mit allen bisher verwendeten Begriffen wie Widerspruch, Aufgabe, Anforderung, Angst sind Grundbestimmungen menschlichen Daseins gemeint. Alle faktischen Aufgaben, Widersprüche und Anforderungen, die verschiedenen Formen von faktisch auftretender Angst, aber auch die von unbewußt bleibender Angst sind nur möglich, weil das »Leben« des Menschen ein Sein ist, das im Grunde Widerspruch, Aufgabe, Anforderung und Angst bedeutet. Die Untragbarkeit des Daseins angesichts des Widerspruchs von Lust und Realität zeigt sich besonders deutlich in der Abwehr der Angst. Mit den verschiedensten Mitteln, Methoden und Techniken wird in der Menschheitsgeschichte seit jeher versucht, der Angst Herr zu werden, was im Grunde doch nicht gelingen kann, weil es sein Dasein selbst ist, vor dem sich das menschliche Dasein ängstigt. Angst kann daher produktiv nur dann bewältigt werden, wenn Mut und Vertrauen, Erkenntnis und Kraft entwickelt werden können, das »Leben« in seiner Widersprüchlichkeit und mit seiner Aufgabe anzunehmen.

Die neurotische und psychotische Symptomatik hat auch den Sinn, Angst zu binden. Durch die Symptome schützt sich der Mensch vor der Angst, d. h. vor den Anforderungen seines »Lebens«, denen er — aus welchen Gründen nun immer — nicht nachkommen kann.

Am deutlichsten jedoch kann sich der Unterschied zur metaphysischen Auffassung des Menschen und den ihr verhafteten Gegenbewegungen mit dem von Freud aufgezeigten Phänomen des Unbewußten zeigen. Wiederum mag der Begriff inadäquat, mißverständlich und ungenau sein. Die Phänomene jedoch, die er mit diesem Begriff beschreibt, sind aufweisbar und dokumentieren bisher nicht bekannte Tatbestände menschlichen Daseins.

1. Unbewußt bedeutet zunächst, daß menschliches Dasein sich selbst verborgen sein kann. Diese Möglichkeit ist darin begründet, daß das Dasein sich zu sich selbst (verstehend) verhalten kann. Die Verborgen-

heit im Selbstverhältnis zeigt sich ganz allgemein in dem Sachverhalt, daß sich der Mensch selbst, so wie er leibt und lebt, also in seinem umfassenden Dasein, nicht zu »Gesicht bekommt«. Er kann sich selbst, als Dasein, nicht zum Gegenstand machen. Das schließt nicht aus, daß ich mich selbst beobachten kann, auch in objektivierender Weise, indem ich einen Körperteil von mir betrachte. Aber auch psychologisch weitreichende Selbstbeobachtung meines Verhaltens zeigt mir nur einen mehr oder weniger beschränkten Ausschnitt meines Daseins, wobei das Ergebnis durch die besondere Einstellung auf mich selbst schon wieder modifiziert ist. Aus diesem Sachverhalt der eigenen Verborgenheit sind besondere Praktiken der Selbstbesinnung, der Meditation entstanden, die unter Einhaltung bestimmter Bedingungen die Grenzen hinauszuschieben trachten, die dem Bemühen des Menschen, seiner selbst inne zu werden, gesetzt sind.

Anders zeigt sich die Verborgenheit im mitmenschlichen Verhältnis. Der andere kann mich in meinem Dasein ganz anders »sehen« als ich mich selbst. Aus dieser Möglichkeit ist die besondere Art der Zuwendung hervorgegangen, die Freud mit seiner Therapie entwickelt hat. Diese Zuwendung ist darauf ausgerichtet, den anderen Menschen als Menschen, d. h. in seinem Dasein »wahrzunehmen«, was allein in einem Dialog geschehen kann. Der therapeutische Dialog trägt in sich die Tendenz, Möglichkeiten bereitzustellen, daß der andere den notwendigen Weg zur Aufhellung seiner eigenen Verborgenheit gehen kann. (»Aus Es soll Ich werden«.) Darüberhinaus meint unbewußt, daß dem Menschen im allgemeinen die Vielfalt und das Ausmaß seiner eigenen Daseinsmöglichkeiten (im Guten wie im Bösen) verborgen bleiben.

2. Unbewußt hat ferner die Bedeutung eines Gegenbegriffes gegen Bewußtsein. Unter Bewußtsein versteht Freud rationales (planendes, berechnendes) Denken, Intellekt, vernünftige Willenshandlungen. Dem Ich als Bewußtsein in diesem Sinn sei in der abendländischen Tradition die entscheidende Stelle in der Bestimmung des Menschen zugewiesen worden. Das Bewußtsein galt nicht nur als Ansatz zur Deutung des Menschen überhaupt, ihm wurde auch eine dem Prinzip nach unabhängige (absolute) Funktion zugetraut. Diese Auffassung sieht Freud von seinen Beobachtungen her widerlegt. Er bezeichnet sie als eine »Überhebung des Menschen« des abendländischen Kulturkreises und stellt dagegen seine Behauptung, daß das »Ich nicht Herr sei im eigenen Haus«. Die als unabhängig angesehenen bewußten Denkvorgänge und Wil-

lenshandlungen sind in Wirklichkeit von einem anderen Bereich unterbaut, der sie in seinen Dienst zu stellen vermag, ohne daß dies dem Bewußtsein bekannt zu sein braucht. Das bewußte vernünftige Denken und Wollen wird damit nicht an sich entwertet, es wird nur aus seiner angemaßten selbstherrlichen Rolle gedrängt und dagegen gesagt, daß menschenmögliches souveränes Denken und Wollen erst dann möglich ist, wenn neben den konstruktiven Fähigkeiten des bewußten Ichs seine »Abhängigkeiten« eingesehen und anerkannt werden können. Der »unbewußte« Bereich, von dem das Ich in vielfältiger Weise abhängig ist, stellt nun aber keinen bewußtlosen vegetativ-animalischen Triebbereich dar. Auch der unbewußte Bereich ist »wissend«. Es handelt sich um Möglichkeiten menschlichen Daseins, die sich auf ganz eigenartige Weise Gehör schaffen wollen, z. B. (aber keineswegs allein) in den Symptomen der Neurosen. Sie sind dem rationalen Bewußtsein und Willen zwar unzugänglich, weder sind sie von daher verstehbar noch beeinflußbar, sie sind deswegen aber keineswegs überhaupt nicht verstehbar. Das Verständnis des Unbewußten kann aber allein unter bestimmten Bedingungen zustande kommen. Eine erste und auffallende Bedingung ist, daß sich dem Verstehenwollen kein »Widerstand« entgegenstellen darf, die »Wahrheit« des unbewußten »Wissens« muß ertragen werden, sie muß in ihrer Fremdheit und mitunter Unheimlichkeit angenommen werden können. Noch einen Schritt weiter gedacht: Dem bewußten Wissen stellt sich ein anderes Wissen entgegen. In den vielfältigen Äußerungen des »Unbewußten«: Traum, Fehlleistungen, Einfälle, Phantasien, Ängste, Visionen, neurotische oder psychotische Symptome meldet sich ein Wissen, das nicht nur einen anderen Charakter als das bewußte intellektuelle Wissen hat, sondern vor allem, wenn es um die Wahrheit menschlichen Daseins geht, besser Bescheid wissen kann als das rationale Denken und Wollen.

Der andere Charakter des »unbewußten Wissens« zeigt sich allein schon an dem Traumphänomen. Der Traum stellt ja ein Wissen dar, das, wie sich regelmäßig zeigt, dem rationalen Bewußtsein nicht zugänglich ist. Erst eine Interpretation der Bildersprache des Traumes, ähnlich der Interpretation eines Kunstwerkes oder eines Gedichtes, vermag den Sinn dieses Wissens zu erschließen, wenn auch niemals ihn restlos in begriffliches Denken zu übersetzen. Traumbilder, Kunstwerke, Gedichte sprechen für sich, eine eigene Art von Wissen.

Könnte es sein, daß sich mit der als »unbewußt« bezeichneten Dimension eine Art des Wissens offenbart, die in der abendländisch-europäischen Geschichte unter der Vorherrschaft des logisch-rationalen Denkens und Wollens verschüttet worden ist? Es ist ja ebenfalls eigenartig, daß das heute alles bestimmende rationale Denken und Argumentieren in seiner Vorherrschaft in der analytischen Gesprächssituation erst einmal abgebaut werden muß, damit der Zugang zu den »unbewußten« Möglichkeiten freigelegt werden kann.

3. Das Unbewußte wird schließlich nach mehreren Hinsichten inhaltlich beschrieben: Das lebensgeschichtlich Verdrängte, die infantilen (archaischen) Triebwünsche, bestimmte Dispositionen oder Inhalte, die »archaische Erbschaft« genannt werden, der schöpferische Charakter des Unbewußten. Nirgends so deutlich wie hier mag sich Freud mit seiner vorgefaßten und niemals infrage gestellten naturalistischen Vorstellung vom Menschen selbst hindernd im Wege gestanden haben. Obwohl er das Phänomen des »Unbewußten« entdeckt und in den Grenzen seiner mechanischen Begrifflichkeit mühsam genug beschreibt, vermag er unter dem Verdikt seiner antimetaphysischen Auffassung vom Menschen dieses Phänomen in seiner ungemeinen Reichweite nicht mehr zu erfassen. Nichtsdestoweniger kann auch schon von seinen inadäquaten Beschreibungen, vielmehr aber von den Forschungen C. G. Jungs und anderer deutlich werden, daß mit dem Phänomen des »Unbewußten« neue Wege für ein zukünftiges Verständnis des Menschen eröffnet worden sind.

Vorläufig und andeutungsweise kann dazu gesagt werden: Das »unbewußte Wissen« weiß in seinen mannigfaltigen Äußerungen um eine andere »Wahrheit« als der rationale Verstand. Das rationale Wissen hat seit der Neuzeit in Europa in zunehmender Weise die entscheidende Rolle übernommen, Wirklichkeit und Wahrheit zu bestimmen, und andere Wissensformen gleichzeitig in den Hintergrund gedrängt. Es hat in Gestalt von Naturwissenschaft und Technik Triumphe gefeiert und damit den heute kaum mehr zu erschütternden Anschein erweckt, das einzige Wissen zu sein, das Wirklichkeit und Wahrheit zu bestimmen vermag. Wirklichkeit und Wahrheit rücken dabei in die alleinige Verfügungsgewalt des Menschen. Der Mensch bestimmt mit seinem Verstand, mit Wissenschaft und Technik, was wirklich und wahr ist, indem er die Wirklichkeit vernünftig konstruiert in der doppelten Bedeutung von rationaler Betrachtung, Planung, Berechnung und technischer Herstellung. Das »unbewußte Wissen« dagegen bezieht sich auf eine Wirklichkeit und Wahrheit, die der Mensch weder vernünftig konstruieren noch über die er berechnend verfügen kann, sondern die vielmehr umgekehrt über den Menschen verfügt und selbst sogar dann noch, wenn er diese als irrationales Hirngespinst abgetan haben will.

Der rationale Verstand in Gestalt von Wissenschaft und Technik hat ungeahnte Möglichkeiten der Naturbeherrschung und der Konsumgüterproduktion eröffnet und damit die Hoffnung erzeugt, die Probleme des Menschen lösen zu können. Heute gewinnt die Einsicht zunehmend an Boden, daß die wissenschaftlichen und technischen Möglichkeiten für die eigentlichen Probleme des Menschen nichts ausrichten können. Der rationale Verstand kann uns nichts darüber sagen, wie wir als Menschen miteinander menschlich leben können, er kann nichts zur Sinnfrage menschlichen Daseins beibringen. Darum könnte es aber letzten Endes gehen. Die zunehmende Verbreitung neurotischer und psychotischer Erkrankungen kann auch als »unbewußter« Protest aufgefaßt werden, der sich gegen eine rational berechnete, technische Welt richtet, in der die Menschen keinen Sinn ihres Lebens finden, d. h. nicht mehr menschlich leben können.

ABSCHLIESSENDE BETRACHTUNG

Wenn wir die Lehren von Darwin, Marx und Freud noch einmal überblicken, so zeigt sich zwar unverkennbar der ihnen allen gemeinsame antimetaphysische Impuls. Es handelt sich aber um eine Tendenz, die sich inhaltlich ganz verschieden ausspricht. Vom Gehalt der drei Lehren her betrachtet, scheint jede eine andere Bestimmung des Menschen vorzulegen. Der Mensch als hochentwickeltes Säugetier, der Mensch als produzierendes Gattungswesen und der Mensch als widersprüchliches Triebwesen sind in keine Einheit zu bringen.

Es kann zunächst scheinen, als ob alle drei Lehren ein solides gemeinsames Fundament besäßen, in dem der Mensch als *Naturwesen* verstanden wird. Die genauere Betrachtung zeigt jedoch, daß dieses Naturwesen jedesmal etwas anderes bedeutet.

In der *Abstammungslehre* wird der Mensch als ein Naturwesen angesetzt, das im Prinzip in seinen Lebensäußerungen denen des übrigen Lebensbereiches gleicht. Das »Leben« des Menschen steht unter dem gleichen Kriterium wie das vegetativ-animalische Leben, die »Wahrheit« dieses Lebens ist die bestmögliche Anpassung an die Außenwelt. Dieses Wahrheitskriterium hat auch im Lauf der Evolution in Gestalt der mutativen und selektiven Prozesse die Hervorbringung dieses Lebens geleitet.

Bei *Marx* ist der Mensch Naturwesen, das als irdisch-leiblich-sinnlich verstanden wird, dies aber nicht in Angleichung an den übrigen Lebensbereich, sondern im Protest gegen das Geistwesen der idealistischen Philosophie. Der natürliche, »wirkliche« Mensch steht dem Menschen als »Selbstbewußtsein« gegenüber. Der natürliche Mensch gilt ihm als produzierendes Gattungswesen, das sich im Lauf der Geschichte in seiner Lebensproduktion selbst hervorbringt. In diesem Ansatz ist ein wesentlicher Unterschied gegenüber dem animalischen Naturwesen eingeschlossen. Der produzierende Charakter dieses »Lebens« findet sich im übrigen Lebensbereich nicht vor. Der Mensch ist das einzige arbeitende Lebewesen.

Das produzierende Gattungswesen kann aber auch nicht durch mutative und selektive Prozesse entstanden sein, wenn es sich bei seiner Produktion, wie Marx meint, um eine Selbstproduktion handelt. Der Erzeugungsprozeß des Menschen qua höherem Säugetier verläuft nach anderen Kriterien als der Selbsterzeugungsprozeß des produzierenden Gattungswesens. Das höhere Säugetier bleibt aber nichtsdestoweniger der Marxschen Theorie vorausgesetzt. Wie sich das durch Mutation und Selektion entstandene Menschentier zum sich selbst produzierenden Gattungswesen verhält, bleibt ungeklärt.

Das bei *Freud* vorkommende Naturwesen Mensch ist, von seinem Rahmenverständnis her gesehen, das gleiche wie in der Abstammungslehre. Die Beschreibungen Freuds erweisen dieses Naturwesen jedoch als ein äußerst unnatürliches Lebewesen. Die vom animalischen Verständnis her angesetzten Triebe des Menschen — voran der im Vordergrund stehende Sexualtrieb — sind in ihrer individualen Entwicklung, in ihrer Äußerung, in ihrem gegenseitigen Verhältnis und in ihrem Maß durch und durch problematisch. Der ins Auge fallende Sachverhalt der Widersprüchlichkeit und damit der Konfliktträchtigkeit ist dem Begriff des natürlichen Triebes mit seiner unproblematischen Steuerung völlig fremd. Noch fernliegender scheint diesem Begriff das Phänomen der Sublimierung zu sein. Hierbei soll der animalische Trieb sowohl in seiner Äußerung als auch in seinem Triebziel in eine andere Bedürfnissphäre transformiert werden können, wobei diese Sphäre keine Verwandtschaft mehr mit dem animalischen Bedürfnis aufweist.

Betrachtet man die drei Lehren unter dem Aspekt ihres jeweiligen Begriffes von *Natur*, so zeigen sich wiederum erhebliche Unterschiede. Die Natur der *Abstammungslehre* ist die von der Naturwissenschaft ermittelte objektive Wirklichkeit. Die Wirklichkeit wird dabei als unabhängig vom Menschen ermittelte (extramentale) Natur-Realität verstanden. Das Verhältnis des Menschen zu der Natur besteht in einer (intramentalen) Rezeption zum Zweck der bestmöglichen Lebensanpassung.

Die Natur bei *Marx* ist die vom arbeitenden Lebewesen zu dessen Lebenszweck bearbeitete und umgewandelte Natur. Sie stellt demnach keine vom Menschen unabhängige Wirklichkeit dar. Sie ist »anthropologische« Natur, indem der Mensch in seiner Lebensproduktion diese geschichtlich je anders bearbeitet und damit auch je anders erfährt.

Freud bezieht sich in vielen seiner Äußerungen auf die vom Menschen unabhängig wissenschaftlich festgestellte Natur. Neben diese, dem Rahmenverständnis entsprechenden Auffassung tritt aber eine ganz andere. Natur gehört dabei zur »Realität«, die zwar außerhalb vom Menschen vorfindbar sein mag, jedoch von ihm allemal vermittelt erfahren wird. Die Vermittlungsdimension ist dabei nicht ein organismischer Reiz-Reaktions-Apparat, aber auch nicht die gesellschaftliche Produktion, sondern die problematische Triebstruktur des Menschen.

Die *Intention* des Wissens um den Menschen ist in den drei Lehren jeweils eine andere. Die Intention ist von einem Interesse geleitet, welches den Umkreis und die Art der ermittelten Phänomene bestimmt.

In der Abstammungslehre richtet sich die naturwissenschaftliche Forschung nicht zufällig auf die Vergangenheit, in der der Mensch vermutlich erstmals auf dem Erdplaneten aufgetreten ist. Diese Vergangenheit enthält der Intention nach die feststellbaren Entstehungsursachen des Menschen, die, sobald sie ermittelt sind, eine Ursprungserklärung zulassen. Die naturwissenschaftliche Feststellung wird dadurch zu einer Wesenserklärung erweitert. Nunmehr kann der Mensch im Horizont des animalischen Lebens begriffen und sein Leben als organismische Prozesse und zoologisches Verhalten erforscht werden.

Die Intention von *Marx* richtet sich auf die gegenwärtige allgemeine Entfremdungssituation des Menschen. Er interpretiert diese als eine Folge der bestehenden Produktionsverhältnisse. Da er meint, daß diese nur durch einen radikalen Umsturz verändert werden können, richtet sich sein Interesse auf die Revolution, die seiner Theorie nach unmittelbar bevorsteht.

Freuds Intention richtet sich auf leidende, einzelne Menschen, deren Leiden gegenüber sich die naturwissenschaftliche Medizin als machtlos erwiesen hatte. Sein Interesse besteht darin, diesen kranken Menschen jetzt in ihrem gegenwärtigen Leben zu helfen. Aus den erfolgreichen Bemühungen, die er dahingehend anstellt, und aus den Erfahrungen, die er dabei macht, entsteht seine Theorie über den Menschen.

Wissenschaftlich im Sinne der Feststellbarkeit am besten belegt scheinen die Ergebnisse der ersten Lehre zu sein. Worauf aber beziehen sich die Ergebnisse? Welcher Mensch ist in der Abstammungslehre festgestellt? Der Mensch der *Abstammungslehre* ist das Menschentier, das unter den mit dem übrigen Lebensbereich vergleichbaren Aspekten erfaßt wird. Das gemeinsame Substrat ist dabei der Begriff des *Organismus.* Der Mensch als Organismus wird unter morphologischen, anatomischen, histologischen, embroyologischen, ökologischen, verhaltensmäßigen Aspekten Gegenstand der Forschung, wobei sich grundsätzliche Ähnlichkeiten zum Tier herausstellen. Der in der Abstammungslehre nicht ausgewiesene und nicht differenzierte Begriff des Menschen stellt eine weitgehende Abstraktion dar. Es muß von sehr vielem abgesehen werden, um zu dem reduzierten Begriff des Menschentieres zu gelangen. Der abstrakte Mensch der Abstammungslehre ist jedoch kein zufälliges Produkt. Die Abstraktheit steht in einem Bezug zum methodischen Grundansatz der Wissenschaft, in dem nur das wirklich werden kann, was der sichernden Feststellbarkeit entspricht. Der Mensch ist dann die Wirklichkeit seiner feststellbaren (organismischen) Zustände und Prozesse.

Marx protestiert gegen die abstrakte Bestimmung des Menschen. Er wirft der Tradition vor, daß sie den Menschen vom Geist, vom Selbstbewußtsein, von allgemeinen, idealen Begriffen her gedacht — und dabei den wirklichen Menschen übergangen habe. Es geht ihm daher um den leiblichen, »auf der Erde stehenden«, faktisch lebenden Menschen. Der Impuls, vom abstrakten Menschen der Philosophie loszukommen, wird von ihm aber nicht durchgehalten. Sein wirklicher Mensch ist das *gesellschaftlich produzierende Gattungswesen,* das sich in einem materialen Geschichtsprozeß selbst hervorbringen soll. Damit aber ist wieder eine abstrakte Bestimmung des Menschen gesetzt. Einmal ist mit dem ökonomisch-gesellschaftlichen Ansatz der Horizont unwiderruflich ausgegrenzt, in dem menschliche Phänomene interpretiert und erklärt werden. Zum anderen ist der Begriff des Gattungswesens eine allgemeine (abstrakte) Bestimmung, in der alle besonderen, einzelnen (konkreten) Phänomene dialektisch aufgelöst werden. Schließlich wird der gegenwärtig lebende Mensch von einem zukünftigen, noch nicht wirklichen (abstrakten) Menschen her vorgestellt und beurteilt.

Freud legt in seinem Rahmenverständnis ebenfalls eine abstrakte Bestimmung des Menschen vor. Hier wäre der Ausschnitt die Triebsphäre (Eros, Aggression), in der die Phänomene des Menschen erklärt werden. Wie sich gezeigt hat, ist mit der Einkleidung der Freudschen Theorie ihr wesentlicher Gehalt nicht erfaßt, sondern geradezu verstellt. Hinter dem vom antimetaphysischen Impuls getragenen Rahmenverständnis zeigt sich etwas anderes: Die Beschreibungen Freuds handeln vom *konkreten Menschen.* Es ist der Mensch einer bestimmten Geschichtsepoche, wahrscheinlich der Mensch einer bestimmten Gesellschaftsklasse, sicherlich ein unter »entfremdeten« Verhältnissen lebender Mensch, es ist aber der gegenwärtig lebende, konkrete Mensch mit seinen Wünschen, Problemen, Leiden, Sehnsüchten, mit seinen guten und bösen Seiten. Der Mensch der Freudschen Theorie ist kein unter irgendwelchen Vorgaben beurteilter Mensch, weil dies der Intention des gegenwärtigen Helfens widersprochen hätte. Hier wird weder von einem feststellbaren Organismus und dessen Verhalten, noch von einem unter der Zukunftsvision einer befreiten Gesellschaft kritisierten Menschen berichtet, sondern von einem Menschen, wie er gegenwärtig wirklich ist. In der Freudschen Theorie kommt in fragwürdigen Begriffen das konkrete Dasein zur Sprache.

Erschöpft sich in der Freudschen Lehre vom Menschen der antimetaphysische Impuls, damit aber das metaphysische Verständnis vom Menschen überhaupt? Steht das Denken in Gestalt des theoretisch-vernünftigen Konstruierens womöglich dem Blick auf das konkrete Dasein im Wege?

Die Freudsche Lehre greift auf Beobachtungen ganz eigener Art zurück. Noch nie in der Geschichte des Abendlandes ist der Mensch so umfassend und intensiv »erforscht« worden wie hier, noch nie in einer derart »wahrhaftigen« Weise, noch nie in einer Sphäre, wo es nicht um Wissen-Wollen an sich geht, sondern um ein heilvolles menschliches Dasein.

Auf den ersten Blick schien es nicht schwer, Darwin, Marx und Freud in eine Einheit zu bringen. Alle drei richten sich gegen die das Abendland beherrschende metaphysische Interpretation des Menschen. Im Aufstand gegen Metaphysik geschieht eine Umkehrung der dualistischen Auffassung (Natur — Geist) des Menschen. Der primäre Bereich, von dem her jetzt der Mensch »gesehen« wird, ist nicht mehr der Geist, sondern die Natur (Leben). Die nähere Betrachtung hat jedoch gezeigt, daß die »Natur« bei Darwin, Marx und Freud jedesmal anderes bedeutet. Deswegen kann in einem zweiten Schritt behauptet werden, daß die naturwissenschaftliche, die Marxsche und die psychoanalytische Auffassung letzten Endes unvereinbar sind, weil jede ein anderes Verständnis vom (natürlichen) *Leben* des Menschen hat.

In der Naturwissenschaft ist dieses »Leben« das objektiv festgestellte Sein der chemisch-physikalischen-biologischen Zustände und Prozesse. Das derart festgestellte Leben des Menschen ist berechenbar, kontrollierbar, manipulierbar. Bei Marx ist dieses »Leben« das ökonomisch-gesellschaftliche Sein, das mit der historisch-dialektischen Methode in den Griff gebracht werden soll. Bei Freud schließlich ist dieses »Leben« das konkrete geschichtliche Dasein, was wir selbst alle als Menschen jeden Tag »leben«. Dieses »Leben« ist weder naturwissenschaftlich feststellbar, noch ist es historisch-dialektisch zu fassen.

Die uneinheitliche Verfassung des antimetaphysischen Menschen könnte zu denken geben. Sie könnte Anlaß dafür werden, die Frage nach dem Menschen erneut zu stellen.

ANMERKUNGEN

Einleitung

[1] Ch. Darwin, Ges. Werke, Bd. 6 (Die Abstammung des Menschen), Stuttgart 1875, S. 367.

[2] K. Marx, Die Frühschriften, Hrsg. v. S. Landshut, Stuttgart 1953, S. 349.

[3] S. Freud, Gesammelte Werke, 2. A. Frankfurt a. M. 1964, Bd. XII, S. 11.

[4] »Und obwohl der praktische Marxismus mit allen idealistischen Systemen und Illusionen erbarmungslos aufgeräumt hat, hat er doch selbst Illusionen entwickelt, die nicht weniger fragwürdig und unbeweisbar sind als die früheren.« S. Freud, G W IV, S. 195; vgl. G W XV, S. 192—197.

[5] Vgl Brief Marx an Engels vom 19. 12. 1860 und Brief Marx an F. Lassalle vom 16. 1. 1861, Marx—Engels, Ges. Werke, 39 Bände, Erg. Band in zwei Teilen, Berlin 1956 ff (abgek. MEW), Bd. 30, S. 131, 578; Brief Engels an Pjotr Lawrowitsch Lawrow vom 12.—17. 11. 1875, Bd. 34, S. 169.
Vgl. E. Lucas, Marx' und Engels Auseinandersetzung mit Darwin, in: International Review of Social History, Bd. IX, Teil 3, S. 433—469.

[6] F. Engels, Anteil der Arbeit an der Menschwerdung der Affen. Geschrieben 1876. Erstmals veröffentlicht in »Neue Zeit«, Jahrgang 1896.

[7] B. Rensch, Biophilosophie auf erkenntnistheoretischer Grundlage (panpsychistischer Identismus), Stuttgart 1968. B. Rensch ist ein durch viele einschlägige Werke im In- und Ausland bekannter Anthropologe der neodarwinistischen Richtung und vertritt eine positivistische Einstellung. In seiner Biophilosophie gibt er eine exemplarische Zusammenfassung der Ergebnisse der modernen Biologie und macht den Versuch einer philosophischen Deutung dieser Ergebnisse.

[8] L. Althusser, Für Marx, Frankfurt 1968.

[9] Th. Adorno u. a., Der Positivismusstreit in der deutschen Soziologie, Neuwied 1969 f; — J. Habermas, Zwischen Philosophie und Wissenschaft: Marxismus als Kritik, in: Theorie und Praxis, Neuwied 1963.

[10] Th. H. Huxley, Zeugnisse für die Stellung des Menschen in der Natur (1863), Stuttgart 1970, S. 143 f.

[11] Die Frage nach der Eigenart menschlichen Daseins hat zum ersten Mal M. Heidegger in »Sein und Zeit« (1927) gestellt.

Erster Teil

[1] G. Heberer, Fischer-Lexikon Anthropologie, Frankfurt 1965, S. 19.

[2] W. Zimmermann, Evolution, Freiburg-München 1953, S. 4.

[3] F. R. Darwin, Leben und Briefe von Ch. Darwin, Gesammelte Werke Stuttgart 1887, Bd. XV, S. 23.

[4] Ch. Darwin, Das Variieren der Tiere und Pflanzen, I Bd., Ges. Werke Bd. III, a. a. O., S. 49.

[5] Ebd., S. 3.
[6] Vgl. Ebd., S. 101 f.
[7] Ch. Darwin, Die Abstammung des Menschen, G W V, 1. Bd., S. 61.
[8] W. Zimmermann, a. a. O., S. 510.
[9] G. Heberer, a. a. O., S. 10.
[10] Schwidetzky, Das Menschenbild in der Biologie, Stuttgart, 1971, S. 88.
[11] Ebd., S. 10.
[12] Ebd., S. 89 f.
[13] F. Engels, L. Feuerbach und der Ausgang der klassischen deutschen Philosophie, MEW, Bd. 21, S. 276.
[14] M. J. Heuts, Dialogue autour d'une asymphole. Un discusion sur les bases du néodarwinisme, in: Arch. de Philosophie, 23 (1960), S. 65/66.
[15] A. Portmann, Die werdende Menschheit. Das Ursprungsproblem der Menschheit. In: Historia Mundi, München 1952, Bd. 1, S. 23.
[16] B. Rensch, Biophilosophie, a. a. O., S. 101.
[17] Ebd., S. 105.
[18] H. Conrad-Martius, Abstammungslehre, Salzburg 1938, 2. A. München 1949, S. 153, S. 404, Anm. 13.
[19] M. Grene, Two Evolutionary Theories, in: Brit. J. Philos. of Science, Bd. 34, 1958, S. 126 f. Zitiert nach P. Overhage-K. Rahner, Das Problem der Hominisation, Freiburg 1965, S. 214.
[20] K. Lorenz, Über die Wahrheit der Abstammungslehre, in: Darwin hat recht gesehen, Pfullingen 1965, S. 55.
[21] H. Wendt, Ich suchte Adam. Die Entdeckung des Menschen, Hamburg 1968, S. 395.
[22] E. Blechschmid, Vom Ei zum Embryo, Stuttgart 1968, S. 49 f.
[23] A. Gehlen, Der Mensch, Frankfurt 1962, S. 9.
[24] J. Schwidetzky, a. a. O., S. 12.

Zweiter Teil

[1] I. Fetscher, Das Verhältnis von Frühwerk und Kapital, in: Karl Marx und der Marxismus, München 1967; — H. Fleischer, Marx und Engels, Freiburg-München 1970, S. 168 ff.
[2] L. Althusser, Für Marx, Frankfurt 1968.
[3] J. Y. Calvez, Karl Marx, Freiburg 1964. S. 278.
[4] A. Schaff, Marxismus und das menschliche Individuum, Hamburg 1970, S. 133.
[5] H. Fleischer, Marx und Engels, Freiburg-München 1970. S. 170.
[6] MEW, Erg. Bd. I. Teil, S. 8.
[7] K. Marx, Frühschriften, Hrsg. S. Landshut, Stuttgart 1964, S. 275.
[8] Ebd., S. 275.
[9] MEW 3, S. 21.
[10] »Marx stützt seine Theorien auf die Annahme, daß der Arbeitsprozeß die Totalität des menschlichen Seins bestimmt ...« H. Marcuse, Vernunft und Revolution, Neuwied 1968, S. 260.

[11] MEW 23, S. 57.
[12] Ebd., S. 193.
[13] MEW, Erg. Bd. 1, S. 516.
[14] »Es gibt also keine unveränderliche Materie; es gibt Natur überhaupt nur für den Menschen und es kann von einer solchen nur gesprochen werden, sofern sie im Horizont des durch seine Arbeit sich selbst produzierenden Menschen auftritt als die ihm dienende, für ihn zuhandene.« L. Landgrebe, Das Problem der Dialektik, Marxismus-Studien III, Tübingen 1960, S. 53 ff; — A. Schmid, Der Begriff der Natur in der Lehre von Marx, Frankfurt 1963.
[15] MEW, Erg. Bd. 1, S. 517.
[16] MEW, Erg. Bd. 1, S. 515.
[17] L. Feuerbach, Gesammelte Werke, Stuttgart 1959, Bd. VI: Das Wesen des Christentums, S. 187.
[18] Die Frühschriften, a. a. O., S. 245.
[19] Zur Judenfrage, MEW 1, S. 356.
[20] Ebd., S. 356.
[21] MEW 1, S. 355.
[22] Deutsche Ideologie, MEW 3, S. 6.
[23] Die Frühschriften, a. a. O., S. 238 f.
[24] A. Schaff, Marxismus und das menschliche Individuum, a. a. O., S. 28 f.
[25] Deutsche Ideologie, MEW 3, S. 26.
[26] Ebd., S. 26.
[27] Ebd., S. 28.
[28] Ebd., S. 21.
[29] Ebd., S. 28.
[30] Manifest der Kommunistischen Partei, MEW 4, S. 462.
[31] Vorwort 1859, MEW 13, S. 9.
[32] Manifest, MEW 4, S. 464.
[33] MEW, 4, S. 467.
[34] Deutsche Ideologie, MEW 3, S. 45.
[35] F. Engels, Die Entwicklung des Sozialismus von der Utopie zur Wissenschaft, MEW 19, S. 226.
[36] Die Frühschriften, a. a. O., S. 289.
[37] F. Engels, Über den Ursprung der Familie, des Staates und des Privateigentums, MEW 21, S. 152.
[38] Die Frühschriften, a. a. O., S. 271.
[39] F. Engels, Vom Ursprung der Familie, des Staates und des Privateigentums, MEW 21, S. 171.
[40] Ebd., S. 168 f.
[41] Kapital, MEW 23, S. 86.
[42] Ebd., S. 85.
[43] Ebd., S. 87.
[44] Ebd., S. 86 f.
[45] MEW, Erg. Bd. 1, S. 514.
[46] Ebd., S. 514.
[47] Manifest, MEW 4, S. 467.

[48] F. Engels, Vom Ursprung der Familie, des Staates und des Privateigentums, MEW 21, S. 97.
[49] Ebd., S. 97.
[50] Deutsche Ideologie, MEW 3, S. 31.
[51] Deutsche Ideologie, MEW 3, S. 35.
[52] Manifest, MEW 4, S. 475.
[53] J. Habermas, Theorie und Praxis, Neuwied 1969, S. 299.
[54] Zur Kritik der Hegelschen Rechtsphilosophie, MEW 1, S. 378.
[55] Ebd., S. 384.
[56] Kapital I, MEW 23, S. 649.
[57] Deutsche Ideologie, MEW 3, S. 70.
[58] Vorwort 1859, MEW 13, S. 9.
[59] Deutsche Ideologie, MEW 3, S. 68.
[60] F. Engels, Anti-Dühring, MEW 20, S. 273 f.
[61] K. Marx, Grundrisse der Kritik der politischen Ökonomie, Berlin 1953, S. 599.
[62] Kapital III, MEW 25, S. 828.
[63] MEW 1, S. 385.
[64] Ebd., S. 391.
[65] Deutsche Ideologie, MEW 3, S. 70.
[66] Manifest, MEW 4, S. 482.
[67] Für den späten Marx gilt nach Althusser, daß er uns als »das Kostbarste der Welt« »die Möglichkeit wissenschaftlicher Erkenntnis« gegeben hat. L. Althusser, Für Marx, a. a. O., S. 194; — vgl. dazu E. Thier, Etappen der Marx-Interpretation, Marxismus — Studien I, Tübingen, 1954, K. Korsch, Karl Marx, Frankfurt 1971.
[68] MEW 23, S. 27.
[69] Ebd., S. 27.
[70] Vgl. A. Wellmer, Kritische Gesellschaftstheorie und Positivismus. Abschnitt: Der heimliche Positivismus der Marxschen Geschichtsphilosophie, Frankfurt 1969.
[71] Aus diesem Tatbestand entsteht die Möglichkeit der verschiedenartigen Interpretation von Marx, z. B. der, Marx als reinen Nationalökonomen anzusehen. Vgl. dazu E. Thier, Etappen der Marxinterpretation, a. a. O., S. 15.
[72] K. R. Popper, Die offene Gesellschaft und ihre Feinde, Bd. 2, Bern 1958, S. 244.
[73] L. Landgrebe, Das Problem der Dialektik. Marxismus-Studien, Bd. I, Tübingen 1954, S. 44.
[74] MEW 13, S. 636.
[75] MEW 23, S. 15.
[76] Ebd., S. 22.
[77] Ebd., S. 21.
[78] K. R.Popper, What is Dialectic? In: Mind, New Series, Bd. 49 (1940) S. 403 ff. Wiederabgedruckt in: Conjectures and Refutations, London 1963. »Any development whatsoever will fit the dialectic scheme; the dialectian need never be afraid of any refutation by forthcoming experience«.

a. a. O., S. 424; — T. D. Welden, The Vocabulary of Politics, Pelican Books, A 278 (1953); I. Topitsch, Über Leerformeln. Zur Pragmatik des Sprachgebrauchs in philosophischer und politischer Theorie, in: Probleme der Wissenschaftstheorie. Festschrift für V. Kraft, Wien 1960, S. 233 ff.; — H. Albert, Probleme der Theoriebildung, in: Theorie und Realität, Hrsg. H. Albert, Tübingen 1964.
»Ähnlich verhält es sich mit der gleichfalls dem Bereich der Lehren von Fall und Erlösung entstammenden Dialektik: Sie ist als Instrument zur Vorhersage von Entwicklungen in der empirisch realen Gesellschaft unbrauchbar, ja irreführend.« E. Topitsch, Marxismus und Gnosis, in: Sozialphilosophie zwischen Ideologie und Wissenschaft, Neuwied 1961, 1966, S. 324.

79 Ebd., S. 322.

80 J. A. Schumpeter, Kapitalismus, Sozialismus und Demokratie, New York 1942, Bern 1950, S. 24.

81 G. Sorel, Reflexion sur la violence, Paris 1908; — ders., Die Auflösung des Marxismus, Jena 1930; — H. Barth, Masse und Mythos, Hamburg 1959.

82 Vgl. dazu Theorie und Praxis, a. a. O., S. 202, 270 ff.

83 Ebd., S. 183, 299.

84 »Der historiographische Materialismus denkt nicht daran, die jeweils anders beschaffenen Lebensverhältnisse *der* Menschen aus dem aprioristisch konstruierten Begriff *des* Menschen abzuleiten.« A. Schmid, Existentialontologie und historischer Materialismus, bei H. Marcuse, in: Antworten an Herbert Marcuse, Frankfurt 1969, S. 33.

85 Vgl. H. Klages, Technischer Humanismus, Stuttgart 1964. Hier sind in einer in der ausgedehnten Marxliteratur selten anzutreffenden Weise die Vorstellungen von Marx hinsichtlich des zukünftigen Menschen sehr klar und überzeugend belegt herausgearbeitet.

86 Die Frühschriften, a. a. O., S. 248.

87 »Marx stützt seine Theorien auf die Annahme, daß der Arbeitsprozeß die Totalität des menschlichen Seins bestimmt und daher der Gesellschaft ihre Grundstruktur verleiht.« H. Marcuse, Vernunft und Revolution, a. a. O., S. 260.

88 Zum Begriff der Arbeit: H. Klages, Technischer Humanismus, Stuttgart 1964; — H. Popitz, Der entfremdete Mensch, Frankfurt 1967; — K. Löwith, Von Hegel zu Nietzsche, Stuttgart 3. A. 1953; — H. Kesting, Geschichtsphilosophie und Weltbürgerkrieg, Heidelberg 1959; — H. Arendt, Vita Activa, München 1960; — A. Schmid, Der Begriff der Natur, Frankfurt 1962.

89 MEW 23, S. 193.

90 Der prima materia des Aristoteles vergleichbar.

91 MEW 3, S. 21.

92 F. Engels, Der Anteil der Arbeit an der Menschwerdung des Affen, MEW 20, S. 444.

93 K. Marx, Die Frühschriften, a. a. O., S. 245.

94 MEW 13, S. 619.

[95] MEW 19, S. 17.
[96] Th. Adorno, Negative Dialektik, Frankfurt 1970, S. 314.
[97] H. Arendt, Vita Activa, a. a. O., S. 92.
[98] Die Frühschriften, a. a. O., S. 246.
[99] MEW 23, S. 16.
[100] F. Engels, Anti-Dühring, MEW 20, S. 87.
[101] MEW 23, S. 618.
[102] L. Kolakowsky, Der Mensch ohne Alternative. Von der Möglichkeit und Unmöglichkeit Marxist zu sein, München 1960, S. 85 Anm.
[103] MEW 23, S. 16.
[104] Die Übertragung innerer Schwierigkeiten auf äußere Verhältnisse und die damit zusammenhängende Täuschung und Verzerrung hat die Psychoanalyse Freuds unter dem Begriff der Projektion eindringlich nachgewiesen. R. Tucker geht in seinem Buch »Karl Marx« diesem Aspekt der Marxschen Theorie in eindrucksvoller, wenn auch vielleicht zu einseitiger Weise nach. R. Tucker, Karl Marx, München 1961.
[105] MEW 23, S. 94.
[106] F. Engels, Die Entwicklung des Sozialismus von der Utopie zur Wissenschaft, MEW 19, S. 223.
[107] H. Arendt, The Origin of Totalitarianism, New York 1951; deutsch: Elemente und Ursprünge totaler Herrschaft, Frankfurt 1962; Diess., Macht und Gewalt, München 1970.
[108] M. Buber, Der utopische Sozialismus, Köln 1967, S. 29.
[109] J. Habermas, Theorie und Praxis, a. a. O., S. 211 f., 211, 213, 223.
[110] M. Buber, a. a. O., S. 163.
[111] E. Fromm, Der moderne Mensch und seine Zukunft, Frankfurt 1967 S. 233 f. Vgl. E. Fromm, Die Furcht vor der Freiheit, 1968.
[112] I. Fetscher, Von der Philosophie des Proletariats zur proletarischen Weltanschauung, in: Karl Marx und der Marxismus, a. a. O., S. 123 f.
[113] Es entbehrt nicht einer gewissen Ironie, wenn mitunter jeglicher Zusammenhang der Marxschen Lehre mit der sowjet-marxistischen Praxis mit Entrüstung zurückgewiesen wird. Vgl. H. Fleischer, Marx und Engels, a. a. O., S. 193. »Hierzu möchten wir sehr kategorisch erklären: alle derartigen Versuche, die inhumanen Effekte, die im Zuge der revolutionären Umwälzungen unserer Zeit und insbesondere im Gefolge des Stalinismus zu Tage getreten sind, auf irgendwelche theoretisch-prinzipiellen Positionen von Marx (und deren Defekte) zurückzuführen, sind in mehrfacher Hinsicht verfehlt.« Der Entrüstung korrespondiert keine überzeugende Darlegung dessen, warum eine Zurückführung *in jedem Fall* verfehlt sein müsse.
[114] Zur Judenfrage, MEW 1, S. 370.
[115] A. Schaff, Marxismus und das menschliche Individuum, Hamburg 1970. Dazu O. Baumhauer, Marxismus und menschliches Individuum, Kritische Betrachtung zu einem gleichnamigen Buch von A. Schaff, Zeitschrift f. philosoph. Forschg., 21/67, H. 1 u. 2. Dagegen: H. Fleischer, Marxismus und Menschenwürde, Zeitschrift für philosophische Forschung, 22/68, H. 1.
[116] L. Kolakowsky, Der Mensch ohne Alternative, a. a. O., vgl. Traktat über die Sterblichkeit der Vernunft, München 1967.

Dritter Teil

[1] Sigmund Freud, Gesammelte Werke, 2. A. Frankfurt a. M. 1964 (im weiteren abgekürzt GW), Bd. XIII, S. 239.
[2] GW XIII, S. 244 f.
[3] GW X, S. 211.
[4] GW XIII, S. 55.
[5] GW X, S. 143.
[6] GW VIII, S. 97.
[7] GW XV, S. 102.
[8] GW X, S. 143; VIII, S. 410; X, S. 218.
[9] GW X, S. 217.
[10] GW XI, S. 430.
[11] GW XV, S. 102.
[12] GW XIII, S. 98.
[13] GW XI, S. 357; XV, S. 104.
[14] GW XIV, S. 477.
[15] GW X, S. 227.
[16] GW X, S. 143.
[17] GW XI, S. 432.
[18] GW XI, S. 436.
[19] GW X, S. 161
[20] GW XIV, S. 477.
[21] GW XIII, S. 18.
[22] Freud bringt seine Theorie in Verbindung mit den beiden Grundprinzipien des Empedokles: Philia (Liebe) und Neikos (Streit). GW XVI, S. 91 f.
[23] GW XIII, S. 268.
[24] GW XIII, S. 40.
[25] GW XIII, S. 38.
[26] GW XIII, S. 64.
[27] GW XIII, S. 269.
[28] GW XIV, S. 479.
[29] GW XV, S. 110 f.
[30] GW XV, S. 111.
[31] GW XV, S. 113.
[32] GW XV, S. 113.
[33] GW XIV, S. 480, Anm. 1.
[34] GW XIII, S. 270.
[35] GW XV, S. 112; XIII, S. 269 f.
[36] GW XV, S. 118.
[37] GW XV, S. 112.
[38] GW X, S. 293.
[39] GW XV, S. 80.
[40] GW XV, S. 82.
[41] GW XV, S. 82 f.
[42] GW XV, S. 63.
[43] GW XV, S. 71.

44 GW XV, S. 67.
45 GW XV, S. 73.
46 GW XV, S. 72 f. Vgl. GW XIII, S. 262, 264.
47 GW XIII, S. 265.
48 GW XIII, S. 265.
49 GW XV, S. 84.
50 GW XV, S. 84 f.
51 GW XV, S. 85.
52 GW XI, S. 408.
53 Vgl. GW XV, S. 83.
54 GW XIV, S. 186 f.
55 GW XV, S. 160 f.
56 GW XV, S. 86.
57 GW XII, S. 187.
58 GW XI, S. 451.
59 GW XVII, S. 105.
60 GW XIII, S. 391.
61 GW XIII, S. 391.
62 GW XI, S. 476.
63 GW XIII, S. 365 f.
64 GW XII, S. 185.
65 GW XII, S. 186.
66 GW XI, S. 451.
67 GW XIII, S. 73.
68 GW XIV, S. 448 f.; XIV, S. 326.
69 GW XIV, S. 457.
70 GW XIV, S. 335.
71 GW XIV, S. 332 f.
72 GW X, S. 330.
73 GW XIII, S. 111.
74 GW XIV, S. 470 f.
75 Vgl. GW XIV, S. 468 f.; XIV, S. 503.
76 GW XIV, S. 329.
77 GW XIV, S. 333.
78 GW XIV, S. 333.
79 GW XVI, S. 24.
80 GW XIV, S. 475.
81 GW XIV, S. 329.
82 GW XIV, S. 330.
83 GW XIV, S. 24.
84 GW XIV, S. 328.
85 Vgl. GW XIV, S. 331; 450.
86 GW XIV, S. 380.
87 GW XIV, S. 506.
88 GW XIV, S. 373.
89 GW XIV, S. 330. In der Beurteilung der sowjetischen Verwirklichung des Marxismus zeigt Freud überwiegend eine entschiedene Ablehnung, betont

mitunter seine Inkompetenz in dieser Frage (GW XIV, S. 330; XV, S. 189, 191), verweist auf die Unabgeschlossenheit des Experimentes (GW XIV, S. 330; XV, S. 196) und bezieht in einem einzigen Fall eine vorsichtig positive Einstellung, wo es sich um einen Vergleich des Marxismus mit der christlichen Religion handelt. (GW XV, S. 196.)

90 GW XV, S. 195.

91 »Die Stärke des Marxismus liegt offenbar nicht in seiner Auffassung der Geschichte und der darauf gegründeten Vorhersage der Zukunft, sondern in dem scharfsinnigen Nachweis des zwingenden Einflusses, den die ökonomischen Verhältnisse der Menschen auf ihre intellektuellen, ethischen und künstlerischen Einstellungen haben. Eine Reihe von Zusammenhängen und Abhängigkeiten wurden damit aufgedeckt, die bis dahin fast völlig verkannt worden waren.« GW XV, S. 193.

92 GW XV, S. 193.

93 GW XIV, S. 472.

94 GW XIV, S. 472 f. Vgl. S. 472. Anm. 1.

95 GW XIV, S. 473.

96 GW XV, S. 195.

97 GW XV, S. 196.

98 GW XV, S. 196.

99 P. Ricoeur, Die Interpretation. Ein Versuch über Freud, Frankfurt 1969, S. 383.

100 GW V, S. 14.

101 GW XIV, S. 102.

102 P. Ricoeur, a. a. O., S. 353.

103 Vgl. dazu Psychoanalysis, Scientific Method and Philosophy. A Symposion, hrsg. v. S. Hook, New York 1959; — Minnesota Studies in the Philosophy of Science I. The foundations of science and the concepts of psychology and psychoanalysis, hrsg. v. H. Feigl-M. Scrivers, Minnesota UP 1956.

104 Eine ausgezeichnete Darstellung der Problematik findet sich bei P. Ricoeur, a. a. O., S. 352—385.

105 Ebd., S. 367.

106 GW XIV, S. 328.

107 GW XI, S. 408.

108 GW I, S. 227.

109 B. F. Skinner, Science and human behavior, critique of psychoanalytic concepts and theories, in: Minnesota Studies I, a. a. O., S. 77 f.

110 GW XIV, S. 103.

111 GW XIV, S. 104.

112 GW XIV, S. 103.

113 J. Habermas, Erkenntnis und Interesse, Frankfurt 1968.

114 GW XI, S. 290 f.

115 GW XVII, S. 85 f.

116 GW XII, S. 8; XIV, S. 109.

117 GW XIII, S. 44.

118 GW XIV, S. 352.

[119] GW XV, S. 173.

[120] Vgl. GW IX, S. 91; X, S. 164; XII, S. 327. »... und selbst die Wahnbildungen des Paranoikers zeigen eine unerwünschte äußere Ähnlichkeit und innere Verwandtschaft mit den Systemen unserer Philosophen.«

[121] Vgl. GW XIV, S. 432.

[122] GW II/III, S. 554; V, S. 29; XIII, S. 25.

[123] A. Görres, Methode und Erfahrungen der Psychoanalyse, München 1966, Einleitung, S. 9—13.

[124] GW X, S. 332.

[125] »... kann man nicht bereuen, dieses Ich personifiziert, es als ein besonderes Wesen hingestellt zu haben.« GW XV, S. 84.
Vgl.die Arbeiten dieser Verfasser in: International Journal of Psychoanalysis und in: The Psychoanalytic Study of the Child (ab 1945). S. a. H. Hartmann, Ich-Psychologie, Stuttgart 1972. Vgl. dazu A. Freud, Das Ich und die Abwehrmechanismen, London 1950.

[126] E. Fromm, Der moderne Mensch und seine Zukunft, Frankfurt 1967, S. 24 f.; — »Der Mensch wurde zu einer Abnormität, zu einer Laune der Natur«. Psychoanalyse und Ethik, Stuttgart 1954, S. 55.

[127] Vgl. Th. French, The Integration of Behavior, Chicago 1952; — J. Massermann, Behavior and Neurosis, Chicago 1943; — S. Radó, Psychoanalysis of Behavior, New York 1956.

[128] H. Schultz-Hencke, Der gehemmte Mensch, Stuttgart 1940; — ders., Lehrbuch der analytischen Psychotherapie, Stuttgart 1951.

[129] R. A. Spitz, Vom Säugling zum Kleinkind, Stuttgart 1967.

[130] Vgl. dazu E. Schmalohr, Frühe Mutterentbehrung bei Mensch und Tier, München 1972. (Mit ausführlicher Literaturangabe.)

[131] Vgl. S. Ferenczy, Versuch einer Genitaltheorie, Wien 1924 — GW XVI, S. 180; XVII, S. 75, Anm. 1; XIII, S. 263.

[132] GW XIII, S. 136; vgl. XIV, S. 93; XVI, S. 186, 239.

[133] Die These vom Aufstand der Söhne übernimmt Freud von I. I. Aktinson, Primal Law, London 1903, die des Totemismus von R. W. Smith, Kinship und Marriage 1885, vgl. GW X, S. 346; XVI, S. 239.

[134] Vgl. GW XVI, S. 230 f.

[135] GW XVI, S. 207.

[136] GW XVII, S. 69.

[137] GW XVI, S. 207 f.

[138] C. G. Jung, Von den Wurzeln des Bewußtseins, Zürich 1954, S. 123.

[139] GW V, S. 293.

[140] Vgl. GW VIII, S. 6.

[141] GW XI, S. 362.

[142] Vgl. G. Knapp, Mensch und Krankheit, Stuttgart 1970.

[143] Vgl. A. Görres, a. a. O., S. 141 ff.

[144] GW VIII, S. 329.

[145] H. Schultz-Hencke, Lehrbuch der Traumanalyse, Stuttgart 1949, S. 21 f.

[146] H. Schultz-Hencke, Lehrbuch der Traumanalyse a. a. O.

[147] F. Riemann, Grundformen der Angst, Stuttgart 1950.

[148] GW XI, S. 429.

[149] GW XIII, S. 28.

[150] E. Bloch, Das Prinzip Hoffnung, Frankfurt 1959, Bd. 1, S. 155, 61, 160.

[151] D. Wyss, Marx und Freud, Göttingen 1969, S. 63 ff.

[152] E. Fromm, Freuds Modell des Menschen und seine gesellschaftlichen Determinanten (1969) in: Analytische Sozialpsychologie und Gesellschaftstheorie, Frankfurt 1970, S. 174.

[153] »Aber Freud war niemals ein radikaler Kritiker der kapitalistischen Gesellschaft. Er stellte ihre sozioökonomische Basis niemals in Frage, noch kritisierte er ihr Weltbild — außer in Bezug auf die Sexualität.« Ebd., S. 174.

[154] Th. W. Adorno, Zum Verhältnis von Soziologie und Psychologie, in: Aufsätze zur Gesellschaftstheorie und Methodologie, Frankfurt 1970, S. 23.

[155] E. Fromm, S. Freuds Sendung, Frankfurt 1961, S. 61. Vgl. zum Thema Frau und Kind; E. Fromm, Analytische Sozialpsychologie und Gesellschaftstheorie, a. a. O., S. 184. In Bezug auf Arbeit: D. Riesmann, Arbeit und Spiel in der Gedankenwelt Freuds, in: Freud und die Psychoanalyse, Frankfurt 1969.

[156] Vgl. dazu die Auffassung der monogamen Familie bei H. Marcuse, Triebstruktur und Gesellschaft, Frankfurt 1970, S. 199.

[157] E. Fromm, Analytische Sozialpsychologie und Gesellschaftstheorie, a. a. O., S. 17.

[158] Ebd., S. 40.

[159] GW XI, S. 349.

[160] GW VII, S. 227.

[161] GW VIII, S. 51.

[162] GW XIV, S. 186 f.

[163] Diesem Versuch entspricht seine etwas merkwürdig anmutende Einstellung zu Marx und Freud als Persönlichkeiten. Während der erste als Mensch mit einem Glorienschein umgeben wird (was objektiv nicht zutrifft), wird Freud betont negativ gesehen (was ebenso nicht zutrifft). Vgl. E. Fromm, Das Menschenbild bei Marx, Frankfurt 1969, besonders S. 82; — ders., Marx Beitrag zur Wissenschaft vom Menschen (1968) in: Analytische Sozialpsychologie und Gesellschaftstheorie, a. a. O., S. 145; — ders., Sigmund Freuds Sendung, a. a. O. Vgl. dazu Scharfenberg, S. Freud und seine Religionskritik als Herausforderung des christlichen Glaubens, Göttingen 1970, S. 189 Anm. 112.

[164] Der Vorwurf der Konformität wird insbesondere gegen die amerikanische »kulturalistische« Schule erhoben, als deren führende Vertreter K. Horney, H. S. Sullivan, mitunter auch E. Fromm gelten. Vgl. H. Marcuse, Triebstruktur und Gesellschaft, a. a. O., S. 234 ff.

[165] GW I, S. 311.

[166] GW VIII, S. 323.

[167] ». . . eine sehr wirksame Therapie, aber es müßte eine sein, wie sie nach der Wiener Volkssage Kaiser Joseph geübt hat, das wohltätige Eingreifen eines Mächtigen . . .« GW XI, S. 448.

[168] GW VIII, S. 324.

[169] GW IX, S. 92.

[170] GW XV, S. 162.
[171] H. Marcuse, Triebstruktur und Gesellschaft, a. a. O., S. 22.
[172] H. Marcuse, a. a. O., S. 110.
[173] H. Marcuse, a. a. O., S. 95.
[174] H. Marcuse, a. a. O., S. 193.
[175] Vgl. dazu die kritischen Bemerkungen von: E. Fromm, Freuds Modell des Menschen und seine gesellschaftlichen Determinanten, a. a. O., S. 191 und: Die Krise der Psychoanalyse (1970) ebenda, S. 21 ff; — H. Berndt-R. Reiche, Die geschichtliche Dimension des Realitätsprinzipes, in: Antworten auf Herbert Marcuse, Frankfurt 4. A. 1969, S. 104.
[176] GW XI, S. 368.
[177] GW XIV, S. 337.
[178] GW XIV, S. 434.
[179] H. Marcuse, Triebstruktur und Gesellschaft, a. a. O., S. 190, 232, 233.
[180] H. Arendt, Vita Activa, München 1960, S. 95 f.
[181] GW XIV, S. 504.
[182] GW XIV, S. 506.

LITERATURVERZEICHNIS

Erster Teil: Abstammungslehre

Anthropologie, Fischer Lexikon, Frankfurt 3 A. 1969.

Altner, Gr., (Hrsg.): Kreatur Mensch. Moderne Wissenschaft auf der Suche nach dem Humanum, München 1969.

Blechschmidt, E.: Vom Ei zum Embryo, Stuttgart 1968.

Buytendijk, F. J. J.: Mensch und Tier, Hamburg 1958.

Conrad-Martius, H.: Schriften zur Philosophie II, München 1964.

—: Abstammungslehre, Salzburg 1938, München 2. A. 1949.

—: Der Ursprung des Menschen, in: Philosophisches Jahrbuch 60 (1950) S. 122—137.

Cuvier, G.: Recherches sur le ossement fossile, Paris 1812.

Dobzhansky, Th.: Evolution, Genetics and Man, New York 1955.

—: Mankind Evolving: The Evolution of the Human Species, New Haven 1962.

Driesch, H.: Philosophie des Organischen, Leipzig 3. A. 1930.

Eibl-Eibesfeld I.: Grundriß der vergleichenden Verhaltensforschung, München 2. A. 1969.

—: Liebe und Haß, München 1970, 2. A. 1971.

Eickstädt, E. v.: Rassenkunde und Rassengeschichte der Menschheit, Stuttgart 1934.

Eiseley, L.: Von der Entstehung des Lebens und der Naturgeschichte des Menschen, München 1959.

Friedrich, H. (Hrsg.): Mensch und Tier, München 1968.

Fletscher, R.: Instinct in Man, London 1957.

Gehlen, A.: Der Mensch, Frankfurt 7. A. 1962.

Grene, M.: Two Evolutionary Theories, in: Philosophie of Science 34 (1958), S. 110 ff, 185 ff.

Haas, A. SJ (Hrsg.): Das stammesgeschichtliche Werden der Organismen und des Menschen, Bd. I, Freiburg 1959.

—: Der Mensch, Zielgestalt der Evolution, in: Stimmen der Zeit 165 (1959/60), S. 424 ff.

Haeckel, E.: Generelle Morphologie, Berlin 1866.

—: Natürliche Schöpfungsgeschichte, Berlin 1868.

—: Systematische Phylogenie, Berlin 1895, Bg. III.

—: Welträtsel, Bonn 1899, 8. A. 1902 ff.

Heberer, G.: Allgemeine Abstammungslehre, Göttingen 1949.

—: Der phylogenetische Ort des Menschen, in: Stud. Gen. 4 (1951), S. 1 S. 424 ff.

— (Hrsg.): Die Evolution der Organismen, Stuttgart 1954/59.

—: Theorie der additiven Typogenese, in: Die Evolution der Organismen.

—: Fortschritt und Richtung in der phylogenetischen Entwicklung, in: Stud. Gen. 9 (1956, S. 180—192.

—: Das Tier-Mensch-Übergangsfeld, in: Stud.Gen. 11 (1958), S. 341—352.
—: F. Schwanitz (Hrsg.): Hundert Jahre Evolutionsforschung, Stuttgart 1960.
—: Menschliche Abstammungslehre 1965.
—: Der Ursprung des Menschen, Stuttgart 2. A. 1969.
Heidegger, M.: Sein und Zeit, Tübingen, 8. A. 1957.
—: Holzwege, Frankfurt 1950, 1963.
—: Die Frage nach dem Ding, Tübingen 1962.
Herder, J. G.: Propyläen der Geschichte der Menschheit, Bd. III, Tübingen 1805.
Heuts, M. S.: Theorien und Tatsachen der Biologischen Evolution, in: Verh. Dt. Zoologen, Zool. Anz. Suppl. 17 (1953), S. 409—428.
—: Dialogue autour d'une asymptote. Une discussion sur les bases du neódarwinisme, in: Arch. de Philosophie 23 (1960), S. 59—78.
Hofer, H./Altner, G.: Die Sonderstellung des Menschen, Stuttgart 1972.
Huxley, Th.: Evidence as to Man's Place in Nature, London 1863.
Kälin, J.: Die ältesten Menschenreste und ihre stammesgeschichtliche Deutung, in: Historia Mundi, Bd. 1, München 1952, S. 33—98.
—: Der kausale Deutungsversuch in der Makroevolution, in: Naturwissenschaft und Theologie 2, München 1959, S. 35—64.
—: Über Methoden der stammesgeschichtlichen Forschung, in: Naturwissenschaft und Theologie 2 (1959), S. 65—89.
—: Zur Frage der Kausalität in der Makroevolution, in: Naturwissenschaft 164 (1959), S. 1—9.
Kant, I.: Kritik der reinen Vernunft.
Keiter, F.: Kontinuität und Diskontinuität in der seelischen Entwicklung vom Tier zum Menschen, in: Homo 3 (1952), S. 118—121.
—: Anthropologie als »Spiegel der Menschheit«, in: Stud.Gen. 9 (1959), S. 384—394.
Koenigswald, G. H. R. v.: Die Geschichte des Menschen, Berlin-Heidelberg-New York 2. A. 1968.
Kurth, G. (Hrsg.): Evolution und Hominisation, Stuttgart 2. A. 1968.
Labarre, W.: The Human Animal, Univ. of Chicago Rev. 1954.
Lamarck, J. B.: Philosophie Zoologique, Paris 1809, übers. v. Schmid 1909.
Landmann, M.: Philosophische Anthropologie, Berlin 1955.
— u. a.: De Homine, Freiburg-München 1962.
Le Gros-Clark, W. F.: The Fossil Evidence for Human Evolution, Chicago 1955.
—: Hominids and »Humans«, in: Nature 180 (1957), S. 156 ff.
—: The Crucial Evidence for Human Evolution, in: Amer. Phil. Soc. 103 (1959) S. 159—172.
—: The Antecedents of Man, Edinburgh 1959.
Linné, C.: Philosophia Botanica, Vienna 1763.
Lorenz, K.: Über tierisches und menschliches Verhalten Bd. I und II, München 1965.
—: Das sogenannte Böse, Wien 1963, 16. A. 1965.
—: Darwin hat recht gesehen, Pfullingen 1965.
Mach, E.: Die Analyse der Empfindungen und das Verhältnis des Physischen zum Psychischen, Jena 1900.

Malthus, Th. R.: An Essay on the Principle of Population as it Affects the Future Improvement of Society, London 1798, 2. A. 1803 ff.
Müller, J. v.: Handbuch der Physiologie des Menschen, 2 Bd., Coblenz 1833 und Coblenz 1837—40.
Müller, M.: Existenzphilosophie im geistigen Leben der Gegenwart, Heidelberg 3. A. 1964.
Montagu, M. F. A.: Anthropology and Human Nature, Boston 1957.
—: Natural Selection and the Origin and the Evolution of Weeping in Man, in: Science 130 (1959), S. 1572—1573.
Neuhäusler, A.: Der Mensch und die Abstammungslehre, Bern 1958.
Oakley, K. P. und Campbell, B. G. (Hrsg.): Catalogue of Fossil Hominids, London 1967 ff.
Overhage, P. SJ u. Rahner, K.: Das Problem der Hominisation, Freiburg 3. A. 1965.
Overhage, P. SJ: Um die Abstammung des Menschen, in: Stimmen der Zeit 159 (1956/57), S. 103—122.
—: Um das Erscheinungsbild des ersten Menschen, in: Quaestiones disputatae 7, Freiburg 1959.
—: Zum monogenetischen Ursprung der Menschheit, in: Stimmen der Zeit 167 (1960/61), S. 410—418.
Popper, K. R.: Logik der Forschung, Tübingen 3. A. 1969.
Portmann, A.: Das Tier als soziales Wesen, Zürich 1953. Die werdende Menschheit. Das Ursprungsproblem der Menschheit, in: Historia Mundi, Bd. 1, München 1952, S. 23 ff.
—: Zoologie und das neue Bild des Menschen, Hamburg 1956.
—: Biologie und Geist, Zürich 1956.
—: Biologie auf dem Weg zur Anthropologie, in: Stud. Gen. 9 (1956), S. 343 ff.
—: Entläßt die Natur den Menschen? München 1970, 2. A. 1971.
Remane, A.: Methodische Probleme der Hominiden-Phylogenie I, in: Ztschr. Morph. u. Anthrop. 44 (1952), S. 188—200.
—: Methodische Probleme der Hominiden-Phylogenie II, in: Ebenda 46 (1954), S. 225—268.
Rensch, B.: Neuere Probleme der Abstammungslehre, Stuttgart 2. A. 1954.
—: Homo Sapiens. Vom Tier zum Halbgott, Göttingen 1959.
—: Biophilosophie auf erkenntnistheoretischer Grundlage (Panpsychistischer Identitismus) Stuttgart 1968.
Scheler, M.: Die Wissensformen und die Gesellschaft, Ges. W., Bd. 8, Bern-München 2. A. 1960.
—: Die Stellung des Menschen im Kosmos, Bern 6. A. 1962.
Schindewolf, O. H.: Paläontologie, Entwicklungslehre und Genetik, Berlin 1936.
—: Zur Kritik des »Biogenetischen Grundgesetzes«, in: Naturwissenschaft 33 (1964), S. 244—249.
Sigmund, G.: Mensch und Tier, Frankfurt 1958.
Snoo, K. de: Das Problem der Menschwerdung im Lichte der vergleichenden Geburtshilfe, Jena 1942.
Stegmüller, W.: Metaphysik — Wissenschaft — Skepsis, Frankfurt 1954.
—: Probleme und Resultate der Wissenschaftstheorie und Analytischen Philosophie, Bd. I Wissenschaftliche Erklärung und Begründung, Berlin 1969.

Storch, O.: Die Sonderstellung des Menschen in Lebensabspiel und Vererbung, Wien 1948.
Schwidetzky, I.: Das Menschenbild in der Biologie, Stuttgart 2. A. 1971.
Tax, S. (Hrsg.): Evolution after Darwin, Bd. II: The Evolution of Man, Chicago.
Ungerer, E.: Die Wissenschaft vom Leben, Freiburg-München 1966.
Wagner, F. (Hrsg.): Menschenzüchtung, Das Problem der genetischen Manipulation des Menschen, München 1969.
—: Weg und Abweg der Naturwissenschaft, München 1970.
Weizsäcker, V. v.: Natur und Geist, Göttingen 2. A. 1955.
Weinert, H.: Ursprung der Menschheit, Stuttgart 2. A. 1944.
—: Stammesentwicklung der Menschheit, Braunschweig 1951.
—: Der geistige Aufstieg der Menschheit, Stuttgart 1951.
Wendt, H.: Ich suchte Adam. Die Entdeckung des Menschen, Hamburg 1968.
Wickler, W.: Antworten der Verhaltensforschung, München 1970.
Zimmermann, W.: Evolution, Freiburg-München 1953.

Zweiter Teil: Karl Marx

Adorno, Th. W.: Zur Metakritik der Erkenntnistheorie, Stuttgart 1956.
—: Negative Dialektik, Frankfurt 1966, 2. A. 1970.
— u. a.: Der Positivismusstreit in der deutschen Soziologie, Neuwied 1969 f.
Albert, H. (Hrsg.): Theorie und Realität, Tübingen 1964.
—: Probleme der Theoriebildung, in: Ebenda.
Althusser, L.: Für Marx, Frankfurt 1968.
Arendt, H.: The Human Condition, Chicago 1958.
—: The Origin of Totalitarianism, New York 1951, deutsch: Elemente und Ursprünge totaler Herrschaft, Frankfurt 1962.
—: Vita Activa, München 1960.
—: Macht und Gewalt, München 1970.
Aristoteles, Politik.
Ascheri, L.: Feuerbachs Bruch mit der Spekulation, Frankfurt 1969.
Barth, H.: Masse und Mythos, Hamburg 1959.
—: Wahrheit und Ideologie, Zürich 1961.
Baumhauer, O.: Marxismus und das menschliche Individuum. Kritische Betrachtungen zum gleichnamigen Buch von A. Schaff, in: Zeitschr. f. Phil. Forschg. 21 (1967), H. 1 u. 2.
Bockmühl, E.: Leiblichkeit und Gesellschaft, Göttingen 1961.
Buber, M.: Der utopische Sozialismus, Köln 1950, 2. A. 1967.
Calvez, J. Y.: Karl Marx, Darstellung und Kritik seines Denkens, Freiburg 1964.
Dahrendorf, R.: Marx in Perspektive. Die Idee des Gerechten im Denken von Marx, Diss. Hannover 1952.
Dicke, G.: Der Identitätsgedanke bei Feuerbach und Marx, Köln 1960.
Fetscher, I.: Der Marxismus im Spiegel der französischen Philosophie, in: Marxismus-Studien I, S. 190 ff.
—: Karl Marx und der Marxismus, München 1967.

Feuerbach, L.: Gesammelte Werke, Stuttgart 1959 ff.
Fleischer, H.: Marxismus und Geschichte, Frankfurt 1969.
—: Marxismus und Menschenwürde, in: Ztschr. f. Phil. Forschg. 22 (1968), H. 1.
—: Marx und Engels, Freiburg — München 1970.
Fromm, E.: Die Furcht vor der Freiheit, Frankfurt 1966, 2. A. 1968.
—: Der moderne Mensch und seine Zukunft, Frankfurt 1955, 2. A. 1968.
—: Das Menschenbild bei Marx, Frankfurt 1963, 2. A. 1969.
Existentialismus und Marxismus, Eine Kontroverse zwischen Sartre, Garaudy, Hyppolite, Viegier und Orcel, Frankfurt 1965, 2. A. 1966.
Gollwitzer, H.: Die marxistische Religionskritik und der christliche Glaube, München-Hamburg 1965.
Grundlagen der marxistischen Philosophie, Berlin 1961.
Grundlagen des Marxismus-Leninismus, Lehrbuch, Berlin 1960.
Hegel, G. W. F.: Gesammelte Werke, Jubiläums-Ausgabe in 20 Bd.
Habermas, J.: Theorie und Praxis, Neuwied 1963, 3. A. 1969.
—: Zur Logik der Sozialwissenschaften, Phil. Rundsch., Tübingen 1967, Beiheft 5
—: Erkenntnis und Interesse, Frankfurt 1968.
Horkheimer, M.: Kritische Theorie I u. II, Frankfurt 1968.
Kesting, H.: Geschichtsphilosophie und Weltbürgerkrieg, Heidelberg 1959.
Klages, H.: Technischer Humanismus, Stuttgart 1964.
Kolakowsky, L.: Der Mensch ohne Alternative. Von der Möglichkeit und Unmöglichkeit Marxist zu sein, München 1960.
—: Traktat über die Sterblichkeit der Vernunft, München 1967.
Korsch, K.: Marxismus und Philosophie, Frankfurt 3. A. 1971.
—: Karl Marx, Frankfurt 3. A. 1971.
Kosik, K.: Die Dialektik des Konkreten. Eine Studie zur Problematik des Menschen und der Welt, Frankfurt 1967.
Landgrebe, L.: Das Problem der Dialektik, in: Marxismus-Studien III, Tübingen 1960, S. 53 ff.
Lewis, J.: Man and Evolution, New York 1962.
Lichtheim, G. L.: Marxism, A historical and critical Study, London 1961.
Löwith, K.: Von Hegel zu Nietzsche, Stuttgart 3. A. 1953.
—: Weltgeschichte und Heilsgeschehen, Stuttgart 1953.
—: Mans Self-Alienation in the Early Writings of Marx, in: Social Research 21 (1954), S. 204—230.
Lobkowicz, N.: Marxs Attitude toward Religion, in: Marx and the Western World, hrsg. v. N. Lobkowicz, Notre Dame, Indiana 1967, S. 303 ff.
—: Abstraction and Dialectics, in: Review of Metaphysics XXI, 3 (1968), S. 468—490.
—: Interesse und Objektivität (J. Habermas) in: Phil. Rundschau 16 (1969), S. 249—272.
Lubac, H. de: Le drame de l'humanisme atheé, Paris 1950.
Mandel, E.: Entstehung und Entwicklung der ökonomischen Lehre von Karl Marx (1843—1863), Frankfurt 1968.
Marcuse, H.: Die Gesellschaftslehre des sowjetischen Marxismus, Neuwied-Berlin 1964.
—: Vernunft und Revolution, Neuwied 1962, 2. A. 1968.
—: Kultur und Gesellschaft I, Frankfurt 1965, 8. A. 1968.

—: Kultur und Gesellschaft II, Frankfurt 1965, 6. A. 1968.
—: The Obsolescence of Marxism, in: Marx and the Western World, hrsg. v. N. Lobkowicz, Indiana 1967, S. 409 ff.
—: Der eindimensionale Mensch, Neuwied 7. A. 1969.
—: Ideen zu einer kritischen Theorie der Gesellschaft, Frankfurt 1969.
Marx, K.: Die Frühschriften, hrsg. v. S. Landshut, Stuttgart 1964.
Marx, K. — Engels, F.: Gesammelte Werke, abgekürzt MEW, 39 Bände, Erg.Bd. in zwei Teilen, Berlin 1956 ff.
Marx, K.: Grundrisse der Kritik der politischen Ökonomie, Berlin 1953.
Marxismus und Ethik, Texte zum neukantianischen Sozialismus, Frankfurt 1970.
Marxismus-Studien, I—VI, Tübingen 1954, 1957, 1960, 1962, 1968, 1969.
Massiczek, A.: Der menschliche Mensch. Karl Marx' jüdischer Humanismus, Wien 1968.
Mordstein, F.: Ist der Marxismus ein Humanismus?, Stuttgart 1969.
Petrovic, G.: Marxs Concept of Alienation, in: Marx and the Western World, hrsg. v. N. Lobkowicz, Indiana 1967, S. 223 ff.
Popitz, H.: Der entfremdete Mensch, Frankfurt 1967.
Popper, K. R.: Die offene Gesellschaft und ihre Feinde, 2 Bd., Bern 1958.
—: What is Dialectic?, in: Mind, New Series 49 (1940).
—: Conjectures and Refutationes, London 1963.
Post, W.: Kritik der Religion bei Karl Marx, München 1969.
Ramm, Th.: Die künftige Gesellschaftsordnung nach der Theorie von Marx und Engels, Marxismus-Studien II, S. 78 ff.
Riedel, M.: Grundrisse einer Theorie des Lebendigen bei Hegel und Marx, Ztschr. f. Phil. Forschg. 19 (1965), S. 577—600.
Rohrmoser, G.: Die Religionskritik von Karl Marx im Hinblick der Hegelschen Rechtsphilosophie, Neue Ztschr. f. System. Theologie (1960), S. 60 ff.
—: Stillstand der Dialektik, Grundpositionen expliziter und impliziter Marxismuskritik, Marxismus-Studien V, S. 1 ff.
—: Das Elend der Kritischen Theorie, Freiburg 1970.
—: Emanzipation und Freiheit, München 1970.
Rosenkranz, K.: Hegels Leben, Berlin 1844.
Schaff, A.: Marxismus und das menschliche Individuum, Hamburg 1970.
Schilling, W.: Feuerbach und die Religion, München 1957.
Schmid, A.: Der Begriff der Natur in der Lehre von Marx, Frankfurt 1963.
— (Hrsg.): Beiträge zur marxistischen Erkenntnistheorie, Frankfurt 1969.
Sartre, J. P.: Kritik der dialektischen Vernunft, Hamburg 1967.
—: Marxismus und Existentialismus, Hamburg 1969.
Sebag, L.: Marxismus und Strukturalismus, Frankfurt 1967.
Sorel, G.: Reflexions sur la violence, Paris 1908.
—: Die Auflösung des Marxismus, Jena 1930.
Suchting, W. A.: Marx and Hanna Arendts The Human Condition, in: Ethics 73 (1962), S. 47—55.
Theunissen, M.: Gesellschaft und Geschichte. Zur Kritik der Kritischen Theorie, Berlin 1969.
Thier, E.: Etappen der Marx-Interpretation, Marxismus-Studien I, Tübingen 1954.

—: Das Menschenbild des jungen Marx, Göttingen 1957.
Tomberg, F.: Basis und Überbau. Sozialphilosophische Studien, Neuwied 1969.
Topitsch, I.: Über Leerformeln, Zur Pragmatik des Sprachgebrauchs in philosophischer und politischer Theorie, in: Probleme der Wissenschaftstheorie. Festschrift für V. Kraft, Wien 1960, S. 233 ff.
—: Sozialphilosophie zwischen Ideologie und Wissenschaft, Neuwied 1961, 2. A. 1966.
Tucker, R.: Karl Marx, München 1961.
—: The Marxian Revolutionary Idea, New York 1969.
Welden, T. D.: The Vocabulary of Politics, Pelican Books A 278, 1953.
Wellmer, A.: Kritische Gesellschaftstheorie und Positivismus, Frankfurt 1969.

Dritter Teil: Sigmund Freud

Adorno, Th. W.: Zum Verhältnis von Soziologie und Psychologie, in: Sociologica I, Frankfurt 1955. Wiederabgedruckt:
—: Aufsätze zur Gesellschaftstheorie und Methodologie, Frankfurt 1960.
Bally, G.: Einführung in die Psychoanalyse Sigmund Freuds, Hamburg 1961.
Berndt, H. — Reiche, R.: Die geschichtliche Dimension des Realitätsprinzips, in: Antworten an H. Marcuse, Frankfurt 4. A. 1969.
Bernfeld, F.: Freud's Earliest Theories and the School of Helmholtz, The Psychoanalytic Quarterly, New York XIII, 3 (1944).
Binswanger, L.: Freuds Auffassung vom Menschen im Lichte der Anthropologie, in: Ausgewählte Vorträge und Aufsätze I, Bern 1947.
—: Freud und die Verfassung der klinischen Psychiatrie, in: Ausgewählte Vorträge und Aufsätze II, Bern 1955.
—: Erinnerungen an Sigmund Freud, Bern 1965.
Bloch, E.: Das Prinzip Hoffnung I—III, Frankfurt 1959 ff.
Boss, M.: Einführung in die Psychosomatische Medizin, Bern-Stuttgart 1954.
—: Psychoanalyse und Daseinsanalytik, Bern-Stuttgart 1957.
—: Grundriß der Medizin, Bern 1971.
Caruso, A.: Bios, Psyche, Person, Freiburg-München 1957.
—: Psychoanalyse und Synthese der Existenz, Freiburg 1952.
Daim, W.: Umwertung der Psychoanalyse, Wien 1951.
—: Tiefenpsychologie und Erlösung, Wien-München 1954.
Erikson, E. H.: Kindheit und Gesellschaft, Zürich 1957.
Feigl, H. — Scrivers, M. (Hrsg.): Minnesota Studies in the Philosophy of Science I. The foundation of science and the concepts of psychology and psychoanalysis, Minnesota Univ. Press 1956.
Fichter, O.: Plato als Vorläufer der Psychoanalyse, in: Intern. Zeitschr. f. ärztliche Psychoanalyse VII (1921).
Frankl, V. E.: Das Menschenbild der Seelenheilkunde, Stuttgart 1959.
Frenkel-Brunswik, E.: Meaning of psychoanalytic concepts and confirmation of psychoanalytic theorie, in: Scientific Monthly 79 (1954), S. 293 bis 300.
French, Th.: The Integration of Behavior, Chicago 1952.
Freud, A.: Das Ich und die Abwehrmechanismen, London 1950.

Freud, S.: Gesammelte Werke, I—XVII, Nachdruck der Imago Ausgabe London (Fischer Verlag), Frankfurt 1952 ff.
Freud, S.: Briefe 1873—1939, Frankfurt 1960.
—: Aus den Anfängen der Psychoanalyse. Briefe an W. Fliess: Abhandlungen und Notizen aus den Jahren 1887—1902, Frankfurt 1962.
Fromm, E.: Psychoanalyse und Ethik, Stuttgart 2. A. 1954.
—: Sigmund Freuds Sendung, Frankfurt 1961.
—: Der moderne Mensch und seine Zukunft, Frankfurt 2. A. 1967.
—: Analytische Sozialpsychologie und Gesellschaftstheorie, Frankfurt 1970.
Görres, A.: Methode und Erfahrungen der Psychoanalyse, München 1958, 2. A. 1961, 3. A. 1966.
—: An den Grenzen der Psychoanalyse, München 1968.
Guardini, R.: Philosophische Anmerkungen zu S. Freuds Psychologie, Münchner Universitätsreden,. Neue Folge, Bd. 19 (1956).
Hartmann, H.: Die Grundlagen der Psychoanalyse, Leipzig 1927, 2. A. Stuttgart 1972.
—: Ich-Psychologie und Anpassungsproblem, in: Intern, Zeitschr. f. Psychoanal. XXIV (1939), S. 62—135; Neuauflage: Stuttgart 1957.
—: Comments on the formation of psychic structure, in: The Psychoanalytic Study of the Child II (1946), S. 11 ff.
—: Comments on the psychoanalytic theorie of the Ego, in: Ebenda V, S. 74 ff.
—: Mutual influences in the development of Ego and Id, in: Ebenda VII, S. 9 ff.
—: Ich-Psychologie, Stuttgart 1972, die meisten Aufsätze hier enthalten.
Habermas, J.: Erkenntnis und Interesse, Frankfurt 1968.
Hook, S. (Hrsg.): Psychoanalysis, Scientific Method and Philosophy, A Symposion, New York 1959.
Jacobi, J.: Komplex, Archetypus, Symbol, Zürich 1967.
Jaspers, K.: Allgemeine Psychopathologie, Heidelberg 5. A. 1948.
Jones, E.: Das Leben und Werk von Sigmund Freud, Bd. I—III, Bern 1960 ff.
Jung, C. G.: Über psychische Energetik, Zürich 1948.
—: Symbole und Wandlungen der Libido, Zürich 1952.
—: Von den Wurzeln des Bewußtseins, Zürich 1954.
—: Wirklichkeit der Seele, Zürich 1957.
Knapp, G.: Mensch und Krankheit, Stuttgart 1970.
Kris, E.: The nature of psychoanalytic proportions and their valadation, in: Freedom und Experience, hrsg. v. S. Hook u. N. R. Konvetz, Cornell UP 1947.
Lagache, D.: Psychoanalysis as an exact science, in: Psychoanalysis and General Psychology, New York 1966, S. 400—434.
Laplanche, J. — Pontalis J.-B.: Das Vokabular der Psychoanalyse, Frankfurt 1972.
Loewenstein, R.: Some thoughts on the interpretation in the theory and practice of psychoanalysis, in: The Psychoanalytic Study of the Child XII (1957).
Marcuse, H.: The Social Implications of Freudian »Revisionism«, in: Dissent II, 3 (1955), S. 221—240. Deutsch in: Psyche 11 (1957), S. 801—820.
—: Theorie and Therapie in Freud, in: The Nation 185 (1957), S. 200—202.
—: Trieblehre und Freiheit, in: Freud in der Gegenwart: Ein Vortrags-

zyklus der Universitäten Frankfurt und Heidelberg zum 100. Geburtstag, in: Frankfurter Beiträge zur Soziologie VI (1957) Frankfurt, S. 401—424.
—: Das Veralten der Psychoanalyse, in: Kultur und Gesellschaft II, Frankfurt 1965.
—: Psychoanalyse und Politik, Frankfurt 1968.
—: Triebstruktur und Gesellschaft, Frankfurt 1970, 1. A. 1955.
Marcuse, L.: Sigmund Freud, Sein Bild vom Menschen, München 1964.
Massermann, J.: Behavior and Neurosis, Chicago 1943.
Meinertz J.: Psychotherapie als Wissenschaft, Stuttgart 2. A. 1952.
Merlan, Ph.: Brentano und Freud, in: Journal of the History of Ideas 6 (1945), S. 375 ff.
Nunberg, H.: Allgemeine Neurosenlehre, Bern 1932.
—: Ich-Stärke und Ich-Schwäche, in: Intern. Ztschr. f. Psychoanal. XXIV (1939).
Nachmannsohn, M.: Freuds Libidotheorie verglichen mit der Eros-Lehre Platons, in: Intern. Ztschr. f. Psychoanal. III (1915).
Oraison, M.: Zwischen Angst und Illusion, Freiburg-Basel-Wien 1960.
Pontalis, J. B.: Nach Freud, Frankfurt 1968.
Portmann, A.: Zoologie und das neue Bild des Menschen, Hamburg 1956.
—: Das Problem des Urbildes in biologischer Sicht, Eranos Jahrb. 1950, Sonderband Zürich 1950.
Rank, O.: Das Trauma der Geburt und seine Bedeutung für die Psychoanalyse, Wien 1924.
Remschmidt, H.: Progression und Regression, E. Bloch und die Tiefenpsychologie, in: Wege zum Menschen 1970, H. 10/11, S. 386 ff.
Ricoeur, P.: Die Interpretation. Ein Versuch über Freud, Frankfurt 1969.
Riemann, F.: Grundformen der Angst, Stuttgart 1950.
Riesmann, D.: Freud und die Psychoanalyse, Frankfurt 1969.
Roazen, P.: Politik und Gesellschaft bei Sigmund Freud, Frankfurt 1971.
Scharfenberg, J.: Sigmund Freud und seine Religionskritik als Herausforderung für den christlichen Glauben, Göttingen 2. A. 1970.
Schultz-Hencke, H.: Der gehemmte Mensch, Stuttgart 1940, 2. A. 1967.
—: Lehrbuch der Traumanalyse, Stuttgart 1949.
—: Lehrbuch der analytischen Psychotherapie, Stuttgart 1951, 1957.
Seidmann, P.: Der Weg der Tiefenpsychologie in geistesgeschichtlicher Perspektive, Zürich 1959.
Skinner, B. F.: Science and human behavior, critique of psychoanalytic concepts and theories, in: Minnesota Studies in the Philosophy of Science I, Minnesota UP 1956.
Spehlmann, R.: Sigmund Freuds neurologische Schriften. Eine Untersuchung zur Vorgeschichte der Psychoanalyse, Heidelberg 1953.
Spitz, R. A.: Vom Säugling zum Kleinkind, Stuttgart 1967, 2. A. 1969.
Stern, K.: Die dritte Revolution, Salzburg 1956.
Urban, B.: Freud und Platon, in: Wege zum Menschen 10/11 (1970), S. 378 ff.
Waelder, R.: Die Grundlagen der Psychoanalyse, Stuttgart 1963.
Wyss, D.: Die tiefenpsychologischen Schulen von den Anfängen bis zur Gegenwart, Göttingen 1961, 2. A. 1966.
—: Marx und Freud, Ihr Verhältnis zur modernen Anthropologie, Göttingen 1969.

REGISTER